河湖长制相关法律法规汇编

三峡库区及中下游影响区河湖法规文件

水利部河湖保护中心 编

中国水利水电出版社
www.waterpub.com.cn
·北京·

图书在版编目（CIP）数据

河湖长制相关法律法规汇编. 三峡库区及中下游影响区河湖法规文件 / 水利部河湖保护中心编. -- 北京：中国水利水电出版社，2023.8
ISBN 978-7-5226-0556-2

Ⅰ.①河… Ⅱ.①水… Ⅲ.①河道整治－水法－汇编－中国 Ⅳ.①D922.669

中国版本图书馆CIP数据核字(2022)第060226号

书　　名	河湖长制相关法律法规汇编 **三峡库区及中下游影响区河湖法规文件** SAN XIA KUQU JI ZHONG-XIAYOU YINGXIANGQU HEHU FAGUI WENJIAN
作　　者	水利部河湖保护中心　编
出版发行	中国水利水电出版社 （北京市海淀区玉渊潭南路1号D座　100038） 网址：www.waterpub.com.cn E-mail: sales@mwr.gov.cn 电话：(010) 68545888 (营销中心)
经　　售	北京科水图书销售有限公司 电话：(010) 68545874、63202643 全国各地新华书店和相关出版物销售网点
排　　版	中国水利水电出版社微机排版中心
印　　刷	清淞永业（天津）印刷有限公司
规　　格	170mm×240mm　16开本　156印张（总）　2632千字（总）
版　　次	2023年8月第1版　2023年8月第1次印刷
印　　数	0001—1000册
总 定 价	598.00元（全四册）

凡购买我社图书，如有缺页、倒页、脱页的，本社营销中心负责调换
版权所有·侵权必究

编辑人员名单

主　　编： 蒋牧宸

副 主 编： 李春明　杨元月　吴　健

执行主编： 谢智龙

参编人员： 彭聪聪　刘中伟　张　攀　宋海波
　　　　　　 冯晓波　常　跃　朱　锐　覃俊凯
　　　　　　 李　鑫　徐　伟　王　玉　郑和祥
　　　　　　 李晓林

前　言

三峡库区是长江上游重要生态屏障，是重要的淡水资源战略储备库。党中央、国务院高度重视三峡库区管理保护工作，特别是2016年全面推行河长制以来，中央和地方出台了一系列法律、法规、政策文件。为促进三峡库区河湖管理保护制度化、规范化，同时方便库区各级河长和广大河湖管理人员更好地学习贯彻三峡库区河湖法律法规和政策文件，河湖保护中心组织编辑了《三峡库区及中下游影响区河湖法规文件》。共收录涉及三峡库区河湖管理保护的法律3部、法规8部、部门规章3件、规范性文件18件、地方法规及政府规章28件。

由于时间仓促，本文稿在编辑过程中可能存在错漏之处，敬请批评指正。

水利部河湖保护中心

二〇二三年八月

目 录

前言

法　律

1. 中华人民共和国水法 ·· 3
2. 中华人民共和国防洪法 ··· 17
3. 中华人民共和国长江保护法 ·· 30

行　政　法　规

1. 中华人民共和国河道管理条例 ·· 51
2. 中华人民共和国防汛条例 ·· 59
3. 长江三峡水利枢纽安全保卫条例 ·· 67
4. 长江三峡工程建设移民条例 ·· 74
5. 长江河道采砂管理条例 ··· 84
6. 水库大坝安全管理条例 ··· 89
7. 大中型水利水电工程建设征地补偿和移民安置条例 ······························ 94
8. 蓄滞洪区运用补偿暂行办法 ··· 106

部　门　规　章

1. 三峡水库调度和库区水资源与河道管理办法 ······································ 113
2. 长江河道采砂管理条例实施办法 ·· 119
3. 长江流域控制性水工程联合调度管理办法（试行） ····························· 126

规　范　性　文　件

（一）移民后期扶持 ··· 135
1. 国务院关于完善大中型水库移民后期扶持政策的意见
　国发〔2006〕17号 ·· 135

2. 水利部关于印发《大中型水利水电工程移民安置验收管理办法》的通知
   水移民〔2022〕414号 …… 141

（二）工程运行 …… 147

1. 水利部关于印发加强三峡工程运行安全管理工作的指导意见的通知
   水三峡〔2021〕255号 …… 147

（三）河道采砂 …… 153

1. 水利部 公安部 交通运输部关于建立长江河道采砂管理合作机制的通知
   水河湖〔2020〕37号 …… 153

2. 水利部 交通运输部关于加强长江干流河道疏浚砂综合利用管理工作的指导意见
   水河湖〔2020〕205号 …… 156

3. 水利部 交通运输部关于长江河道采砂管理实行砂石采运管理单制度的通知
   水河湖〔2019〕64号 …… 159

4. 长江委关于印发《长江省际边界重点河段采砂行政处罚自由裁量权细化标准》的通知
   长政法〔2021〕89号 …… 161

5. 水利部长江水利委员会关于《长江河道省际边界重点河段采砂许可证申请审批程序规定（2011年修订）》的通告
   长砂管〔2011〕519号 …… 164

（四）监督检查 …… 168

1. 长江水利委员会关于印发《长江水利委员会部批生产建设项目水土保持监督检查办法》的通知
   长水土〔2020〕669号 …… 168

2. 关于印发《长江河道省际边界重点河段可采区现场监管办法》的通知
   长砂管〔2003〕673号 …… 175

（五）水行政许可 …… 181

1. 关于长江流域河道管理范围内建设项目审查权限的通知
   水管〔1995〕5号 …… 181

2. 关于明确由长江水利委员会负责审查并签署水工程建设规划同意书的
河流（河段）湖泊名录和范围（试行）的通知
水规计〔2010〕175号 ·· 183

(六) 水运 ·· 185
1. 国务院关于加快长江等内河水运发展的意见
国发〔2011〕2号 ·· 185
2. 交通运输部办公厅　国家发展改革委办公厅关于严格管控长江干线
港口岸线资源利用的通知
交办规划〔2019〕62号 ·· 190

(七) 渔业 ·· 194
1. 国务院办公厅关于切实做好长江流域禁捕有关工作的通知
国办发明电〔2020〕21号 ··· 194
2. 国务院办公厅关于加强长江水生生物保护工作的意见
国办发〔2018〕95号 ··· 197
3. 农业农村部关于长江流域重点水域禁捕范围和时间的通告
农业农村部通告〔2019〕4号 ··· 202

(八) 其他 ·· 205
1. 长江流域省际水事纠纷预防和处理实施办法
长政监〔2013〕418号 ··· 205

地方法规及政府规章

(一) 重庆市 ·· 213
1. 重庆市三峡水库消落区管理办法 ··· 213
2. 重庆市实施《长江三峡工程建设移民条例》办法 ······················ 217
3. 重庆市河道管理条例 ·· 229
4. 重庆市水资源管理条例 ··· 237
5. 重庆市河长制条例 ··· 247
6. 重庆市湿地保护条例 ·· 254
7. 重庆市水污染防治条例 ··· 260
8. 重庆市河道采砂管理办法 ··· 277

(二) 湖北省 ·· 284
1. 湖北省湖泊保护条例 ·· 284
2. 湖北省河道采砂管理条例 ··· 296
3. 湖北省水污染防治条例 ··· 306

4. 湖北省河道管理实施办法……………………………………… 321
5. 湖北省河湖长制工作规定……………………………………… 329
6. 湖北省实施《中华人民共和国水法》办法…………………… 338
7. 湖北省实施《中华人民共和国防洪法》办法………………… 346
8. 湖北省长江河道采砂管理实施办法…………………………… 355

（三）湖南省…………………………………………………………… 360
1. 湖南省河道采砂管理条例……………………………………… 360
2. 湖南省洞庭湖区水利管理条例………………………………… 369
3. 湖南省洞庭湖保护条例………………………………………… 376
4. 湖南省饮用水水源保护条例…………………………………… 385
5. 湖南省实施《中华人民共和国水法》办法…………………… 394
6. 湖南省实施《中华人民共和国河道管理条例》办法………… 401

（四）江西省…………………………………………………………… 407
1. 江西省河道管理条例…………………………………………… 407
2. 江西省湖泊保护条例…………………………………………… 416
3. 江西省实施河长制湖长制条例………………………………… 425
4. 江西省河道采砂管理条例……………………………………… 432
5. 江西省水资源条例……………………………………………… 444
6. 江西省长江河道采砂管理实施办法…………………………… 457

法律

中华人民共和国水法

（1988年1月21日第六届全国人民代表大会常务委员会第二十四次会议通过　2002年8月29日第九届全国人民代表大会常务委员会第二十九次会议修订　根据2009年8月27日第十一届全国人民代表大会常务委员会第十次会议《关于修改部分法律的决定》第一次修正　根据2016年7月2日第十二届全国人民代表大会常务委员会第二十一次会议《关于修改〈中华人民共和国节约能源法〉等六部法律的决定》第二次修正）

第一章　总　　则

第一条　为了合理开发、利用、节约和保护水资源，防治水害，实现水资源的可持续利用，适应国民经济和社会发展的需要，制定本法。

第二条　在中华人民共和国领域内开发、利用、节约、保护、管理水资源，防治水害，适用本法。

本法所称水资源，包括地表水和地下水。

第三条　水资源属于国家所有。水资源的所有权由国务院代表国家行使。农村集体经济组织的水塘和由农村集体经济组织修建管理的水库中的水，归各该农村集体经济组织使用。

第四条　开发、利用、节约、保护水资源和防治水害，应当全面规划、统筹兼顾、标本兼治、综合利用、讲求效益，发挥水资源的多种功能，协调好生活、生产经营和生态环境用水。

第五条　县级以上人民政府应当加强水利基础设施建设，并将其纳入本级国民经济和社会发展计划。

第六条　国家鼓励单位和个人依法开发、利用水资源，并保护其合法权益。开发、利用水资源的单位和个人有依法保护水资源的义务。

第七条　国家对水资源依法实行取水许可制度和有偿使用制度。但是，农村集体经济组织及其成员使用本集体经济组织的水塘、水库中的水的除外。国务院水行政主管部门负责全国取水许可制度和水资源有偿使用制度的组织实施。

第八条 国家厉行节约用水，大力推行节约用水措施，推广节约用水新技术、新工艺，发展节水型工业、农业和服务业，建立节水型社会。

各级人民政府应当采取措施，加强对节约用水的管理，建立节约用水技术开发推广体系，培育和发展节约用水产业。

单位和个人有节约用水的义务。

第九条 国家保护水资源，采取有效措施，保护植被，植树种草，涵养水源，防治水土流失和水体污染，改善生态环境。

第十条 国家鼓励和支持开发、利用、节约、保护、管理水资源和防治水害的先进科学技术的研究、推广和应用。

第十一条 在开发、利用、节约、保护、管理水资源和防治水害等方面成绩显著的单位和个人，由人民政府给予奖励。

第十二条 国家对水资源实行流域管理与行政区域管理相结合的管理体制。

国务院水行政主管部门负责全国水资源的统一管理和监督工作。

国务院水行政主管部门在国家确定的重要江河、湖泊设立的流域管理机构（以下简称流域管理机构），在所管辖的范围内行使法律、行政法规规定的和国务院水行政主管部门授予的水资源管理和监督职责。

县级以上地方人民政府水行政主管部门按照规定的权限，负责本行政区域内水资源的统一管理和监督工作。

第十三条 国务院有关部门按照职责分工，负责水资源开发、利用、节约和保护的有关工作。

县级以上地方人民政府有关部门按照职责分工，负责本行政区域内水资源开发、利用、节约和保护的有关工作。

第二章 水资源规划

第十四条 国家制定全国水资源战略规划。

开发、利用、节约、保护水资源和防治水害，应当按照流域、区域统一制定规划。规划分为流域规划和区域规划。流域规划包括流域综合规划和流域专业规划；区域规划包括区域综合规划和区域专业规划。

前款所称综合规划，是指根据经济社会发展需要和水资源开发利用现状编制的开发、利用、节约、保护水资源和防治水害的总体部署。前款所称专业规划，是指防洪、治涝、灌溉、航运、供水、水力发电、竹木流放、渔业、水资源保护、水土保持、防沙治沙、节约用水等规划。

第十五条 流域范围内的区域规划应当服从流域规划，专业规划应当服从综合规划。

流域综合规划和区域综合规划以及与土地利用关系密切的专业规划，应当与国民经济和社会发展规划以及土地利用总体规划、城市总体规划和环境保护规划相协调，兼顾各地区、各行业的需要。

第十六条 制定规划，必须进行水资源综合科学考察和调查评价。水资源综合科学考察和调查评价，由县级以上人民政府水行政主管部门会同同级有关部门组织进行。

县级以上人民政府应当加强水文、水资源信息系统建设。县级以上人民政府水行政主管部门和流域管理机构应当加强对水资源的动态监测。

基本水文资料应当按照国家有关规定予以公开。

第十七条 国家确定的重要江河、湖泊的流域综合规划，由国务院水行政主管部门会同国务院有关部门和有关省、自治区、直辖市人民政府编制，报国务院批准。跨省、自治区、直辖市的其他江河、湖泊的流域综合规划和区域综合规划，由有关流域管理机构会同江河、湖泊所在地的省、自治区、直辖市人民政府水行政主管部门和有关部门编制，分别经有关省、自治区、直辖市人民政府审查提出意见后，报国务院水行政主管部门审核；国务院水行政主管部门征求国务院有关部门意见后，报国务院或者其授权的部门批准。

前款规定以外的其他江河、湖泊的流域综合规划和区域综合规划，由县级以上地方人民政府水行政主管部门会同同级有关部门和有关地方人民政府编制，报本级人民政府或者其授权的部门批准，并报上一级水行政主管部门备案。

专业规划由县级以上人民政府有关部门编制，征求同级其他有关部门意见后，报本级人民政府批准。其中，防洪规划、水土保持规划的编制、批准，依照防洪法、水土保持法的有关规定执行。

第十八条 规划一经批准，必须严格执行。

经批准的规划需要修改时，必须按照规划编制程序经原批准机关批准。

第十九条　建设水工程，必须符合流域综合规划。在国家确定的重要江河、湖泊和跨省、自治区、直辖市的江河、湖泊上建设水工程，未取得有关流域管理机构签署的符合流域综合规划要求的规划同意书的，建设单位不得开工建设；在其他江河、湖泊上建设水工程，未取得县级以上地方人民政府水行政主管部门按照管理权限签署的符合流域综合规划要求的规划同意书的，建设单位不得开工建设。水工程建设涉及防洪的，依照防洪法的有关规定执行；涉及其他地区和行业的，建设单位应当事先征求有关地区和部门的意见。

第三章　水资源开发利用

第二十条　开发、利用水资源，应当坚持兴利与除害相结合，兼顾上下游、左右岸和有关地区之间的利益，充分发挥水资源的综合效益，并服从防洪的总体安排。

第二十一条　开发、利用水资源，应当首先满足城乡居民生活用水，并兼顾农业、工业、生态环境用水以及航运等需要。

在干旱和半干旱地区开发、利用水资源，应当充分考虑生态环境用水需要。

第二十二条　跨流域调水，应当进行全面规划和科学论证，统筹兼顾调出和调入流域的用水需要，防止对生态环境造成破坏。

第二十三条　地方各级人民政府应当结合本地区水资源的实际情况，按照地表水与地下水统一调度开发、开源与节流相结合、节流优先和污水处理再利用的原则，合理组织开发、综合利用水资源。

国民经济和社会发展规划以及城市总体规划的编制、重大建设项目的布局，应当与当地水资源条件和防洪要求相适应，并进行科学论证；在水资源不足的地区，应当对城市规模和建设耗水量大的工业、农业和服务业项目加以限制。

第二十四条　在水资源短缺的地区，国家鼓励对雨水和微咸水的收集、开发、利用和对海水的利用、淡化。

第二十五条　地方各级人民政府应当加强对灌溉、排涝、水土保持工作的领导，促进农业生产发展；在容易发生盐碱化和渍害的地区，应当采取措施，控制和降低地下水的水位。

农村集体经济组织或者其成员依法在本集体经济组织所有的集体土地或者承包土地上投资兴建水工程设施的，按照谁投资建设谁管理和谁受益的原则，对水工程设施及其蓄水进行管理和合理使用。

农村集体经济组织修建水库应当经县级以上地方人民政府水行政主管部门批准。

第二十六条　国家鼓励开发、利用水能资源。在水能丰富的河流，应当有计划地进行多目标梯级开发。

建设水力发电站，应当保护生态环境，兼顾防洪、供水、灌溉、航运、竹木流放和渔业等方面的需要。

第二十七条　国家鼓励开发、利用水运资源。在水生生物洄游通道、通航或者竹木流放的河流上修建永久性拦河闸坝，建设单位应当同时修建过鱼、过船、过木设施，或者经国务院授权的部门批准采取其他补救措施，并妥善安排施工和蓄水期间的水生生物保护、航运和竹木流放，所需费用由建设单位承担。

在不通航的河流或者人工水道上修建闸坝后可以通航的，闸坝建设单位应当同时修建过船设施或者预留过船设施位置。

第二十八条　任何单位和个人引水、截（蓄）水、排水，不得损害公共利益和他人的合法权益。

第二十九条　国家对水工程建设移民实行开发性移民的方针，按照前期补偿、补助与后期扶持相结合的原则，妥善安排移民的生产和生活，保护移民的合法权益。

移民安置应当与工程建设同步进行。建设单位应当根据安置地区的环境容量和可持续发展的原则，因地制宜，编制移民安置规划，经依法批准后，由有关地方人民政府组织实施。所需移民经费列入工程建设投资计划。

第四章　水资源、水域和水工程的保护

第三十条　县级以上人民政府水行政主管部门、流域管理机构以及其他有关部门在制定水资源开发、利用规划和调度水资源时，应当注意维持江河的合理流量和湖泊、水库以及地下水的合理水位，维护水体的自然净化

能力。

第三十一条 从事水资源开发、利用、节约、保护和防治水害等水事活动，应当遵守经批准的规划；因违反规划造成江河和湖泊水域使用功能降低、地下水超采、地面沉降、水体污染的，应当承担治理责任。

开采矿藏或者建设地下工程，因疏干排水导致地下水水位下降、水源枯竭或者地面塌陷，采矿单位或者建设单位应当采取补救措施；对他人生活和生产造成损失的，依法给予补偿。

第三十二条 国务院水行政主管部门会同国务院环境保护行政主管部门、有关部门和有关省、自治区、直辖市人民政府，按照流域综合规划、水资源保护规划和经济社会发展要求，拟定国家确定的重要江河、湖泊的水功能区划，报国务院批准。跨省、自治区、直辖市的其他江河、湖泊的水功能区划，由有关流域管理机构会同江河、湖泊所在地的省、自治区、直辖市人民政府水行政主管部门、环境保护行政主管部门和其他有关部门拟定，分别经有关省、自治区、直辖市人民政府审查提出意见后，由国务院水行政主管部门会同国务院环境保护行政主管部门审核，报国务院或者其授权的部门批准。

前款规定以外的其他江河、湖泊的水功能区划，由县级以上地方人民政府水行政主管部门会同同级人民政府环境保护行政主管部门和有关部门拟定，报同级人民政府或者其授权的部门批准，并报上一级水行政主管部门和环境保护行政主管部门备案。

县级以上人民政府水行政主管部门或者流域管理机构应当按照水功能区对水质的要求和水体的自然净化能力，核定该水域的纳污能力，向环境保护行政主管部门提出该水域的限制排污总量意见。

县级以上地方人民政府水行政主管部门和流域管理机构应当对水功能区的水质状况进行监测，发现重点污染物排放总量超过控制指标的，或者水功能区的水质未达到水域使用功能对水质的要求的，应当及时报告有关人民政府采取治理措施，并向环境保护行政主管部门通报。

第三十三条 国家建立饮用水水源保护区制度。省、自治区、直辖市人民政府应当划定饮用水水源保护区，并采取措施，防止水源枯竭和水体污染，保证城乡居民饮用水安全。

第三十四条 禁止在饮用水水源保护区内设置排污口。

在江河、湖泊新建、改建或者扩大排污口,应当经过有管辖权的水行政主管部门或者流域管理机构同意,由环境保护行政主管部门负责对该建设项目的环境影响报告书进行审批。

第三十五条 从事工程建设,占用农业灌溉水源、灌排工程设施,或者对原有灌溉用水、供水水源有不利影响的,建设单位应当采取相应的补救措施;造成损失的,依法给予补偿。

第三十六条 在地下水超采地区,县级以上地方人民政府应当采取措施,严格控制开采地下水。在地下水严重超采地区,经省、自治区、直辖市人民政府批准,可以划定地下水禁止开采或者限制开采区。在沿海地区开采地下水,应当经过科学论证,并采取措施,防止地面沉降和海水入侵。

第三十七条 禁止在江河、湖泊、水库、运河、渠道内弃置、堆放阻碍行洪的物体和种植阻碍行洪的林木及高秆作物。

禁止在河道管理范围内建设妨碍行洪的建筑物、构筑物以及从事影响河势稳定、危害河岸堤防安全和其他妨碍河道行洪的活动。

第三十八条 在河道管理范围内建设桥梁、码头和其他拦河、跨河、临河建筑物、构筑物,铺设跨河管道、电缆,应当符合国家规定的防洪标准和其他有关的技术要求,工程建设方案应当依照防洪法的有关规定报经有关水行政主管部门审查同意。

因建设前款工程设施,需要扩建、改建、拆除或者损坏原有水工程设施的,建设单位应当负担扩建、改建的费用和损失补偿。但是,原有工程设施属于违法工程的除外。

第三十九条 国家实行河道采砂许可制度。河道采砂许可制度实施办法,由国务院规定。

在河道管理范围内采砂,影响河势稳定或者危及堤防安全的,有关县级以上人民政府水行政主管部门应当划定禁采区和规定禁采期,并予以公告。

第四十条 禁止围湖造地。已经围垦的,应当按照国家规定的防洪标准有计划地退地还湖。

禁止围垦河道。确需围垦的,应当经过科学论证,经省、自治区、直辖市人民政府水行政主管部门或者国务院水行政主管部门同意后,报本级人民政府批准。

第四十一条 单位和个人有保护水工程的义务,不得侵占、毁坏堤防、护岸、防汛、水文监测、水文地质监测等工程设施。

第四十二条 县级以上地方人民政府应当采取措施,保障本行政区域内水工程,特别是水坝和堤防的安全,限期消除险情。水行政主管部门应当加强对水工程安全的监督管理。

第四十三条 国家对水工程实施保护。国家所有的水工程应当按照国务院的规定划定工程管理和保护范围。

国务院水行政主管部门或者流域管理机构管理的水工程,由主管部门或者流域管理机构商有关省、自治区、直辖市人民政府划定工程管理和保护范围。

前款规定以外的其他水工程,应当按照省、自治区、直辖市人民政府的规定,划定工程保护范围和保护职责。

在水工程保护范围内,禁止从事影响水工程运行和危害水工程安全的爆破、打井、采石、取土等活动。

第五章　水资源配置和节约使用

第四十四条 国务院发展计划主管部门和国务院水行政主管部门负责全国水资源的宏观调配。全国的和跨省、自治区、直辖市的水中长期供求规划,由国务院水行政主管部门会同有关部门制订,经国务院发展计划主管部门审查批准后执行。地方的水中长期供求规划,由县级以上地方人民政府水行政主管部门会同同级有关部门依据上一级水中长期供求规划和本地区的实际情况制订,经本级人民政府发展计划主管部门审查批准后执行。

水中长期供求规划应当依据水的供求现状、国民经济和社会发展规划、流域规划、区域规划,按照水资源供需协调、综合平衡、保护生态、厉行节约、合理开源的原则制定。

第四十五条 调蓄径流和分配水量,应当依据流域规划和水中长期供求规划,以流域为单元制定水量分配方案。

跨省、自治区、直辖市的水量分配方案和旱情紧急情况下的水量调度预案,由流域管理机构商有关省、自治区、直辖市人民政府制订,报国务院或者其授权的部门批准后执行。其他跨行政区域的水量分配方案和旱情紧急情况下的水量调度预案,由共同的上一级人民政府水行政主管部门商有关地方人民政府制订，报本级人民政府批准后执行。

水量分配方案和旱情紧急情况下的水量调度预案经批准后，有关地方人民政府必须执行。

在不同行政区域之间的边界河流上建设水资源开发、利用项目，应当符合该流域经批准的水量分配方案，由有关县级以上地方人民政府报共同的上一级人民政府水行政主管部门或者有关流域管理机构批准。

第四十六条 县级以上地方人民政府水行政主管部门或者流域管理机构应当根据批准的水量分配方案和年度预测来水量，制定年度水量分配方案和调度计划，实施水量统一调度；有关地方人民政府必须服从。

国家确定的重要江河、湖泊的年度水量分配方案，应当纳入国家的国民经济和社会发展年度计划。

第四十七条 国家对用水实行总量控制和定额管理相结合的制度。

省、自治区、直辖市人民政府有关行业主管部门应当制订本行政区域内行业用水定额，报同级水行政主管部门和质量监督检验行政主管部门审核同意后，由省、自治区、直辖市人民政府公布，并报国务院水行政主管部门和国务院质量监督检验行政主管部门备案。

县级以上地方人民政府发展计划主管部门会同同级水行政主管部门，根据用水定额、经济技术条件以及水量分配方案确定的可供本行政区域使用的水量，制定年度用水计划，对本行政区域内的年度用水实行总量控制。

第四十八条 直接从江河、湖泊或者地下取用水资源的单位和个人，应当按照国家取水许可制度和水资源有偿使用制度的规定，向水行政主管部门或者流域管理机构申请领取取水许可证，并缴纳水资源费，取得取水权。但是，家庭生活和零星散养、圈养畜禽饮用等少量取水的除外。

实施取水许可制度和征收管理水资源费的具体办法，由国务院规定。

第四十九条 用水应当计量，并按照批准的用水计划用水。

用水实行计量收费和超定额累进加价制度。

第五十条 各级人民政府应当推行节水灌溉方式和节水技术，对农业蓄水、输水工程采取必要的防渗漏措施，提高农业用水效率。

第五十一条 工业用水应当采用先进技术、工艺和设备，增加循环用水次数，提高水的重复利用率。

国家逐步淘汰落后的、耗水量高的工艺、设备和产品，具体名录由国务院经济综合主管部门会同国务院水行政主管部门和有关部门制定并公布。生产者、销售者或者生产经营中的使用者应当在规定的时间内停止生产、销售或者使用列入名录的工艺、设备和产品。

第五十二条　城市人民政府应当因地制宜采取有效措施，推广节水型生活用水器具，降低城市供水管网漏失率，提高生活用水效率；加强城市污水集中处理，鼓励使用再生水，提高污水再生利用率。

第五十三条　新建、扩建、改建建设项目，应当制订节水措施方案，配套建设节水设施。节水设施应当与主体工程同时设计、同时施工、同时投产。

供水企业和自建供水设施的单位应当加强供水设施的维护管理，减少水的漏失。

第五十四条　各级人民政府应当积极采取措施，改善城乡居民的饮用水条件。

第五十五条　使用水工程供应的水，应当按照国家规定向供水单位缴纳水费。供水价格应当按照补偿成本、合理收益、优质优价、公平负担的原则确定。具体办法由省级以上人民政府价格主管部门会同同级水行政主管部门或者其他供水行政主管部门依据职权制定。

第六章　水事纠纷处理与执法监督检查

第五十六条　不同行政区域之间发生水事纠纷的，应当协商处理；协商不成的，由上一级人民政府裁决，有关各方必须遵照执行。在水事纠纷解决前，未经各方达成协议或者共同的上一级人民政府批准，在行政区域交界线两侧一定范围内，任何一方不得修建排水、阻水、取水和截（蓄）水工程，不得单方面改变水的现状。

第五十七条　单位之间、个人之间、单位与个人之间发生的水事纠纷，应当协商解决；当事人不愿协商或者协商不成的，可以申请县级以上地方人民政府或者其授权的部门调解，也可以直接向人民法院提起民事诉讼。县级以上地方人民政府或者其授权的部门调解不成的，当事人可以向人民法院提起民事诉讼。

在水事纠纷解决前，当事人不得单方面改变现状。

第五十八条　县级以上人民政府或者其授权的部门在处理水事纠纷时，有权采取临时处置措施，有关各方或者当事人必须服从。

第五十九条　县级以上人民政府水行政主管部门和流域管理机构应当对违反本法的行为加强监督检查并依法进行查处。

水政监督检查人员应当忠于职守，秉公执法。

第六十条　县级以上人民政府水行政主管部门、流域管理机构及其水政监督检查人员履行本法规定的监督检查职责时，有权采取下列措施：

（一）要求被检查单位提供有关文件、证照、资料；

（二）要求被检查单位就执行本法的有关问题作出说明；

（三）进入被检查单位的生产场所进行调查；

（四）责令被检查单位停止违反本法的行为，履行法定义务。

第六十一条　有关单位或者个人对水政监督检查人员的监督检查工作应当给予配合，不得拒绝或者阻碍水政监督检查人员依法执行职务。

第六十二条　水政监督检查人员在履行监督检查职责时，应当向被检查单位或者个人出示执法证件。

第六十三条　县级以上人民政府或者上级水行政主管部门发现本级或者下级水行政主管部门在监督检查工作中有违法或者失职行为的，应当责令其限期改正。

第七章　法　律　责　任

第六十四条　水行政主管部门或者其他有关部门以及水工程管理单位及其工作人员，利用职务上的便利收取他人财物、其他好处或者玩忽职守，对不符合法定条件的单位或者个人核发许可证、签署审查同意意见，不按照水量分配方案分配水量，不按照国家有关规定收取水资源费，不履行监督职责，或者发现违法行为不予查处，造成严重后果，构成犯罪的，对负有责任的主管人员和其他直接责任人员依照刑法的有关规定追究刑事责任；尚不够刑事处罚的，依法给予行政处分。

第六十五条　在河道管理范围内建设妨碍行洪的建筑物、构筑物，或者从事影响河势稳定、危害河岸堤防安全和其他妨碍河道行洪的活动的，由县级以上人民政府水行政主管部门或者流域管理机构依据职权，责令停止违行为，限期拆除违法建筑物、构筑物，恢复原状；逾期不拆除、不恢复原状的，强行拆除，所需费用由违法单位或者个人负担，并处一万元以上十万元以下的罚款。

未经水行政主管部门或者流域管理机构同意，擅自修建水工程，或者建设桥梁、码头和其他拦河、跨河、临河建筑物、构筑物，铺设跨河管道、电缆，且防洪法未作规定的，由县级以上人民政府水行政主管部门或者流域管理机构依据职权，责令停止违法行为，限期补办有关手续；逾期不补办或者补办未被批准的，责令限期拆除违法建筑物、构筑物；逾期不拆除的，强行拆除，所需费用由违法单位或者个人负担，并处一万元以上十万元以下的罚款。

虽经水行政主管部门或者流域管理机构同意，但未按照要求修建前款所列工程设施的，由县级以上人民政府水行政主管部门或者流域管理机构依据职权，责令限期改正，按照情节轻重，处一万元以上十万元以下的罚款。

第六十六条　有下列行为之一，且防洪法未作规定的，由县级以上人民政府水行政主管部门或者流域管理机构依据职权，责令停止违法行为，限期清除障碍或者采取其他补救措施，处一万元以上五万元以下的罚款：

（一）在江河、湖泊、水库、运河、渠道内弃置、堆放阻碍行洪的物体和种植阻碍行洪的林木及高秆作物的；

（二）围湖造地或者未经批准围垦河道的。

第六十七条　在饮用水水源保护区内设置排污口的，由县级以上地方人民政府责令限期拆除、恢复原状；逾期不拆除、不恢复原状的，强行拆除、恢复原状，并处五万元以上十万元以下的罚款。

未经水行政主管部门或者流域管理机构审查同意，擅自在江河、湖泊新建、改建或者扩大排污口的，由县级以上人民政府水行政主管部门或者流域管理机构依据职权，责令停止违法行为，限期恢复原状，处五万元以上十万元以下的罚款。

第六十八条　生产、销售或者在生产经营中使用国家明令淘汰的落后的、耗水量高的工艺、设备和产品的，由县级以上地方人民政府经济综合主管部门责令停止生产、销售或者使用，处二万元以上十万元以下的罚款。

第六十九条　有下列行为之一的，由县级以上人民政府水行政主管部门或者流域管理机构依据职权，责令停止违法行为，限期采取补救措施，处二万元以上十万元以下的罚款；情节严重的，吊销其取水许可证：

（一）未经批准擅自取水的；

（二）未依照批准的取水许可规定条件取水的。

第七十条 拒不缴纳、拖延缴纳或者拖欠水资源费的，由县级以上人民政府水行政主管部门或者流域管理机构依据职权，责令限期缴纳；逾期不缴纳的，从滞纳之日起按日加收滞纳部分千分之二的滞纳金，并处应缴或者补缴水资源费一倍以上五倍以下的罚款。

第七十一条 建设项目的节水设施没有建成或者没有达到国家规定的要求，擅自投入使用的，由县级以上人民政府有关部门或者流域管理机构依据职权，责令停止使用，限期改正，处五万元以上十万元以下的罚款。

第七十二条 有下列行为之一，构成犯罪的，依照刑法的有关规定追究刑事责任；尚不够刑事处罚，且防洪法未作规定的，由县级以上地方人民政府水行政主管部门或者流域管理机构依据职权，责令停止违法行为，采取补救措施，处一万元以上五万元以下的罚款；违反治安管理处罚法的，由公安机关依法给予治安管理处罚；给他人造成损失的，依法承担赔偿责任：

（一）侵占、毁坏水工程及堤防、护岸等有关设施，毁坏防汛、水文监测、水文地质监测设施的；

（二）在水工程保护范围内，从事影响水工程运行和危害水工程安全的爆破、打井、采石、取土等活动的。

第七十三条 侵占、盗窃或者抢夺防汛物资，防洪排涝、农田水利、水文监测和测量以及其他水工程设备和器材，贪污或者挪用国家救灾、抢险、防汛、移民安置和补偿及其他水利建设款物，构成犯罪的，依照刑法的有关规定追究刑事责任。

第七十四条 在水事纠纷发生及其处理过程中煽动闹事、结伙斗殴、抢夺或者损坏公私财物、非法限制他人人身自由，构成犯罪的，依照刑法的有关规定追究刑事责任；尚不够刑事处罚的，由公安机关依法给予治安管理处罚。

第七十五条 不同行政区域之间发生水事纠纷，有下列行为之一的，对负有责任的主管人员和其他直接责任人员依法给予行政处分：

（一）拒不执行水量分配方案和水量调度预案的；

（二）拒不服从水量统一调度的；

（三）拒不执行上一级人民政府的裁决的；

（四）在水事纠纷解决前，未经各方达成协议或者上一级人民政府批准，单方面违反本法规定改变水的现状的。

第七十六条 引水、截（蓄）水、排水，损害公共利益或者他人合法权益的，依法承担民事责任。

第七十七条 对违反本法第三十九条有关河道采砂许可制度规定的行政处罚，由国务院规定。

第八章 附 则

第七十八条 中华人民共和国缔结或者参加的与国际或者国境边界河流、湖泊有关的国际条约、协定与中华人民共和国法律有不同规定的，适用国际条约、协定的规定。但是，中华人民共和国声明保留的条款除外。

第七十九条 本法所称水工程，是指在江河、湖泊和地下水源上开发、利用、控制、调配和保护水资源的各类工程。

第八十条 海水的开发、利用、保护和管理，依照有关法律的规定执行。

第八十一条 从事防洪活动，依照防洪法的规定执行。

水污染防治，依照水污染防治法的规定执行。

第八十二条 本法自2002年10月1日起施行。

中华人民共和国防洪法

（1997年8月29日第八届全国人民代表大会常务委员会第二十七次会议通过　根据2009年8月27日第十一届全国人民代表大会常务委员会第十次会议《关于修改部分法律的决定》第一次修正　根据2015年4月24日第十二届全国人民代表大会常务委员会第十四次会议《关于修改〈中华人民共和国港口法〉等七部法律的决定》第二次修正　根据2016年7月2日第十二届全国人民代表大会常务委员会第二十一次会议《关于修改〈中华人民共和国节约能源法〉等六部法律的决定》第三次修正）

第一章　总　　则

第一条　为了防治洪水，防御、减轻洪涝灾害，维护人民的生命和财产安全，保障社会主义现代化建设顺利进行，制定本法。

第二条　防洪工作实行全面规划、统筹兼顾、预防为主、综合治理、局部利益服从全局利益的原则。

第三条　防洪工程设施建设，应当纳入国民经济和社会发展计划。

防洪费用按照政府投入同受益者合理承担相结合的原则筹集。

第四条　开发利用和保护水资源，应当服从防洪总体安排，实行兴利与除害相结合的原则。

江河、湖泊治理以及防洪工程设施建设，应当符合流域综合规划，与流域水资源的综合开发相结合。

本法所称综合规划是指开发利用水资源和防治水害的综合规划。

第五条　防洪工作按照流域或者区域实行统一规划、分级实施和流域管理与行政区域管理相结合的制度。

第六条　任何单位和个人都有保护防洪工程设施和依法参加防汛抗洪的义务。

第七条　各级人民政府应当加强对防洪工作的统一领导，组织有关部门、单位，动员社会力量，依靠科技进步，有计划地进行江河、湖泊治理，采取措施加强防洪工程设施建设，巩固、提高防洪能力。

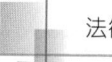

各级人民政府应当组织有关部门、单位，动员社会力量，做好防汛抗洪和洪涝灾害后的恢复与救济工作。

各级人民政府应当对蓄滞洪区予以扶持；蓄滞洪后，应当依照国家规定予以补偿或者救助。

第八条 国务院水行政主管部门在国务院的领导下，负责全国防洪的组织、协调、监督、指导等日常工作。国务院水行政主管部门在国家确定的重要江河、湖泊设立的流域管理机构，在所管辖的范围内行使法律、行政法规规定和国务院水行政主管部门授权的防洪协调和监督管理职责。

国务院建设行政主管部门和其他有关部门在国务院的领导下，按照各自的职责，负责有关的防洪工作。

县级以上地方人民政府水行政主管部门在本级人民政府的领导下，负责本行政区域内防洪的组织、协调、监督、指导等日常工作。县级以上地方人民政府建设行政主管部门和其他有关部门在本级人民政府的领导下，按照各自的职责，负责有关的防洪工作。

第二章 防 洪 规 划

第九条 防洪规划是指为防治某一流域、河段或者区域的洪涝灾害而制定的总体部署，包括国家确定的重要江河、湖泊的流域防洪规划，其他江河、河段、湖泊的防洪规划以及区域防洪规划。

防洪规划应当服从所在流域、区域的综合规划；区域防洪规划应当服从所在流域的流域防洪规划。

防洪规划是江河、湖泊治理和防洪工程设施建设的基本依据。

第十条 国家确定的重要江河、湖泊的防洪规划，由国务院水行政主管部门依据该江河、湖泊的流域综合规划，会同有关部门和有关省、自治区、直辖市人民政府编制，报国务院批准。

其他江河、河段、湖泊的防洪规划或者区域防洪规划，由县级以上地方人民政府水行政主管部门分别依据流域综合规划、区域综合规划，会同有关部门和有关地区编制，报本级人民政府批准，并报上一级人民政府水行政主管部门备案；跨省、自治区、直辖市的江河、河段、湖泊的防洪规划由有关流域管理机构会同江河、河段、湖泊所在地的省、自治区、直辖市人民政府水行政主管部门、有关主管部门拟定，分别经有关省、自治区、直辖市人民政府审查提出意见后，报国务院水行政主管部门批准。

城市防洪规划，由城市人民政府组织水行政主管部门、建设行政主管部门和其他有关部门依据流域防洪规划、上一级人民政府区域防洪规划编制，按照国务院规定的审批程序批准后纳入城市总体规划。

修改防洪规划，应当报经原批准机关批准。

第十一条　编制防洪规划，应当遵循确保重点、兼顾一般，以及防汛和抗旱相结合、工程措施和非工程措施相结合的原则，充分考虑洪涝规律和上下游、左右岸的关系以及国民经济对防洪的要求，并与国土规划和土地利用总体规划相协调。

防洪规划应当确定防护对象、治理目标和任务、防洪措施和实施方案，划定洪泛区、蓄滞洪区和防洪保护区的范围，规定蓄滞洪区的使用原则。

第十二条　受风暴潮威胁的沿海地区的县级以上地方人民政府，应当把防御风暴潮纳入本地区的防洪规划，加强海堤（海塘）、挡潮闸和沿海防护林等防御风暴潮工程体系建设，监督建筑物、构筑物的设计和施工符合防御风暴潮的需要。

第十三条　山洪可能诱发山体滑坡、崩塌和泥石流的地区以及其他山洪多发地区的县级以上地方人民政府，应当组织负责地质矿产管理工作的部门、水行政主管部门和其他有关部门对山体滑坡、崩塌和泥石流隐患进行全面调查，划定重点防治区，采取防治措施。

城市、村镇和其他居民点以及工厂、矿山、铁路和公路干线的布局，应当避开山洪威胁；已经建在受山洪威胁的地方的，应当采取防御措施。

第十四条　平原、洼地、水网圩区、山谷、盆地等易涝地区的有关地方人民政府，应当制定除涝治涝规划，组织有关部门、单位采取相应的治理措施，完善排水系统，发展耐涝农作物种类和品种，开展洪涝、干旱、盐碱综合治理。

城市人民政府应当加强对城区排涝管网、泵站的建设和管理。

第十五条　国务院水行政主管部门应当会同有关部门和省、自治区、直辖市人民政府制定长江、黄河、珠江、辽河、淮河、海河入海河口的整治规划。

在前款入海河口围海造地，应当符合河口整治规划。

第十六条　防洪规划确定的河道整治计划用地和规划建设的堤防用地范围内的土地，经土地管理部门和水行政主管部门会同有关地区核定，报经县级以上人民政府按照国务院规定的权限批准后，可以划定为规划保留区；该规划保留区范围内的土地涉及其他项目用地的，有关土地管理部门和水行政主管部门核定时，应当征求有关部门的意见。

规划保留区依照前款规定划定后，应当公告。

前款规划保留区内不得建设与防洪无关的工矿工程设施；在特殊情况下，国家工矿建设项目确需占用前款规划保留区内的土地的，应当按照国家规定的基本建设程序报请批准，并征求有关水行政主管部门的意见。

防洪规划确定的扩大或者开辟的人工排洪道用地范围内的土地，经省级以上人民政府土地管理部门和水行政主管部门会同有关部门、有关地区核定，报省级以上人民政府按照国务院规定的权限批准后，可以划定为规划保留区，适用前款规定。

第十七条　在江河、湖泊上建设防洪工程和其他水工程、水电站等，应当符合防洪规划的要求；水库应当按照防洪规划的要求留足防洪库容。

前款规定的防洪工程和其他水工程、水电站未取得有关水行政主管部门签署的符合防洪规划要求的规划同意书的，建设单位不得开工建设。

第三章　治理与防护

第十八条　防治江河洪水，应当蓄泄兼施，充分发挥河道行洪能力和水库、洼淀、湖泊调蓄洪水的功能，加强河道防护，因地制宜地采取定期清淤疏浚等措施，保持行洪畅通。

防治江河洪水，应当保护、扩大流域林草植被，涵养水源，加强流域水土保持综合治理。

第十九条　整治河道和修建控制引导河水流向、保护堤岸等工程，应当兼顾上下游、左右岸的关系，按照规划治导线实施，不得任意改变河水流向。

国家确定的重要江河的规划治导线由流域管理机构拟定，报国务院水行政主管部门批准。

其他江河、河段的规划治导线由县级以上地方人民政府水行政主管部门拟定，报本级人民政府批准；跨省、自治区、直辖市的江河、河段和省、自治区、直辖市之间的省界河道的规划治导线由有关流域管理机构组织江河、河段所在地的省、自治区、直辖市人民政府水行政主管部门拟定，经有关省、自治区、直辖市人民政府审查提出意见后，报国务院水行政主管部门批准。

第二十条 整治河道、湖泊，涉及航道的，应当兼顾航运需要，并事先征求交通主管部门的意见。整治航道，应当符合江河、湖泊防洪安全要求，并事先征求水行政主管部门的意见。

在竹木流放的河流和渔业水域整治河道的，应当兼顾竹木水运和渔业发展的需要，并事先征求林业、渔业行政主管部门的意见。在河道中流放竹木，不得影响行洪和防洪工程设施的安全。

第二十一条 河道、湖泊管理实行按水系统一管理和分级管理相结合的原则，加强防护，确保畅通。

国家确定的重要江河、湖泊的主要河段，跨省、自治区、直辖市的重要河段、湖泊，省、自治区、直辖市之间的省界河道、湖泊以及国（边）界河道、湖泊，由流域管理机构和江河、湖泊所在地的省、自治区、直辖市人民政府水行政主管部门按照国务院水行政主管部门的划定依法实施管理。其他河道、湖泊，由县级以上地方人民政府水行政主管部门按照国务院水行政主管部门或者国务院水行政主管部门授权的机构的划定依法实施管理。

有堤防的河道、湖泊，其管理范围为两岸堤防之间的水域、沙洲、滩地、行洪区和堤防及护堤地；无堤防的河道、湖泊，其管理范围为历史最高洪水位或者设计洪水位之间的水域、沙洲、滩地和行洪区。

流域管理机构直接管理的河道、湖泊管理范围，由流域管理机构会同有关县级以上地方人民政府依照前款规定界定；其他河道、湖泊管理范围，由有关县级以上地方人民政府依照前款规定界定。

第二十二条 河道、湖泊管理范围内的土地和岸线的利用，应当符合行洪、输水的要求。

禁止在河道、湖泊管理范围内建设妨碍行洪的建筑物、构筑物，倾倒垃圾、渣土，从事影响河势稳定、危害河岸堤防安全和其他妨碍河道行洪的活动。

禁止在行洪河道内种植阻碍行洪的林木和高秆作物。

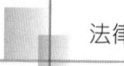

在船舶航行可能危及堤岸安全的河段，应当限定航速。限定航速的标志，由交通主管部门与水行政主管部门商定后设置。

第二十三条 禁止围湖造地。已经围垦的，应当按照国家规定的防洪标准进行治理，有计划地退地还湖。

禁止围垦河道。确需围垦的，应当进行科学论证，经水行政主管部门确认不妨碍行洪、输水后，报省级以上人民政府批准。

第二十四条 对居住在行洪河道内的居民，当地人民政府应当有计划地组织外迁。

第二十五条 护堤护岸的林木，由河道、湖泊管理机构组织营造和管理。护堤护岸林木，不得任意砍伐。采伐护堤护岸林木的，应当依法办理采伐许可手续，并完成规定的更新补种任务。

第二十六条 对壅水、阻水严重的桥梁、引道、码头和其他跨河工程设施，根据防洪标准，有关水行政主管部门可以报请县级以上人民政府按照国务院规定的权限责令建设单位限期改建或者拆除。

第二十七条 建设跨河、穿河、穿堤、临河的桥梁、码头、道路、渡口、管道、缆线、取水、排水等工程设施，应当符合防洪标准、岸线规划、航运要求和其他技术要求，不得危害堤防安全、影响河势稳定、妨碍行洪畅通；其工程建设方案未经有关水行政主管部门根据前述防洪要求审查同意的，建设单位不得开工建设。

前款工程设施需要占用河道、湖泊管理范围内土地，跨越河道、湖泊空间或者穿越河床的，建设单位应当经有关水行政主管部门对该工程设施建设的位置和界限审查批准后，方可依法办理开工手续；安排施工时，应当按照水行政主管部门审查批准的位置和界限进行。

第二十八条 对于河道、湖泊管理范围内依照本法规定建设的工程设施，水行政主管部门有权依法检查；水行政主管部门检查时，被检查者应当如实提供有关的情况和资料。

前款规定的工程设施竣工验收时，应当有水行政主管部门参加。

第四章 防洪区和防洪工程设施的管理

第二十九条 防洪区是指洪水泛滥可能淹及的地区，分为洪泛区、蓄滞洪区和防洪保护区。

洪泛区是指尚无工程设施保护的洪水泛滥所及的地区。

蓄滞洪区是指包括分洪口在内的河堤背水面以外临时贮存洪水的低洼地区及湖泊等。

防洪保护区是指在防洪标准内受防洪工程设施保护的地区。

洪泛区、蓄滞洪区和防洪保护区的范围，在防洪规划或者防御洪水方案中划定，并报请省级以上人民政府按照国务院规定的权限批准后予以公告。

第三十条　各级人民政府应当按照防洪规划对防洪区内的土地利用实行分区管理。

第三十一条　地方各级人民政府应当加强对防洪区安全建设工作的领导，组织有关部门、单位对防洪区内的单位和居民进行防洪教育，普及防洪知识，提高水患意识；按照防洪规划和防御洪水方案建立并完善防洪体系和水文、气象、通信、预警以及洪涝灾害监测系统，提高防御洪水能力；组织防洪区内的单位和居民积极参加防洪工作，因地制宜地采取防洪避洪措施。

第三十二条　洪泛区、蓄滞洪区所在地的省、自治区、直辖市人民政府应当组织有关地区和部门，按照防洪规划的要求，制定洪泛区、蓄滞洪区安全建设计划，控制蓄滞洪区人口增长，对居住在经常使用的蓄滞洪区的居民，有计划地组织外迁，并采取其他必要的安全保护措施。

因蓄滞洪区而直接受益的地区和单位，应当对蓄滞洪区承担国家规定的补偿、救助义务。国务院和有关的省、自治区、直辖市人民政府应当建立对蓄滞洪区的扶持和补偿、救助制度。

国务院和有关的省、自治区、直辖市人民政府可以制定洪泛区、蓄滞洪区安全建设管理办法以及对蓄滞洪区的扶持和补偿、救助办法。

第三十三条　在洪泛区、蓄滞洪区内建设非防洪建设项目，应当就洪水对建设项目可能产生的影响和建设项目对防洪可能产生的影响作出评价，编制洪水影响评价报告，提出防御措施。洪水影响评价报告未经有关水行政主管部门审查批准的，建设单位不得开工建设。

在蓄滞洪区内建设的油田、铁路、公路、矿山、电厂、电信设施和管道，其洪水影响评价报告应当包括建设单位自行安排的防洪避洪方案。建设项目投入生产或者使用时，其防洪工程设施应当经水行政主管部门验收。

在蓄滞洪区内建造房屋应当采用平顶式结构。

第三十四条　大中城市，重要的铁路、公路干线，大型骨干企业，应当列为防洪重点，确保安全。

受洪水威胁的城市、经济开发区、工矿区和国家重要的农业生产基地等，应当重点保护，建设必要的防洪工程设施。

城市建设不得擅自填堵原有河道沟叉、贮水湖塘洼淀和废除原有防洪围堤。确需填堵或者废除的，应当经城市人民政府批准。

第三十五条　属于国家所有的防洪工程设施，应当按照经批准的设计，在竣工验收前由县级以上人民政府按照国家规定，划定管理和保护范围。

属于集体所有的防洪工程设施，应当按照省、自治区、直辖市人民政府的规定，划定保护范围。

在防洪工程设施保护范围内，禁止进行爆破、打井、采石、取土等危害防洪工程设施安全的活动。

第三十六条　各级人民政府应当组织有关部门加强对水库大坝的定期检查和监督管理。对未达到设计洪水标准、抗震设防要求或者有严重质量缺陷的险坝，大坝主管部门应当组织有关单位采取除险加固措施，限期消除危险或者重建，有关人民政府应当优先安排所需资金。对可能出现垮坝的水库，应当事先制定应急抢险和居民临时撤离方案。

各级人民政府和有关主管部门应当加强对尾矿坝的监督管理，采取措施，避免因洪水导致垮坝。

第三十七条　任何单位和个人不得破坏、侵占、毁损水库大坝、堤防、水闸、护岸、抽水站、排水渠系等防洪工程和水文、通信设施以及防汛备用的器材、物料等。

第五章　防　汛　抗　洪

第三十八条　防汛抗洪工作实行各级人民政府行政首长负责制，统一指挥、分级分部门负责。

第三十九条　国务院设立国家防汛指挥机构，负责领导、组织全国的防汛抗洪工作，其办事机构设在国务院水行政主管部门。

在国家确定的重要江河、湖泊可以设立由有关省、自治区、直辖市人民政府和该江河、湖泊的流域管理机构负责人等组成的防汛指挥机构，指挥所管辖范围内的防汛抗洪工作,其办事机构设在流域管理机构。

有防汛抗洪任务的县级以上地方人民政府设立由有关部门、当地驻军、人民武装部负责人等组成的防汛指挥机构,在上级防汛指挥机构和本级人民政府的领导下,指挥本地区的防汛抗洪工作,其办事机构设在同级水行政主管部门;必要时,经城市人民政府决定,防汛指挥机构也可以在建设行政主管部门设城市市区办事机构,在防汛指挥机构的统一领导下,负责城市市区的防汛抗洪日常工作。

第四十条 有防汛抗洪任务的县级以上地方人民政府根据流域综合规划、防洪工程实际状况和国家规定的防洪标准,制定防御洪水方案(包括对特大洪水的处置措施)。

长江、黄河、淮河、海河的防御洪水方案,由国家防汛指挥机构制定,报国务院批准;跨省、自治区、直辖市的其他江河的防御洪水方案,由有关流域管理机构会同有关省、自治区、直辖市人民政府制定,报国务院或者国务院授权的有关部门批准。防御洪水方案经批准后,有关地方人民政府必须执行。

各级防汛指挥机构和承担防汛抗洪任务的部门和单位,必须根据防御洪水方案做好防汛抗洪准备工作。

第四十一条 省、自治区、直辖市人民政府防汛指挥机构根据当地的洪水规律,规定汛期起止日期。

当江河、湖泊的水情接近保证水位或者安全流量,水库水位接近设计洪水位,或者防洪工程设施发生重大险情时,有关县级以上人民政府防汛指挥机构可以宣布进入紧急防汛期。

第四十二条 对河道、湖泊范围内阻碍行洪的障碍物,按照谁设障、谁清除的原则,由防汛指挥机构责令限期清除;逾期不清除的,由防汛指挥机构组织强行清除,所需费用由设障者承担。

在紧急防汛期,国家防汛指挥机构或者其授权的流域、省、自治区、直辖市防汛指挥机构有权对壅水、阻水严重的桥梁、引道、码头和其他跨河工程设施作出紧急处置。

第四十三条 在汛期,气象、水文、海洋等有关部门应当按照各自的职责,及时向有关防汛指挥机构提供天气、水文等实时信息和风暴潮预报;电信部门应当优先提供防汛抗洪通信的服务;运输、电力、物资材料供应等有关部门应当优先为防汛抗洪服务。

中国人民解放军、中国人民武装警察部队和民兵应当执行国家赋予的抗洪抢险任务。

第四十四条 在汛期，水库、闸坝和其他水工程设施的运用，必须服从有关的防汛指挥机构的调度指挥和监督。

在汛期，水库不得擅自在汛期限制水位以上蓄水，其汛期限制水位以上的防洪库容的运用，必须服从防汛指挥机构的调度指挥和监督。

在凌汛期，有防凌汛任务的江河的上游水库的下泄水量必须征得有关的防汛指挥机构的同意，并接受其监督。

第四十五条 在紧急防汛期，防汛指挥机构根据防汛抗洪的需要，有权在其管辖范围内调用物资、设备、交通运输工具和人力，决定采取取土占地、砍伐林木、清除阻水障碍物和其他必要的紧急措施；必要时，公安、交通等有关部门按照防汛指挥机构的决定，依法实施陆地和水面交通管制。

依照前款规定调用的物资、设备、交通运输工具等，在汛期结束后应当及时归还；造成损坏或者无法归还的，按照国务院有关规定给予适当补偿或者作其他处理。取土占地、砍伐林木的，在汛期结束后依法向有关部门补办手续；有关地方人民政府对取土后的土地组织复垦，对砍伐的林木组织补种。

第四十六条 江河、湖泊水位或者流量达到国家规定的分洪标准，需要启用蓄滞洪区时，国务院、国家防汛指挥机构、流域防汛指挥机构，省、自治区、直辖市人民政府，省、自治区、直辖市防汛指挥机构，按照依法经批准的防御洪水方案中规定的启用条件和批准程序，决定启用蓄滞洪区。依法启用蓄滞洪区，任何单位和个人不得阻拦、拖延；遇到阻拦、拖延时，由有关县级以上地方人民政府强制实施。

第四十七条 发生洪涝灾害后，有关人民政府应当组织有关部门、单位做好灾区的生活供给、卫生防疫、救灾物资供应、治安管理、学校复课、恢复生产和重建家园等救灾工作以及所管辖地区的各项水毁工程设施修复工作。水毁防洪工程设施的修复，应当优先列入有关部门的年度建设计划。

国家鼓励、扶持开展洪水保险。

第六章 保 障 措 施

第四十八条 各级人民政府应当采取措施，提高防洪投入的总体水平。

第四十九条　江河、湖泊的治理和防洪工程设施的建设和维护所需投资，按照事权和财权相统一的原则，分级负责，由中央和地方财政承担。城市防洪工程设施的建设和维护所需投资，由城市人民政府承担。

受洪水威胁地区的油田、管道、铁路、公路、矿山、电力、电信等企业、事业单位应当自筹资金，兴建必要的防洪自保工程。

第五十条　中央财政应当安排资金，用于国家确定的重要江河、湖泊的堤坝遭受特大洪涝灾害时的抗洪抢险和水毁防洪工程修复。省、自治区、直辖市人民政府应当在本级财政预算中安排资金，用于本行政区域内遭受特大洪涝灾害地区的抗洪抢险和水毁防洪工程修复。

第五十一条　国家设立水利建设基金，用于防洪工程和水利工程的维护和建设。具体办法由国务院规定。

受洪水威胁的省、自治区、直辖市为加强本行政区域内防洪工程设施建设，提高防御洪水能力，按照国务院的有关规定，可以规定在防洪保护区范围内征收河道工程修建维护管理费。

第五十二条　任何单位和个人不得截留、挪用防洪、救灾资金和物资。

各级人民政府审计机关应当加强对防洪、救灾资金使用情况的审计监督。

第七章　法　律　责　任

第五十三条　违反本法第十七条规定，未经水行政主管部门签署规划同意书，擅自在江河、湖泊上建设防洪工程和其他水工程、水电站的，责令停止违法行为，补办规划同意书手续；违反规划同意书的要求，严重影响防洪的，责令限期拆除；违反规划同意书的要求，影响防洪但尚可采取补救措施的，责令限期采取补救措施，可以处一万元以上十万元以下的罚款。

第五十四条　违反本法第十九条规定，未按照规划治导线整治河道和修建控制引导河水流向、保护堤岸等工程，影响防洪的，责令停止违法行为，恢复原状或者采取其他补救措施，可以处一万元以上十万元以下的罚款。

第五十五条　违反本法第二十二条第二款、第三款规定，有下列行为之一的，责令停止违法行为，排除阻碍或者采取其他补救措施，可以处五万元以下的罚款：

（一）在河道、湖泊管理范围内建设妨碍行洪的建筑物、构筑物的；

（二）在河道、湖泊管理范围内倾倒垃圾、渣土，从事影响河势稳定、危害河岸堤防安全和其他妨碍河道行洪的活动的；

（三）在行洪河道内种植阻碍行洪的林木和高秆作物的。

第五十六条 违反本法第十五条第二款、第二十三条规定，围海造地、围湖造地、围垦河道的，责令停止违法行为，恢复原状或者采取其他补救措施，可以处五万元以下的罚款；既不恢复原状也不采取其他补救措施的，代为恢复原状或者采取其他补救措施，所需费用由违法者承担。

第五十七条 违反本法第二十七条规定，未经水行政主管部门对其工程建设方案审查同意或者未按照有关水行政主管部门审查批准的位置、界限，在河道、湖泊管理范围内从事工程设施建设活动的，责令停止违法行为，补办审查同意或者审查批准手续；工程设施建设严重影响防洪的，责令限期拆除，逾期不拆除的，强行拆除，所需费用由建设单位承担；影响行洪但尚可采取补救措施的，责令限期采取补救措施，可以处一万元以上十万元以下的罚款。

第五十八条 违反本法第三十三条第一款规定，在洪泛区、蓄滞洪区内建设非防洪建设项目，未编制洪水影响评价报告或者洪水影响评价报告未经审查批准开工建设的，责令限期改正；逾期不改正的，处五万元以下的罚款。

违反本法第三十三条第二款规定，防洪工程设施未经验收，即将建设项目投入生产或者使用的，责令停止生产或者使用，限期验收防洪工程设施，可以处五万元以下的罚款。

第五十九条 违反本法第三十四条规定，因城市建设擅自填堵原有河道沟叉、贮水湖塘洼淀和废除原有防洪围堤的，城市人民政府应当责令停止违法行为，限期恢复原状或者采取其他补救措施。

第六十条 违反本法规定，破坏、侵占、毁损堤防、水闸、护岸、抽水站、排水渠系等防洪工程和水文、通信设施以及防汛备用的器材、物料的，责令停止违法行为，采取补救措施，可以处五万元以下的罚款；造成损坏的，依法承担民事责任；应当给予治安管理处罚的，依照治安管理处罚法的规定处罚；构成犯罪的，依法追究刑事责任。

第六十一条 阻碍、威胁防汛指挥机构、水行政主管部门或者流域管理机构的工作人员依法执行职务，构成犯罪的，依法追究刑事责任；尚不构成犯罪，应当给予治安管理处罚的，依照治安管理处罚法的规定处罚。

第六十二条 截留、挪用防洪、救灾资金和物资，构成犯罪的，依法追究刑事责任；尚不构成犯罪的，给予行政处分。

第六十三条 除本法第五十九条的规定外，本章规定的行政处罚和行政措施，由县级以上人民政府水行政主管部门决定，或者由流域管理机构按照国务院水行政主管部门规定的权限决定。但是，本法第六十条、第六十一条规定的治安管理处罚的决定机关，按照治安管理处罚法的规定执行。

第六十四条 国家工作人员，有下列行为之一，构成犯罪的，依法追究刑事责任；尚不构成犯罪的，给予行政处分：

（一）违反本法第十七条、第十九条、第二十二条第二款、第二十二条第三款、第二十七条或者第三十四条规定，严重影响防洪的；

（二）滥用职权，玩忽职守，徇私舞弊，致使防汛抗洪工作遭受重大损失的；

（三）拒不执行防御洪水方案、防汛抢险指令或者蓄滞洪方案、措施、汛期调度运用计划等防汛调度方案的；

（四）违反本法规定，导致或者加重毗邻地区或者其他单位洪灾损失的。

第八章　附　　则

第六十五条 本法自1998年1月1日起施行。

中华人民共和国长江保护法

(2020年12月26日第十三届全国人民代表大会常务委员会第二十四次会议通过)

第一章 总　则

第一条 为了加强长江流域生态环境保护和修复，促进资源合理高效利用，保障生态安全，实现人与自然和谐共生、中华民族永续发展，制定本法。

第二条 在长江流域开展生态环境保护和修复以及长江流域各类生产生活、开发建设活动，应当遵守本法。

本法所称长江流域，是指由长江干流、支流和湖泊形成的集水区域所涉及的青海省、四川省、西藏自治区、云南省、重庆市、湖北省、湖南省、江西省、安徽省、江苏省、上海市，以及甘肃省、陕西省、河南省、贵州省、广西壮族自治区、广东省、浙江省、福建省的相关县级行政区域。

第三条 长江流域经济社会发展，应当坚持生态优先、绿色发展，共抓大保护、不搞大开发；长江保护应当坚持统筹协调、科学规划、创新驱动、系统治理。

第四条 国家建立长江流域协调机制，统一指导、统筹协调长江保护工作，审议长江保护重大政策、重大规划，协调跨地区跨部门重大事项，督促检查长江保护重要工作的落实情况。

第五条 国务院有关部门和长江流域省级人民政府负责落实国家长江流域协调机制的决策，按照职责分工负责长江保护相关工作。

长江流域地方各级人民政府应当落实本行政区域的生态环境保护和修复、促进资源合理高效利用、优化产业结构和布局、维护长江流域生态安全的责任。

长江流域各级河湖长负责长江保护相关工作。

第六条 长江流域相关地方根据需要在地方性法规和政府规章制定、规划编制、监督执法等方面建立协作机制，协同推进长江流域生态环境保护和修复。

第七条 国务院生态环境、自然资源、水行政、农业农村和标准化等有关主管部门按照职责分工,建立健全长江流域水环境质量和污染物排放、生态环境修复、水资源节约集约利用、生态流量、生物多样性保护、水产养殖、防灾减灾等标准体系。

第八条 国务院自然资源主管部门会同国务院有关部门定期组织长江流域土地、矿产、水流、森林、草原、湿地等自然资源状况调查,建立资源基础数据库,开展资源环境承载能力评价,并向社会公布长江流域自然资源状况。

国务院野生动物保护主管部门应当每十年组织一次野生动物及其栖息地状况普查,或者根据需要组织开展专项调查,建立野生动物资源档案,并向社会公布长江流域野生动物资源状况。

长江流域县级以上地方人民政府农业农村主管部门会同本级人民政府有关部门对水生生物产卵场、索饵场、越冬场和洄游通道等重要栖息地开展生物多样性调查。

第九条 国家长江流域协调机制应当统筹协调国务院有关部门在已经建立的台站和监测项目基础上,健全长江流域生态环境、资源、水文、气象、航运、自然灾害等监测网络体系和监测信息共享机制。

国务院有关部门和长江流域县级以上地方人民政府及其有关部门按照职责分工,组织完善生态环境风险报告和预警机制。

第十条 国务院生态环境主管部门会同国务院有关部门和长江流域省级人民政府建立健全长江流域突发生态环境事件应急联动工作机制,与国家突发事件应急体系相衔接,加强对长江流域船舶、港口、矿山、化工厂、尾矿库等发生的突发生态环境事件的应急管理。

第十一条 国家加强长江流域洪涝干旱、森林草原火灾、地质灾害、地震等灾害的监测预报预警、防御、应急处置与恢复重建体系建设,提高防灾、减灾、抗灾、救灾能力。

第十二条 国家长江流域协调机制设立专家咨询委员会,组织专业机构和人员对长江流域重大发展战略、政策、规划等开展科学技术等专业咨询。

国务院有关部门和长江流域省级人民政府及其有关部门按照职责分工,组织开展长江流域建设项目、重要基础设施和产业布局相关规划等对长江流域生态系统影响的第三方评估、分析、论证等工作。

第十三条 国家长江流域协调机制统筹协调国务院有关部门和长江流域省级人民政府建立健全长江流域信息共享系统。国务院有关部门和长江流域省级人民政府及其有关部门应当按照规定，共享长江流域生态环境、自然资源以及管理执法等信息。

第十四条 国务院有关部门和长江流域县级以上地方人民政府及其有关部门应当加强长江流域生态环境保护和绿色发展的宣传教育。

新闻媒体应当采取多种形式开展长江流域生态环境保护和绿色发展的宣传教育，并依法对违法行为进行舆论监督。

第十五条 国务院有关部门和长江流域县级以上地方人民政府及其有关部门应当采取措施，保护长江流域历史文化名城名镇名村，加强长江流域文化遗产保护工作，继承和弘扬长江流域优秀特色文化。

第十六条 国家鼓励、支持单位和个人参与长江流域生态环境保护和修复、资源合理利用、促进绿色发展的活动。

对在长江保护工作中做出突出贡献的单位和个人，县级以上人民政府及其有关部门应当按照国家有关规定予以表彰和奖励。

第二章 规划与管控

第十七条 国家建立以国家发展规划为统领，以空间规划为基础，以专项规划、区域规划为支撑的长江流域规划体系，充分发挥规划对推进长江流域生态环境保护和绿色发展的引领、指导和约束作用。

第十八条 国务院和长江流域县级以上地方人民政府应当将长江保护工作纳入国民经济和社会发展规划。

国务院发展改革部门会同国务院有关部门编制长江流域发展规划，科学统筹长江流域上下游、左右岸、干支流生态环境保护和绿色发展，报国务院批准后实施。

长江流域水资源规划、生态环境保护规划等依照有关法律、行政法规的规定编制。

第十九条 国务院自然资源主管部门会同国务院有关部门组织编制长江流域国土空间规划，科学有序统筹安排长江流域生态、农业、城镇等功能空间，划定生态保护红线、永久基本农田、城镇开发边界，优化国土空间结构和布局，统领长江流域国土空间利用任务，报国务院批准后实施。涉及长江流域国土空间利用的专项规划应当与长江流域国土空间规划相衔接。

长江流域县级以上地方人民政府组织编制本行政区域的国土空间规划，按照规定的程序报经批准后实施。

第二十条　国家对长江流域国土空间实施用途管制。长江流域县级以上地方人民政府自然资源主管部门依照国土空间规划，对所辖长江流域国土空间实施分区、分类用途管制。

长江流域国土空间开发利用活动应当符合国土空间用途管制要求，并依法取得规划许可。对不符合国土空间用途管制要求的，县级以上人民政府自然资源主管部门不得办理规划许可。

第二十一条　国务院水行政主管部门统筹长江流域水资源合理配置、统一调度和高效利用，组织实施取用水总量控制和消耗强度控制管理制度。

国务院生态环境主管部门根据水环境质量改善目标和水污染防治要求，确定长江流域各省级行政区域重点污染物排放总量控制指标。长江流域水质超标的水功能区，应当实施更严格的污染物排放总量削减要求。企业事业单位应当按照要求，采取污染物排放总量控制措施。

国务院自然资源主管部门负责统筹长江流域新增建设用地总量控制和计划安排。

第二十二条　长江流域省级人民政府根据本行政区域的生态环境和资源利用状况，制定生态环境分区管控方案和生态环境准入清单，报国务院生态环境主管部门备案后实施。生态环境分区管控方案和生态环境准入清单应当与国土空间规划相衔接。

长江流域产业结构和布局应当与长江流域生态系统和资源环境承载能力相适应。禁止在长江流域重点生态功能区布局对生态系统有严重影响的产业。禁止重污染企业和项目向长江中上游转移。

第二十三条　国家加强对长江流域水能资源开发利用的管理。因国家发展战略和国计民生需要，在长江流域新建大中型水电工程，应当经科学论证，并报国务院或者国务院授权的部门批准。

对长江流域已建小水电工程，不符合生态保护要求的，县级以上地方人民政府应当组织分类整改或者采取措施逐步退出。

第二十四条 国家对长江干流和重要支流源头实行严格保护,设立国家公园等自然保护地,保护国家生态安全屏障。

第二十五条 国务院水行政主管部门加强长江流域河道、湖泊保护工作。长江流域县级以上地方人民政府负责划定河道、湖泊管理范围,并向社会公告,实行严格的河湖保护,禁止非法侵占河湖水域。

第二十六条 国家对长江流域河湖岸线实施特殊管制。国家长江流域协调机制统筹协调国务院自然资源、水行政、生态环境、住房和城乡建设、农业农村、交通运输、林业和草原等部门和长江流域省级人民政府划定河湖岸线保护范围,制定河湖岸线保护规划,严格控制岸线开发建设,促进岸线合理高效利用。

禁止在长江干支流岸线一公里范围内新建、扩建化工园区和化工项目。

禁止在长江干流岸线三公里范围内和重要支流岸线一公里范围内新建、改建、扩建尾矿库;但是以提升安全、生态环境保护水平为目的的改建除外。

第二十七条 国务院交通运输主管部门会同国务院自然资源、水行政、生态环境、农业农村、林业和草原主管部门在长江流域水生生物重要栖息地科学划定禁止航行区域和限制航行区域。

禁止船舶在划定的禁止航行区域内航行。因国家发展战略和国计民生需要,在水生生物重要栖息地禁止航行区域内航行的,应当由国务院交通运输主管部门商国务院农业农村主管部门同意,并应当采取必要措施,减少对重要水生生物的干扰。

严格限制在长江流域生态保护红线、自然保护地、水生生物重要栖息地水域实施航道整治工程;确需整治的,应当经科学论证,并依法办理相关手续。

第二十八条 国家建立长江流域河道采砂规划和许可制度。长江流域河道采砂应当依法取得国务院水行政主管部门有关流域管理机构或者县级以上地方人民政府水行政主管部门的许可。

国务院水行政主管部门有关流域管理机构和长江流域县级以上地方人民政府依法划定禁止采砂区和禁止采砂期,严格控制采砂区域、采砂总量和采砂区域内的采砂船舶数量。禁止在长江流域禁止采砂区和禁止采砂期从事采砂活动。

国务院水行政主管部门会同国务院有关部门组织长江流域有关地方人民政府及其有关部门开展长江流域河道非法采砂联合执法工作。

第三章 资　源　保　护

第二十九条 长江流域水资源保护与利用，应当根据流域综合规划，优先满足城乡居民生活用水，保障基本生态用水，并统筹农业、工业用水以及航运等需要。

第三十条 国务院水行政主管部门有关流域管理机构商长江流域省级人民政府依法制定跨省河流水量分配方案，报国务院或者国务院授权的部门批准后实施。制定长江流域跨省河流水量分配方案应当征求国务院有关部门的意见。长江流域省级人民政府水行政主管部门制定本行政区域的长江流域水量分配方案，报本级人民政府批准后实施。

国务院水行政主管部门有关流域管理机构或者长江流域县级以上地方人民政府水行政主管部门依据批准的水量分配方案，编制年度水量分配方案和调度计划，明确相关河段和控制断面流量水量、水位管控要求。

第三十一条 国家加强长江流域生态用水保障。国务院水行政主管部门会同国务院有关部门提出长江干流、重要支流和重要湖泊控制断面的生态流量管控指标。其他河湖生态流量管控指标由长江流域县级以上地方人民政府水行政主管部门会同本级人民政府有关部门确定。

国务院水行政主管部门有关流域管理机构应当将生态水量纳入年度水量调度计划，保证河湖基本生态用水需求，保障枯水期和鱼类产卵期生态流量、重要湖泊的水量和水位，保障长江河口咸淡水平衡。

长江干流、重要支流和重要湖泊上游的水利水电、航运枢纽等工程应当将生态用水调度纳入日常运行调度规程，建立常规生态调度机制，保证河湖生态流量；其下泄流量不符合生态流量泄放要求的，由县级以上人民政府水行政主管部门提出整改措施并监督实施。

第三十二条 国务院有关部门和长江流域地方各级人民政府应当采取措施，加快病险水库除险加固，推进堤防和蓄滞洪区建设，提升洪涝灾害防御工程标准，加强水工程联合调度，开展河道泥沙观测和河势调查，建立与经济社会发展相适应的防洪减灾工程和非工程体系，提高防御水旱灾害的整体能力。

第三十三条 国家对跨长江流域调水实行科学论证，加强控制和管理。实施跨长江流域调水应当优先保障调出区域及其下游区域的用水安全和生态安全，统筹调出区域和调入区域用水需求。

第三十四条 国家加强长江流域饮用水水源地保护。国务院水行政主管部门会同国务院有关部门制定长江流域饮用水水源地名录。长江流域省级人民政府水行政主管部门会同本级人民政府有关部门制定本行政区域的其他饮用水水源地名录。

长江流域省级人民政府组织划定饮用水水源保护区，加强饮用水水源保护，保障饮用水安全。

第三十五条 长江流域县级以上地方人民政府及其有关部门应当合理布局饮用水水源取水口，制定饮用水安全突发事件应急预案，加强饮用水备用应急水源建设，对饮用水水源的水环境质量进行实时监测。

第三十六条 丹江口库区及其上游所在地县级以上地方人民政府应当按照饮用水水源地安全保障区、水质影响控制区、水源涵养生态建设区管理要求，加强山水林田湖草整体保护，增强水源涵养能力，保障水质稳定达标。

第三十七条 国家加强长江流域地下水资源保护。长江流域县级以上地方人民政府及其有关部门应当定期调查评估地下水资源状况，监测地下水水量、水位、水环境质量，并采取相应风险防范措施，保障地下水资源安全。

第三十八条 国务院水行政主管部门会同国务院有关部门确定长江流域农业、工业用水效率目标，加强用水计量和监测设施建设；完善规划和建设项目水资源论证制度；加强对高耗水行业、重点用水单位的用水定额管理，严格控制高耗水项目建设。

第三十九条 国家统筹长江流域自然保护地体系建设。国务院和长江流域省级人民政府在长江流域重要典型生态系统的完整分布区、生态环境敏感区以及珍贵野生动植物天然集中分布区和重要栖息地、重要自然遗迹分布区等区域，依法设立国家公园、自然保护区、自然公园等自然保护地。

第四十条 国务院和长江流域省级人民政府应当依法在长江流域重要生态区、生态状况脆弱区划定公益林，实施严格管理。国家对长江流域天然林实施严格保护，科学划定天然林保护重点区域。

长江流域县级以上地方人民政府应当加强对长江流域草原资源的保护，

对具有调节气候、涵养水源、保持水土、防风固沙等特殊作用的基本草原实施严格管理。

国务院林业和草原主管部门和长江流域省级人民政府林业和草原主管部门会同本级人民政府有关部门,根据不同生态区位、生态系统功能和生物多样性保护的需要,发布长江流域国家重要湿地、地方重要湿地名录及保护范围,加强对长江流域湿地的保护和管理,维护湿地生态功能和生物多样性。

第四十一条 国务院农业农村主管部门会同国务院有关部门和长江流域省级人民政府建立长江流域水生生物完整性指数评价体系,组织开展长江流域水生生物完整性评价,并将结果作为评估长江流域生态系统总体状况的重要依据。长江流域水生生物完整性指数应当与长江流域水环境质量标准相衔接。

第四十二条 国务院农业农村主管部门和长江流域县级以上地方人民政府应当制定长江流域珍贵、濒危水生野生动植物保护计划,对长江流域珍贵、濒危水生野生动植物实行重点保护。

国家鼓励有条件的单位开展对长江流域江豚、白鱀豚、白鲟、中华鲟、长江鲟、鲸、鲥、四川白甲鱼、川陕哲罗鲑、胭脂鱼、鳡、圆口铜鱼、多鳞白甲鱼、华鲮、鲈鲤和葛仙米、弧形藻、眼子菜、水菜花等水生野生动植物生境特征和种群动态的研究,建设人工繁育和科普教育基地,组织开展水生生物救护。

禁止在长江流域开放水域养殖、投放外来物种或者其他非本地物种种质资源。

第四章 水污染防治

第四十三条 国务院生态环境主管部门和长江流域地方各级人民政府应当采取有效措施,加大对长江流域的水污染防治、监管力度,预防、控制和减少水环境污染。

第四十四条 国务院生态环境主管部门负责制定长江流域水环境质量标准,对国家水环境质量标准中未作规定的项目可以补充规定;对国家水环境质量标准中已经规定的项目,可以作出更加严格的规定。制定长江流域水环境质量标准应当征求国务院有关部门和有关省级人民政府的意见。长江流域省级人民政府可以制定严于长江流域水环境质量标准的地方水环境质量标准，报国务院生态环境主管部门备案。

第四十五条 长江流域省级人民政府应当对没有国家水污染物排放标准的特色产业、特有污染物，或者国家有明确要求的特定水污染源或者水污染物，补充制定地方水污染物排放标准，报国务院生态环境主管部门备案。

有下列情形之一的，长江流域省级人民政府应当制定严于国家水污染物排放标准的地方水污染物排放标准，报国务院生态环境主管部门备案：

（一）产业密集、水环境问题突出的；

（二）现有水污染物排放标准不能满足所辖长江流域水环境质量要求的；

（三）流域或者区域水环境形势复杂，无法适用统一的水污染物排放标准的。

第四十六条 长江流域省级人民政府制定本行政区域的总磷污染控制方案，并组织实施。对磷矿、磷肥生产集中的长江干支流，有关省级人民政府应当制定更加严格的总磷排放管控要求，有效控制总磷排放总量。

磷矿开采加工、磷肥和含磷农药制造等企业，应当按照排污许可要求，采取有效措施控制总磷排放浓度和排放总量；对排污口和周边环境进行总磷监测，依法公开监测信息。

第四十七条 长江流域县级以上地方人民政府应当统筹长江流域城乡污水集中处理设施及配套管网建设，并保障其正常运行，提高城乡污水收集处理能力。

长江流域县级以上地方人民政府应当组织对本行政区域的江河、湖泊排污口开展排查整治，明确责任主体，实施分类管理。

在长江流域江河、湖泊新设、改设或者扩大排污口，应当按照国家有关规定报经有管辖权的生态环境主管部门或者长江流域生态环境监督管理机构同意。对未达到水质目标的水功能区，除污水集中处理设施排污口外，应当严格控制新设、改设或者扩大排污口。

第四十八条 国家加强长江流域农业面源污染防治。长江流域农业生产应当科学使用农业投入品，减少化肥、农药施用，推广有机肥使用，科学处置农用薄膜、农作物秸秆等农业废弃物。

第四十九条 禁止在长江流域河湖管理范围内倾倒、填埋、堆放、弃置、处理固体废物。长江流域县级以上地方人民政府应当加强对固体废物非法转移和倾倒的联防联控。

第五十条　长江流域县级以上地方人民政府应当组织对沿河湖垃圾填埋场、加油站、矿山、尾矿库、危险废物处置场、化工园区和化工项目等地下水重点污染源及周边地下水环境风险隐患开展调查评估，并采取相应风险防范和整治措施。

第五十一条　国家建立长江流域危险货物运输船舶污染责任保险与财务担保相结合机制。具体办法由国务院交通运输主管部门会同国务院有关部门制定。

禁止在长江流域水上运输剧毒化学品和国家规定禁止通过内河运输的其他危险化学品。长江流域县级以上地方人民政府交通运输主管部门会同本级人民政府有关部门加强对长江流域危险化学品运输的管控。

第五章　生态环境修复

第五十二条　国家对长江流域生态系统实行自然恢复为主、自然恢复与人工修复相结合的系统治理。国务院自然资源主管部门会同国务院有关部门编制长江流域生态环境修复规划，组织实施重大生态环境修复工程，统筹推进长江流域各项生态环境修复工作。

第五十三条　国家对长江流域重点水域实行严格捕捞管理。在长江流域水生生物保护区全面禁止生产性捕捞；在国家规定的期限内，长江干流和重要支流、大型通江湖泊、长江河口规定区域等重点水域全面禁止天然渔业资源的生产性捕捞。具体办法由国务院农业农村主管部门会同国务院有关部门制定。

国务院农业农村主管部门会同国务院有关部门和长江流域省级人民政府加强长江流域禁捕执法工作，严厉查处电鱼、毒鱼、炸鱼等破坏渔业资源和生态环境的捕捞行为。

长江流域县级以上地方人民政府应当按照国家有关规定做好长江流域重点水域退捕渔民的补偿、转产和社会保障工作。

长江流域其他水域禁捕、限捕管理办法由县级以上地方人民政府制定。

第五十四条　国务院水行政主管部门会同国务院有关部门制定并组织实施长江干流和重要支流的河湖水系连通修复方案，长江流域省级人民政府制

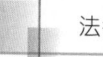

定并组织实施本行政区域的长江流域河湖水系连通修复方案，逐步改善长江流域河湖连通状况，恢复河湖生态流量，维护河湖水系生态功能。

第五十五条 国家长江流域协调机制统筹协调国务院自然资源、水行政、生态环境、住房和城乡建设、农业农村、交通运输、林业和草原等部门和长江流域省级人民政府制定长江流域河湖岸线修复规范，确定岸线修复指标。

长江流域县级以上地方人民政府按照长江流域河湖岸线保护规划、修复规范和指标要求，制定并组织实施河湖岸线修复计划，保障自然岸线比例，恢复河湖岸线生态功能。

禁止违法利用、占用长江流域河湖岸线。

第五十六条 国务院有关部门会同长江流域有关省级人民政府加强对三峡库区、丹江口库区等重点库区消落区的生态环境保护和修复，因地制宜实施退耕还林还草还湿，禁止施用化肥、农药，科学调控水库水位，加强库区水土保持和地质灾害防治工作，保障消落区良好生态功能。

第五十七条 长江流域县级以上地方人民政府林业和草原主管部门负责组织实施长江流域森林、草原、湿地修复计划，科学推进森林、草原、湿地修复工作，加大退化天然林、草原和受损湿地修复力度。

第五十八条 国家加大对太湖、鄱阳湖、洞庭湖、巢湖、滇池等重点湖泊实施生态环境修复的支持力度。

长江流域县级以上地方人民政府应当组织开展富营养化湖泊的生态环境修复，采取调整产业布局规模、实施控制性水工程统一调度、生态补水、河湖连通等综合措施，改善和恢复湖泊生态系统的质量和功能；对氮磷浓度严重超标的湖泊，应当在影响湖泊水质的汇水区，采取措施削减化肥用量，禁止使用含磷洗涤剂，全面清理投饵、投肥养殖。

第五十九条 国务院林业和草原、农业农村主管部门应当对长江流域数量急剧下降或者极度濒危的野生动植物和受到严重破坏的栖息地、天然集中分布区、破碎化的典型生态系统制定修复方案和行动计划，修建迁地保护设施，建立野生动植物遗传资源基因库，进行抢救性修复。

在长江流域水生生物产卵场、索饵场、越冬场和洄游通道等重要栖息地应当实施生态环境修复和其他保护措施。对鱼类等水生生物洄游产生阻隔的涉水工程应当结合实际采取建设过鱼设施、河湖连通、生态调度、灌江纳苗、基因保存、增殖放流、人工繁育等多种措施，充分满足水生生物的生态需求。

第六十条　国务院水行政主管部门会同国务院有关部门和长江河口所在地人民政府按照陆海统筹、河海联动的要求，制定实施长江河口生态环境修复和其他保护措施方案，加强对水、沙、盐、潮滩、生物种群的综合监测，采取有效措施防止海水入侵和倒灌，维护长江河口良好生态功能。

第六十一条　长江流域水土流失重点预防区和重点治理区的县级以上地方人民政府应当采取措施，防治水土流失。生态保护红线范围内的水土流失地块，以自然恢复为主，按照规定有计划地实施退耕还林还草还湿；划入自然保护地核心保护区的永久基本农田，依法有序退出并予以补划。

禁止在长江流域水土流失严重、生态脆弱的区域开展可能造成水土流失的生产建设活动。确因国家发展战略和国计民生需要建设的，应当经科学论证，并依法办理审批手续。

长江流域县级以上地方人民政府应当对石漠化的土地因地制宜采取综合治理措施，修复生态系统，防止土地石漠化蔓延。

第六十二条　长江流域县级以上地方人民政府应当因地制宜采取消除地质灾害隐患、土地复垦、恢复植被、防治污染等措施，加快历史遗留矿山生态环境修复工作，并加强对在建和运行中矿山的监督管理，督促采矿权人切实履行矿山污染防治和生态环境修复责任。

第六十三条　长江流域中下游地区县级以上地方人民政府应当因地制宜在项目、资金、人才、管理等方面，对长江流域江河源头和上游地区实施生态环境修复和其他保护措施给予支持，提升长江流域生态脆弱区实施生态环境修复和其他保护措施的能力。

国家按照政策支持、企业和社会参与、市场化运作的原则，鼓励社会资本投入长江流域生态环境修复。

第六章　绿　色　发　展

第六十四条　国务院有关部门和长江流域地方各级人民政府应当按照长江流域发展规划、国土空间规划的要求，调整产业结构，优化产业布局，推进长江流域绿色发展。

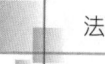

第六十五条 国务院和长江流域地方各级人民政府及其有关部门应当协同推进乡村振兴战略和新型城镇化战略的实施，统筹城乡基础设施建设和产业发展，建立健全全民覆盖、普惠共享、城乡一体的基本公共服务体系，促进长江流域城乡融合发展。

第六十六条 长江流域县级以上地方人民政府应当推动钢铁、石油、化工、有色金属、建材、船舶等产业升级改造，提升技术装备水平；推动造纸、制革、电镀、印染、有色金属、农药、氮肥、焦化、原料药制造等企业实施清洁化改造。企业应当通过技术创新减少资源消耗和污染物排放。

长江流域县级以上地方人民政府应当采取措施加快重点地区危险化学品生产企业搬迁改造。

第六十七条 国务院有关部门会同长江流域省级人民政府建立开发区绿色发展评估机制，并组织对各类开发区的资源能源节约集约利用、生态环境保护等情况开展定期评估。

长江流域县级以上地方人民政府应当根据评估结果对开发区产业产品、节能减排措施等进行优化调整。

第六十八条 国家鼓励和支持在长江流域实施重点行业和重点用水单位节水技术改造，提高水资源利用效率。

长江流域县级以上地方人民政府应当加强节水型城市和节水型园区建设，促进节水型行业产业和企业发展，并加快建设雨水自然积存、自然渗透、自然净化的海绵城市。

第六十九条 长江流域县级以上地方人民政府应当按照绿色发展的要求，统筹规划、建设与管理，提升城乡人居环境质量，建设美丽城镇和美丽乡村。

长江流域县级以上地方人民政府应当按照生态、环保、经济、实用的原则因地制宜组织实施厕所改造。

国务院有关部门和长江流域县级以上地方人民政府及其有关部门应当加强对城市新区、各类开发区等使用建筑材料的管理，鼓励使用节能环保、性能高的建筑材料，建设地下综合管廊和管网。

长江流域县级以上地方人民政府应当建设废弃土石渣综合利用信息平台，加强对生产建设活动废弃土石渣收集、清运、集中堆放的管理，鼓励开展综合利用。

第七十条 长江流域县级以上地方人民政府应当编制并组织实施养殖水域滩涂规划，合理划定禁养区、限养区、养殖区，科学确定养殖规模和养殖密度；强化水产养殖投入品管理，指导和规范水产养殖、增殖活动。

第七十一条 国家加强长江流域综合立体交通体系建设，完善港口、航道等水运基础设施，推动交通设施互联互通，实现水陆有机衔接、江海直达联运，提升长江黄金水道功能。

第七十二条 长江流域县级以上地方人民政府应当统筹建设船舶污染物接收转运处置设施、船舶液化天然气加注站，制定港口岸电设施、船舶受电设施建设和改造计划，并组织实施。具备岸电使用条件的船舶靠港应当按照国家有关规定使用岸电，但使用清洁能源的除外。

第七十三条 国务院和长江流域县级以上地方人民政府对长江流域港口、航道和船舶升级改造，液化天然气动力船舶等清洁能源或者新能源动力船舶建造，港口绿色设计等按照规定给予资金支持或者政策扶持。

国务院和长江流域县级以上地方人民政府对长江流域港口岸电设施、船舶受电设施的改造和使用按照规定给予资金补贴、电价优惠等政策扶持。

第七十四条 长江流域地方各级人民政府加强对城乡居民绿色消费的宣传教育，并采取有效措施，支持、引导居民绿色消费。

长江流域地方各级人民政府按照系统推进、广泛参与、突出重点、分类施策的原则，采取回收押金、限制使用易污染不易降解塑料用品、绿色设计、发展公共交通等措施，提倡简约适度、绿色低碳的生活方式。

第七章 保障与监督

第七十五条 国务院和长江流域县级以上地方人民政府应当加大长江流域生态环境保护和修复的财政投入。

国务院和长江流域省级人民政府按照中央与地方财政事权和支出责任划分原则，专项安排长江流域生态环境保护资金，用于长江流域生态环境保护和修复。国务院自然资源主管部门会同国务院财政、生态环境等有关部门制定合理利用社会资金促进长江流域生态环境修复的政策措施。

国家鼓励和支持长江流域生态环境保护和修复等方面的科学技术研究开发和推广应用。

国家鼓励金融机构发展绿色信贷、绿色债券、绿色保险等金融产品,为长江流域生态环境保护和绿色发展提供金融支持。

第七十六条 国家建立长江流域生态保护补偿制度。

国家加大财政转移支付力度,对长江干流及重要支流源头和上游的水源涵养地等生态功能重要区域予以补偿。具体办法由国务院财政部门会同国务院有关部门制定。

国家鼓励长江流域上下游、左右岸、干支流地方人民政府之间开展横向生态保护补偿。

国家鼓励社会资金建立市场化运作的长江流域生态保护补偿基金;鼓励相关主体之间采取自愿协商等方式开展生态保护补偿。

第七十七条 国家加强长江流域司法保障建设,鼓励有关单位为长江流域生态环境保护提供法律服务。

长江流域各级行政执法机关、人民法院、人民检察院在依法查处长江保护违法行为或者办理相关案件过程中,发现存在涉嫌犯罪行为的,应当将犯罪线索移送具有侦查、调查职权的机关。

第七十八条 国家实行长江流域生态环境保护责任制和考核评价制度。上级人民政府应当对下级人民政府生态环境保护和修复目标完成情况等进行考核。

第七十九条 国务院有关部门和长江流域县级以上地方人民政府有关部门应当依照本法规定和职责分工,对长江流域各类保护、开发、建设活动进行监督检查,依法查处破坏长江流域自然资源、污染长江流域环境、损害长江流域生态系统等违法行为。

公民、法人和非法人组织有权依法获取长江流域生态环境保护相关信息,举报和控告破坏长江流域自然资源、污染长江流域环境、损害长江流域生态系统等违法行为。

国务院有关部门和长江流域地方各级人民政府及其有关部门应当依法公开长江流域生态环境保护相关信息,完善公众参与程序,为公民、法人和非法人组织参与和监督长江流域生态环境保护提供便利。

第八十条 国务院有关部门和长江流域地方各级人民政府及其有关部门对长江流域跨行政区域、生态敏感区域和生态环境违法案件高发区域以及重大违法案件,依法开展联合执法。

第八十一条 国务院有关部门和长江流域省级人民政府对长江保护工作

不力、问题突出、群众反映集中的地区，可以约谈所在地区县级以上地方人民政府及其有关部门主要负责人，要求其采取措施及时整改。

第八十二条 国务院应当定期向全国人民代表大会常务委员会报告长江流域生态环境状况及保护和修复工作等情况。

长江流域县级以上地方人民政府应当定期向本级人民代表大会或者其常务委员会报告本级人民政府长江流域生态环境保护和修复工作等情况。

第八章 法 律 责 任

第八十三条 国务院有关部门和长江流域地方各级人民政府及其有关部门违反本法规定，有下列行为之一的，对直接负责的主管人员和其他直接责任人员依法给予警告、记过、记大过或者降级处分；造成严重后果的，给予撤职或者开除处分，其主要负责人应当引咎辞职：

（一）不符合行政许可条件准予行政许可的；

（二）依法应当作出责令停业、关闭等决定而未作出的；

（三）发现违法行为或者接到举报不依法查处的；

（四）有其他玩忽职守、滥用职权、徇私舞弊行为的。

第八十四条 违反本法规定，有下列行为之一的，由有关主管部门按照职责分工，责令停止违法行为，给予警告，并处一万元以上十万元以下罚款；情节严重的，并处十万元以上五十万元以下罚款：

（一）船舶在禁止航行区域内航行的；

（二）经同意在水生生物重要栖息地禁止航行区域内航行，未采取必要措施减少对重要水生生物干扰的；

（三）水利水电、航运枢纽等工程未将生态用水调度纳入日常运行调度规程的；

（四）具备岸电使用条件的船舶未按照国家有关规定使用岸电的。

第八十五条 违反本法规定，在长江流域开放水域养殖、投放外来物种或者其他非本地物种种质资源的，由县级以上人民政府农业农村主管部门责令限期捕回，处十万元以下罚款；造成严重后果的，处十万元以上一百万元以下罚款；逾期不捕回的，由有关人民政府农业农村主管部门代为捕回或者采取降低负面影响的措施，所需费用由违法者承担。

第八十六条　违反本法规定，在长江流域水生生物保护区内从事生产性捕捞，或者在长江干流和重要支流、大型通江湖泊、长江河口规定区域等重点水域禁捕期间从事天然渔业资源的生产性捕捞的，由县级以上人民政府农业农村主管部门没收渔获物、违法所得以及用于违法活动的渔船、渔具和其他工具，并处一万元以上五万元以下罚款；采取电鱼、毒鱼、炸鱼等方式捕捞，或者有其他严重情节的，并处五万元以上五十万元以下罚款。

收购、加工、销售前款规定的渔获物的，由县级以上人民政府农业农村、市场监督管理等部门按照职责分工，没收渔获物及其制品和违法所得，并处货值金额十倍以上二十倍以下罚款；情节严重的，吊销相关生产经营许可证或者责令关闭。

第八十七条　违反本法规定，非法侵占长江流域河湖水域，或者违法利用、占用河湖岸线的，由县级以上人民政府水行政、自然资源等主管部门按照职责分工，责令停止违法行为，限期拆除并恢复原状，所需费用由违法者承担，没收违法所得，并处五万元以上五十万元以下罚款。

第八十八条　违反本法规定，有下列行为之一的，由县级以上人民政府生态环境、自然资源等主管部门按照职责分工，责令停止违法行为，限期拆除并恢复原状，所需费用由违法者承担，没收违法所得，并处五十万元以上五百万元以下罚款，对直接负责的主管人员和其他直接责任人员处五万元以上十万元以下罚款；情节严重的，报经有批准权的人民政府批准，责令关闭：

（一）在长江干支流岸线一公里范围内新建、扩建化工园区和化工项目的；

（二）在长江干流岸线三公里范围内和重要支流岸线一公里范围内新建、改建、扩建尾矿库的；

（三）违反生态环境准入清单的规定进行生产建设活动的。

第八十九条　长江流域磷矿开采加工、磷肥和含磷农药制造等企业违反本法规定，超过排放标准或者总量控制指标排放含磷水污染物的，由县级以上人民政府生态环境主管部门责令停止违法行为，并处二十万元以上二百万元以下罚款，对直接负责的主管人员和其他直接责任人员处五万元以上十万元以下罚款；情节严重的，责令停产整顿，或者报经有批准权的人民政府批准，责令关闭。

第九十条　违反本法规定，在长江流域水上运输剧毒化学品和国家规定禁止通过内河运输的其他危险化学品的，由县级以上人民政府交通运输主管部门或者海事管理机构责令改正，没收违法所得，并处二十万元以上二百万元以下罚款，对直接负责的主管人员和其他直接责任人员处五万元以上十万元以下罚款；情节严重的，责令停业整顿，或者吊销相关许可证。

第九十一条　违反本法规定，在长江流域未依法取得许可从事采砂活动，或者在禁止采砂区和禁止采砂期从事采砂活动的，由国务院水行政主管部门有关流域管理机构或者县级以上地方人民政府水行政主管部门责令停止违法行为，没收违法所得以及用于违法活动的船舶、设备、工具，并处货值金额二倍以上二十倍以下罚款；货值金额不足十万元的，并处二十万元以上二百万元以下罚款；已经取得河道采砂许可证的，吊销河道采砂许可证。

第九十二条　对破坏长江流域自然资源、污染长江流域环境、损害长江流域生态系统等违法行为，本法未作行政处罚规定的，适用有关法律、行政法规的规定。

第九十三条　因污染长江流域环境、破坏长江流域生态造成他人损害的，侵权人应当承担侵权责任。

违反国家规定造成长江流域生态环境损害的，国家规定的机关或者法律规定的组织有权请求侵权人承担修复责任、赔偿损失和有关费用。

第九十四条　违反本法规定，构成犯罪的，依法追究刑事责任。

第九章　附　　则

第九十五条　本法下列用语的含义：

（一）本法所称长江干流，是指长江源头至长江河口，流经青海省、四川省、西藏自治区、云南省、重庆市、湖北省、湖南省、江西省、安徽省、江苏省、上海市的长江主河段；

（二）本法所称长江支流，是指直接或者间接流入长江干流的河流，支流可以分为一级支流、二级支流等；

（三）本法所称长江重要支流，是指流域面积一万平方公里以上的支流，其中流域面积八万平方公里以上的一级支流包括雅砻江、岷江、嘉陵江、乌江、湘江、沅江、汉江和赣江等。

第九十六条　本法自2021年3月1日起施行。

行政法规

中华人民共和国河道管理条例

（1988年6月10日中华人民共和国国务院令第3号发布　根据2011年1月8日《国务院关于废止和修改部分行政法规的决定》第一次修订　根据2017年3月1日《国务院关于修改和废止部分行政法规的决定》第二次修订　根据2017年10月7日《国务院关于修改部分行政法规的决定》第三次修订　依据2018年3月19日《国务院关于修改和废止部分行政法规的决定》第四次修订）

第一章　总　　则

第一条　为加强河道管理，保障防洪安全，发挥江河湖泊的综合效益，根据《中华人民共和国水法》，制定本条例。

第二条　本条例适用于中华人民共和国领域内的河道（包括湖泊、人工水道，行洪区、蓄洪区、滞洪区）。

河道内的航道，同时适用《中华人民共和国航道管理条例》。

第三条　开发利用江河湖泊水资源和防治水害，应当全面规划、统筹兼顾、综合利用、讲求效益，服从防洪的总体安排，促进各项事业的发展。

第四条　国务院水利行政主管部门是全国河道的主管机关。

各省、自治区、直辖市的水利行政主管部门是该行政区域的河道主管机关。

第五条　国家对河道实行按水系统一管理和分级管理相结合的原则。

长江、黄河、淮河、海河、珠江、松花江、辽河等大江大河的主要河段，跨省、自治区、直辖市的重要河段，省、自治区、直辖市之间的边界河道以及国境边界河道，由国家授权的江河流域管理机构实施管理，或者由上述江河所在省、自治区、直辖市的河道主管机关根据流域统一规划实施管理。其他河道由省、自治区、直辖市或者市、县的河道主管机关实施管理。

第六条　河道划分等级。河道等级标准由国务院水利行政主管部门制定。

第七条 河道防汛和清障工作实行地方人民政府行政首长负责制。

第八条 各级人民政府河道主管机关以及河道监理人员,必须按照国家法律、法规,加强河道管理,执行供水计划和防洪调度命令,维护水工程和人民生命财产安全。

第九条 一切单位和个人都有保护河道堤防安全和参加防汛抢险的义务。

第二章 河道整治与建设

第十条 河道的整治与建设,应当服从流域综合规划,符合国家规定的防洪标准、通航标准和其他有关技术要求,维护堤防安全,保持河势稳定和行洪、航运通畅。

第十一条 修建开发水利、防治水害、整治河道的各类工程和跨河、穿河、穿堤、临河的桥梁、码头、道路、渡口、管道、缆线等建筑物及设施,建设单位必须按照河道管理权限,将工程建设方案报送河道主管机关审查同意。未经河道主管机关审查同意的,建设单位不得开工建设。

建设项目经批准后,建设单位应当将施工安排告知河道主管机关。

第十二条 修建桥梁、码头和其他设施,必须按照国家规定的防洪标准所确定的河宽进行,不得缩窄行洪通道。

桥梁和栈桥的梁底必须高于设计洪水位,并按照防洪和航运的要求,留有一定的超高。设计洪水位由河道主管机关根据防洪规划确定。

跨越河道的管道、线路的净空高度必须符合防洪和航运的要求。

第十三条 交通部门进行航道整治,应当符合防洪安全要求,并事先征求河道主管机关对有关设计和计划的意见。

水利部门进行河道整治,涉及航道的,应当兼顾航运的需要,并事先征求交通部门对有关设计和计划的意见。

在国家规定可以流放竹木的河流和重要的渔业水域进行河道、航道整治,建设单位应当兼顾竹木水运和渔业发展的需要,并事先将有关设计和计划送同级林业、渔业主管部门征求意见。

第十四条 堤防上已修建的涵闸、泵站和埋设的穿堤管道、缆线等建筑物及设施,河道主管机关应当定期检查,对不符合工程安全要求的,限期改建。

在堤防上新建前款所指建筑物及设施，应当服从河道主管机关的安全管理。

第十五条 确需利用堤顶或者戗台兼做公路的，须经县级以上地方人民政府河道主管机关批准。堤身和堤顶公路的管理和维护办法，由河道主管机关商交通部门制定。

第十六条 城镇建设和发展不得占用河道滩地。城镇规划的临河界限，由河道主管机关会同城镇规划等有关部门确定。沿河城镇在编制和审查城镇规划时，应当事先征求河道主管机关的意见。

第十七条 河道岸线的利用和建设，应当服从河道整治规划和航道整治规划。计划部门在审批利用河道岸线的建设项目时，应当事先征求河道主管机关的意见。

河道岸线的界限，由河道主管机关会同交通等有关部门报县级以上地方人民政府划定。

第十八条 河道清淤和加固堤防取土以及按照防洪规划进行河道整治需要占用的土地，由当地人民政府调剂解决。

因修建水库、整治河道所增加的可利用土地，属于国家所有，可以由县级以上人民政府用于移民安置和河道整治工程。

第十九条 省、自治区、直辖市以河道为边界的，在河道两岸外侧各十公里之内，以及跨省、自治区、直辖市的河道，未经有关各方达成协议或者国务院水利行政主管部门批准，禁止单方面修建排水、阻水、引水、蓄水工程以及河道整治工程。

第三章 河 道 保 护

第二十条 有堤防的河道，其管理范围为两岸堤防之间的水域、沙洲、滩地（包括可耕地）、行洪区，两岸堤防及护堤地。

无堤防的河道，其管理范围根据历史最高洪水位或者设计洪水位确定。

河道的具体管理范围，由县级以上地方人民政府负责划定。

第二十一条 在河道管理范围内，水域和土地的利用应当符合江河行洪、输水和航运的要求；滩地的利用，应当由河道主管机关会同土地管理等有关部门制定规划,报县级以上地方人民政府批准后实施。

第二十二条 禁止损毁堤防、护岸、闸坝等水工程建筑物和防汛设施、水文监测和测量设施、河岸地质监测设施以及通信照明等设施。

在防汛抢险期间,无关人员和车辆不得上堤。

因降雨雪等造成堤顶泥泞期间,禁止车辆通行,但防汛抢险车辆除外。

第二十三条 禁止非管理人员操作河道上的涵闸闸门,禁止任何组织和个人干扰河道管理单位的正常工作。

第二十四条 在河道管理范围内,禁止修建围堤、阻水渠道、阻水道路;种植高杆农作物、芦苇、杞柳、荻柴和树木(堤防防护林除外);设置拦河渔具;弃置矿渣、石渣、煤灰、泥土、垃圾等。

在堤防和护堤地,禁止建房、放牧、开渠、打井、挖窖、葬坟、晒粮、存放物料、开采地下资源、进行考古发掘以及开展集市贸易活动。

第二十五条 在河道管理范围内进行下列活动,必须报经河道主管机关批准;涉及其他部门的,由河道主管机关会同有关部门批准:

(一)采砂、取土、淘金、弃置砂石或者淤泥;

(二)爆破、钻探、挖筑鱼塘;

(三)在河道滩地存放物料、修建厂房或者其他建筑设施;

(四)在河道滩地开采地下资源及进行考古发掘。

第二十六条 根据堤防的重要程度、堤基土质条件等,河道主管机关报经县级以上人民政府批准,可以在河道管理范围的相连地域划定堤防安全保护区。在堤防安全保护区内,禁止进行打井、钻探、爆破、挖筑鱼塘、采石、取土等危害堤防安全的活动。

第二十七条 禁止围湖造田。已经围垦的,应当按照国家规定的防洪标准进行治理,逐步退田还湖。湖泊的开发利用规划必须经河道主管机关审查同意。

禁止围垦河流,确需围垦的,必须经过科学论证,并经省级以上人民政府批准。

第二十八条 加强河道滩地、堤防和河岸的水土保持工作,防止水土流失、河道淤积。

第二十九条 江河的故道、旧堤、原有工程设施等,不得擅自填堵、占用或者拆毁。

第三十条　护堤护岸林木，由河道管理单位组织营造和管理，其他任何单位和个人不得侵占、砍伐或者破坏。

河道管理单位对护堤护岸林木进行抚育和更新性质的采伐及用于防汛抢险的采伐，根据国家有关规定免交育林基金。

第三十一条　在为保证堤岸安全需要限制航速的河段，河道主管机关应当会同交通部门设立限制航速的标志，通行的船舶不得超速行驶。

在汛期，船舶的行驶和停靠必须遵守防汛指挥部的规定。

第三十二条　山区河道有山体滑坡、崩岸、泥石流等自然灾害的河段，河道主管机关应当会同地质、交通等部门加强监测。在上述河段，禁止从事开山采石、采矿、开荒等危及山体稳定的活动。

第三十三条　在河道中流放竹木，不得影响行洪、航运和水工程安全，并服从当地河道主管机关的安全管理。

在汛期，河道主管机关有权对河道上的竹木和其他漂流物进行紧急处置。

第三十四条　向河道、湖泊排污的排污口的设置和扩大，排污单位在向环境保护部门申报之前，应当征得河道主管机关的同意。

第三十五条　在河道管理范围内，禁止堆放、倾倒、掩埋、排放污染水体的物体。禁止在河道内清洗装贮过油类或者有毒污染物的车辆、容器。

河道主管机关应当开展河道水质监测工作，协同环境保护部门对水污染防治实施监督管理。

第四章　河　道　清　障

第三十六条　对河道管理范围内的阻水障碍物，按照"谁设障，谁清除"的原则，由河道主管机关提出清障计划和实施方案，由防汛指挥部责令设障者在规定的期限内清除。逾期不清除的，由防汛指挥部组织强行清除，并由设障者负担全部清障费用。

第三十七条　对壅水、阻水严重的桥梁、引道、码头和其他跨河工程设施，根据国家规定的防洪标准，由河道主管机关提出意见并报经人民政府批准，责成原建设单位在规定的期限内改建或者拆除。汛期影响防洪安全的，必须服从防汛指挥部的紧急处理决定。

第五章 经　　费

第三十八条　河道堤坊的防汛岁修费，按照分级管理的原则，分别由中央财政和地方财政负担，列入中央和地方年度财政预算。

第三十九条　受益范围明确的堤防、护岸、水闸、圩垸、海塘和排涝工程设施，河道主管机关可以向受益的工商企业等单位和农户收取河道工程修建维护管理费，其标准应当根据工程修建和维护管理费用确定。收费的具体标准和计收办法由省、自治区、直辖市人民政府制定。

第四十条　在河道管理范围内采砂、取土、淘金，必须按照经批准的范围和作业方式进行，并向河道主管机关缴纳管理费。收费的标准和计收办法由国务院水利行政主管部门会同国务院财政主管部门制定。

第四十一条　任何单位和个人，凡对堤防、护岸和其他水工程设施造成损坏或者造成河道淤积的，由责任者负责修复、清淤或者承担维修费用。

第四十二条　河道主管机关收取的各项费用，用于河道堤防工程的建设、管理、维修和设施的更新改造。结余资金可以连年结转使用，任何部门不得截取或者挪用。

第四十三条　河道两岸的城镇和农村，当地县级以上人民政府可以在汛期组织堤防保护区域内的单位和个人义务出工，对河道堤防工程进行维修和加固。

第六章　罚　　则

第四十四条　违反本条例规定，有下列行为之一的，县级以上地方人民政府河道主管机关除责令其纠正违法行为、采取补救措施外，可以并处警告、罚款、没收非法所得；对有关责任人员，由其所在单位或者上级主管机关给予行政处分；构成犯罪的，依法追究刑事责任：

（一）在河道管理范围内弃置、堆放阻碍行洪物体的；种植阻碍行洪的林木或者高杆植物的；修建围堤、阻水渠道、阻水道路的；

（二）在堤防、护堤地建房、放牧、开渠、打井、挖窖、葬坟、晒粮、存放物料、开采地下资源、进行考古发掘以及开展集市贸易活动的；

（三）未经批准或者不按照国家规定的防洪标准、工程安全标准整治河道或者修建水工程建筑物和其他设施的；

（四）未经批准或者不按照河道主管机关的规定在河道管理范围内采砂、取土、淘金、弃置砂石或者淤泥、爆破、钻探、挖筑鱼塘的；

（五）未经批准在河道滩地存放物料、修建厂房或者其他建筑设施，以及开采地下资源或者进行考古发掘的；

（六）违反本条例第二十七条的规定，围垦湖泊、河流的；

（七）擅自砍伐护堤护岸林木的；

（八）汛期违反防汛指挥部的规定或者指令的。

第四十五条 违反本条例规定，有下列行为之一的，县级以上地方人民政府河道主管机关除责令其纠正违法行为、赔偿损失、采取补救措施外，可以并处警告、罚款；应当给予治安管理处罚的，按照《中华人民共和国治安管理处罚法》的规定处罚；构成犯罪的，依法追究刑事责任：

（一）损毁堤防、护岸、闸坝、水工程建筑物，损毁防汛设施、水文监测和测量设施、河岸地质监测设施以及通信照明等设施的；

（二）在堤防安全保护区内进行打井、钻探、爆破、挖筑鱼塘、采石、取土等危害堤防安全的活动的；

（三）非管理人员操作河道上的涵闸闸门或者干扰河道管理单位正常工作的。

第四十六条 当事人对行政处罚决定不服的，可以在接到处罚通知之日起十五日内，向作出处罚决定的机关的上一级机关申请复议，对复议决定不服的，可以在接到复议决定之日起十五日内，向人民法院起诉。当事人也可以在接到处罚通知之日起十五日内，直接向人民法院起诉。当事人逾期不申请复议或者不向人民法院起诉又不履行处罚决定的，由作出处罚决定的机关申请人民法院强制执行。对治安管理处罚不服的，按照《中华人民共和国治安管理处罚法》的规定办理。

第四十七条 对违反本条例规定，造成国家、集体、个人经济损失的，受害方可以请求县级以上河道主管机关处理。受害方也可以直接向人民法院起诉。

当事人对河道主管机关的处理决定不服的，可以在接到通知之日起，十五日内向人民法院起诉。

第四十八条 河道主管机关的工作人员以及河道监理人员玩忽职守、滥用职权、徇私舞弊的，由其所在单位或者上级主管机关给予行政处分；对公共财产、国家和人民利益造成重大损失的，依法追究刑事责任。

第七章 附 则

第四十九条 各省、自治区、直辖市人民政府，可以根据本条例的规定，结合本地区的实际情况，制定实施办法。

第五十条 本条例由国务院水利行政主管部门负责解释。

第五十一条 本条例自发布之日起施行。

中华人民共和国防汛条例

(1991年7月2日中华人民共和国国务院令第86号发布　根据2005年7月15日《国务院关于修改〈中华人民共和国防汛条例〉的决定》第一次修订　根据2011年1月8日《国务院关于废止和修改部分行政法规的决定》第二次修订)

第一章　总　　则

第一条　为了做好防汛抗洪工作，保障人民生命财产安全和经济建设的顺利进行，根据《中华人民共和国水法》，制定本条例。

第二条　在中华人民共和国境内进行防汛抗洪活动，适用本条例。

第三条　防汛工作实行"安全第一，常备不懈，以防为主，全力抢险"的方针，遵循团结协作和局部利益服从全局利益的原则。

第四条　防汛工作实行各级人民政府行政首长负责制，实行统一指挥，分级分部门负责。各有关部门实行防汛岗位责任制。

第五条　任何单位和个人都有参加防汛抗洪的义务。

中国人民解放军和武装警察部队是防汛抗洪的重要力量。

第二章　防　汛　组　织

第六条　国务院设立国家防汛总指挥部，负责组织领导全国的防汛抗洪工作，其办事机构设在国务院水行政主管部门。

长江和黄河，可以设立由有关省、自治区、直辖市人民政府和该江河的流域管理机构（以下简称流域机构）负责人等组成的防汛指挥机构，负责指挥所辖范围的防汛抗洪工作，其办事机构设在流域机构。长江和黄河的重大防汛抗洪事项须经国家防汛总指挥部批准后执行。

国务院水行政主管部门所属的淮河、海河、珠江、松花江、辽河、太湖等流域机构，设立防汛办事机构，负责协调本流域的防汛日常工作。

第七条　有防汛任务的县级以上地方人民政府设立防汛指挥部，由有关

行政法规

部门、当地驻军、人民武装部负责人组成,由各级人民政府首长担任指挥。各级人民政府防汛指挥部在上级人民政府防汛指挥部和同级人民政府的领导下,执行上级防汛指令,制定各项防汛抗洪措施,统一指挥本地区的防汛抗洪工作。

各级人民政府防汛指挥部办事机构设在同级水行政主管部门;城市市区的防汛指挥部办事机构也可以设在城建主管部门,负责管理所辖范围的防汛日常工作。

第八条 石油、电力、邮电、铁路、公路、航运、工矿以及商业、物资等有防汛任务的部门和单位,汛期应当设立防汛机构,在有管辖权的人民政府防汛指挥部统一领导下,负责做好本行业和本单位的防汛工作。

第九条 河道管理机构、水利水电工程管理单位和江河沿岸在建工程的建设单位,必须加强对所辖水工程设施的管理维护,保证其安全正常运行,组织和参加防汛抗洪工作。

第十条 有防汛任务的地方人民政府应当组织以民兵为骨干的群众性防汛队伍,并责成有关部门将防汛队伍组成人员登记造册,明确各自的任务和责任。河道管理机构和其他防洪工程管理单位可以结合平时的管理任务,组织本单位的防汛抢险队伍,作为紧急抢险的骨干力量。

第三章 防 汛 准 备

第十一条 有防汛任务的县级以上人民政府,应当根据流域综合规划、防洪工程实际状况和国家规定的防洪标准,制定防御洪水方案(包括对特大洪水的处置措施)。

长江、黄河、淮河、海河的防御洪水方案,由国家防汛总指挥部制定,报国务院批准后施行;跨省、自治区、直辖市的其他江河的防御洪水方案,有关省、自治区、直辖市人民政府制定后,经有管辖权的流域机构审查同意,由省、自治区、直辖市人民政府报国务院或其授权的机构批准后施行。

有防汛抗洪任务的城市人民政府,应当根据流域综合规划和江河的防御洪水方案,制定本城市的防御洪水方案,报上级人民政府或其授权的机构批准后施行。防御洪水方案经批准后,有关地方人民政府必须执行。

第十二条 有防汛任务的地方,应当根据经批准的防御洪水方案制定洪水调度方案。长江、黄河、淮河、海河（海河流域的永定河、大清河、漳卫南运河和北三河）、松花江、辽河、珠江和太湖流域的洪水调度方案，由有关流域机构会同有关省、自治区、直辖市人民政府制定，报国家防汛总指挥部批准。跨省、自治区、直辖市的其他江河的洪水调度方案，由有关流域机构会同有关省、自治区、直辖市人民政府制定，报流域防汛指挥机构批准；没有设立流域防汛指挥机构的，报国家防汛总指挥部批准。其他江河的洪水调度方案，由有管辖权的水行政主管部门会同有关地方人民政府制定，报有管辖权的防汛指挥机构批准。

洪水调度方案经批准后，有关地方人民政府必须执行。修改洪水调度方案，应当报经原批准机关批准。

第十三条 有防汛抗洪任务的企业应当根据所在流域或者地区经批准的防御洪水方案和洪水调度方案，规定本企业的防汛抗洪措施，在征得其所在地县级人民政府水行政主管部门同意后，由有管辖权的防汛指挥机构监督实施。

第十四条 水库、水电站、拦河闸坝等工程的管理部门，应当根据工程规划设计、经批准的防御洪水方案和洪水调度方案以及工程实际状况，在兴利服从防洪，保证安全的前提下，制定汛期调度运用计划，经上级主管部门审查批准后，报有管辖权的人民政府防汛指挥部备案，并接受其监督。

经国家防汛总指挥部认定的对防汛抗洪关系重大的水电站，其防洪库容的汛期调度运用计划经上级主管部门审查同意后，须经有管辖权的人民政府防汛指挥部批准。汛期调度运用计划经批准后，由水库、水电站、拦河闸坝等工程的管理部门负责执行。有防凌任务的江河，其上游水库在凌汛期间的下泄水量，必须征得有管辖权的人民政府防汛指挥部的同意，并接受其监督。

第十五条 各级防汛指挥部应当在汛前对各类防洪设施组织检查，发现影响防洪安全的问题，责成责任单位在规定的期限内处理，不得贻误防汛抗洪工作。各有关部门和单位按照防汛指挥部的统一部署，对所管辖的防洪工程设施进行汛前检查后，必须将影响防洪安全的问题和处理措施报有管辖权的防汛指挥部和上级主管部门，并按照该防汛指挥部的要求予以处理。

第十六条 关于河道清障和对壅水、阻水严重的桥梁、引道、码头和其他跨河工程设施的改建或者拆除，按照《中华人民共和国河道管理条例》的

行政法规

规定执行。

第十七条 蓄滞洪区所在地的省级人民政府应当按照国务院的有关规定,组织有关部门和市、县,制定所管辖的蓄滞洪区的安全与建设规划,并予实施。各级地方人民政府必须对所管辖的蓄滞洪区的通信、预报警报、避洪、撤退道路等安全设施,以及紧急撤离和救生的准备工作进行汛前检查,发现影响安全的问题,及时处理。

第十八条 山洪、泥石流易发地区,当地有关部门应当指定预防监测员及时监测。雨季到来之前,当地人民政府防汛指挥部应当组织有关单位进行安全检查,对险情征兆明显的地区,应当及时把群众撤离险区。风暴潮易发地区,当地有关部门应当加强对水库、海堤、闸坝、高压电线等设施和房屋的安全检查,发现影响安全的问题,及时处理。

第十九条 地区之间在防汛抗洪方面发生的水事纠纷,由发生纠纷地区共同的上一级人民政府或其授权的主管部门处理。

前款所指人民政府或者部门在处理防汛抗洪方面的水事纠纷时,有权采取临时紧急处置措施,有关当事各方必须服从并贯彻执行。

第二十条 有防汛任务的地方人民政府应当建设和完善江河堤防、水库、蓄滞洪区等防洪设施,以及该地区的防汛通信、预报警报系统。

第二十一条 各级防汛指挥部应当储备一定数量的防汛抢险物资,由商业、供销、物资部门代储的,可以支付适当的保管费。受洪水威胁的单位和群众应当储备一定的防汛抢险物料。防汛抢险所需的主要物资,由计划主管部门在年度计划中予以安排。

第二十二条 各级人民政府防汛指挥部汛前应当向有关单位和当地驻军介绍防御洪水方案,组织交流防汛抢险经验。有关方面汛期应当及时通报水情。

第四章 防汛与抢险

第二十三条 省级人民政府防汛指挥部,可以根据当地的洪水规律,规定汛期起止日期。当江河、湖泊、水库的水情接近保证水位或者安全流量时,或者防洪工程设施发生重大险情,情况紧急时,县级以上地方人民政府可以宣布进入紧急防汛期,并报告上级人民政府防汛指挥部。

第二十四条　防汛期内，各级防汛指挥部必须有负责人主持工作。有关责任人员必须坚守岗位，及时掌握汛情，并按照防御洪水方案和汛期调度运用计划进行调度。

第二十五条　在汛期，水利、电力、气象、海洋、农林等部门的水文站、雨量站，必须及时准确地向各级防汛指挥部提供实时水文信息；气象部门必须及时向各级防汛指挥部提供有关天气预报和实时气象信息；水文部门必须及时向各级防汛指挥部提供有关水文预报；海洋部门必须及时向沿海地区防汛指挥部提供风暴潮预报。

第二十六条　在汛期，河道、水库、闸坝、水运设施等水工程管理单位及其主管部门在执行汛期调度运用计划时，必须服从有管辖权的人民政府防汛指挥部的统一调度指挥或者监督。在汛期，以发电为主的水库，其汛限水位以上的防洪库容以及洪水调度运用必须服从有管辖权的人民政府防汛指挥部的统一调度指挥。

第二十七条　在汛期，河道、水库、水电站、闸坝等水工程管理单位必须按照规定对水工程进行巡查，发现险情，必须立即采取抢护措施，并及时向防汛指挥部和上级主管部门报告。其他任何单位和个人发现水工程设施出现险情，应当立即向防汛指挥部和水工程管理单位报告。

第二十八条　在汛期，公路、铁路、航运、民航等部门应当及时运送防汛抢险人员和物资；电力部门应当保证防汛用电。

第二十九条　在汛期，电力调度通信设施必须服从防汛工作需要；邮电部门必须保证汛情和防汛指令的及时、准确传递，电视、广播、公路、铁路、航运、民航、公安、林业、石油等部门应当运用本部门的通信工具优先为防汛抗洪服务。电视、广播、新闻单位应当根据人民政府防汛指挥部提供的汛情，及时向公众发布防汛信息。

第三十条　在紧急防汛期，地方人民政府防汛指挥部必须由人民政府负责人主持工作，组织动员本地区各有关单位和个人投入抗洪抢险。所有单位和个人必须听从指挥，承担人民政府防汛指挥部分配的抗洪抢险任务。

第三十一条　在紧急防汛期，公安部门应当按照人民政府防汛指挥部的要求，加强治安管理和安全保卫工作。必要时须由有关部门依法实行陆地和水面交通管制。

第三十二条　在紧急防汛期，为了防汛抢险需要，防汛指挥部有权在其

管辖范围内,调用物资、设备、交通运输工具和人力,事后应当及时归还或者给予适当补偿。因抢险需要取土占地、砍伐林木、清除阻水障碍物的,任何单位和个人不得阻拦。前款所指取土占地、砍伐林木的,事后应当依法向有关部门补办手续。

第三十三条 当河道水位或者流量达到规定的分洪、滞洪标准时,有管辖权的人民政府防汛指挥部有权根据经批准的分洪、滞洪方案,采取分洪、滞洪措施。采取上述措施对毗邻地区有危害的,须经有管辖权的上级防汛指挥机构批准,并事先通知有关地区。

在非常情况下,为保护国家确定的重点地区和大局安全,必须作出局部牺牲时,在报经有管辖权的上级人民政府防汛指挥部批准后,当地人民政府防汛指挥部可以采取非常紧急措施。实施上述措施时,任何单位和个人不得阻拦,如遇到阻拦和拖延时,有管辖权的人民政府有权组织强制实施。

第三十四条 当洪水威胁群众安全时,当地人民政府应当及时组织群众撤离至安全地带,并做好生活安排。

第三十五条 按照水的天然流势或者防洪、排涝工程的设计标准,或者经批准的运行方案下泄的洪水,下游地区不得设障阻水或者缩小河道的过水能力;上游地区不得擅自增大下泄流量。未经有管辖权的人民政府或其授权的部门批准,任何单位和个人不得改变江河河势的自然控制点。

第五章 善 后 工 作

第三十六条 在发生洪水灾害的地区,物资、商业、供销、农业、公路、铁路、航运、民航等部门应当做好抢险救灾物资的供应和运输;民政、卫生、教育等部门应当做好灾区群众的生活供给、医疗防疫、学校复课以及恢复生产等救灾工作;水利、电力、邮电、公路等部门应当做好所管辖的水毁工程的修复工作。

第三十七条 地方各级人民政府防汛指挥部,应当按照国家统计部门批准的洪涝灾害统计报表的要求,核实和统计所管辖范围的洪涝灾情,报上级主管部门和同级统计部门,有关单位和个人不得虚报、瞒报、伪造、篡改。

第三十八条 洪水灾害发生后,各级人民政府防汛指挥部应当积极组织和帮助灾区群众恢复和发展生产。修复水毁工程所需费用,应当优先列入有关主管部门年度建设计划。

第六章 防 汛 经 费

第三十九条 由财政部门安排的防汛经费,按照分级管理的原则,分别列入中央财政和地方财政预算。

在汛期,有防汛任务的地区的单位和个人应当承担一定的防汛抢险的劳务和费用,具体办法由省、自治区、直辖市人民政府制定。

第四十条 防御特大洪水的经费管理,按照有关规定执行。

第四十一条 对蓄滞洪区,逐步推行洪水保险制度,具体办法另行制定。

第七章 奖 励 与 处 罚

第四十二条 有下列事迹之一的单位和个人,可以由县级以上人民政府给予表彰或者奖励:

(一)在执行抗洪抢险任务时,组织严密,指挥得当,防守得力,奋力抢险,出色完成任务者;

(二)坚持巡堤查险,遇到险情及时报告,奋力抗洪抢险,成绩显著者;

(三)在危险关头,组织群众保护国家和人民财产,抢救群众有功者;

(四)为防汛调度、抗洪抢险献计献策,效益显著者;

(五)气象、雨情、水情测报和预报准确及时,情报传递迅速,克服困难,抢测洪水,因而减轻重大洪水灾害者;

(六)及时供应防汛物料和工具,爱护防汛器材,节约经费开支,完成防汛抢险任务成绩显著者;

(七)有其他特殊贡献,成绩显著者。

第四十三条 有下列行为之一者,视情节和危害后果,由其所在单位或者上级主管机关给予行政处分;应当给予治安管理处罚的,依照《中华人民共和国治安管理处罚法》的规定处罚;构成犯罪的,依法追究刑事责任:

(一)拒不执行经批准的防御洪水方案、洪水调度方案,或者拒不执行有管辖权的防汛指挥机构的防汛调度方案或者防汛抢险指令的；

（二）玩忽职守，或者在防汛抢险的紧要关头临阵逃脱的；

（三）非法扒口决堤或者开闸的；

（四）挪用、盗窃、贪污防汛或者救灾的钱款或者物资的；

（五）阻碍防汛指挥机构工作人员依法执行职务的；

（六）盗窃、毁损或者破坏堤防、护岸、闸坝等水工程建筑物和防汛工程设施以及水文监测、测量设施、气象测报设施、河岸地质监测设施、通信照明设施的；

（七）其他危害防汛抢险工作的。

第四十四条　违反河道和水库大坝的安全管理，依照《中华人民共和国河道管理条例》和《水库大坝安全管理条例》的有关规定处理。

第四十五条　虚报、瞒报洪涝灾情，或者伪造、篡改洪涝灾害统计资料的，依照《中华人民共和国统计法》及其实施细则的有关规定处理。

第四十六条　当事人对行政处罚不服的，可以在接到处罚通知之日起十五日内，向作出处罚决定机关的上一级机关申请复议；对复议决定不服的，可以在接到复议决定之日起十五日内，向人民法院起诉。当事人也可以在接到处罚通知之日起十五日内，直接向人民法院起诉。当事人逾期不申请复议或者不向人民法院起诉，又不履行处罚决定的，由作出处罚决定的机关申请人民法院强制执行；在汛期，也可以由作出处罚决定的机关强制执行；对治安管理处罚不服的，依照《中华人民共和国治安管理处罚法》的规定办理。当事人在申请复议或者诉讼期间，不停止行政处罚决定的执行。

第八章　附　　则

第四十七条　省、自治区、直辖市人民政府，可以根据本条例的规定，结合本地区的实际情况，制定实施细则。

第四十八条　本条例由国务院水行政主管部门负责解释。

第四十九条　本条例自发布之日起施行。

长江三峡水利枢纽安全保卫条例

(2013年7月12日国务院第16次常务会议通过 2013年9月9日中华人民共和国国务院令第640号公布 自2013年10月1日起施行)

第一章 总 则

第一条 为了加强长江三峡水利枢纽安全保卫工作，维护长江三峡水利枢纽的安全和秩序，制定本条例。

第二条 国家设立长江三峡水利枢纽（以下简称三峡枢纽）安全保卫区，依照本条例的规定对三峡枢纽实施保护。

第三条 三峡枢纽安全保卫区的范围包括三峡枢纽及其周边特定区域，分为陆域安全保卫区、水域安全保卫区、空域安全保卫区。

陆域安全保卫区、水域安全保卫区实行分区安全保卫制度，具体范围的划定和调整，由湖北省人民政府确定并公布。

空域安全保卫区为陆域安全保卫区、水域安全保卫区上空的低空空域。

第四条 三峡枢纽安全保卫工作坚持预防与应急处置相结合、专门机关管理与人民群众参与相结合、安全保卫与经济社会发展并重的原则。

第五条 国家统一领导三峡枢纽安全保卫工作。国务院公安、交通运输、水行政等部门和三峡枢纽运行管理单位依照法律、行政法规和国务院确定的职责分工负责三峡枢纽安全保卫有关工作。湖北省人民政府、宜昌市人民政府对三峡枢纽安全保卫工作实行属地管理。

第六条 任何组织或者个人都不得危害三峡枢纽的安全，发现危害三峡枢纽安全的行为和隐患应当立即报告。

对保护三峡枢纽安全作出突出贡献的组织和个人，按照国家有关规定给予表彰奖励。

第七条 三峡枢纽安全保卫工作所需经费，由有关人民政府和单位按照职责分工和规定的经费负担体制予以保障。

第二章　陆域安全保卫

第八条　陆域安全保卫区划分为限制区、控制区、核心区。各区的周边界线应当设置实物屏障或者警示标志，各区的出入口和重点部位应当配备警戒岗哨或者技术防范设施。

第九条　限制区是限制无关车辆接近三峡枢纽的区域。车辆凭限制区通行证方可进入限制区。

人员可以徒步进出限制区。但是，根据三峡枢纽安全保卫工作的需要，三峡枢纽运行管理单位可以临时限制人员通行。

第十条　控制区是限制无关车辆和人员接近三峡枢纽，并在紧急情况时提供有效缓冲和防护的区域。车辆和人员凭控制区通行证并按规定接受安全检查方可进入控制区。

第十一条　核心区是实行封闭式管理的区域。核心区实施下列安全保卫措施：

（一）出入口和重点部位由人民武装警察部队设置岗哨，车辆、人员凭核心区通行证、接受安全检查并确认资格身份方可通行；

（二）物资凭有效的物资转场、外运、内运申请单通行，必要时在出入口对所有通行物资进行危险物品检测；

（三）配备覆盖全区的视频监控等技术防范设施，实施全天候安全巡查。

第十二条　进入陆域安全保卫区的车辆、人员的通行证件，由三峡枢纽运行管理单位核发和管理，并报公安机关备案。

第十三条　严禁非法携带枪支、弹药、国家规定的管制器具或者非法运输危险物品进入陆域安全保卫区。

因施工作业等需要运输危险物品进入陆域安全保卫区的，应当经三峡枢纽运行管理单位同意，并依法报公安机关批准。

第十四条　在陆域安全保卫区活动的人员不得有下列行为：

（一）超越通行证限定的范围活动；

（二）通过设有禁止通行标志的区域；

（三）攀爬、钻越、移动、损毁实物屏障或者警示标志；

（四）扰乱管理秩序和危害设施安全的其他行为。

第十五条 未持有效的通行证件或者拒绝接受安全检查的车辆、人员，禁止进入陆域安全保卫区。安全保卫人员对非法进入或者违反本条例第十三条、第十四条规定的车辆、人员，应当立即制止；对不服从管理的，应当立即依法予以控制并移送公安机关处理。

第三章 水域安全保卫

第十六条 水域安全保卫区划分为管制区、通航区、禁航区。各区的周边界线应当设置警示标志，配备警戒岗哨或者技术防范设施。

第十七条 管制区是对拟通过三峡枢纽通航建筑物（以下称过闸）的船舶进行安全检查、防止未经批准通过的船舶接近三峡枢纽的缓冲水域。进入管制区的船舶，应当遵守下列规定：

（一）过闸船舶应当按照国务院交通运输部门规定的程序和要求，提前向三峡通航管理机构报告；

（二）不得运输国务院交通运输部门规定禁止过闸的危险物品；运输其他危险物品过闸的，应当向三峡通航管理机构申报，不得伪报、瞒报；

（三）不得进行容易引发火灾、爆炸事故的检修作业；

（四）不得在集泊期间上下除本船船员以外的其他人员或者装卸物品；

（五）不得抢航、追越或者有其他扰乱水上交通秩序的行为。

第十八条 通航区是由三峡通航管理机构统一指挥调度过闸船舶进出引航道和通航建筑物的特定区域。

船舶应当按照调度指令有序进出引航道和通航建筑物，不得在通航区内擅自停泊，不得抢航、追越或者有其他扰乱水上交通秩序的行为。过闸期间船员、乘客不得擅自离开本船，不得攀爬通航建筑物。

第十九条 禁航区是禁止船舶和人员进入的水域。除公务执法船舶以及持有三峡枢纽运行管理单位签发的作业任务书和三峡通航管理机构签发的施工作业许可证的船舶外，任何船舶和人员不得进入禁航区。

禁航区应当设置人民武装警察部队岗哨。

第二十条 对因机械故障等原因失去控制有可能进入水域安全保卫区的船舶，三峡通航管理机构应当立即采取措施使其远离。

对违反规定进入管制区、通航区的船舶，公安机关、三峡通航管理机构应当立即制止并将其带离。

对违反规定进入禁航区的船舶,人民武装警察部队执勤人员应当立即进行拦截并责令驶离;对拒绝驶离的,应当立即依法予以控制并移送公安机关处理。

第二十一条 运输危险物品过闸的船舶,应当按照规定的方式、时间过闸,不得与客运船舶同一闸次通过,除核定船员和押运人员外,禁止其他人员随船。

第四章 空域安全保卫

第二十二条 在空域安全保卫区飞行的航空器,应当严格按照飞行管制部门批准的计划飞行。

第二十三条 禁止在空域安全保卫区进行风筝、孔明灯、热气球、飞艇、动力伞、滑翔伞、三角翼、无人机、轻型直升机、航模等升放或者飞行活动。

第二十四条 负有三峡枢纽安全保卫职责的部门和单位,应当加强对空域安全保卫区安全情况的动态监控,发现违反三峡枢纽空域安全保卫规定的升放或者飞行活动,应当立即协调有关部门查明情况,依法采取必要的处置措施。

第五章 安全保卫职责

第二十五条 国务院确定的机构负责沟通协调和研究解决三峡枢纽安全保卫工作中的重大事项。

湖北省人民政府负责组织建立由长江流域各省、直辖市人民政府以及国务院有关部门和单位参加的三峡枢纽安全保卫指挥系统,制定三峡枢纽安全保卫方案,并做好信息沟通和汇总研判工作。

宜昌市人民政府负责组织建立由三峡枢纽运行管理单位、三峡通航管理机构、公安机关、人民武装警察部队等组成的三峡枢纽安全保卫指挥平台,统一管理三峡枢纽安全保卫工作。

三峡枢纽运行管理单位应当加强与三峡安全保卫区内其他机构、单位的沟通协调，并依法提供必要的保障和业务指导。

第二十六条　宜昌市人民政府应当会同三峡枢纽运行管理单位加强三峡枢纽安全保卫区及其周边地区社会管理综合治理，落实治安联防制度，维护社会秩序，防范针对三峡枢纽的破坏活动。

第二十七条　负有三峡枢纽安全保卫职责的地方人民政府应当组织开展经常性的安全宣传教育，提高社会公众安全防范意识和能力。

三峡枢纽周边地区的村民委员会、居民委员会、企业事业单位应当根据所在地人民政府的要求，结合各自的实际情况，开展三峡枢纽安全保卫和应急救援知识的宣传普及活动。

第二十八条　三峡枢纽运行管理单位是安全生产、治安保卫重点单位，应当依法落实安全生产、治安保卫重点单位职责，建立安全运行监测体系；对重要部位、特种设备进行重点排查梳理，加强对重要岗位工作人员的背景审查及其身份核对。

湖北省人民政府、宜昌市人民政府应当定期对三峡枢纽运行管理单位依法履行上述职责的情况进行监督检查，发现问题及时督促改正。

第二十九条　三峡枢纽运行管理单位应当加强计算机信息系统安全保护工作，依法落实信息安全等级保护制度和技术标准，建立安全管理制度、完善技术保护措施，做好通报预警、安全监测、应急处置等工作，发现危害计算机信息系统安全的情况应当立即向公安机关报告。

公安机关应当加强对三峡枢纽运行管理单位计算机信息系统安全保护工作的监督、检查、指导，发现影响计算机信息系统安全的情况应当及时通知三峡枢纽运行管理单位采取安全保护措施。

第三十条　三峡枢纽运行管理单位是消防安全重点单位，应当依法落实消防安全重点单位职责，配备消防设施和消防器材，建立消防安全制度和操作规程。

湖北省人民政府、宜昌市人民政府应当针对三峡枢纽安全保卫工作加强公安消防队、专职消防队建设，及时组织消除火灾隐患。

第三十一条　在三峡枢纽安全保卫区范围内设立或者调整游览项目，应当由三峡枢纽运行管理单位制定游览项目实施方案，报湖北省人民政府审批。湖北省人民政府应当组织有关部门和单位对设立或者调整的游览项目进行安全风险评估。三峡枢纽运行管理单位应当按照批准的游览项目实施方案组织游览活动，不得擅自扩大范围、增设游览项目。

根据三峡枢纽安全保卫、生产运行、防汛抗旱、水资源调度等需要，三峡枢纽运行管理单位可以会同有关部门控制进入游览区域的游客人数、暂停部分或者全部游览项目，并将相关信息及时予以公布。

第三十二条 长江流域各港口、码头应当建立由经营管理单位法定代表人负责的安全保卫制度，消除拟进入三峡枢纽安全保卫区的船舶的安全隐患。

拟进入三峡枢纽安全保卫区的船舶应当建立由船舶所有人、经营人负责的安全保卫制度，依法对船员、乘客和货物进行安全检查和登记。

第三十三条 三峡通航管理机构应当依照本条例和国务院交通运输部门制定的三峡枢纽通航安全管理规定，对拟过闸的船舶进行安全检查、航运调度指挥。

第三十四条 负有三峡枢纽安全保卫职责的地方人民政府、部门和单位，应当按照《中华人民共和国突发事件应对法》的规定，制定各类突发事件的应急预案，组织培训应急救援专业力量，定期开展联合演练；三峡枢纽运行管理单位应当对三峡枢纽安全保卫区内发生的突发事件进行先期处置。

第六章 法 律 责 任

第三十五条 有下列行为之一的，由公安机关责令改正，予以警告，对单位可以处 5 万元以下罚款，对个人可以处 1000 元以下罚款：

（一）违反本条例第十三条的规定，非法运输危险物品进入陆域安全保卫区的；

（二）违反本条例第十四条的规定，扰乱陆域安全保卫区管理秩序或者危害设施安全的；

（三）违反本条例第十五条的规定，非法进入陆域安全保卫区的；

（四）违反本条例第十九条的规定，人员非法进入禁航区的；

（五）违反本条例第二十三条的规定，非法进行升放活动的。

第三十六条 有下列行为之一的，由交通运输部门责令改正，予以警告，对单位可以处 10 万元以下的罚款，对个人可以处 2000 元以下罚款：

（一）违反本条例第十七条、第十八条的规定，非法进入管制区、通航区，或者进入后不服从管理的；

（二）违反本条例第二十一条的规定，非法运输危险物品过闸的；

（三）违反本条例第三十二条的规定，导致进入三峡枢纽安全保卫区的船舶存在安全隐患的。

第三十七条　负有三峡枢纽安全保卫职责的地方人民政府、部门和单位及其工作人员违反本条例规定，不依法履行三峡枢纽安全保卫职责的，对直接负责的主管人员和其他直接责任人员依法给予处分。

第三十八条　违反本条例规定，同时违反其他法律、行政法规规定的，由有关行政管理部门依照其他法律、行政法规的规定从重处罚。

第七章　附　则

第三十九条　涉及三峡枢纽水库大坝安全、企业事业单位内部治安保卫、内河交通安全管理、电力设施保护等事项，本条例未作规定的，依照有关法律、行政法规的规定执行。

第四十条　葛洲坝水利枢纽的安全保卫规定，由湖北省人民政府参照本条例制定。

第四十一条　本条例自2013年10月1日起施行。

长江三峡工程建设移民条例

(2001年2月21日中华人民共和国国务院令第299号发布 根据2011年1月8日《国务院关于废止和修改部分行政法规的决定》修订)

第一章 总 则

第一条 为了做好三峡工程建设移民工作,维护移民合法权益,保障三峡工程建设,促进三峡库区经济和社会发展,制定本条例。

第二条 三峡工程建设移民,适用本条例。

第三条 三峡工程建设,实行开发性移民方针,统筹使用移民资金,合理开发资源,保护生态环境,妥善安置移民,使移民的生产、生活达到或者超过原有水平,为三峡库区经济和社会发展创造条件。

第四条 三峡工程建设移民工作应当与三峡库区建设、沿江地区对外开放、水土保持和环境保护相结合。

第五条 三峡工程建设移民,实行国家扶持、各方支援与自力更生相结合的原则,采取前期补偿、补助与后期生产扶持相结合的方针,兼顾国家、集体和个人的利益。

三峡工程淹没区、移民安置区所在地的人民政府和群众应当顾全大局,服从国家统筹安排,正确处理移民搬迁和经济发展的关系。

第六条 三峡工程建设移民,实行移民任务和移民资金包干的原则。

第七条 国家对三峡工程建设移民依法给予补偿。具体补偿标准由国务院三峡工程建设委员会移民管理机构会同国务院有关部门组织测算、拟订,报国务院批准后执行。

第八条 三峡工程建设移民工作实行统一领导、分省(直辖市)负责、以县为基础的管理体制。

国务院三峡工程建设委员会是三峡工程建设移民工作的领导决策机构。

国务院三峡工程建设委员会移民管理机构负责三峡工程建设移民工作。

湖北省、重庆市人民政府负责本行政区域内三峡工程建设移民工作,并设立三峡工程建设移民管理机构。

三峡工程淹没区和移民安置区所在地的市、县、区人民政府负责本行政区域内三峡工程建设移民工作，并可以根据需要设立三峡工程建设移民管理机构。

第二章 移 民 安 置

第九条 三峡工程建设移民安置，应当编制移民安置规划。移民安置规划应当与土地利用总体规划相衔接。

水利部长江水利委员会会同湖北省、重庆市人民政府，负责编制《长江三峡工程水库淹没处理及移民安置规划大纲》（以下简称《规划大纲》），报国务院三峡工程建设委员会审批。

湖北省、重庆市人民政府应当按照《规划大纲》，负责组织本行政区域内有关市、县、区人民政府编制并批准有关市、县、区的移民安置规划，并分别汇总编制本省、直辖市的移民安置规划，报国务院三峡工程建设委员会备案。

国务院三峡工程建设委员会移民管理机构应当加强对移民安置规划实施情况的监督。

第十条 经批准的移民安置规划应当严格执行，不得随意调整或者修改；确需调整或者修改的，应当按照原审批程序报批。

第十一条 三峡工程建设用地按照批准的规划，一次审批，分期划拨，并依法办理土地权属变更登记手续。

三峡工程建设移民迁建用地应当严格控制规模，并依据土地利用总体规划和土地利用年度计划，分批次逐级上报省级以上人民政府依法办理农用地转用和土地征收手续。移民迁建用地不得转让，不得用于非移民项目。

第十二条 因三峡工程建设和移民迁建，土地被全部征收并安置在第二产业、第三产业或者自谋职业的农村移民，经本人同意，由有关县、区人民政府批准，可以转为非农业户口。

第十三条 移民安置地的有关地方人民政府应当合理调整土地，鼓励移民在安置地发展优质、高效、高产农业和生态农业；有条件的地方，可以通过发展第二产业、第三产业安置移民。

第十四条 三峡工程建设移民安置实行就地安置与异地安置、集中安置与分散安置、政府安置与移民自找门路安置相结合。移民首先在本县、区安置；本县、区安置不了的，由湖北省、重庆市人民政府在本行政区域内其他市、县、区安置；湖北省、重庆市安置不了的，在其他省、自治区、直辖市安置。

第十五条 农村移民需要安置到本县、区其他农村集体经济组织的，由该农村集体经济组织与县、区人民政府移民管理机构或者负责移民管理工作的部门签订协议，并按照协议安排移民的生产、生活。

第十六条 移民在本县、区安置不了，需要在湖北省、重庆市行政区域内其他市、县、区安置的，由迁出地和安置地的市、县、区人民政府签订协议，办理有关手续。

移民需要在湖北省、重庆市以外的地区安置的，分别由湖北省、重庆市人民政府与安置地的省、自治区、直辖市人民政府签订协议，办理有关手续。

第十七条 三峡工程受益地区和有条件的省、自治区、直辖市及其市、县、区应当接收政府组织外迁和投亲靠友自主外迁的三峡库区农村移民，并及时办理有关手续，统一安排移民的生产、生活。

投亲靠友自主外迁的三峡库区农村移民，应当持有迁出地的县、区人民政府出具的证明。

第十八条 农村居民点迁建应当按照移民安置规划，依法编制新居民点建设规划。编制新居民点建设规划，应当因地制宜，有利生产，方便生活。

新建居民点的道路、供水、供电等基础设施，由乡（镇）、村统一组织施工。

房屋拆迁补偿资金按照农村房屋补偿标准包干到户，由移民用于住房建设。

移民建造住房，可以分户建造，也可以按照自愿原则统一建造。有关地方人民政府以及村民委员会不得强行规定建房标准。

第十九条 城镇迁建，应当按照移民安置规划，依法编制迁建区详细规划，并确定需要迁建的公共建筑和各项基础设施的具体位置。

城镇公共建筑和各项基础设施迁建补偿资金实行包干管理，其数额按照实际淹没损失和适当发展的原则核定。

城镇迁建中单位和居民搬迁的补偿资金实行包干管理，其数额按照实际淹没损失核定。

第二十条 需要迁建的城镇应当提前建设基础设施。

对自筹资金或者使用非移民资金提前搬迁的单位和居民,有关地方人民政府不得减少其应得的移民资金数额。

第二十一条 有关地方人民政府应当根据国家产业政策,结合技术改造,对需要搬迁的工矿企业进行统筹规划和结构调整。产品质量好、有市场的企业,可以通过对口支援,与名优企业合作、合资,把企业的搬迁与企业的重组结合起来;技术落后、浪费资源、产品质量低劣、污染严重的企业,应当依法实行兼并、破产或者关闭。

有关地方人民政府应当妥善安排破产、关闭企业职工和离退休人员的基本生活,做好再就业和社会养老保险工作。

工矿企业搬迁补偿资金实行包干管理,其数额按照实际淹没损失的重置价格核定。

第二十二条 因三峡工程蓄水被淹没的公路、桥梁、港口、码头、水利工程、电力设施、电信线路、广播电视等基础设施和文物古迹需要复建的,应当根据复建规划,按照经济合理的原则,预先在淹没线以上复建。复建补偿资金实行包干管理,其数额按照原规模、原标准或者为恢复原功能所需投资核定。

第二十三条 城镇迁建单位、工矿企业和居民的搬迁以及基础设施的复建,因扩大规模和提高标准超过包干资金的部分,分别由有关地方人民政府、有关单位、居民自行解决。

第二十四条 移民工程建设应当做好项目前期论证工作。城镇、农村居民点、工矿企业、基础设施的选址和迁建,应当做好水文地质、工程地质勘察、地质灾害防治勘查和地质灾害危险性评估。

第二十五条 移民工程建设应当履行基本建设程序,严格执行国务院2000年1月发布的《建设工程质量管理条例》规定的各项制度,确保建设工程质量。

移民工程建设施工,应当保护生态环境,防止植被破坏和水土流失。

第二十六条 安置移民生产,严禁开垦25度以上的坡地;已经开垦的,应当按照规划退耕还林还草。对已经开垦的25度以下的坡地,应当因地制宜,采取"坡改梯"措施,实行山水林田路综合规划治理。

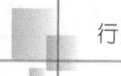

第二十七条 三峡工程淹没区的林木，在淹没前已经达到采伐利用标准的，经依法批准后，林木所有者可以采伐、销售；不能采伐利用的，淹没后按照《规划大纲》的规定给予补偿。

第二十八条 三峡工程建设，应当按照"保护为主、抢救第一"和"重点保护、重点发掘"的原则，做好文物抢救、保护工作。

第三章　淹没区、安置区的管理

第二十九条 有关地方人民政府应当加强对三峡工程淹没区基本建设的管理。任何单位和个人不得在淹没线以下擅自新建、扩建和改建项目。违反《国务院办公厅关于严格控制三峡工程坝区和库区淹没线以下区域人口增长和基本建设的通知》的规定，在1992年4月4日后建设的项目，按照违章建筑处理。

第三十条 三峡库区有关公安机关应当加强对淹没区的户籍管理，严格控制非淹没区人口迁入淹没区。1992年4月4日后，按照《国务院办公厅关于严格控制三峡工程坝区和库区淹没线以下区域人口增长和基本建设的通知》的规定允许迁入的人口，经县级以上人民政府公安机关批准入户的，由国家负责搬迁安置；因其他原因擅自迁入的人口，国家不负责搬迁安置。

三峡库区各级地方人民政府和有关单位应当加强计划生育管理，控制人口增长，保证库区的人口出生率不超过湖北省、重庆市的规定。

本条第一款所称允许迁入的人口，是指因出生、婚嫁、工作调动、军人转业退伍和高等院校、中等专业技术学校毕业分配以及刑满释放等迁入的人口。

第三十一条 按照移民安置规划必须搬迁的单位和移民，不得拒绝搬迁或者拖延搬迁；已经搬迁并得到补偿和安置的，应当及时办理补偿销号手续，并不得返迁或者要求再次补偿。

按照移民安置规划已经搬迁的单位和移民，其搬迁前使用的土地及其附着物由当地县级人民政府依法处理。

第三十二条 三峡水库消落区的土地属于国家所有，由三峡水利枢纽管理单位负责管理，可以通过当地县级人民政府优先安排给当地农村移民使用；但是，不得影响水库安全、防洪、发电和生态环境保护。因蓄水给使用该土地的移民造成损失的，国家不予补偿。

第三十三条 有关地方人民政府应当对三峡工程移民档案加强管理，确保档案完整、准确和安全。

第四章　移民资金使用的管理和监督

第三十四条 移民资金实行静态控制，动态管理。除价格指数变动、国家政策调整和发生不可抗力外，不再增加移民资金。

第三十五条 移民资金年度计划应当纳入国家年度投资计划。

国务院三峡工程建设委员会移民管理机构根据经批准的三峡工程移民安置规划，组织编制移民资金年度计划，报国务院审批。

县级以上地方人民政府移民管理机构或者负责移民管理工作的部门组织编制本行政区域的移民资金年度项目计划，经本级人民政府审核同意后报上一级人民政府移民管理机构审批。

经批准的移民资金年度项目计划，不得擅自调整；确需调整的，应当报原审批机关批准。

第三十六条 移民资金安排应当突出重点，保证移民安置进度与枢纽工程建设进度相适应。

移民资金由有关地方人民政府按照移民安置规划安排使用。

有移民安置任务的省、自治区、直辖市人民政府应当根据国家移民资金投资包干方案，将移民资金拨付到县级人民政府和有关单位，由县级人民政府和有关单位将移民资金具体落实到各类移民投资项目。

第三十七条 移民资金应当在国务院三峡工程建设委员会移民管理机构或者省、自治区、直辖市人民政府移民管理机构指定的银行专户存储、专账核算。国务院或者省、自治区、直辖市人民政府确定的移民资金管理部门应当按照包干方案、移民资金年度项目计划和进度及时拨付移民资金。

第三十八条 移民资金应当用于下列项目：

（一）农村移民安置补偿；

（二）城镇迁建补偿；

（三）工矿企业迁建补偿；

（四）基础设施项目复建；

（五）环境保护；

（六）国务院三峡工程建设委员会移民管理机构规定的与移民有关的其他项目。

任何部门、单位和个人不得挤占、截留和挪用移民资金。

第三十九条　移民资金存储期间的孳息，应当纳入移民资金，不得挪作他用。

第四十条　有关地方人民政府设立的城镇迁建工程建设指挥部（管委会）不是一级财务核算单位，移民项目资金不得经其转拨。

第四十一条　国家对移民资金的管理、拨付和安排使用实行稽察制度，对管理、拨付和安排使用移民资金的有关地方人民政府及其有关部门、机构的负责人实行任期经济责任审计制度。

第四十二条　县级以上人民政府应当加强对下级人民政府及其有关部门管理、拨付和安排使用移民资金情况的监督。

各级人民政府移民管理机构或者负责移民管理工作的部门应当加强内部审计和监察，定期向本级人民政府、上级主管部门报告移民资金年度项目计划执行情况、移民资金拨付和使用情况。

第四十三条　有移民任务的乡（镇）、村应当建立健全财务管理制度，乡（镇）、村移民资金的使用情况应当张榜公布，接受群众监督。

第四十四条　各级审计机关和监察、财政部门应当加强对移民资金管理、拨付和安排使用的审计和监察、监督，依法履行国家有关法律、法规赋予的职责。

审计机关和监察、财政部门进行审计和监察、监督时，有关单位和个人应当予以配合，及时提供有关资料。

第五章　扶　持　措　施

第四十五条　国家从三峡电站的电价收入中提取一定资金设立三峡库区移民后期扶持基金，分配给湖北省、重庆市和接收外迁移民的省、自治区、直辖市人民政府，用于移民的后期扶持。具体办法由财政部会同国务院有关部门制定，报国务院批准后执行。

第四十六条　三峡电站投产后缴纳的税款依法留给地方的部分，分配给湖北省、重庆市人民政府，用于支持三峡库区建设和生态环境保护。具体办法由财政部会同国务院有关部门制定，报国务院批准后执行。

第四十七条 农村移民建房占用耕地，免征耕地占用税。三峡工程坝区和淹没区建设占用耕地，按照应纳税额的40％征收耕地占用税；城镇、企业事业单位搬迁和基础设施复建占用耕地，按照国家有关规定缴纳耕地占用税。缴纳的耕地占用税全部用于三峡库区农村移民安置。

第四十八条 三峡电站投产后，应当优先安排三峡库区用电。

第四十九条 国家将三峡库区有水电资源条件的受淹县、区列为农村水电初级电气化县，予以扶持。

第五十条 国家将三峡库区具备一定条件的受淹县、区优先列入生态农业试点示范县，予以扶持，并优先安排基本农田及水利专项资金，用于移民安置区农田水利建设。

第五十一条 国务院有关部门和湖北省、重庆市人民政府及其有关部门在安排建设项目、分配资金时，对三峡库区有关县、区应当优先照顾。

第五十二条 国务院有关部门和有关省、自治区、直辖市应当按照优势互补、互惠互利、长期合作、共同发展的原则，采取多种形式鼓励名优企业到三峡库区投资建厂，并从教育、文化、科技、人才、管理、信息、资金、物资等方面对口支援三峡库区移民。

第五十三条 国家在三峡库区和三峡工程受益地区安排的建设项目，应当优先吸收符合条件的移民就业。

第五十四条 国家对专门为安置农村移民开发的土地和新办的企业，依法减免农业税、农业特产农业税、企业所得税。

第六章 罚 则

第五十五条 违反本条例规定，未经批准，擅自调整、修改移民安置规划和移民资金年度项目计划的，由规划、计划的审批机关责令限期改正；逾期不改正的，对直接负责的主管人员和其他直接责任人员，依法给予行政处分。

第五十六条 违反本条例规定，擅自将移民迁建用地的使用权转让或者用于非移民项目的，由县级以上人民政府土地行政主管部门会同同级移民管理机构依据职责，责令限期改正，没收违法所得，并处违法所得1倍以上3倍以下的罚款。没收的违法所得和收缴的罚款，全部纳入移民资金，用于移民迁建。

第五十七条 违反本条例规定，在淹没线以下擅自新建、扩建和改建项目的，由县级以上人民政府移民管理机构依据职责，责令停止违法行为，限期恢复原状，可以处5万元以下的罚款；造成损失的，依法承担赔偿责任。

第五十八条 违反本条例规定，在移民搬迁和安置过程中，有下列行为之一的，由县级以上人民政府移民管理机构会同同级有关部门依据职责，责令限期改正，给予警告；构成违反治安管理行为的，由公安机关依法予以处罚：

（一）拒绝搬迁或者拖延搬迁的；

（二）按照规定标准已获得安置补偿，搬迁后又擅自返迁的；

（三）按照规定标准获得安置补偿后，无理要求再次补偿的。

第五十九条 违反本条例规定，有下列行为之一的，由有关审计机关、财政部门依照审计、财政法律、法规的规定予以处罚；对直接负责的主管人员和其他直接责任人员，依法给予行政处分；构成犯罪的，依法追究刑事责任：

（一）将移民资金用于非移民项目、偿还非移民债务和平衡地方财政预算的；

（二）利用移民资金进行融资、投资和提供担保的；

（三）购买股票、债券和其他有价证券的；

（四）利用其他方式挪用移民资金的。

第六十条 违反本条例规定，在国务院三峡工程建设委员会移民管理机构或者省、自治区、直辖市人民政府移民管理机构指定的银行之外的金融机构存储移民资金的，由县级以上人民政府移民管理机构按照职责分工，责令限期改正，给予警告；对直接负责的主管人员和其他直接责任人员，依法给予行政处分；有违法所得的，没收违法所得，并处违法所得1倍以上3倍以下的罚款。

第六十一条 违反本条例规定，挤占、截留移民资金的，由有关审计机关、财政部门依法予以追缴，可以处挤占、截留移民资金数额1倍以下的罚款；对直接负责的主管人员和其他直接责任人员，依法给予行政处分。

第六十二条 在移民工程建设中,破坏植被和生态环境,造成水土流失的,依照环境保护法和水土保持法的有关规定处罚。

第六十三条 国家机关工作人员在移民工作中玩忽职守、滥用职权、徇私舞弊,构成犯罪的,依法追究刑事责任;尚不构成犯罪的,依法给予行政处分。

第七章 附 则

第六十四条 本条例自 2001 年 3 月 1 日起施行。1993 年 8 月 19 日国务院公布施行的《长江三峡工程建设移民条例》同时废止。

长江河道采砂管理条例

（2001年10月25日中华人民共和国国务院令第320号公布　根据2023年7月20日《国务院关于修改和废止部分行政法规的决定》修订）

第一条　为了加强长江河道采砂管理，维护长江河势稳定，保障防洪和通航安全，制定本条例。

第二条　在长江宜宾以下干流河道内从事开采砂石（以下简称长江采砂）及其管理活动的，应当遵守本条例。

第三条　国务院水行政主管部门及其所属的长江水利委员会应当加强对长江采砂的统一管理和监督检查，并做好有关组织、协调和指导工作。

长江采砂管理，实行地方人民政府行政首长负责制。沿江县级以上地方人民政府应当加强对本行政区域内长江采砂活动的管理，做好长江采砂的组织、协调和监督检查工作。

沿江县级以上地方人民政府水行政主管部门依照本条例的规定，具体负责本行政区域内长江采砂的管理和监督检查工作。

国务院交通行政主管部门所属的长江航务管理局负责长江航道管理工作，长江海事机构负责长江交通安全的监督管理工作。公安部门负责长江水上治安管理工作，依法打击长江采砂活动中的犯罪行为。

第四条　国家对长江采砂实行统一规划制度。

长江采砂规划由长江水利委员会会同四川省、湖北省、湖南省、江西省、安徽省、江苏省和重庆市、上海市人民政府水行政主管部门编制，经征求长江航务管理局和长江海事机构意见后，报国务院水行政主管部门批准。国务院水行政主管部门批准前，应当征求国务院交通行政主管部门的意见。

长江采砂规划一经批准，必须严格执行；确需修改时，应当依照前款规定批准。

长江采砂规划批准实施前，长江水利委员会可以会同沿江省、直辖市人民政府水行政主管部门、长江航务管理局和长江海事机构确定禁采区和禁采期，报国务院水行政主管部门批准。

第五条　长江采砂规划应当充分考虑长江防洪安全和通航安全的要求，

符合长江流域综合规划和长江防洪、河道整治以及航道整治等专业规划。

第六条 长江采砂规划应当包括下列内容：

（一）禁采区和可采区；

（二）禁采期和可采期；

（三）年度采砂控制总量；

（四）可采区内采砂船只的控制数量。

第七条 沿江省、直辖市人民政府水行政主管部门根据长江采砂规划，可以拟订本行政区域内长江采砂规划实施方案，报本级人民政府批准后实施，并报长江水利委员会、长江航务管理局备案。

沿江省、直辖市人民政府应当将长江采砂规划确定的禁采区和禁采期予以公告。

沿江省、直辖市人民政府水行政主管部门可以根据本行政区域内长江的水情、工情、汛情、航道变迁和管理等需要，在长江采砂规划确定的禁采区、禁采期外增加禁采范围、延长禁采期限，报本级人民政府决定后公告。

第八条 长江水利委员会和沿江省、直辖市人民政府水行政主管部门应当加强对长江采砂规划实施情况的监督检查。

第九条 国家对长江采砂实行采砂许可制度。

河道采砂许可证由沿江省、直辖市人民政府水行政主管部门审批发放；属于省际边界重点河段的，经有关省、直辖市人民政府水行政主管部门签署意见后，由长江水利委员会审批发放；涉及航道的，审批发放前应当征求长江航务管理局和长江海事机构的意见。省际边界重点河段的范围由国务院水行政主管部门划定。

河道采砂许可证式样由国务院水行政主管部门规定，由沿江省、直辖市人民政府水行政主管部门和长江水利委员会印制。

第十条 从事长江采砂活动的单位和个人应当向沿江市、县人民政府水行政主管部门提出申请；符合下列条件的，由长江水利委员会或者沿江省、直辖市人民政府水行政主管部门依照本条例第九条的规定，审批发放河道采砂许可证：

（一）符合长江采砂规划确定的可采区和可采期的要求；

（二）符合年度采砂控制总量的要求；

（三）符合规定的作业方式；

（四）符合采砂船只数量的控制要求；

（五）采砂船舶、船员证书齐全；

（六）有符合要求的采砂设备和采砂技术人员；

（七）长江水利委员会或者沿江省、直辖市人民政府水行政主管部门规定的其他条件。

市、县人民政府水行政主管部门应当自收到申请之日起10日内签署意见后，报送沿江省、直辖市人民政府水行政主管部门审批；属于省际边界重点河段的，经有关省、直辖市人民政府水行政主管部门签署意见后，报送长江水利委员会审批。长江水利委员会或者沿江省、直辖市人民政府水行政主管部门应当自收到申请之日起30日内予以审批；不予批准的，应当在作出不予批准决定之日起7日内通知申请人，并说明理由。

第十一条 河道采砂许可证应当载明船主姓名（名称）、船名、船号和开采的性质、种类、地点、时限以及作业方式、弃料处理方式、许可证的有效期限等有关事项和内容。

第十二条 从事长江采砂活动的单位和个人应当按照河道采砂许可证的规定进行开采。有关县级以上地方人民政府水行政主管部门和长江水利委员会应当按照职责划分对其加强监督检查。

从事长江采砂活动的单位和个人需要改变河道采砂许可证规定的事项和内容的，应当重新办理河道采砂许可证。

禁止伪造、涂改或者买卖、出租、出借或者以其他方式转让河道采砂许可证。

第十三条 为保障航道畅通和航行安全，采砂作业应当服从通航要求，并设立明显标志。

第十四条 长江水利委员会和沿江省、直辖市人民政府水行政主管部门年审批采砂总量不得超过规划确定的年度采砂控制总量。

沿江省、直辖市人民政府水行政主管部门应当在每年1月31日前将上一年度的长江采砂审批发证情况和实施情况，报长江水利委员会备案。

第十五条 沿江县级以上地方人民政府水行政主管部门因整修长江堤防进行吹填固基或者整治长江河道采砂的，应当经本省、直辖市人民政府水行政主管部门审查，并报长江水利委员会批准；长江航务管理局因整治长江航道采砂的，应当事先征求长江水利委员会的意见。

因吹填造地从事采砂活动的单位和个人，应当依法申请河道采砂许可证。

第十六条　除按照河道采砂许可证规定的期限在可采区作业外，采砂船舶应当集中停放在沿江县级人民政府指定的地点，并由采砂船舶所有者或者使用者负责管护。无正当理由，不得擅自离开指定的地点。

第十七条　禁止运输、收购、销售未取得河道采砂许可证的单位、个人开采的长江河道砂石。

长江水利委员会应当会同沿江省、直辖市人民政府水行政主管部门及有关部门、长江航务管理局、长江海事机构等单位建立统一的长江河道采砂管理信息平台，推进实施长江河道砂石开采、运输、收购、销售全过程追溯。

第十八条　违反本条例规定，未办理河道采砂许可证，擅自在长江采砂的，由县级以上地方人民政府水行政主管部门或者长江水利委员会依据职权，责令停止违法行为，没收违法开采的砂石和违法所得以及采砂船舶和挖掘机械等作业设备、工具，并处违法开采的砂石货值金额2倍以上20倍以下的罚款；货值金额不足10万元的，并处20万元以上200万元以下的罚款；构成犯罪的，依法追究刑事责任。

第十九条　违反本条例规定，采砂单位、个人未按照河道采砂许可证规定的要求采砂的，由县级以上地方人民政府水行政主管部门或者长江水利委员会依据职权，责令停止违法行为，没收违法开采的砂石和违法所得，并处违法开采的砂石货值金额1倍以上2倍以下的罚款；情节严重或者在禁采区、禁采期采砂的，没收违法开采的砂石和违法所得以及采砂船舶和挖掘机械等作业设备、工具，吊销河道采砂许可证，并处违法开采的砂石货值金额2倍以上20倍以下的罚款，货值金额不足10万元的，并处20万元以上200万元以下的罚款；构成犯罪的，依法追究刑事责任。

第二十条　违反本条例规定，运输、收购、销售未取得河道采砂许可证的单位、个人开采的长江河道砂石的，由县级以上地方人民政府水行政主管部门、长江水利委员会、有关海事管理机构以及县级以上地方人民政府其他有关部门依据职权，责令停止违法行为，没收违法运输、收购、销售的砂石和违法所得，并处2万元以上20万元以下的罚款；情节严重的，并处20万元以上200万元以下的罚款；构成犯罪的，依法追究刑事责任。

第二十一条　违反本条例规定，采砂船舶未在指定地点集中停放或者无

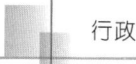

正当理由擅自离开指定地点的,由县级以上地方人民政府水行政主管部门责令停靠在指定地点,处3万元以上10万元以下的罚款;拒不改正的,予以强行转移至指定地点。

第二十二条 伪造、变造、转让、出租、出借河道采砂许可证,由县级以上地方人民政府水行政主管部门或者长江水利委员会依据职权予以吊销或者收缴,没收违法所得,并处5万元以上50万元以下的罚款;构成犯罪的,依法追究刑事责任。

第二十三条 在长江航道内非法采砂影响通航安全的,由长江航务管理局、长江海事机构依照《中华人民共和国内河交通安全管理条例》和《中华人民共和国航道管理条例》等规定给予处罚。

第二十四条 依照本条例规定应当给予行政处罚,而有关水行政主管部门不给予行政处罚的,由上级人民政府水行政主管部门责令其作出行政处罚决定或者直接给予行政处罚;对负有责任的主管人员和其他直接责任人员依法给予处分。

第二十五条 依照本条例实施罚款的行政处罚,应当依照有关法律、行政法规的规定,实行罚款决定与罚款收缴分离,所收取的罚款必须全部上缴国库。

第二十六条 有下列行为之一,对负有责任的主管人员和其他直接责任人员依法给予处分;构成犯罪的,依法追究刑事责任:

(一)不执行已批准的长江采砂规划、擅自修改长江采砂规划或者违反长江采砂规划组织采砂的;

(二)不按照规定审批发放河道采砂许可证或者其他批准文件的;

(三)不履行本条例规定的监督检查职责,造成长江采砂秩序混乱或者造成重大责任事故的。

第二十七条 本条例自2002年1月1日起施行。

水库大坝安全管理条例

(1991年3月22日中华人民共和国国务院令第77号发布　根据2011年1月8日《国务院关于废止和修改部分行政法规的决定》第一次修订　根据2018年3月19日《国务院关于修改和废止部分行政法规的决定》第二次修订)

第一章　总　　则

第一条　为加强水库大坝安全管理，保障人民生命财产和社会主义建设的安全，根据《中华人民共和国水法》，制定本条例。

第二条　本条例适用于中华人民共和国境内坝高15米以上或者库容100万立方米以上的水库大坝（以下简称大坝）。大坝包括永久性挡水建筑物以及与其配合运用的泄洪、输水和过船建筑物等。

坝高15米以下、10米以上或者库容100万立方米以下、10万立方米以上，对重要城镇、交通干线、重要军事设施、工矿区安全有潜在危险的大坝，其安全管理参照本条例执行。

第三条　国务院水行政主管部门会同国务院有关主管部门对全国的大坝安全实施监督。县级以上地方人民政府水行政主管部门会同有关主管部门对本行政区域内的大坝安全实施监督。

各级水利、能源、建设、交通、农业等有关部门，是其所管辖的大坝的主管部门。

第四条　各级人民政府及其大坝主管部门对其所管辖的大坝的安全实行行政领导负责制。

第五条　大坝的建设和管理应当贯彻安全第一的方针。

第六条　任何单位和个人都有保护大坝安全的义务。

第二章　大　坝　建　设

第七条　兴建大坝必须符合由国务院水行政主管部门会同有关大坝主管部门制定的大坝安全技术标准。

第八条 兴建大坝必须进行工程设计。大坝的工程设计必须由具有相应资格证书的单位承担。

大坝的工程设计应当包括工程观测、通信、动力、照明、交通、消防等管理设施的设计。

第九条 大坝施工必须由具有相应资格证书的单位承担。大坝施工单位必须按照施工承包合同规定的设计文件、图纸要求和有关技术标准进行施工。

建设单位和设计单位应当派驻代表，对施工质量进行监督检查。质量不符合设计要求的，必须返工或者采取补救措施。

第十条 兴建大坝时，建设单位应当按照批准的设计，提请县级以上人民政府依照国家规定划定管理和保护范围，树立标志。

已建大坝尚未划定管理和保护范围的，大坝主管部门应当根据安全管理的需要，提请县级以上人民政府划定。

第十一条 大坝开工后，大坝主管部门应当组建大坝管理单位，由其按照工程基本建设验收规程参与质量检查以及大坝分部、分项验收和蓄水验收工作。

大坝竣工后，建设单位应当申请大坝主管部门组织验收。

第三章 大 坝 管 理

第十二条 大坝及其设施受国家保护，任何单位和个人不得侵占、毁坏。大坝管理单位应当加强大坝的安全保卫工作。

第十三条 禁止在大坝管理和保护范围内进行爆破、打井、采石、采矿、挖沙、取土、修坟等危害大坝安全的活动。

第十四条 非大坝管理人员不得操作大坝的泄洪闸门、输水闸门以及其他设施，大坝管理人员操作时应当遵守有关的规章制度。禁止任何单位和个人干扰大坝的正常管理工作。

第十五条 禁止在大坝的集水区域内乱伐林木、陡坡开荒等导致水库淤积的活动。禁止在库区内围垦和进行采石、取土等危及山体的活动。

第十六条 大坝坝顶确需兼做公路的，须经科学论证和县级以上地方人民政府大坝主管部门批准，并采取相应的安全维护措施。

第十七条 禁止在坝体修建码头、渠道、堆放杂物、晾晒粮草。在大坝管理和保护范围内修建码头、鱼塘的，须经大坝主管部门批准，并与坝脚和泄水、输水建筑物保持一定距离，不得影响大坝安全、工程管理和抢险工作。

第十八条 大坝主管部门应当配备具有相应业务水平的大坝安全管理人员。

大坝管理单位应当建立、健全安全管理规章制度。

第十九条 大坝管理单位必须按照有关技术标准，对大坝进行安全监测和检查；对监测资料应当及时整理分析，随时掌握大坝运行状况。发现异常现象和不安全因素时，大坝管理单位应当立即报告大坝主管部门，及时采取措施。

第二十条 大坝管理单位必须做好大坝的养护修理工作，保证大坝和闸门启闭设备完好。

第二十一条 大坝的运行，必须在保证安全的前提下，发挥综合效益。大坝管理单位应当根据批准的计划和大坝主管部门的指令进行水库的调度运用。

在汛期，综合利用的水库，其调度运用必须服从防汛指挥机构的统一指挥；以发电为主的水库，其汛限水位以上的防洪库容及其洪水调度运用，必须服从防汛指挥机构的统一指挥。

任何单位和个人不得非法干预水库的调度运用。

第二十二条 大坝主管部门应当建立大坝定期安全检查、鉴定制度。

汛前、汛后，以及暴风、暴雨、特大洪水或者强烈地震发生后，大坝主管部门应当组织对其所管辖的大坝的安全进行检查。

第二十三条 大坝主管部门对其所管辖的大坝应当按期注册登记，建立技术档案。大坝注册登记办法由国务院水行政主管部门会同有关主管部门制定。

第二十四条 大坝管理单位和有关部门应当做好防汛抢险物料的准备和气象水情预报，并保证水情传递、报警以及大坝管理单位与大坝主管部门、上级防汛指挥机构之间联系通畅。

第二十五条 大坝出现险情征兆时，大坝管理单位应当立即报告大坝主管部门和上级防汛指挥机构，并采取抢救措施；有垮坝危险时，应当采取一

行政法规

切措施向预计的垮坝淹没地区发出警报，做好转移工作。

第四章 险坝处理

第二十六条 对尚未达到设计洪水标准、抗震设防标准或者有严重质量缺陷的险坝，大坝主管部门应当组织有关单位进行分类，采取除险加固等措施，或者废弃重建。

在险坝加固前，大坝管理单位应当制定保坝应急措施；经论证必须改变原设计运行方式的，应当报请大坝主管部门审批。

第二十七条 大坝主管部门应当对其所管辖的需要加固的险坝制定加固计划，限期消除危险；有关人民政府应当优先安排所需资金和物料。

险坝加固必须由具有相应设计资格证书的单位作出加固设计，经审批后组织实施。险坝加固竣工后，由大坝主管部门组织验收。

第二十八条 大坝主管部门应当组织有关单位，对险坝可能出现的垮坝方式、淹没范围作出预估，并制定应急方案，报防汛指挥机构批准。

第五章 罚 则

第二十九条 违反本条例规定，有下列行为之一的，由大坝主管部门责令其停止违法行为，赔偿损失，采取补救措施，可以并处罚款；应当给予治安管理处罚的，由公安机关依照《中华人民共和国治安管理处罚法》的规定处罚；构成犯罪的，依法追究刑事责任：

（一）毁坏大坝或者其观测、通信、动力、照明、交通、消防等管理设施的；

（二）在大坝管理和保护范围内进行爆破、打井、采石、采矿、取土、挖沙、修坟等危害大坝安全活动的；

（三）擅自操作大坝的泄洪闸门、输水闸门以及其他设施，破坏大坝正常运行的；

（四）在库区内围垦的；

（五）在坝体修建码头、渠道或者堆放杂物、晾晒粮草的；

（六）擅自在大坝管理和保护范围内修建码头、鱼塘的。

第三十条 盗窃或者抢夺大坝工程设施、器材的，依照刑法规定追究刑事责任。

第三十一条 由于勘测设计失误、施工质量低劣、调度运用不当以及滥用职权，玩忽职守，导致大坝事故的，由其所在单位或者上级主管机关对责任人员给予行政处分；构成犯罪的，依法追究刑事责任。

第三十二条 当事人对行政处罚决定不服的，可以在接到处罚通知之日起15日内，向作出处罚决定机关的上一级机关申请复议；对复议决定不服的，可以在接到复议决定之日起15日内，向人民法院起诉。当事人也可以在接到处罚通知之日起15日内，直接向人民法院起诉。当事人逾期不申请复议或者不向人民法院起诉又不履行处罚决定的，由作出处罚决定的机关申请人民法院强制执行。

对治安管理处罚不服的，依照《中华人民共和国治安管理处罚法》的规定办理。

第六章 附 则

第三十三条 国务院有关部门和各省、自治区、直辖市人民政府可以根据本条例制定实施细则。

第三十四条 本条例自发布之日起施行。

大中型水利水电工程建设征地补偿和移民安置条例

（2006年7月7日中华人民共和国国务院令第471号公布 根据2013年7月18日《国务院关于废止和修改部分行政法规的决定》第一次修订 根据2013年12月7日《国务院关于修改部分行政法规的决定》第二次修订 根据2017年4月14日《国务院关于修改〈大中型水利水电工程建设征地补偿和移民安置条例〉的决定》第三次修订）

第一章 总 则

第一条 为了做好大中型水利水电工程建设征地补偿和移民安置工作，维护移民合法权益，保障工程建设的顺利进行，根据《中华人民共和国土地管理法》和《中华人民共和国水法》，制定本条例。

第二条 大中型水利水电工程的征地补偿和移民安置，适用本条例。

第三条 国家实行开发性移民方针，采取前期补偿、补助与后期扶持相结合的办法，使移民生活达到或者超过原有水平。

第四条 大中型水利水电工程建设征地补偿和移民安置应当遵循下列原则：

（一）以人为本，保障移民的合法权益，满足移民生存与发展的需求；

（二）顾全大局，服从国家整体安排，兼顾国家、集体、个人利益；

（三）节约利用土地，合理规划工程占地，控制移民规模；

（四）可持续发展，与资源综合开发利用、生态环境保护相协调；

（五）因地制宜，统筹规划。

第五条 移民安置工作实行政府领导、分级负责、县为基础、项目法人参与的管理体制。

国务院水利水电工程移民行政管理机构（以下简称国务院移民管理机构）负责全国大中型水利水电工程移民安置工作的管理和监督。

县级以上地方人民政府负责本行政区域内大中型水利水电工程移民安置

工作的组织和领导；省、自治区、直辖市人民政府规定的移民管理机构，负责本行政区域内大中型水利水电工程移民安置工作的管理和监督。

第二章 移民安置规划

第六条 已经成立项目法人的大中型水利水电工程，由项目法人编制移民安置规划大纲，按照审批权限报省、自治区、直辖市人民政府或者国务院移民管理机构审批；省、自治区、直辖市人民政府或者国务院移民管理机构在审批前应当征求移民区和移民安置区县级以上地方人民政府的意见。

没有成立项目法人的大中型水利水电工程，项目主管部门应当会同移民区和移民安置区县级以上地方人民政府编制移民安置规划大纲，按照审批权限报省、自治区、直辖市人民政府或者国务院移民管理机构审批。

第七条 移民安置规划大纲应当根据工程占地和淹没区实物调查结果以及移民区、移民安置区经济社会情况和资源环境承载能力编制。

工程占地和淹没区实物调查，由项目主管部门或者项目法人会同工程占地和淹没区所在地的地方人民政府实施；实物调查应当全面准确，调查结果经调查者和被调查者签字认可并公示后，由有关地方人民政府签署意见。实物调查工作开始前，工程占地和淹没区所在地的省级人民政府应当发布通告，禁止在工程占地和淹没区新增建设项目和迁入人口，并对实物调查工作作出安排。

第八条 移民安置规划大纲应当主要包括移民安置的任务、去向、标准和农村移民生产安置方式以及移民生活水平评价和搬迁后生活水平预测、水库移民后期扶持政策、淹没线以上受影响范围的划定原则、移民安置规划编制原则等内容。

第九条 编制移民安置规划大纲应当广泛听取移民和移民安置区居民的意见；必要时，应当采取听证的方式。

经批准的移民安置规划大纲是编制移民安置规划的基本依据，应当严格执行，不得随意调整或者修改；确需调整或者修改的，应当报原批准机关批准。

第十条 已经成立项目法人的，由项目法人根据经批准的移民安置规划大纲编制移民安置规划；没有成立项目法人的，项目主管部门应当会同移民区和移民安置区县级以上地方人民政府，根据经批准的移民安置规划大纲编制移民安置规划。

大中型水利水电工程的移民安置规划，按照审批权限经省、自治区、直辖市人民政府移民管理机构或者国务院移民管理机构审核后，由项目法人或者项目主管部门报项目审批或者核准部门，与可行性研究报告或者项目申请报告一并审批或者核准。

省、自治区、直辖市人民政府移民管理机构或者国务院移民管理机构审核移民安置规划，应当征求本级人民政府有关部门以及移民区和移民安置区县级以上地方人民政府的意见。

第十一条　编制移民安置规划应当以资源环境承载能力为基础，遵循本地安置与异地安置、集中安置与分散安置、政府安置与移民自找门路安置相结合的原则。

编制移民安置规划应当尊重少数民族的生产、生活方式和风俗习惯。

移民安置规划应当与国民经济和社会发展规划以及土地利用总体规划、城市总体规划、村庄和集镇规划相衔接。

第十二条　移民安置规划应当对农村移民安置、城（集）镇迁建、工矿企业迁建、专项设施迁建或者复建、防护工程建设、水库水域开发利用、水库移民后期扶持措施、征地补偿和移民安置资金概（估）算等作出安排。

对淹没线以上受影响范围内因水库蓄水造成的居民生产、生活困难问题，应当纳入移民安置规划，按照经济合理的原则，妥善处理。

第十三条　对农村移民安置进行规划，应当坚持以农业生产安置为主，遵循因地制宜、有利生产、方便生活、保护生态的原则，合理规划农村移民安置点；有条件的地方，可以结合小城镇建设进行。

农村移民安置后，应当使移民拥有与移民安置区居民基本相当的土地等农业生产资料。

第十四条　对城（集）镇移民安置进行规划，应当以城（集）镇现状为基础，节约用地，合理布局。

工矿企业的迁建，应当符合国家的产业政策，结合技术改造和结构调整进行；对技术落后、浪费资源、产品质量低劣、污染严重、不具备安全生产条件的企业，应当依法关闭。

第十五条　编制移民安置规划应当广泛听取移民和移民安置区居民的意

见；必要时，应当采取听证的方式。

经批准的移民安置规划是组织实施移民安置工作的基本依据，应当严格执行，不得随意调整或者修改；确需调整或者修改的，应当依照本条例第十条的规定重新报批。

未编制移民安置规划或者移民安置规划未经审核的大中型水利水电工程建设项目，有关部门不得批准或者核准其建设，不得为其办理用地等有关手续。

第十六条 征地补偿和移民安置资金、依法应当缴纳的耕地占用税和耕地开垦费以及依照国务院有关规定缴纳的森林植被恢复费等应当列入大中型水利水电工程概算。

征地补偿和移民安置资金包括土地补偿费、安置补助费，农村居民点迁建、城（集）镇迁建、工矿企业迁建以及专项设施迁建或者复建补偿费（含有关地上附着物补偿费），移民个人财产补偿费（含地上附着物和青苗补偿费）和搬迁费，库底清理费，淹没区文物保护费和国家规定的其他费用。

第十七条 农村移民集中安置的农村居民点、城（集）镇、工矿企业以及专项设施等基础设施的迁建或者复建选址，应当依法做好环境影响评价、水文地质与工程地质勘察、地质灾害防治和地质灾害危险性评估。

第十八条 对淹没区内的居民点、耕地等，具备防护条件的，应当在经济合理的前提下，采取修建防护工程等防护措施，减少淹没损失。

防护工程的建设费用由项目法人承担，运行管理费用由大中型水利水电工程管理单位负责。

第十九条 对工程占地和淹没区内的文物，应当查清分布，确认保护价值，坚持保护为主、抢救第一的方针，实行重点保护、重点发掘。

第三章 征 地 补 偿

第二十条 依法批准的流域规划中确定的大中型水利水电工程建设项目的用地，应当纳入项目所在地的土地利用总体规划。

大中型水利水电工程建设项目核准或者可行性研究报告批准后，项目用地应当列入土地利用年度计划。

属于国家重点扶持的水利、能源基础设施的大中型水利水电工程建设项目，其用地可以以划拨方式取得。

第二十一条 大中型水利水电工程建设项目用地，应当依法申请并办理审批手续，实行一次报批、分期征收，按期支付征地补偿费。

对于应急的防洪、治涝等工程，经有批准权的人民政府决定，可以先行使用土地，事后补办用地手续。

第二十二条 大中型水利水电工程建设征收土地的土地补偿费和安置补助费，实行与铁路等基础设施项目用地同等补偿标准，按照被征收土地所在省、自治区、直辖市规定的标准执行。

被征收土地上的零星树木、青苗等补偿标准，按照被征收土地所在省、自治区、直辖市规定的标准执行。

被征收土地上的附着建筑物按照其原规模、原标准或者恢复原功能的原则补偿；对补偿费用不足以修建基本用房的贫困移民，应当给予适当补助。

使用其他单位或者个人依法使用的国有耕地，参照征收耕地的补偿标准给予补偿；使用未确定给单位或者个人使用的国有未利用地，不予补偿。

移民远迁后，在水库周边淹没线以上属于移民个人所有的零星树木、房屋等应当分别依照本条第二款、第三款规定的标准给予补偿。

第二十三条 大中型水利水电工程建设临时用地，由县级以上人民政府土地主管部门批准。

第二十四条 工矿企业和交通、电力、电信、广播电视等专项设施以及中小学的迁建或者复建，应当按照其原规模、原标准或者恢复原功能的原则补偿。

第二十五条 大中型水利水电工程建设占用耕地的，应当执行占补平衡的规定。为安置移民开垦的耕地、因大中型水利水电工程建设而进行土地整理新增的耕地、工程施工新造的耕地可以抵扣或者折抵建设占用耕地的数量。

大中型水利水电工程建设占用25度以上坡耕地的，不计入需要补充耕地的范围。

第四章 移 民 安 置

第二十六条 移民区和移民安置区县级以上地方人民政府负责移民安置

规划的组织实施。

第二十七条 大中型水利水电工程开工前，项目法人应当根据经批准的移民安置规划，与移民区和移民安置区所在的省、自治区、直辖市人民政府或者市、县人民政府签订移民安置协议；签订协议的省、自治区、直辖市人民政府或者市人民政府，可以与下一级有移民或者移民安置任务的人民政府签订移民安置协议。

第二十八条 项目法人应当根据大中型水利水电工程建设的要求和移民安置规划，在每年汛期结束后60日内，向与其签订移民安置协议的地方人民政府提出下年度移民安置计划建议；签订移民安置协议的地方人民政府，应当根据移民安置规划和项目法人的年度移民安置计划建议，在与项目法人充分协商的基础上，组织编制并下达本行政区域的下年度移民安置年度计划。

第二十九条 项目法人应当根据移民安置年度计划，按照移民安置实施进度将征地补偿和移民安置资金支付给与其签订移民安置协议的地方人民政府。

第三十条 农村移民在本县通过新开发土地或者调剂土地集中安置的，县级人民政府应当将土地补偿费、安置补助费和集体财产补偿费直接全额兑付给该村集体经济组织或者村民委员会。

农村移民分散安置到本县内其他村集体经济组织或者村民委员会的，应当由移民安置村集体经济组织或者村民委员会与县级人民政府签订协议，按照协议安排移民的生产和生活。

第三十一条 农村移民在本省行政区域内其他县安置的，与项目法人签订移民安置协议的地方人民政府，应当及时将相应的征地补偿和移民安置资金交给移民安置区县级人民政府，用于安排移民的生产和生活。

农村移民跨省安置的，项目法人应当及时将相应的征地补偿和移民安置资金交给移民安置区省、自治区、直辖市人民政府，用于安排移民的生产和生活。

第三十二条 搬迁费以及移民个人房屋和附属建筑物、个人所有的零星树木、青苗、农副业设施等个人财产补偿费，由移民区县级人民政府直接全额兑付给移民。

第三十三条 移民自愿投亲靠友的，应当由本人向移民区县级人民政府提出申请,并提交接收地县级人民政府出具的接收证明;移民区县级人民政府确认其具有土地等农业生产资料后,应当与接收地县级人民政府和移民共同签订协议,将土地补偿费、安置补助费交给接收地县级人民政府,统筹安排移民的生产和生活,将个人财产补偿费和搬迁费发给移民个人。

第三十四条 城(集)镇迁建、工矿企业迁建、专项设施迁建或者复建补偿费,由移民区县级以上地方人民政府交给当地人民政府或者有关单位。因扩大规模、提高标准增加的费用,由有关地方人民政府或者有关单位自行解决。

第三十五条 农村移民集中安置的农村居民点应当按照经批准的移民安置规划确定的规模和标准迁建。

农村移民集中安置的农村居民点的道路、供水、供电等基础设施,由乡(镇)、村统一组织建设。

农村移民住房,应当由移民自主建造。有关地方人民政府或者村民委员会应当统一规划宅基地,但不得强行规定建房标准。

第三十六条 农村移民安置用地应当依照《中华人民共和国土地管理法》和《中华人民共和国农村土地承包法》办理有关手续。

第三十七条 移民安置达到阶段性目标和移民安置工作完毕后,省、自治区、直辖市人民政府或者国务院移民管理机构应当组织有关单位进行验收;移民安置未经验收或者验收不合格的,不得对大中型水利水电工程进行阶段性验收和竣工验收。

第五章 后 期 扶 持

第三十八条 移民安置区县级以上地方人民政府应当编制水库移民后期扶持规划,报上一级人民政府或者其移民管理机构批准后实施。

编制水库移民后期扶持规划应当广泛听取移民的意见;必要时,应当采取听证的方式。

经批准的水库移民后期扶持规划是水库移民后期扶持工作的基本依据,应当严格执行,不得随意调整或者修改;确需调整或者修改的,应当报原批准机关批准。

未编制水库移民后期扶持规划或者水库移民后期扶持规划未经批准，有关单位不得拨付水库移民后期扶持资金。

第三十九条 水库移民后期扶持规划应当包括后期扶持的范围、期限、具体措施和预期达到的目标等内容。水库移民安置区县级以上地方人民政府应当采取建立责任制等有效措施，做好后期扶持规划的落实工作。

第四十条 水库移民后期扶持资金应当按照水库移民后期扶持规划，主要作为生产生活补助发放给移民个人；必要时可以实行项目扶持，用于解决移民村生产生活中存在的突出问题，或者采取生产生活补助和项目扶持相结合的方式。具体扶持标准、期限和资金的筹集、使用管理依照国务院有关规定执行。

省、自治区、直辖市人民政府根据国家规定的原则，结合本行政区域实际情况，制定水库移民后期扶持具体实施办法，报国务院批准后执行。

第四十一条 各级人民政府应当加强移民安置区的交通、能源、水利、环保、通信、文化、教育、卫生、广播电视等基础设施建设，扶持移民安置区发展。

移民安置区地方人民政府应当将水库移民后期扶持纳入本级人民政府国民经济和社会发展规划。

第四十二条 国家在移民安置区和大中型水利水电工程受益地区兴办的生产建设项目，应当优先吸收符合条件的移民就业。

第四十三条 大中型水利水电工程建成后形成的水面和水库消落区土地属于国家所有，由该工程管理单位负责管理，并可以在服从水库统一调度和保证工程安全、符合水土保持和水质保护要求的前提下，通过当地县级人民政府优先安排给当地农村移民使用。

第四十四条 国家在安排基本农田和水利建设资金时，应当对移民安置区所在县优先予以扶持。

第四十五条 各级人民政府及其有关部门应当加强对移民的科学文化知识和实用技术的培训，加强法制宣传教育，提高移民素质，增强移民就业能力。

第四十六条 大中型水利水电工程受益地区的各级地方人民政府及其有关部门应当按照优势互补、互惠互利、长期合作、共同发展的原则，采取多种形式对移民安置区给予支持。

第六章 监督管理

第四十七条 国家对移民安置和水库移民后期扶持实行全过程监督。省、自治区、直辖市人民政府和国务院移民管理机构应当加强对移民安置和水库移民后期扶持的监督，发现问题应当及时采取措施。

第四十八条 国家对征地补偿和移民安置资金、水库移民后期扶持资金的拨付、使用和管理实行稽察制度，对拨付、使用和管理征地补偿和移民安置资金、水库移民后期扶持资金的有关地方人民政府及其有关部门的负责人依法实行任期经济责任审计。

第四十九条 县级以上人民政府应当加强对下级人民政府及其财政、发展改革、移民等有关部门或者机构拨付、使用和管理征地补偿和移民安置资金、水库移民后期扶持资金的监督。

县级以上地方人民政府或者其移民管理机构应当加强对征地补偿和移民安置资金、水库移民后期扶持资金的管理，定期向上一级人民政府或者其移民管理机构报告并向项目法人通报有关资金拨付、使用和管理情况。

第五十条 各级审计、监察机关应当依法加强对征地补偿和移民安置资金、水库移民后期扶持资金拨付、使用和管理情况的审计和监察。

县级以上人民政府财政部门应当加强对征地补偿和移民安置资金、水库移民后期扶持资金拨付、使用和管理情况的监督。

审计、监察机关和财政部门进行审计、监察和监督时，有关单位和个人应当予以配合，及时提供有关资料。

第五十一条 国家对移民安置实行全过程监督评估。签订移民安置协议的地方人民政府和项目法人应当采取招标的方式，共同委托移民安置监督评估单位对移民搬迁进度、移民安置质量、移民资金的拨付和使用情况以及移民生活水平的恢复情况进行监督评估；被委托方应当将监督评估的情况及时向委托方报告。

第五十二条 征地补偿和移民安置资金应当专户存储、专账核算，存储期间的孳息，应当纳入征地补偿和移民安置资金，不得挪作他用。

第五十三条 移民区和移民安置区县级人民政府，应当以村为单位将大中型水利水电工程征收的土地数量、土地种类和实物调查结果、补偿范围、补偿标准和金额以及安置方案等向群众公布。群众提出异议的，县级人民政府应当及时核查，并对统计调查结果不准确的事项进行改正；经核查无误的，应当及时向群众解释。

有移民安置任务的乡（镇）、村应当建立健全征地补偿和移民安置资金的财务管理制度，并将征地补偿和移民安置资金收支情况张榜公布，接受群众监督；土地补偿费和集体财产补偿费的使用方案应当经村民会议或者村民代表会议讨论通过。

移民安置区乡（镇）人民政府、村（居）民委员会应当采取有效措施帮助移民适应当地的生产、生活，及时调处矛盾纠纷。

第五十四条　县级以上地方人民政府或者其移民管理机构以及项目法人应当建立移民工作档案，并按照国家有关规定进行管理。

第五十五条　国家切实维护移民的合法权益。

在征地补偿和移民安置过程中，移民认为其合法权益受到侵害的，可以依法向县级以上人民政府或者其移民管理机构反映，县级以上人民政府或者其移民管理机构应当对移民反映的问题进行核实并妥善解决。移民也可以依法向人民法院提起诉讼。

移民安置后，移民与移民安置区当地居民享有同等的权利，承担同等的义务。

第五十六条　按照移民安置规划必须搬迁的移民，无正当理由不得拖延搬迁或者拒迁。已经安置的移民不得返迁。

第七章　法　律　责　任

第五十七条　违反本条例规定，有关地方人民政府、移民管理机构、项目审批部门及其他有关部门有下列行为之一的，对直接负责的主管人员和其他直接责任人员依法给予行政处分；造成严重后果，有关责任人员构成犯罪的，依法追究刑事责任：

（一）违反规定批准移民安置规划大纲、移民安置规划或者水库移民后期扶持规划的；

（二）违反规定批准或者核准未编制移民安置规划或者移民安置规划未经审核的大中型水利水电工程建设项目的；

（三）移民安置未经验收或者验收不合格而对大中型水利水电工程进行阶段性验收或者竣工验收的；

（四）未编制水库移民后期扶持规划，有关单位拨付水库移民后期扶持资金的；

（五）移民安置管理、监督和组织实施过程中发现违法行为不予查处的；

（六）在移民安置过程中发现问题不及时处理，造成严重后果以及有其他滥用职权、玩忽职守等违法行为的。

第五十八条 违反本条例规定，项目主管部门或者有关地方人民政府及其有关部门调整或者修改移民安置规划大纲、移民安置规划或者水库移民后期扶持规划的，由批准该规划大纲、规划的有关人民政府或者其有关部门、机构责令改正，对直接负责的主管人员和其他直接责任人员依法给予行政处分；造成重大损失，有关责任人员构成犯罪的，依法追究刑事责任。

违反本条例规定，项目法人调整或者修改移民安置规划大纲、移民安置规划的，由批准该规划大纲、规划的有关人民政府或者其有关部门、机构责令改正，处10万元以上50万元以下的罚款；对直接负责的主管人员和其他直接责任人员处1万元以上5万元以下的罚款；造成重大损失，有关责任人员构成犯罪的，依法追究刑事责任。

第五十九条 违反本条例规定，在编制移民安置规划大纲、移民安置规划、水库移民后期扶持规划，或者进行实物调查、移民安置监督评估中弄虚作假的，由批准该规划大纲、规划的有关人民政府或者其有关部门、机构责令改正，对有关单位处10万元以上50万元以下的罚款；对直接负责的主管人员和其他直接责任人员处1万元以上5万元以下的罚款；给他人造成损失的，依法承担赔偿责任。

第六十条 违反本条例规定，侵占、截留、挪用征地补偿和移民安置资金、水库移民后期扶持资金的，责令退赔，并处侵占、截留、挪用资金额3倍以下的罚款，对直接负责的主管人员和其他责任人员依法给予行政处分；构成犯罪的，依法追究有关责任人员的刑事责任。

第六十一条 违反本条例规定，拖延搬迁或者拒迁的，当地人民政府或者其移民管理机构可以申请人民法院强制执行；违反治安管理法律、法规的，依法给予治安管理处罚；构成犯罪的，依法追究有关责任人员的刑事责任。

第八章 附 则

第六十二条 长江三峡工程的移民工作,依照《长江三峡工程建设移民条例》执行。

南水北调工程的征地补偿和移民安置工作,依照本条例执行。但是,南水北调工程中线、东线一期工程的移民安置规划的编制审批,依照国务院的规定执行。

第六十三条 本条例自 2006 年 9 月 1 日起施行。1991 年 2 月 15 日国务院发布的《大中型水利水电工程建设征地补偿和移民安置条例》同时废止。

蓄滞洪区运用补偿暂行办法

(2000年5月23日国务院第28次常务会议通过 2000年5月27日中华人民共和国国务院令第286号发布 自发布之日起施行)

第一章 总 则

第一条 为了保障蓄滞洪区的正常运用，确保受洪水威胁的重点地区的防洪安全，合理补偿蓄滞洪区内居民因蓄滞洪遭受的损失，根据《中华人民共和国防洪法》，制定本办法。

第二条 本办法适用于附录所列国家蓄滞洪区。

依照《中华人民共和国防洪法》的规定，国务院或者国务院水行政主管部门批准的防洪规划或者防御洪水方案需要修改，并相应调整国家蓄滞洪区时，由国务院水行政主管部门对本办法附录提出修订意见，报国务院批准、公布。

第三条 蓄滞洪区运用补偿，遵循下列原则：

（一）保障蓄滞洪区居民的基本生活；

（二）有利于蓄滞洪区恢复农业生产；

（三）与国家财政承受能力相适应。

第四条 蓄滞洪区所在地的各级地方人民政府应当按照国家有关规定，加强蓄滞洪区的安全建设和管理，调整产业结构，控制人口增长，有计划地组织人口外迁。

第五条 蓄滞洪区运用前，蓄滞洪区所在地的各级地方人民政府应当组织有关部门和单位做好蓄滞洪区内人员、财产的转移和保护工作，尽量减少蓄滞洪造成的损失。

第六条 国务院财政主管部门和国务院水行政主管部门依照本办法的规定，负责全国蓄滞洪区运用补偿工作的组织实施和监督管理。

国务院水行政主管部门在国家确定的重要江河、湖泊设立的流域管理机构，对所辖区域内蓄滞洪区运用补偿工作实施监督、指导。

蓄滞洪区所在地的地方各级人民政府依照本办法的规定，负责本行政区域内蓄滞洪区运用补偿工作的具体实施和管理。上一级人民政府应当对下一级人民政府的蓄滞洪区运用补偿工作实施监督。

蓄滞洪区所在地的县级以上地方人民政府有关部门在本级人民政府规定的职责范围内，负责蓄滞洪区运用补偿的有关工作。

第七条 任何组织和个人不得骗取、侵吞和挪用蓄滞洪区运用补偿资金。

第八条 审计机关应当加强对蓄滞洪区运用补偿资金的管理和使用情况的审计监督。

第二章 补偿对象、范围和标准

第九条 蓄滞洪区内具有常住户口的居民（以下简称区内居民），在蓄滞洪区运用后，依照本办法的规定获得补偿。

区内居民除依照本办法获得蓄滞洪区运用补偿外，同时按照国家有关规定享受与其他洪水灾区灾民同样的政府救助和社会捐助。

第十条 蓄滞洪区运用后，对区内居民遭受的下列损失给予补偿：

（一）农作物、专业养殖和经济林水毁损失；

（二）住房水毁损失；

（三）无法转移的家庭农业生产机械和役畜以及家庭主要耐用消费品水毁损失。

第十一条 蓄滞洪区运用后造成的下列损失，不予补偿：

（一）根据国家有关规定，应当退田而拒不退田，应当迁出而拒不迁出，或者退田、迁出后擅自返耕、返迁造成的水毁损失；

（二）违反蓄滞洪区安全建设规划或者方案建造的住房水毁损失；

（三）按照转移命令能转移而未转移的家庭农业生产机械和役畜以及家庭主要耐用消费品水毁损失。

第十二条 蓄滞洪区运用后，按照下列标准给予补偿：

（一）农作物、专业养殖和经济林，分别按照蓄滞洪前三年平均年产值的50%～70%、40%～50%、40%～50%补偿，具体补偿标准由蓄滞洪区所在地的省级人民政府根据蓄滞洪后的实际水毁情况在上述规定的幅度内确定；

（二）住房，按照水毁损失的70%补偿；

（三）家庭农业生产机械和役畜以及家庭主要耐用消费品，按照水毁损失的50％补偿。但是，家庭农业生产机械和役畜以及家庭主要耐用消费品的登记总价值在2000元以下的，按照水毁损失的100％补偿；水毁损失超过2000元不足4000元的，按照2000元补偿。

第十三条　已下达蓄滞洪转移命令，因情况变化未实施蓄滞洪造成损失的，给予适当补偿。

第三章　补　偿　程　序

第十四条　蓄滞洪区所在地的县级人民政府应当组织有关部门和乡（镇）人民政府（含街道办事处，下同）对区内居民的承包土地、住房、家庭农业生产机械和役畜以及家庭主要耐用消费品逐户进行登记，并由村（居）民委员会张榜公布；在规定时间内村（居）民无异议的，由县、乡、村分级建档立卡。

以村或者居民委员会为单位进行财产登记时，应当有村（居）民委员会干部、村（居）民代表参加。

第十五条　已登记公布的区内居民的承包土地、住房或者其他财产发生变更时，村（居）民委员会应当于每年汛前汇总，并向乡（镇）人民政府提出财产变更登记申请，由乡（镇）人民政府核实登记后，报蓄滞洪区所在地的县级人民政府指定的部门备案。

第十六条　蓄滞洪区所在地的县级人民政府应当及时将区内居民的承包土地、住房、家庭农业生产机械和役畜以及家庭主要耐用消费品的登记情况及变更登记情况汇总后抄报所在流域管理机构备案。流域管理机构应当根据每年汛期预报，对财产登记及变更登记情况进行必要的抽查。

第十七条　蓄滞洪区运用后，蓄滞洪区所在地的县级人民政府应当及时组织有关部门和乡（镇）人民政府核查区内居民损失情况，按照规定的补偿标准，提出补偿方案，经省级人民政府或者其授权的主管部门核实后，由省级人民政府上报国务院。

以村或者居民委员会为单位核查损失时，应当有村（居）民委员会干部、村（居）民代表参加，并对损失情况张榜公布。

省级人民政府上报的补偿方案，由国务院财政主管部门和国务院水行政主管部门负责审查、核定，提出补偿资金的总额，报国务院批准后下达。

省级人民政府在上报补偿方案时，应当附具所在流域管理机构签署的意见。

第十八条 蓄滞洪区运用补偿资金由中央财政和蓄滞洪区所在地的省级财政共同承担；具体承担比例由国务院财政主管部门根据蓄滞洪后的实际损失情况和省级财政收入水平拟定，报国务院批准。

蓄滞洪区运用后，补偿资金应当及时、足额拨付到位。资金拨付和管理办法由国务院财政主管部门会同国务院水行政主管部门制定。

第十九条 蓄滞洪区所在地的县级人民政府在补偿资金拨付到位后，应当及时制定具体补偿方案，由乡（镇）人民政府逐户确定具体补偿金额，并由村（居）民委员会张榜公布。

补偿金额公布无异议后，由乡（镇）人民政府组织发放补偿凭证，区内居民持补偿凭证、村（居）民委员会出具的证明和身份证明到县级财政主管部门指定的机构领取补偿金。

第二十条 流域管理机构应当加强对所辖区域内补偿资金发放情况的监督，必要时应当会同省级人民政府或者其授权的主管部门进行调查，并及时将补偿资金总的发放情况上报国务院财政主管部门和国务院水行政主管部门，同时抄送省级人民政府。

第四章　罚　　则

第二十一条 有下列行为之一的，由蓄滞洪区所在地的县级以上地方人民政府责令立即改正，并对直接负责的主管人员和其他直接责任人员依法给予行政处分：

（一）在财产登记工作中弄虚作假的；

（二）在蓄滞洪区运用补偿过程中谎报、虚报损失的。

第二十二条 骗取、侵吞或者挪用补偿资金，构成犯罪的，依法追究刑事责任；尚不构成犯罪的，依法给予行政处分。

第五章　附　　则

第二十三条 本办法规定的财产登记、财产变更登记等有关文书格式，由国务院水行政主管部门统一制订,蓄滞洪区所在地的省级人民政府水行政主管部门负责印制。

第二十四条　财产登记、财产变更登记不得向区内居民收取任何费用,所需费用由蓄滞洪区所在地县级人民政府统筹解决。

第二十五条　省级人民政府批准的防洪规划或者防御洪水方案中确定的蓄滞洪区的运用补偿办法,由有关省级人民政府制定。

第二十六条　本办法自发布之日起施行。

附:国家蓄滞洪区修订名录(2010年1月7日)

长江流域:围堤湖、六角山、九垸、西官垸、安澧垸、澧南垸、安昌垸、安化垸、南顶垸、和康垸、南汉垸、民主垸、共双茶、城西垸、屈原农场、义和垸、北湖垸、集成安合、钱粮湖、建设垸、建新农场、君山农场、大通湖东、江南陆城、荆江分洪区、宛市扩大区、虎西备蓄区、人民大垸、洪湖分洪区、杜家台、西凉湖、东西湖、武湖、张渡湖、白潭湖、康山圩、珠湖圩、黄湖圩、方洲斜塘、华阳河、荒草二圩、荒草三圩、汪波东荡、蒿子圩。(共44处)

黄河流域:北金堤、东平湖。(共2处)

淮河流域:蒙洼、城西湖、城东湖、瓦埠湖、老汪湖、泥河洼、老王坡、蛟停湖、黄墩湖、南润段、邱家湖、姜唐湖、寿西湖、董峰湖、汤渔湖、荆山湖、花园湖、杨庄、洪泽湖周边(含鲍集圩)、南四湖湖东、大逍遥。(共21处)

海河流域:永定河泛区、小清河分洪区、东淀、文安洼、贾口洼、兰沟洼、宁晋泊、大陆泽、良相坡、长虹渠、柳围坡、白寺坡、大名泛区、恩县洼、盛庄洼、青甸洼、黄庄洼、大黄铺洼、三角淀、白洋淀、小滩坡、任固坡、共渠西、广润坡、团泊洼、永年洼、献县泛区、崔家桥。(共28处)

松花江流域:月亮泡、胖头泡。(共2处)

珠江流域:港江。(共1处)

部门规章

三峡水库调度和库区水资源与河道管理办法

(2008年11月3日水利部令第35号发布 根据2017年12月22日《水利部关于废止和修改部分规章的决定》修正)

第一章 总 则

第一条 为加强三峡水库调度和库区水资源与河道管理，合理开发利用和保护水资源，发挥三峡水库的综合效益，根据《中华人民共和国水法》《中华人民共和国防洪法》和有关法律、法规的规定，制定本办法。

第二条 本办法适用于三峡水库调度，三峡水利枢纽工程管理和安全运行的监督，三峡库区水资源和河道的管理以及水行政监督检查等。

前款所称三峡水库调度，是指三峡水库汛期的防洪调度以及汛前消落期、汛后蓄水期和枯水运用期的水量调度。

第三条 三峡水库调度和库区水资源与河道管理，应当坚持全面规划，统筹兼顾，科学调度，合理配置水资源，保护水环境，充分发挥三峡水库的防洪、发电、航运、供水、灌溉、旅游等综合功能。

第四条 水利部负责三峡水库水量的统一调度和库区水资源与河道管理的监督工作。

长江水利委员会按照法律、行政法规规定和水利部的授权，负责三峡水库水量的统一调度和库区水资源与河道管理工作。

重庆市、湖北省县级以上地方人民政府水行政主管部门按照规定的权限，负责本行政区域内三峡库区水资源和河道管理工作。

县级以上人民政府有关部门按照职责分工，依法负责三峡库区相关管理工作。

第五条 长江水利委员会应当按照有关规定，商重庆市和湖北省人民政府划定三峡水库管理和保护范围。

第六条 长江水利委员会和有关县级以上地方人民政府水行政主管部门

负责三峡水库管理和保护范围内的水行政执法，并按照管理权限，对管辖范围内各项水事活动进行监督检查，依法查处水事违法活动。

第七条　长江水利委员会和有关县级以上地方人民政府水行政主管部门应当建立联合执法制度、信息通报制度和巡查制度。

第二章　水　库　调　度

第八条　三峡水库的防洪调度，应当依据经批准的长江流域防御洪水方案、洪水调度方案和三峡水库洪水调度方案、调度规程、年度汛期调度运用计划以及防洪调度指令进行，并服从国家防汛抗旱指挥机构和长江防汛抗旱指挥机构的调度指挥和监督管理。

第九条　三峡水库的洪水调度方案，应当依据经批准的长江流域防御洪水方案和洪水调度方案，由长江水利委员会组织三峡水利枢纽管理单位编制，征求重庆市、湖北省以及三峡水库下游有关省、直辖市人民政府的意见后，报国家防汛抗旱指挥机构批准。

第十条　三峡水库的年度汛期调度运用计划，应当依据工程规划设计、经批准的长江流域防御洪水方案和洪水调度方案、三峡水库洪水调度方案以及工程实际状况，由三峡水利枢纽管理单位在兴利服从防洪，保证安全的前提下编制，经长江防汛抗旱指挥机构审查同意后，报国家防汛抗旱指挥机构批准。

第十一条　三峡水利枢纽管理单位按照国家防汛抗旱指挥机构或者长江防汛抗旱指挥机构下达的三峡水库防洪调度指令，具体负责三峡水库防洪调度的实施。

三峡水库的发电与航运调度应当服从防洪调度。

第十二条　三峡水库的水量调度，应当依据经批准的三峡库区及下游河段水量分配方案（或者长江流域取水许可总量控制指标）、三峡水库调度规程以及汛前消落期、汛后蓄水期和枯水运用期的水量调度运用计划、水量实时调度指令进行，并服从水利部和长江水利委员会的调度指挥和监督管理。

第十三条　三峡水库的水量分配与调度，应当首先满足城乡居民生活用水，并兼顾农业、工业、生态与环境用水以及航运等需要，注意维持三峡库区及下游河段的合理水位和流量，维护水体的自然净化能力。

第十四条　三峡库区及下游河段水量分配方案,由长江水利委员会商重庆市、湖北省以及三峡水库下游有关省、直辖市人民政府制订,经水利部审查,报国务院或者其授权的部门批准。

第十五条　长江水利委员会应当组织三峡水利枢纽管理单位编制汛前消落期、汛后蓄水期和枯水运用期的水量调度运用计划,征求重庆市、湖北省以及三峡水库下游有关省、直辖市人民政府的意见后,报水利部批准。

第十六条　长江水利委员会应当依据经批准的三峡库区及下游河段水量分配方案(或者长江流域取水许可总量控制指标)以及汛前消落期、汛后蓄水期和枯水运用期的水量调度运用计划,下达水量实时调度指令。

三峡水利枢纽管理单位应当按照水量实时调度指令,具体负责三峡水库水量调度的实施,并按照水量调度指令做好发电计划的安排。

第十七条　三峡库区及下游河段发生干旱灾害时,国家防汛抗旱指挥机构或者长江防汛抗旱指挥机构应当按照旱情紧急情况下的水量调度预案,实施应急水量调度。

第十八条　三峡水库发生重大水污染事件时,长江水利委员会和重庆市、湖北省人民政府水行政主管部门应当按照有关应急预案,及时采取必要的应急调度措施。

第十九条　三峡水利枢纽管理单位应当加强枢纽工程的安全运行与管理养护,按照水库大坝安全管理的有关规定,对枢纽工程进行安全监测和检查,做好枢纽工程的养护修理工作。

水利部或者长江水利委员会应当加强对三峡水利枢纽工程安全运行的监督管理工作。

第三章　库区水资源管理

第二十条　直接从三峡库区取用水资源的,应当按照取水许可和水资源费征收管理的有关规定,向有关县级以上地方人民政府水行政主管部门或者长江水利委员会申请领取取水许可证,缴纳水资源费。

直接从三峡库区取用水资源的,应当按照取水许可和水资源费征收管理的有关规定,向有关县级以上地方人民政府水行政主管部门或者长江水利委员会申请领取取水许可证,缴纳水资源费。在取水许可申请受理阶段需一并提交建设项目水资源论证报告书（表），作为取水许可审批的重要依据。

第二十一条　三峡库区水资源保护规划由水利部组织编制，报国务院批准。

长江水利委员会应当会同重庆市、湖北省人民政府水行政主管部门和环境保护行政主管部门等拟定三峡库区水功能区划，分别经重庆市、湖北省人民政府审查提出意见后，由水利部会同环境保护部审核，报国务院或者其授权的部门批准。

第二十二条　长江水利委员会应当会同重庆市、湖北省人民政府水行政主管部门，按照水功能区对水质的要求和水体的自然净化能力，核定三峡库区的水域纳污能力，向重庆市、湖北省人民政府环境保护行政主管部门提出库区的限制排污总量意见，同时抄报水利部和环境保护部。

经核定的水域纳污能力和限制排污总量意见，是对三峡库区水资源保护实施监督管理的基本依据。

第二十三条　在三峡库区从事水资源的开发利用活动，应当符合三峡库区水功能区划的要求，保护水质。

禁止向三峡库区排放、倾倒工业废渣、垃圾等有毒有害物质。

第二十四条　禁止在饮用水水源保护区内设置入河排污口。

在三峡库区新建、改建或者扩大入河排污口的，应当按照入河排污口监督管理的有关规定，报有关县级以上地方人民政府水行政主管部门或者长江水利委员会审查同意。

第二十五条　有关县级以上地方人民政府水行政主管部门和长江水利委员会应当加强对三峡库区水质状况的监测工作。发现发生重大水污染事件或者发现水质变化可能造成重大水污染事件时，应当及时报告水利部和当地人民政府，并向有关环境保护行政主管部门通报。

第四章　库区河道管理

第二十六条　在三峡水库管理范围内建设水工程的，应当按照水工程建设规划同意书管理的有关规定，向有关县级以上地方人民政府水行政主管部门或者长江水利委员会申请取得水工程建设规划同意书。

第二十七条　长江水利委员会应当会同重庆市、湖北省人民政府水行政主管部门，编制三峡水库岸线利用管理规划，分别征求重庆市、湖北省人民政府意见后报水利部批准。

三峡水库岸线利用管理规划，应当服从流域综合规划和防洪规划，并与河道整治规划和航道整治规划相协调。

第二十八条 三峡库区有关城乡规划的岸线近水利用线，由三峡库区县级以上地方人民政府水行政主管部门会同有关部门依据经批准的三峡水库岸线利用管理规划确定。

三峡库区河道岸线的利用和建设，应当服从河道整治规划、航道整治规划和三峡水库岸线利用管理规划。河道岸线的界限，由三峡库区县级以上地方人民政府水行政主管部门会同交通等有关部门报县级以上地方人民政府划定。

第二十九条 在三峡水库管理范围内建设桥梁、码头、道路、渡口、管道、缆线、取水、排水等工程设施，应当符合国家规定的防洪标准、三峡水库岸线利用管理规划、航运要求和其他有关的技术要求，其工程建设方案应当按照河道管理范围内建设项目管理的有关规定，报经有关县级以上地方人民政府水行政主管部门或者长江水利委员会审查同意。

第三十条 在三峡水库管理范围内从事采砂活动的，应当按照长江河道采砂管理的有关规定，向重庆市、湖北省人民政府水行政主管部门或者长江水利委员会申请领取河道采砂许可证，缴纳长江河道砂石资源费。

第三十一条 三峡水库消落区的利用，应当服从三峡水库的防洪安全和工程安全，满足库区水土保持、水质保护和生态与环境保护的需要。

第三十二条 在三峡水库管理和保护范围内禁止从事下列活动：

（一）围垦库区；

（二）倾倒垃圾、渣土；

（三）在 25 度以上陡坡地开垦种植农作物；

（四）弃置、堆放阻碍行洪的物体；

（五）种植阻碍行洪的林木和高秆作物；

（六）其他可能危害水库安全的行为。

第三十三条 凡涉及土石方开挖、填筑或者排弃，可能造成水土流失的生产建设项目，应当依法编制水土保持方案，报县级以上人民政府水行政主管部门审批。

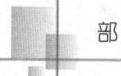

第五章 罚 则

第三十四条 县级以上人民政府水行政主管部门和长江水利委员会及其工作人员，在三峡水库调度和库区水资源与河道管理过程中，违反本办法规定的，按照《中华人民共和国水法》《中华人民共和国防洪法》和《中华人民共和国水污染防治法》等法律、法规的有关规定予以处理。

第三十五条 三峡水利枢纽管理单位违反本办法规定，拒不执行三峡水库防洪调度指令或者水量实时调度指令的，由水利部或者长江水利委员会责令改正；对负有责任的主管人员和其他直接责任人员，由其所在单位或者上级主管机关依法给予行政处分；构成犯罪的，依法追究刑事责任。

第三十六条 在三峡库区从事水资源开发利用、河道建设等活动的单位和个人，违反本办法规定的，由县级以上人民政府水行政主管部门或者长江水利委员会按照《中华人民共和国水法》《中华人民共和国防洪法》《中华人民共和国水土保持法》和《中华人民共和国水污染防治法》等法律、法规的有关规定予以处罚。

第六章 附 则

第三十七条 本办法所称三峡库区，是指三峡水库校核洪水位以下受淹没影响的区域。

本办法所称消落区，是指三峡水库正常蓄水位175米的库区土地征用线以下因水库调度运用导致库区临时性出露的陆地。

第三十八条 本办法自公布之日起施行。

长江河道采砂管理条例实施办法

（2003年6月2日水利部令第19号发布 根据2010年3月12日《水利部关于修改〈长江河道采砂管理条例实施办法〉的决定》第一次修正 根据2010年12月28日《水利部关于废止宣布失效修改部分规章和规范性文件的决定》第二次修正 根据2016年8月1日《水利部关于废止和修改部分规章的决定》第三次修正）

第一条 为加强长江宜宾以下干流河道采砂的统一管理和监督检查，维护河势稳定，保障防洪和通航安全，根据《长江河道采砂管理条例》，制定本办法。

第二条 长江水利委员会应当加强对长江采砂的统一管理和监督检查，做好有关组织、协调、指导工作，并具体负责省际边界重点河段（名录见附录）采砂的管理和监督检查。

沿江县级以上地方人民政府水行政主管部门具体负责本行政区域内长江采砂的管理和监督检查工作。

第三条 长江采砂规划是长江采砂管理和监督检查的依据。沿江各省、直辖市编制的长江采砂规划实施方案必须符合长江采砂规划的要求。

长江采砂规划的修改，由长江水利委员会根据长江河势变化、河道变迁、砂石补给、环境保护的情况以及管理的需要进行，并严格履行报批手续。

从事以下采砂活动，不受长江采砂规划的限制，但应当按照《长江河道采砂管理条例》和本办法的规定履行有关法律手续：

（一）整修长江堤防进行吹填固基或者整治长江河道；

（二）整治长江航道。

第四条 长江采砂实行总量控制制度。实际审批的年度采砂总量不得超过长江采砂规划确定的年度采砂控制总量。每一可采区实际审批的年度采砂量不得超过该可采区的年度采砂控制量。

长江水利委员会可以依据长江采砂规划，综合河势变化、砂石补给和采砂管理需要等情况，对每一可采区的年度采砂控制量进行调整。

第五条 长江水利委员会应当对长江省际边界重点河段范围内可采区河床变化进行监测。沿江各省、直辖市人民政府水行政主管部门应当对本行政区域内长江河道可采区河床变化进行监测,并将监测资料报长江水利委员会备案。

对河床变化的监测,应当由具有乙级以上水下测绘资质的单位承担。

第六条 每年6月1日至9月30日以及河道水位超过警戒水位时,为长江宜宾以下干流河道(不含三峡水库库区河道)采砂的禁采期。长江寸滩水文站流量大于25000立方米每秒时,为三峡水库库区河道采砂的禁采期。

沿江各省、直辖市人民政府水行政主管部门可以根据本行政区域内长江的水情、工情、汛情、航道变迁和管理等需要,在本办法和长江采砂规划确定的禁采期外延长禁采期限。

沿江各省、直辖市在本行政区域内实施禁采与解禁时,应当提前通报长江水利委员会。

第七条 长江采砂实行可行性论证报告制度。

采砂可行性论证报告按可采区分区进行,由负责管理可采区的水行政主管部门或者长江水利委员会组织编制。

有下列情形之一的,采砂可行性论证报告由申请采砂的单位、个人按照要求自行或者委托有关机构编制,审批部门不得以任何形式要求申请人必须委托特定中介机构提供服务:

(一)整修长江堤防进行吹填固基或者整治长江河道;

(二)整治长江航道;

(三)吹填造地。

第八条 采砂可行性论证报告应当包括下列内容:

(一)采砂河段河势、河床演变分析报告;

(二)采砂范围图、控制点坐标以及现势性强的水下地形图;

(三)采砂对河势、防洪影响的论证分析;

(四)开采总量的可行性分析;

(五)采砂对通航安全影响的论证分析;

(六)采砂对水环境影响的论证分析;

(七)采砂对水上、水下重要设施影响的论证分析;

(八)论证的主要结论。

第九条 实施采砂许可制度应当遵循公开、公平、公正、择优的原则。

鼓励运用市场机制依法组织采砂许可证的发放，增强工作透明度，严肃查处违法违纪行政行为。

第十条 从事以下采砂活动，由长江水利委员会审批：

（一）在省际边界重点河段采砂的；

（二）因整修长江堤防进行吹填固基或者整治长江河道采砂的。

从事前款规定以外的采砂活动，由有关省、直辖市人民政府水行政主管部门审批。在省际边界重点河段范围以外，单项工程吹填造地采砂规模为10万吨以上的，有关省、直辖市人民政府水行政主管部门在批准前应当征求长江水利委员会的意见。

第十一条 根据长江采砂管理工作的需要，调整省际边界重点河段范围时，由长江水利委员会对本办法附录确定的河段提出修订意见，报国务院水行政主管部门批准。

第十二条 长江采砂申请由可采区所在地县级（或直辖市的区级）地方人民政府水行政主管部门受理。县级（或直辖市的区级）地方人民政府水行政主管部门签署意见后，逐级报送有审批权的机关审批。

应当由长江水利委员会审批的采砂申请实行集中受理，受理时间由长江水利委员会确定并公告。

沿江各省、直辖市人民政府水行政主管部门可以决定对由本部门审批的采砂申请实行集中受理。

第十三条 申请从事采砂的，应当提交下列材料：

（一）采砂申请书；

（二）营业执照的复印件及其他相关材料；

（三）采砂申请与第三者有利害关系的，与第三者达成的协议或者有关文件。

采砂申请书应当包括下列内容：

（一）申请单位的名称、企业代码、地址、法定代表人或者负责人的姓名和职务，申请个人的姓名、住址、身份证号码；

（二）采砂的性质和种类；

（三）采砂地点和范围（附具范围图和控制点坐标）；

（四）开采量（日采量和年度总采量）；

（五）开采时间；

（六）开采深度和作业方式；

（七）砂石堆放地点和弃料处理方案；

（八）采砂设备基本情况；

（九）采砂技术人员基本情况；

（十）其他有关事项。

进行水上作业的，申请书还应当包括船名、船号、船主姓名、船机数量、采砂功率等内容，并提供船员证书、船舶证书的复印件。

从事本办法第七条第三款第（三）项规定的采砂活动的，还应当同时提交采砂可行性论证报告。

第十四条 受理采砂申请的县级（或直辖市的区级）地方人民政府水行政主管部门收到采砂申请书等材料后，对申请材料齐全、符合法定形式的应当予以受理，并出具书面受理凭证。

有下列情形之一的，应当自收到采砂申请之日起 5 个工作日内，通知申请采砂的单位或者个人予以补正：

（一）采砂申请书内容不全或者填注不明的；

（二）应当提交采砂可行性论证报告而没有提交或者采砂可行性论证报告不符合要求的；

（三）无相关材料或者相关材料不符合要求的。

申请采砂的单位或者个人应当自收到补正通知之日起 15 个工作日内补正；逾期不补正的，视为撤回本次采砂申请。

第十五条 沿江各省、直辖市人民政府水行政主管部门应当自收到下一级水行政主管部门报送的应当由长江水利委员会审批的采砂申请 15 个工作日内签署意见，并报长江水利委员会审批。

第十六条 申请在省际边界重点河段采砂，采砂申请有下列情形之一的，长江水利委员会不予批准：

（一）不符合长江采砂规划确定的可采区和可采期要求的；

（二）不符合年度采砂控制总量要求的；

（三）采砂设备功率超过 1250 千瓦，不具备平缓移动的开采作业方式的；

（四）不符合采砂船只数量的控制要求的；

（五）采砂船舶、船员证书不全，未按规定标明船名、船号的；

（六）无符合要求的采砂设备和采砂技术人员的；

（七）未安装符合要求的采砂船舶监测设备的；

（八）有非法采砂等不良记录的；

（九）无降低或者消除不利影响的保证措施的；

（十）未达到审批机关规定的其他条件的。

因吹填造地进行采砂的，不受前款第（一）项限制。

第十七条 河道采砂许可证实行一船一证。正本悬挂在采砂船舶指定位置，副本留存在采砂船舶上备查。

河道采砂许可证的有效期限不得超过一个可采期。

河道采砂许可证的有效期间届满或者累计采砂量达到采砂许可证规定的采砂总量时，发证机关应当收回或者注销采砂许可证并发布公告。

可采期内，由于出现了影响长江河势稳定和防洪安全的自然灾害或者其他重大事件，需要暂停采砂活动的，发证机关可以宣布其发放的河道采砂许可证效力中止；以上事由消除后，发证机关应当宣布采砂许可证效力恢复。

从事长江采砂活动的单位或者个人需要改变河道采砂许可证规定的内容和事项的，应当按照本办法规定的条件和程序重新办理办理河道采砂许可证。

第十八条 发证机关应当将河道采砂许可证发放情况适时进行公告。

沿江各省、直辖市人民政府水行政主管部门应当在颁发采砂许可证后 30 个工作日内，将采砂许可证发放情况报长江水利委员会备案。

长江水利委员会应当将其颁发采砂许可证的情况及时通报沿江有关省、直辖市人民政府水行政主管部门。

第十九条 因整修长江堤防进行吹填固基或者整治长江河道采砂的，应当提交采砂申请和采砂可行性论证报告，并附具工程设计和审批文件等相关材料，经本省、直辖市人民政府水行政主管部门审查后，报长江水利委员会批准。

因整治长江航道采砂的，应当事先征求长江水利委员会的意见，并提供航道整治采砂可行性论证报告、设计和审批文件以及其他相关材料。长江水利委员会在签署意见后，应当将有关情况及时通报有关省、直辖市人民政府水行政主管部门。

前两款规定的采砂活动,由长江水利委员会实施监督检查。长江水利委员会可以根据工作需要,委托县级以上地方人民政府水行政主管部门实施监督管理。

从事本条规定的采砂活动的,不受本办法第十二条至第十八条规定限制。

第二十条 长江水利委员会应当指导沿江各省、直辖市人民政府水行政主管部门建立省际边界长江采砂管理会商制度。

长江水利委员会和沿江各省、直辖市人民政府水行政主管部门之间应当及时通报采砂船舶登记造册、集中停放、违法行为处理等情况,互相配合,互通信息,共同加强长江采砂管理和监督检查。

第二十一条 县级以上地方人民政府水行政主管部门和长江水利委员会应当加强对长江采砂活动的监督检查。监督检查的主要内容包括:

(一)是否持有合法有效的河道采砂许可证或者有关批准文件;

(二)是否按照河道采砂许可证或者有关批准文件的规定进行采砂;

(三)是否按照规定缴纳了长江河道砂石资源费;

(四)是否按照规定堆放砂石和清理砂石弃料;

(五)采砂船舶是否按照规定停放;

(六)应当监督检查的其他情况。

第二十二条 长江水利委员会组织采砂执法检查或者专项执法活动时,在省际边界重点河段以外的长江河道发现非法采砂行为的,可以先行采取扣押采砂船舶、进行必要的调查取证等临时处置措施,再移交有管辖权的水行政主管部门查处。

县级以上地方人民政府水行政主管部门在本行政区域内的省际边界重点河段发现非法采砂行为的,可以先行采取扣押采砂船舶等临时处置措施,再移交长江水利委员会查处。

第二十三条 依照《长江河道采砂管理条例》第十八条规定没收的非法采砂船舶,应当予以拍卖;难以拍卖或者拍卖不掉的,可以就地拆卸、销毁,在拆卸、销毁过程中应当避免造成环境污染。

第二十四条 在省际边界重点河段采砂,违反本办法规定,有下列情形之一的,由长江水利委员会根据情况依照《长江河道采砂管理条例》第十八条、第十九条和第二十一条的规定处罚:

(一) 未办理河道采砂许可证,擅自采砂的;

(二) 虽持有河道采砂许可证,但在禁采区、禁采期采砂的;

(三) 未按照河道采砂许可证规定的要求采砂的;

(四) 伪造、涂改、买卖、出租、出借或者以其他方式转让河道采砂许可证,未触犯刑律的。

第二十五条 运砂船舶在长江采砂地点装运非法采砂船舶偷采的河砂的,属于与非法采砂船舶共同实施非法采砂行为,依照《长江河道采砂管理条例》第十八条的规定给予处罚。

第二十六条 未经批准因整修长江堤防进行吹填固基、整治长江河道以及整治长江航道擅自采砂的,或者未按规定采砂的,由长江水利委员会依照有关规定处理。

第二十七条 本办法自2003年7月15日起施行。

附录:长江省际边界重点河段名录(1954年北京坐标系坐标)

鄂赣边界河段:左岸上起湖北省武穴市李顶武村(3304302,39355558),下至湖北省武穴市龙坪镇(3306223,39374786)。右岸上起江西省瑞昌市下巢湖闸(3302950,39355000)下至江西省九江县城子镇(3303000,39373650);

赣皖边界河段:左岸上起安徽省望江县龙潭口(3330050,39467800),下至安徽省望江县华阳河口以上3公里处(3328990,39476028)。右岸上起江西省彭泽县马垱矶(3321000,39466800),下至安徽省东至县香口(3328100,39478300);

皖苏边界河段:左岸上起安徽省和县石跋河口上1公里处(3520000,39638000),下至江苏省南京市江浦区林蒲圩(3525900,39640900)。右岸上起安徽省马鞍山市猫子山(3516950,39640750),下至江苏省南京市江宁区铜井渡口(3522950,39644950)。

长江流域控制性水工程联合调度管理办法（试行）

(2023年1月19日水利部令第54号发布　自2023年3月1日起施行)

第一章　总　　则

第一条　为了加强长江流域控制性水工程联合调度管理，发挥控制性水工程在流域水旱灾害防御、水资源利用、水生态保护中的重要作用，根据《中华人民共和国水法》《中华人民共和国防洪法》《中华人民共和国长江保护法》等法律法规，制定本办法。

第二条　长江流域控制性水工程联合调度的组织、协调、实施和监督，适用本办法。

本办法所称控制性水工程，是指位于长江干支流和湖泊，在流域水旱灾害防御、水资源利用和水生态保护等方面具有关键作用和较大影响的水库（含水电站、航电枢纽）、蓄滞洪区、泵站、水闸、引调水工程等。

控制性水工程名录由长江水利委员会商有关部门、单位提出，报水利部批准。

第三条　控制性水工程联合调度应当坚持安全第一、统筹兼顾，兴利与除害相结合，遵循电调（航调）服从水调、区域服从流域、局部服从全局的原则，处理好上下游、左右岸、干支流、单个工程调度与多工程联合调度的关系，实现多目标协同。

第四条　控制性水工程联合调度实行统一调度、分级管理、分级负责。

水利部负责控制性水工程联合调度的指导协调、组织实施和监督管理。

长江水利委员会根据法律、行政法规规定和水利部授权，负责管辖范围内控制性水工程联合调度的组织实施和监督管理。

长江流域有关县级以上地方人民政府水行政主管部门按照管理权限，负责本行政区域内控制性水工程联合调度的组织实施和监督管理。

第五条　控制性水工程运行管理单位应当将联合调度要求纳入水工程运

行调度规程，并负责具体执行。

第六条 长江水利委员会应当加强数字孪生长江建设，组织长江流域有关省级人民政府水行政主管部门和控制性水工程运行管理单位等，建设具有预报、预警、预演、预案功能的控制性水工程联合调度信息平台，提高联合调度的数字化、网络化、智能化水平。

鼓励控制性水工程运行管理单位建设数字孪生工程，接入控制性水工程联合调度信息平台，实现雨情、水情、咸情、工情、调度情况等实时传输和共享。

第七条 长江水利委员会应当加强江湖关系、流量泥沙测验、咸情监测、河势演变、水文气象预报、水旱灾害防御、洪水资源化利用、生态流量（水位）、多目标联合调度等方面的关键科技问题研究，推广应用先进适用技术，提升控制性水工程联合调度的科技创新支撑能力。

第二章 联合调度运用计划

第八条 实施控制性水工程联合调度，应当制定联合调度运用计划。

联合调度运用计划由长江水利委员会组织长江流域有关省级人民政府水行政主管部门编制，征求相关部门、单位以及控制性水工程运行管理单位意见后，报水利部批准。

第九条 编制联合调度运用计划，应当统筹控制性水工程调度规程和运行状况，依据经批准的长江防御洪水方案、长江洪水调度方案、水量分配方案、水资源调度方案、用水总量控制指标、生态流量（水位）控制指标、应急水量调度预案等，与跨流域引调水工程年度调度计划相协调。

第十条 联合调度运用计划主要包括以下内容：

（一）纳入联合调度的控制性水工程名录；

（二）防洪、水资源、生态等调度的原则、目标和调度方案；

（三）水库、河道湖泊、蓄滞洪区、泵站、水闸、引调水工程等的调度方式和调度管理权限；

（四）监测计量、信息报送和共享要求等。

第十一条 经批准的联合调度运用计划是开展控制性水工程联合调度的基本依据，长江水利委员会、长江流域有关县级以上地方人民政府水行政主管部门、控制性水工程运行管理单位必须严格执行。

第十二条 控制性水工程运用条件等发生重大变化时，联合调度运用计划应当及时作出调整。

遇到特殊情况不能按照联合调度运用计划实施调度时，由地方负责调度的，省级水行政主管部门应当及时提出调整方案，报长江水利委员会同意后实施；由长江水利委员会负责调度的，长江水利委员会应当及时提出调整方案，报水利部同意后实施；涉及水利部调度权限的，按照程序报批后实施。

第十三条 控制性水工程运行管理单位应当依据联合调度运用计划和水工程运行调度规程等，结合当年水工程运行状况和雨情、水情、咸情等情况，编制水工程年度调度方案。

控制性水工程存在病险的，运行管理单位应当对水工程汛期调度运用制定针对性的年度汛期调度方案。

第三章 防 洪 调 度

第十四条 长江流域防洪调度应当坚持蓄泄兼筹、以泄为主，在确保水工程安全前提下，通过河道湖泊泄水、水库群拦蓄、蓄滞洪区运用、泵站和水闸控制运用等措施，实现流域防洪目标，提高整体防洪效益，兼顾水资源综合利用要求。

第十五条 水库的防洪调度按照以下分级管理权限实施：

（一）三峡水库、丹江口水库由水利部、长江水利委员会按照相关调度规程实施调度，其中遭遇超标准洪水和重大突发事件时，由水利部提出调度运用方案，按照程序报送批准后执行；

（二）水库承担长江干流联合防洪任务，或者水库防洪影响范围、承担的防洪任务跨省级行政区的，由长江水利委员会负责调度并报水利部备案，或者由长江水利委员会提出调度运用方案，按照程序报送批准后执行；

（三）陆水水库由长江水利委员会负责调度；

（四）水库防洪影响范围和承担的防洪任务不跨省级行政区域的，由所在省级人民政府水行政主管部门按照调度管理权限负责组织调度并报长江水利委员会备案，或者由省级人民政府水行政主管部门提出调度运用方案，按照程序报送批准后执行。

汛期水库水位不高于防洪限制水位、不需要实施防洪调度的，由水库运行管理单位负责调度。

第十六条 蓄滞洪区的防洪运用按照以下分级管理权限实施：

（一）荆江分洪区的运用，由水利部提出调度运用方案，按照程序报送批准后执行；

（二）其他蓄滞洪区的运用，由长江水利委员会商蓄滞洪区所在地省级人民政府决定，并报水利部备案，或者由长江水利委员提出调度运用方案，按照程序报送批准后执行。

蓄滞洪区启用前，有关地方人民政府应当依法及时组织人员安全转移。

第十七条 泵站、水闸的防洪调度按照以下分级管理权限实施：

（一）长江中下游发生大洪水需要控制运用时，由长江水利委员会统一调度；

（二）其他情形由有关县级以上地方人民政府水行政主管部门按照管理权限负责调度。

第十八条 水利部、长江水利委员会、长江流域有关县级以上地方人民政府水行政主管部门依据经批准的洪水调度方案、联合调度运用计划以及水工程调度规程等，充分考虑流域防洪形势和汛情发展，按照调度权限实施防洪调度，组织制订实时调度方案，经调度会商后，作出调度决定，下达防洪调度指令。

防洪调度指令应当以书面形式下达；紧急情况下，可以通过电话等方式下达，并及时补发书面调度指令。防洪调度指令应当抄送调度影响范围内的有关部门和单位。

省级人民政府水行政主管部门下达的防洪调度指令，应当报水利部、长江水利委员会备案。

第十九条 控制性水工程运行管理单位应当严格执行防洪调度指令，按照规定的时间节点和要求进行调度操作，做好调度记录，并及时向下达防洪调度指令的部门反馈执行情况。

特殊情况不能按照联合调度运用计划和防洪调度指令进行调度的，控制性水工程运行管理单位应当向有调度管理权限的部门提出报告，经批准后实施。遇到紧急水情工情并危及水工程安全的，控制性水工程运行管理单位可以根据相关预案，先行采取应急调度措施，并及时向有调度管理权限的部门报告。

第四章 水资源调度和生态调度

第二十条 长江流域控制性水工程实施水资源调度，应当依据经批准的联合调度运用计划、河流年度水量调度计划以及水工程调度规程等，优先满足城乡居民生活用水，保障基本生态用水，统筹农业、工业用水以及航运等需要，发挥水资源综合效益。

需要转入防洪调度的，按照防洪调度的规定执行。

第二十一条 长江水利委员会、长江流域有关省级人民政府水行政主管部门在调度管理权限内负责水量调度方案、年度水量调度计划的组织实施。

调度影响范围不跨省级行政区域的，由所在省级人民政府水行政主管部门组织实施，报长江水利委员会备案；调度影响范围跨省级行政区域，或者对流域供水、灌溉、生态、发电、航运用水影响较大的，由长江水利委员会组织实施。

流域供水、灌溉、生态、发电、航运等对控制性水库和引调水工程的调度运用无特殊要求时，由控制性水工程运行管理单位按照调度规程和调度方案等负责调度。

第二十二条 水库水位汛前消落，应当与长江中下游防洪相协调，由水库运行管理单位按照联合调度运用计划明确的运行控制水位、时间节点等实施。消落进度不能满足联合调度运用计划要求时，长江水利委员会或者省级人民政府水行政主管部门可以依据调度管理权限向水库运行管理单位直接下达调度指令。

第二十三条 水库蓄水和供水调度由水库运行管理单位按照联合调度运用计划、年度水量调度计划等实施，满足控制断面最小下泄流量或者水量要求，保障生活、生态、生产用水安全。

汛末需要提前蓄水的，水库运行管理单位应当根据工程运行状况、雨情、水情、汛情、咸情以及相关行业用水需求，在确保水库安全和防洪安全前提下，编制水库提前蓄水计划，按照调度管理权限报水利部、长江水利委员会或者省级水行政主管部门批准后实施。

控制断面最小下泄流量或者水量达不到要求时，长江水利委员会、省级人民政府水行政主管部门可以依据调度管理权限向水库运行管理单位直接下达调度指令。

第二十四条 引调水工程的水量调度应当统筹调出区域和调入区域用水需求，合理配置水资源，并按照经批准的引调水工程年度水量调度计划实施。

长江水利委员会、省级人民政府水行政主管部门依据相关法律法规规定和水利部授权，按照调度管理权限负责引调水工程水量调度的组织实施。

第二十五条 发生干旱灾害，长江水利委员会、省级人民政府水行政主管部门应当依据经批准的应急水量调度预案，统筹流域或者所辖区域内的水库、湖泊等所蓄水量，开展抗旱减灾供水调度，保障生活、生产、生态等用水需求。

第二十六条 当发生水污染事故、水工程事故、水上安全事故、咸潮入侵等突发事件，可能造成供水危机、危害公共安全时，长江水利委员会或者省级人民政府水行政主管部门应当按照有关规定和管理权限及时启动联合应急水量调度。

开展联合应急水量调度前，应当向有关部门和单位通报，做好协调工作，并按照有关规定及时向社会通报。

第二十七条 长江水利委员会负责组织跨省河流生态流量保障和重要湖泊生态水位保障的生态调度。省级人民政府水行政主管部门负责管辖范围内河流生态流量保障和湖泊生态水位保障的生态调度。

长江水利委员会可以根据需要组织开展以促进鱼类繁殖、缓解下泄水流滞温效应、抑制水华等为目标的生态调度。

控制性水工程运行管理单位应当将生态调度纳入水工程运行调度规程，保证河流生态流量和湖泊生态水位。

第二十八条 长江水利委员会、长江流域有关县级以上地方人民政府水行政主管部门下达调度指令时，应当抄送调度影响范围内的有关部门和单位。

控制性水工程运行管理单位应当严格执行调度指令，按照规定的时间节点和要求进行调度操作，做好调度记录，并及时向下达调度指令的部门反馈执行情况；遇到紧急水情工情并危及水工程安全的，可以根据相关预案，先行采取应急调度措施，并及时向有调度管理权限的部门报告。

第五章 保障与监督

第二十九条 长江水利委员会、长江流域有关县级以上地方人民政府水行政主管部门、控制性水工程运行管理单位应当采取多种措施，完善监测体系，提升水文气象预报水平和控制性水工程联合调度数字化、网络化、智能化决策能力。

第三十条 长江水利委员会、长江流域有关省级人民政府水行政主管部门负责控制性水工程联合调度信息报送与信息共享的组织、协调、指导和监督工作。

控制性水工程运行管理单位应当按照规定向有调度管理权限的水行政主管部门和长江水利委员会报送工程运行和调度执行情况。

第三十一条 水利部、长江水利委员会、长江流域有关县级以上地方人民政府水行政主管部门应当按照调度管理权限加强对控制性水工程联合调度执行情况的监督检查，对发现的问题提出整改要求并督促落实。监督检查主要包括：

（一）调度指令下达情况；

（二）联合调度运用计划和调度指令执行情况；

（三）调度相关信息发布和报送情况；

（四）调度信息记录和反馈情况；

（五）涉及控制性水工程联合调度的其他事项。

第三十二条 长江水利委员会应当组织长江流域有关省级人民政府水行政主管部门以及控制性水工程运行管理单位对联合调度工作进行定期总结与评估。

第六章 附则

第三十三条 本办法自2023年3月1日起施行。

规范性文件

(一) 移民后期扶持

国务院关于完善大中型水库移民后期扶持政策的意见

国发〔2006〕17号

各省、自治区、直辖市人民政府，国务院各部委、各直属机构：

新中国成立以来，我国兴建了一大批大中型水库，在防洪、发电、灌溉、供水、生态等方面发挥了巨大效益，有力地促进了国民经济和社会发展，大中型水库移民为此作出了重大贡献。为了帮助移民改善生产生活条件，国家先后设立了库区维护基金、库区建设基金和库区后期扶持基金，努力解决水库移民遗留问题，对保护移民权益、维护库区社会稳定发挥了重要作用。但由于扶持政策不统一、扶持标准偏低、移民直接受益不够等多种原因，目前水库移民的生产生活条件依然普遍较差，有相当多的移民仍生活在贫困之中。当前，我国总体上已进入统筹城乡发展、以工促农、以城带乡的发展阶段，有必要也有能力加大对水库移民的后期扶持。为帮助水库移民脱贫致富，促进库区和移民安置区经济社会发展，保障新时期水利水电事业健康发展，构建社会主义和谐社会，现就完善大中型水库移民后期扶持政策（以下简称后期扶持政策）提出如下意见：

一、完善后期扶持政策的指导思想、目标和原则

（一）指导思想。以邓小平理论和"三个代表"重要思想为指导，坚持以人为本，全面贯彻落实科学发展观，做到工程建设、移民安置与生态保护并重，继续按照开发性移民的方针，完善扶持方式，加大扶持力度，改善移民生产生活条件，逐步建立促进库区经济发展、水库移民增收、生态环境改善、农村社会稳定的长效机制，使水库移民共享改革发展成果，实现库区和移民安置区经济社会可持续发展。

（二）目标。近期目标是，解决水库移民的温饱问题以及库区和移民安

置区基础设施薄弱的突出问题；中长期目标是，加强库区和移民安置区基础设施和生态环境建设，改善移民生产生活条件，促进经济发展，增加移民收入，使移民生活水平不断提高，逐步达到当地农村平均水平。

（三）原则。

——坚持统筹兼顾水电和水利移民、新水库和老水库移民、中央水库和地方水库移民。

——坚持前期补偿补助与后期扶持相结合。

——坚持解决温饱问题与解决长远发展问题相结合。

——坚持国家帮扶与移民自力更生相结合。

——坚持中央统一制定政策，省级人民政府负总责。

二、完善政策，提高移民后期扶持标准

（四）扶持范围。后期扶持范围为大中型水库的农村移民。其中，2006年6月30日前搬迁的水库移民为现状人口，2006年7月1日以后搬迁的水库移民为原迁人口。在扶持期内，中央对各省、自治区、直辖市2006年6月30日前已搬迁的水库移民现状人口一次核定，不再调整；对移民人口的自然变化采取何种具体政策，由各省、自治区、直辖市自行决定，转为非农业户口的农村移民不再纳入后期扶持范围。

（五）扶持标准。对纳入扶持范围的移民每人每年补助600元。

（六）扶持期限。对2006年6月30日前搬迁的纳入扶持范围的移民，自2006年7月1日起再扶持20年；对2006年7月1日以后搬迁的纳入扶持范围的移民，从其完成搬迁之日起扶持20年。

（七）扶持方式。后期扶持资金能够直接发放给移民个人的应尽量发放到移民个人，用于移民生产生活补助；也可以实行项目扶持，用于解决移民村群众生产生活中存在的突出问题；还可以采取两者结合的方式。具体方式由地方各级人民政府在充分尊重移民意愿并听取移民村群众意见的基础上确定，并编制切实可行的水库移民后期扶持规划。采取直接发放给移民个人方式的，要核实到人、建立档案、设立账户，及时足额将后期扶持资金发放到户；采取项目扶持方式的，可以统筹使用资金，但项目的确定要经绝大多数移民同意，资金的使用与管理要公开透明，接受移民监督，严禁截留挪用。

（八）扶持资金筹集。要坚持全国统筹、分省（区、市）核算，企业、社会、中央与地方政府合理负担，工业反哺农业、城市支持农村，东部地区支持中西部地区的原则。

水库移民后期扶持资金由国家统一筹措：（1）提高省级电网公司在本省（区、市）区域内全部销售电量（扣除农业生产用电）的电价，提价收入专项用于水库移民后期扶持。为了减轻中西部地区的负担，移民人数较少的河北、山西、内蒙古、吉林、黑龙江、贵州、云南、西藏、甘肃、青海、宁夏、新疆12个省（区）的电价加价标准根据本省（区）的移民人数一次核定，原则上不再调整；如上述12个省（区）2006年7月1日以后搬迁的纳入扶持范围的水库移民所需后期扶持资金出现缺口，由中央统筹解决；其他19个省（区、市）实行统一的电价加价。（2）提高电价形成的增值税增收部分专项用于水库移民后期扶持。（3）继续保留中央财政每年安排用于解决中央直属水库移民遗留问题的资金。（4）经营性大中型水库也应承担移民后期扶持资金，具体办法由发展改革委会同财政部、水利部另行制定。

（九）扶持资金管理。后期扶持资金作为政府性基金纳入中央财政预算管理。通过电价加价筹措的后期扶持资金由各省级电网公司随电费征收，全额上缴中央财政；应拨付给各省、自治区、直辖市的后期扶持资金由财政部会同国务院移民管理机构，按照发展改革委、财政部、水利部等部门核定的各省、自治区、直辖市移民人数和规定的标准据实拨付。后期扶持基金征收使用管理办法由财政部会同发展改革委、水利部和国务院移民管理机构等部门另行制定。

（十）现行水库移民扶持基金的处理。现行的库区建设基金并入完善后的水库移民后期扶持资金；现行的库区后期扶持基金并入库区维护基金，并相应调整和完善库区维护基金的征收、使用和管理，具体办法由财政部会同发展改革委、水利部另行制定。自完善后的水库移民后期扶持政策实施之日起，现行关于征收库区建设基金和后期扶持基金的政策即行废止，各地自行批准向水利、水电和电网企业征收的涉及水库移民的各种基金、资金一律停止收取。

三、统筹兼顾，安排好其他移民和征地拆迁人口的生产生活

（十一）做好大中型水库非农业安置移民工作。各省、自治区、直辖市要进一步完善城镇最低生活保障制度，把符合条件的大中型水库非农业安置移民中的困难家庭，纳入地方城镇最低生活保障范围，切实做到应保尽保；同时，要积极通过其他渠道进行帮扶，努力改善他们的生活条件。三峡工程的移民工作，依照《长江三峡工程建设移民条例》办理。

（十二）妥善解决小型水库移民的困难和现有后期扶持项目续建问题。各省、自治区、直辖市人民政府可通过提高本省（区、市）区域内全部销售电量（扣除农业生产用电）的电价筹集资金，统筹解决小型水库移民的困难，并保证对在建后期扶持项目的后续资金投入，确保项目按期建成并发挥作用。提价标准为每千瓦时不超过0.5厘，具体方案报发展改革委、财政部审批后实施。

（十三）切实做好其他征地拆迁人口的工作。完善水库移民后期扶持政策可能对其他征地拆迁人口产生影响，地方各级人民政府要高度重视，密切关注，做好宣传解释工作，并采取多种措施，及时解决他们生产生活中遇到的实际困难，妥善化解矛盾，维护社会稳定。

四、加大投入，促进库区和移民安置区长远发展

（十四）明确扶持重点。在提高后期扶持标准帮助解决水库移民温饱问题的同时，要继续从其他渠道积极筹措资金，加大扶持力度，解决库区和移民安置区长远发展问题，重点加强基本口粮田及配套水利设施建设，加强交通、供电、通信和社会事业等方面的基础设施建设，加强生态建设、环境保护，加强移民劳动力就业技能培训和职业教育，通过贴息贷款、投资补助等方式对移民能够直接受益的生产开发项目给予支持。

（十五）落实扶持资金。一是现有政府性资金，包括预算内投资和国债资金、扶贫资金、农业综合开发资金以及政府部门安排的各类建设基金和专项资金，要向库区和移民安置区倾斜；二是从筹集的后期扶持资金结余中安排，用于对库区和移民安置区的扶持，具体办法由财政部、发展改革委会同水利部等部门另行制定；三是从调整和完善后的库区维护基金中筹集。同时，地方各级人民政府要加大资金投入，鼓励社会捐助和企业对口帮扶，努力拓宽资金渠道。

（十六）做好项目规划。要以水库移民村为基本单元，按照优先解决突出问题的原则，抓紧编制库区和移民安置区基础设施建设和经济发展规划，作为国家安排扶持资金和项目的前提与依据。项目的确定要坚持民主程序，尊重和维护移民群众的知情权、参与权和监督权。

五、加强领导，精心组织实施

（十七）提高认识，增强工作责任感。做好移民工作，妥善解决移民群众关心的问题,使他们的长久生活有保障,关系到党和政府的威信,关系到党群、干群关系,关系到改革发展稳定的大局。完善水库移民后期扶持政策,加大扶持力度,是坚持以人为本、体现执政为民思想的一项重要举措,具有十分重要的意义。各地区、各有关部门要充分认识做好水库移民工作的重要性、紧迫性和艰巨性,进一步统一思想,提高认识,加强领导,明确责任,把移民工作摆上重要的议事日程,周密部署,精心组织,稳步推进,确保移民政策落到实处。

(十八)落实责任,加强协调配合。移民工作实行属地管理,省级人民政府对本地区移民工作和社会稳定负总责,地方各级人民政府主要负责同志是第一责任人,要有一位负责同志分管移民工作,实行一级抓一级,逐级落实责任,做到责任到位、工作到位。国务院有关部门要按照职责分工,各负其责,密切配合,加强对水库移民工作的指导。要抓紧研究组建统一的国务院移民管理机构,在新机构组建之前,由发展改革委牵头,会同有关部门建立部际联席会议制度,及时协调解决水库移民后期扶持政策实施中出现的问题。省级人民政府也要整合现有移民工作力量,明确负责移民工作的管理机构,明确职能,充实人员,工作经费要纳入同级财政预算。省以下各级人民政府可结合本地实际,因地制宜地明确负责移民工作的机构。各级人民政府要建立水库移民后期扶持政策实施情况的监测评估机制。要切实加强移民乡村基层组织建设,充分发挥农村基层组织作用,配合做好移民工作。

(十九)制订方案,抓好干部培训。各省、自治区、直辖市人民政府要根据本意见抓紧制订本地区水库移民后期扶持政策实施方案,报国务院批准后组织实施。要细化实施办法,制定相关配套文件,选择若干不同类型的水库先行试点,取得经验后在全省范围内推开。各地要挑选一批思想素质好、政策水平高、业务能力强、群众工作经验丰富的干部组成移民工作组,深入库区开展工作。对参与移民工作的干部要分期分批进行培训,使移民工作干部深刻领会中央精神,准确把握政策界限,掌握正确的工作方法,提高依法办事能力。

(二十)强化监督,保证资金安全。地方各级人民政府要认真落实政策,严肃工作纪律。要审定移民人数,核实移民身份,并在乡村两级张榜公布,严禁弄虚作假。要认真执行水库移民后期扶持资金征收使用管理办法,严格资金支出管理,防止跑冒滴漏,严禁截留挪用。监察部要会同财政部制定有关责任追究办法。各级监察和审计部门要提前介入，加大工作力度，加强监督检查。对后期扶持资金使用中发现的问题，要限期整改。对违反法律法规和国家有关政策的，要依法依纪严肃处理；涉嫌犯罪的，要移送司法机关依法追究有关责任人员的刑事责任。

（二十一）加强宣传，维护社会稳定。各级宣传部门要坚持正确的舆论导向，为后期扶持政策的顺利实施营造良好的舆论氛围。要大力宣传国家的移民法规，配合移民部门做好后期扶持政策的有关宣传、解释工作，充分体现党和政府对水库移民的关心和照顾。要把握好宣传报道口径，严肃宣传纪律，防止炒作。地方各级人民政府要始终注意做好维护稳定的工作，认真排查各种不稳定因素，及时化解矛盾。要耐心细致地做好移民的思想政治工作，引导移民以合理合法的方式表达利益诉求，坚持依法办事、按政策办事，确保社会稳定。

发展改革委要会同财政部、水利部等有关部门，对各地实施水库移民后期扶持政策的情况进行监督检查，重大情况要及时向国务院报告。

国务院
二〇〇六年五月十七日

水利部关于印发《大中型水利水电工程移民安置验收管理办法》的通知

水移民〔2022〕414号

部机关各司局，部直属各单位，各省、自治区、直辖市水利（水务）厅（局）、水利水电工程移民行政管理机构，新疆生产建设兵团水利局：

根据《大中型水利水电工程建设征地补偿和移民安置条例》及相关法律、法规，我部对《大中型水利水电工程移民安置验收管理暂行办法》（水移〔2012〕77号）进行了修订，制定了《大中型水利水电工程移民安置验收管理办法》。现予发布，请按照执行。

水利部

2022年11月22日

大中型水利水电工程移民安置验收管理办法

第一章 总 则

第一条 为深入贯彻落实习近平总书记"节水优先、空间均衡、系统治理、两手发力"的治水思路和关于治水重要讲话指示批示精神，加强大中型水利水电工程移民安置验收工作管理，明确验收责任，规范验收行为，维护国家、集体和移民个人的合法权益，促进水利水电工程建设顺利进行，根据《大中型水利水电工程建设征地补偿和移民安置条例》及有关法律、法规、标准，制定本办法。

第二条 大中型水利水电工程移民安置验收（以下简称移民安置验收）工作，适用本办法。

第三条 移民安置验收可分为工程阶段性移民安置验收和工程竣工移民

安置验收。

工程阶段性移民安置验收是指水库工程导（截）流、下闸蓄水（含分期蓄水）等阶段的移民安置验收。

第四条 大中型水利水电工程阶段验收和竣工验收前，应当组织移民安置验收。移民安置未经验收或者验收不合格的，不得对大中型水利水电工程进行阶段性验收和竣工验收。

第五条 移民安置验收应当自下而上，按照自验、初验、终验的顺序组织进行。

移民安置自验是指承担移民安置任务的县级人民政府对移民安置工作进行的自我检查和验收。移民安置初验是指县级以上人民政府或者其规定的移民管理机构对移民安置工作进行的初步检查和验收。移民安置终验是指移民安置验收主持单位对移民安置工作进行的全面检查和验收。在开展移民安置验收前，可根据需要委托第三方开展技术预验收工作。

第六条 移民安置验收的依据是：

（一）国家有关法律、法规、规章、政策和标准；

（二）地方有关法规、规章、政策和标准；

（三）经批准的移民安置规划大纲、移民安置规划、工程可行性研究报告和初步设计报告，移民安置实施设计文件以及规划设计变更专题报告和概算调整批准文件等，移民安置年度计划；

（四）项目法人与地方人民政府或者其规定的移民管理机构签订的移民安置协议。

第七条 移民安置验收范围主要包括移民区和移民安置区。

第八条 移民安置验收内容主要包括农村移民安置、城（集）镇迁建、企（事）业单位处理、专项设施处理、防护工程建设、水库库底清理、移民资金使用管理、移民档案管理、水库移民后期扶持政策落实措施、移民迁建用地手续办理等。

第九条 水利部负责全国大中型水利水电工程移民安置验收的管理和监督。水利部所属流域管理机构（以下简称流域管理机构）参与管辖范围内大中型水利水电工程移民安置验收的指导监督。省级人民政府或者其规定的移民管理机构负责本行政区域内大中型水利水电工程移民安置验收的管理和监督。县级以上地方人民政府按照《大中型水利水电工程建设征地补偿和移民

安置条例》和本办法规定，负责本行政区域内大中型水利水电工程移民安置验收有关工作的组织和领导。

第二章 验　收　组　织

第十条　工程验收由水利部主持的大中型水利水电工程，工程阶段性和竣工移民安置验收由水利部会同有关省级人民政府主持，水利部可根据需要委托流域管理机构开展工程阶段性移民安置验收工作。其余大中型水利水电工程，移民安置验收由省级人民政府或者其规定的移民管理机构主持，并由省级人民政府规定的移民管理机构将移民安置验收报告抄报水利部水库移民司。

第十一条　移民安置验收主持单位负责指导监督移民安置自验、初验工作，并组织移民安置终验。县级以上人民政府或者其规定的移民管理机构负责指导监督移民安置自验，组织移民安置初验。移民区和移民安置区县级人民政府负责组织移民安置自验。

移民安置工作仅涉及一个县级行政区域的，移民安置初验可以与自验合并进行。

第十二条　移民安置验收组织或者主持单位，应当组织成立验收委员会。验收委员会由验收组织或者主持单位、项目主管部门、有关地方人民政府及其移民管理机构和相关部门、项目法人、移民安置规划设计单位、移民安置监督评估单位，以及其他相关单位（包括技术预验收单位）的代表和有关专家组成。验收委员会主任委员由移民安置验收组织或者主持单位代表担任。

第三章 验　收　条　件

第十三条　枢纽工程导（截）流阶段，移民安置验收应当在导（截）流后壅高水位淹没影响范围内满足以下条件：

（一）移民已经完成搬迁，生活条件具备；

（二）对城（集）镇的影响已经得到妥善处理；

（三）企（事）业单位处理工作已经完成；

（四）对专项设施的影响已经得到妥善处理；

（五）水库库底清理（除林木清理外）工作已经完成；

（六）应归档文件材料已经完成阶段性收集、整理工作。

第十四条 水库工程下闸蓄水（含分期蓄水）阶段，移民安置验收应当在相应的蓄水位淹没影响范围内满足以下条件：

（一）移民已经完成搬迁安置；

（二）农村移民生产安置措施已经落实；

（三）城（集）镇迁建工作已经完成；

（四）企（事）业单位处理工作已经完成；

（五）专项设施处理工作完成，或采取其他措施已经恢复原功能；

（六）防护工程建设已经完成（分期蓄水阶段验收时，防护工程水下部分建设满足分期蓄水要求），且通过主管部门验收；

（七）水库库底清理工作已经完成，需要验收的项目已经通过主管部门验收；

（八）应归档文件材料已经完成阶段性收集、整理工作。

第十五条 工程竣工移民安置验收应当及时开展，在工程竣工验收前完成，并满足以下条件：

（一）移民已经完成搬迁安置，移民个人补偿费已经按协议兑付；移民安置区基础设施和公共服务设施建设已经完成，需要验收的项目已经通过主管部门验收；农村移民生产安置措施已经落实；水库移民后期扶持人口核定工作已经完成；

（二）城（集）镇迁建已经完成，需要验收的项目已经通过主管部门验收；

（三）企（事）业单位已经签订补偿协议并按协议兑付，需要验收的项目已经通过主管部门验收；

（四）专项设施处理工作已经完成并投入使用或者功能已经得到恢复，需要验收的项目已经通过主管部门验收；

（五）防护工程建设已经完成，运行维护单位已经明确；

（六）水库库底清理工作已经完成，需要验收的项目已经通过主管部门验收；

（七）移民资金已经按规定拨（兑）付完毕；

（八）编制完成移民资金财务决算，资金使用管理情况依法接受审计监督；

（九）历次移民资金审计、稽察和验收提出的主要问题已经整改完成或依法依规处理；

（十）移民档案的收集、整理和归档工作已经完成，并满足完整、准确、系统、安全和有效利用要求。

第四章 验 收 程 序

第十六条 移民安置验收前，项目法人应会同与其签订移民安置协议的地方人民政府编制移民安置验收工作计划，对移民安置自验和初验工作做出安排，对移民安置终验工作提出建议。

移民安置验收工作计划应当报移民安置验收主持单位备案。

第十七条 移民区和移民安置区县级人民政府应当按照移民安置验收工作计划，组织开展移民安置自验工作。

移民安置自验通过后，移民区和移民安置区县级人民政府应当及时向初验组织单位提出初验申请。

第十八条 移民安置初验组织单位接到初验申请后，根据本办法规定的验收条件等及时决定是否同意进行移民安置初验。

移民安置初验通过后，移民安置初验组织单位应当及时向省级人民政府或者其规定的移民管理机构提出移民安置终验申请。水利部主持验收的大中型水利水电工程，由省级移民管理机构组织移民安置初验，并向水利部提出移民安置终验申请，同时抄报省级人民政府。

第十九条 移民安置验收主持单位收到终验申请后，根据本办法规定的验收条件等及时决定是否同意进行移民安置终验。

第二十条 验收委员会对移民安置工作进行全面检查和验收，形成移民安置验收报告。

移民安置验收报告应当经三分之二以上验收委员会成员同意后通过。验收委员会成员对验收结论持有异议的，应当将保留意见在验收报告上明确记载并签字。

验收中发现的问题，其处理原则由验收委员会协商确定。主任委员对争议问题有裁决权。但是，半数以上验收委员会成员不同意裁决意见的，应当报请验收主持单位决定。

第二十一条　通过移民安置验收的，移民安置验收组织或者主持单位应当将移民安置验收报告印送有关单位。

未通过移民安置验收的，移民安置验收组织或者主持单位应当将不予通过验收的理由以及整改意见书面通知验收申请单位。验收申请单位应当及时组织处理有关问题，完成整改，并按照验收程序重新申请验收。

第二十二条　移民安置验收中发现的问题，有关单位应当按照验收报告提出的处理意见按期妥善处理，并及时将处理结果报验收组织或者主持单位。

第二十三条　因提交验收资料不真实而导致验收结论有误的，移民安置验收组织或者主持单位应当撤销验收报告，对责任单位和责任人予以通报；造成严重后果的，依照有关法律法规处理。

第二十四条　参加验收的代表和专家在验收工作中玩忽职守、徇私舞弊的，由验收主持单位予以通报；情节严重的，取消其参加验收的资格；构成犯罪的，依法追究刑事责任。

第二十五条　国家机关工作人员在验收工作中玩忽职守、滥用职权、徇私舞弊的，依法给予行政处分；构成犯罪的，依法追究刑事责任。

第五章　附　　则

第二十六条　小型水利水电工程移民安置验收可参照本办法执行。

第二十七条　移民安置验收所需费用在工程概算中列支。

第二十八条　省级移民管理机构根据本办法制定或修订验收管理实施办法（细则）。

第二十九条　本办法自印发之日起施行。原《大中型水利水电工程移民安置验收管理暂行办法》（水移〔2012〕77号）同时废止。

(二) 工程运行

水利部关于印发加强三峡工程运行安全管理工作的指导意见的通知

水三峡〔2021〕255号

部机关有关司局，长江水利委员会，湖北省水利厅、重庆市水利局，中国长江三峡集团有限公司：

为切实加强三峡工程运行安全管理，确保三峡工程持续发挥巨大综合效益，水利部制定了《加强三峡工程运行安全管理工作的指导意见》。现予以印发，请结合实际认真贯彻执行。

附件：加强三峡工程运行安全管理工作的指导意见

水利部
2021年8月25日

附件：

加强三峡工程运行安全管理工作的指导意见

为深入贯彻落实习近平总书记关于安全生产重要论述和党的十九届五中全会精神，统筹发展和安全，确保三峡工程运行安全和持续发挥综合效益，依据相关法律和政策规定，就加强三峡工程运行安全管理工作提出如下意见。

一、总体要求

(一) 指导思想

以习近平新时代中国特色社会主义思想为指导，深入贯彻习近平总书记关于安全生产、长江经济带发展和三峡工程的重要讲话指示批示精神，认真落实党中央、国务院决策部署，围绕进入新发展阶段、贯彻新发展理念、构建新发展格局和推动高质量发展对三峡工程提出的新要求，坚持统筹发展和安全，心怀"国之大者"，立足"大时空、大系统、大担当、大安全"，着力强化三峡工程运行安全监督管理，推进生态环境保护，促进三峡移民稳定发展，全力保障三峡工程长期运行安全和持续发挥综合效益，支持长江经济带高质量发展。

（二）基本原则

坚持目标导向。根据新形势、新任务，围绕三峡工程运行安全目标要求，着力完善三峡工程运行管理长效机制，强化运行安全管理，积极推进三峡库区高质量发展，促进规范管理、科学管理。

坚持系统观念。立足服务经济社会高质量发展和长江经济带发展战略全局，找准三峡工程的功能定位，前瞻性思考、全局性谋划、战略性布局、整体性推进，在保障三峡工程充分发挥防洪作用的同时，统筹发挥发电、航运、水资源利用、生态环境保护等综合效益。

坚持权责明晰。厘清相关管理部门、地方政府、运行单位的职能任务，明确责任分工，健全激励约束机制，强化监督管理，保障三峡工程运行管理规范有序。

坚持科学高效。充分发挥互联网、大数据等现代科技手段在三峡工程运行安全管理中的作用，加快三峡工程运行管理信息化、智慧化建设，推动管理方法和技术手段创新，不断提高管理效能。

（三）总体目标

三峡工程是国之重器，是保护和治理长江的关键性骨干工程。要持续保障三峡工程运行安全，充分发挥防洪、发电、航运、水资源利用、生态环境保护等综合效益，为长江经济带高质量发展提供有力支撑。

着眼大时空，巩固三峡工程在全流域的核心调节地位。防洪是三峡工程的首要任务。对长江流域性大洪水和上游区域性大洪水，三峡工程要发挥其关键性防洪作用，对下游区域性大洪水，三峡工程也要发挥重要作用。要统筹上下游、干支流、左右岸乃至长江口，结合降水、产流、汇流、洪水演进过程，以大时空的思维，更好地发挥处于控制性地位的三峡工程防洪功能和水资源利用效益。

统筹大系统，增强以三峡工程为核心的水工程联合调度作用。将三峡工程置于长江全流域水利水电工程的"大系统"中，充分发挥以三峡工程为核心、控制性水利工程为骨干的水库群、水闸、蓄滞洪区联合调度作用。针对不同类型洪水过程的调洪需求、航运需求，以及水资源和水生态需求，统筹协调、系统优化、联合调度，提升整体效能，更好地保障整个长江流域的防洪安全、航运安全、供水安全和生态安全。

彰显大担当，维护三峡工程的关键保障功能。三峡工程处在长江承上启下的关键位置，221.5亿立方米的防洪库容和165亿立方米的兴利库容是宝贵的战略资源，调节功能强大。严格保护三峡库区的有效库容，使其在紧要关头发挥关键保障作用，让三峡工程成为长江流域防洪安全最坚实的中流砥柱和供水安全、生态安全的压舱石。

确保大安全，综合保障三峡工程长期稳定运行。增强忧患意识，超前分析预判，落实保障措施，推进数字孪生三峡建设，确保三峡工程枢纽建筑物安全、信息系统安全、库容安全、地质安全、水质安全、防洪安全、航运安全、供水安全、河道安全和生态安全。着力解决三峡移民的实际困难，促进库区和谐稳定和高质量发展。

二、建立健全三峡工程运行安全长效机制

（四）健全完善三峡工程运行管理政策法规。根据三峡工程面临的新目标新任务，研究制定和完善三峡工程运行管理法规，加强制度建设。统筹兼顾三峡工程运行涉及的防洪减淤、电力输出、船闸通行、岸坡稳定、消落区保护、下游补水、生态调度等各项需求，推进建立责权明确的三峡工程运行管理体系和工作机制，促进依法规范管理。

（五）完善以三峡工程为核心的长江流域水工程联合调度机制。统筹考虑长江流域防洪、发电、航运、供水、生态等需求及突发事件处置需要，强化统一调度，提高长江流域水工程联合调度水平。根据长江流域控制性水库建设情况，深入开展以三峡水库为核心的长江干支流控制性水库群、水闸、蓄滞洪区联合调度研究和实践应用，推进联合调度支持系统建设，充分发挥综合效益。

（六）加强三峡工程运行安全综合监测。优化整合资源，持续开展三峡枢纽工程运行、水文水资源、水生态、水环境、水土保持、地质、地震、库容、库岸稳定、长江中下游河道河势状况、库区经济社会发展等动态监测，促进信息共享，强化成果应用，不断提升三峡工程综合管理服务平台的能力和水平，为三峡工程运行安全管理决策提供技术支撑。

（七）落实三峡水库管理和保护范围划界确权。依据相关法律和政策规定，合理划定三峡水库管理和保护范围边界，明确任务分工，厘清管理责任，严禁非法侵占水库水域，促进各项管理措施落实到位。

（八）加强相关重大问题研究。按照"共抓大保护、不搞大开发"的总体要求，进一步加强三峡库区和长江中下游影响区的生态修复与环境保护重大问题研究。重点针对三峡库区部分支流富营养化和系统治理问题、有利于长期保持三峡有效库容的水沙调控问题、三峡工程运行后长江中下游河道冲刷及江湖关系问题、鱼类生长繁殖和水生生物多样性保护问题，以及长江中下游重点河段水生态水环境调度需求和调度方式等重大问题，开展深入分析和研究，及时促进相关成果转化和推广应用，提升科学管理能力和水平。强化移民安稳致富和促进库区经济社会发展关键技术问题研究，促进高质量发展。针对长江水运需求持续增长趋势，深入研究保障航运安全的重大问题，深化三峡水运新通道前期论证工作。

三、全面落实三峡工程运行安全管理措施

（九）加强三峡枢纽工程运行安全管理。按照《中华人民共和国水法》《水库大坝安全管理条例》《长江三峡水利枢纽安全保卫条例》等规定，落实水库大坝安全责任制，湖北省落实三峡水库大坝安全的行政领导责任，中国长江三峡集团有限公司（以下简称中国三峡集团）落实三峡水利枢纽的工程管理责任。要充分考虑各类传统和非传统安全因素，加强对三峡大坝、船闸、升船机、电站厂房等的运行状态监控，加强对调度运行、停航检修、危险化学品过闸运输等重点环节的安全管理，完备应急预案，提高应急处置能力，确保各建筑物性态稳定、运行正常，工程管理信息系统安全可靠。

（十）加强三峡库区安全管理。地方各级政府要依据有关法规，逐级落实责任，加强对三峡水库水域岸线和孤岛管理、水生态保护与修复、库容保护、库岸和蓄退水安全、漂浮物清理、网箱和拦网养殖等工作的监督检查，督促落实相关管理责任和措施，有效保护库区生态环境和水质安全、库容安全。严禁在有效库容范围内的干、支流筑坝拦汊、分割水面、兴建小水库和围垦，以及其他一切减少水库库容的行为。加强三峡库区库岸地质安全和移民安置区高切坡安全监测，加强对峡谷斜坡劣化等重大地质问题调查研究，及时消除安全隐患，落实应急处置措施，有效防治地质灾害。加强库区应急值守和巡库查险，确保三峡水库运行安全。

（十一）加强三峡水库消落区保护与管理。三峡水库消落区土地属国家所有，要依法依规加强管理和保护。坚持以保留保护和生态修复为主、工程治理措施为辅，加强消落区生态环境保护和修复；禁止违法利用、占用三峡水库岸线，严禁向消落区排放污水、废物和其他可能造成消落区生态环境破坏、水土流失、水体污染的行为；从严控制消落区土地耕种，严禁种植高秆作物和施用化肥、农药；加强消落区清漂保洁，保持消落区良好生态功能。

（十二）加强三峡工程运行调度管理。严格遵循《三峡（正常运行期）—葛洲坝水利枢纽梯级调度规程（2019年修订版）》等有关规程规范，严格执行批复的汛期调度运用方案，坚决执行调度指令；持续开展三峡水库及上游梯级电站联合生态调度实践，同步开展水文水资源、水生态、水环境监测，评价调度效果，促进长江生态环境和生物多样性保护，加强长江中下游重点河段河势安全观测和工程治理，维护河湖健康。综合保障防洪安全、航运安全、供水安全、河道安全和生态安全。

（十三）加强信息系统安全和数字孪生三峡建设。坚持"预"字当先、关口前移，加强实时雨情水情信息的监测预报和分析研判，强化三峡工程运行安全预报、预警、预演、预案措施，积极推进信息系统安全建设，加强信息系统的日常管理和检修维护，确保安全可靠。以数字化、网络化、智能化为主线，以数字化场景、智慧化模拟、精准化决策为路径，推进数字孪生三峡建设，提升三峡库区水资源、水生态、水环境、水灾害及水域岸线等综合管理智慧化水平。

四、推进三峡库区高质量发展

（十四）进一步加强三峡移民帮扶工作。充分运用三峡后续工作、大中型水库移民后期扶持、全国对口支援三峡库区和地方相关支持政策措施，着力解决三峡移民存在的实际困难和问题，创新思路和机制，因地制宜，突出地域特色，推动三峡库区和移民安置区生产发展、产业转型升级、提质增效，不断完善移民社区基础设施和公共服务设施，改善人居环境和生活条件，促进三峡移民同当地居民共同富裕和融合发展。

（十五）略。

（十六）积极推进三峡库区生态环境修复与保护。坚持生态优先、绿色发展，将生态环境修复摆在压倒性位置，统筹山水林田湖草沙综合治理，推进支流系统治理和库岸环境综合整治，不断优化三峡库区城镇结构和功能，加快建设美丽乡村，走既满足生态和环境保护要求又具有经济效益的绿色发展之路，促进人水和谐。

五、保障措施

（十七）强化责任落实。长江水利委员会、中国三峡集团及三峡库区各级水行政主管部门要高度重视三峡工程运行安全管理、三峡水库保护与管理工作，细化工作目标任务和措施，明确责任部门和责任人，一级抓一级，层层抓落实，确保管理责任落实到位。

（十八）加强协调联动。三峡工程运行安全管理工作涉及面广，情况复杂。三峡库区各级水行政主管部门要主动加强与生态环境、自然资源、交通运输、中国三峡集团等有关部门（单位）的协同配合，利用好河湖长制工作平台，共同推进落实相关政策措施，及时协调解决遇到的问题，全力保障三峡工程运行安全。

（十九）保障资金投入。三峡工程运行安全管理工作任务繁重，是各级政府及其管理部门的共同责任。要多渠道保障资金投入，积极推进落实三峡工程运行安全措施和促进管理工作到位，特别是在安排三峡后续工作资金、三峡库区基金等时，要优先予以支持。

（二十）强化监督管理。三峡库区各级水行政主管部门要加强对三峡工程运行安全情况的监督检查，强化问题整改问责，推动各项政策措施落到实处；主动接受社会监督，及时核查处置媒体曝光和群众举报的涉及三峡水库运行安全案件、事故、隐患，督促落实问题整改，推进群防群治。

（二十一）做好宣传工作。开展形式多样、内容丰富的宣传活动，广泛、深入地宣传三峡工程建设的重大意义、辉煌历程、取得的巨大效益和三峡新风貌，让社会公众更多地了解三峡、关心三峡、支持三峡、爱护三峡，为三峡工程运行安全和持续发挥综合效益营造良好的社会氛围，共同护佑造福亿万民众的幸福河湖。

（三）河道采砂

水利部　公安部　交通运输部
关于建立长江河道采砂管理
合作机制的通知

水河湖〔2020〕37号

水利部长江水利委员会，公安部长江航运公安局，交通运输部长江航务管理局，四川、重庆、湖北、湖南、江西、安徽、江苏、上海等省（直辖市）水利（水务）厅（局）、公安厅（局）、交通运输厅（局、委）：

　　《长江河道采砂管理条例》施行以来，水利部、公安部、交通运输部务实合作，共同打造了长江河道采砂总体可控、稳定向好的良好局面。当前，由于供需矛盾突出，砂价持续上涨，非法采砂反弹压力较大，长江河道采砂管理面临新的形势。为进一步提升管理水平，维护长江河道采砂管理秩序，水利部、公安部、交通运输部决定建立长江河道采砂管理合作机制（以下简称三部合作机制）。现将有关事项通知如下：

　　一、指导思想

　　以习近平新时代中国特色社会主义思想为指引，紧紧围绕统筹推进"五位一体"总体布局和协调推进"四个全面"战略布局，深入贯彻落实习近平总书记在深入推动长江经济带发展座谈会上的重要讲话精神，牢固树立生态优先、绿色发展理念，共抓大保护，不搞大开发，坚持惩防并举、疏堵结合、标本兼治，积极拓展长江河道采砂管理合作渠道，实现部门间优势互补，形成工作合力，共同维护长江河道采砂良好秩序，为助推经济社会发展提供支撑。

　　二、工作目标

　　水利部、公安部、交通运输部通过建立三部合作机制，实现共建共享、深度融合，使长江河道采砂管理沟通联系更加紧密，采运砂船舶监管力度进一步提升,行政执法与刑事司法衔接更加顺畅,对非法采运砂行为的高压严打态势进一步增强,确保长江河势稳定和航道稳定,保障防洪安全、通航安全和生态安全。

三、合作领域

(一)打击非法采砂行为。建立完善联合执法机制,针对重点江段、敏感水域或重点时段开展联合执法打击行动,持续保持对非法采砂的高压严打态势。健全信息沟通、案件移送等制度,完善行政执法与刑事司法衔接机制,有效实施《最高人民法院 最高人民检察院关于办理非法采矿、破坏性采矿刑事案件适用法律若干问题的解释》(法释〔2016〕25号),依法严厉打击非法采砂犯罪行为,做好河道非法采砂中的扫黑除恶工作,确保长江河道采砂管理秩序稳定可控。

(二)加强涉砂船舶管理。进一步完善和落实长江河道砂石采运管理单制度、采砂船舶汛期集中停靠制度。建立完善涉砂船舶台账和从业人员动态数据库。建设长江采运砂船舶联合监管信息平台,实现涉砂船舶信息共享,推动涉砂船舶安装北斗终端,力争实现对此类船舶的24小时全程监控。依法查处证照不齐全的采运砂船舶、非法改装的"隐形"采砂船舶、非法码头以及违法运输砂石等行为,依法对航道内涉砂碍航船舶进行检查和查处。

(三)推进航道疏浚砂综合利用。水利部、交通运输部在推进长江航道疏浚砂综合利用试点的基础上,持续深化疏浚砂综合利用合作,共同研究出台长江疏浚砂综合利用指导意见。总结长江口、荆州太平口航道疏浚砂综合利用试点经验,在长江沿线逐步推广航道疏浚砂综合利用,指导地方在坚持政府主导原则下,合理利用河道砂石资源。

四、保障措施

(一)成立三部合作机制领导小组。水利部、公安部、交通运输部分管副部长任组长,下设领导小组办公室。领导小组办公室设在水利部河湖管理司,具体负责三部合作日常事务。水利部长江水利委员会、公安部长江航运公安局、交通运输部长江航务管理局进一步深化合作机制,落实相关任务,指导合作机制向基层延伸。沿江各地各级水利、公安、交通运输行政主管部门充分发挥各自职能优势,推进部门、区域联防联控,提升长江河道采砂监管合力。

(二)建立联席会议制度。水利部河湖管理司、公安部治安管理局、交通运输部水运局作为三方合作联系部门，具体负责组织合作事宜的沟通协调。三方定期或不定期召开联席会议，通报相关信息，研究、协调、解决长江河道采砂管理中的重大问题。若遇紧急情况，三方均可提议召开会议，商议对策措施。

（三）加强协同联动。水利部、公安部、交通运输部及水利部长江水利委员会、公安部长江航运公安局、交通运输部长江航务管理局要加强联动，适时组织开展联合专项打击或清江行动。沿江各地各级水利、公安、交通运输行政主管部门应结合实际开展深层次合作。各有关方面要充分利用现代技术手段，增进信息互通、资源共享，推进在采砂规划编制、案件查处、河道航道治理等方面高效合作。

水利部　公安部　交通运输部
2020 年 3 月 12 日

水利部 交通运输部关于加强长江干流河道疏浚砂综合利用管理工作的指导意见

水河湖〔2020〕205号

水利部长江水利委员会，交通运输部长江航务管理局，四川省、重庆市、湖北省、湖南省、江西省、安徽省、江苏省、上海市水利（水务）厅（局）：

近年来，随着经济社会的快速发展，砂石需求居高不下，同时江河、湖泊总体来沙量持续减少，砂石供需矛盾日益突出。党中央、国务院对此高度重视，出台了一系列政策措施，促进砂石行业健康有序发展。水利和交通运输部门联合在长江口、荆州等地组织开展了长江航道疏浚砂上岸综合利用试点，在一定程度上缓解了砂石供需矛盾，取得了良好效益。为进一步规范长江干流河道疏浚砂综合利用管理，现提出如下意见。

一、总体要求

（一）指导思想。以习近平新时代中国特色社会主义思想为指导，全面贯彻党的十九大和十九届二中、三中、四中全会精神，深入贯彻习近平总书记关于推动长江经济带发展的重要讲话精神，牢固树立"生态优先、绿色发展"理念，坚持疏堵结合、标本兼治，在确保长江河道、航道安全的前提下，有序开展疏浚砂综合利用。

（二）工作原则。坚持政府主导，部门联动。疏浚砂综合利用涉及多个部门，必须在地方人民政府领导下，强化各相关部门的协同配合。坚持资源国有，统一处置。长江河道疏浚作业中产生的砂（含土、卵石等），原则上鼓励上岸利用，由政府统一处置，不得由企业或个人自行销售。坚持重点保障，统筹利用。长江河道疏浚砂利用优先保障重点基础设施建设和民生工程，有条件的情况下可兼顾社会市场需求。坚持严格监管，规范实施。强化监管责任、监管制度和监管措施的落实，对疏浚砂利用实行全过程监管，确保疏浚砂利用的高效、安全、规范、有序。

二、规范疏浚砂综合利用实施程序

长江干流河道管理范围内实施河道、航道等涉水工程建设及运行维护性活动（以下简称长江河道、航道工程项目），涉及疏浚砂综合利用的，应严格依法履行相关程序，坚持科学论证，确有必要。

长江河道、航道工程项目所产生的砂石上岸综合利用，由相关省级水行政主管部门提请省级人民政府制定疏浚砂处置办法，明确综合利用实施方案编制（包括砂石可利用量、上岸方式、砂石堆放等内容）、组织实施、监督管理等，坚决杜绝假借疏浚名义规避河道采砂许可等管理制度、以工程之名行采砂之实。处置办法应征求长江水利委员会（以下简称长江委）、长江航务管理局（以下简称长航局）意见。

因整修长江堤防进行吹填固基或者整治长江河道、航道采砂的，按《长江河道采砂管理条例》及其实施办法执行。

长江河道疏浚砂综合利用应在地方人民政府的统一领导下组织实施和监督管理。

长江委和省级水行政主管部门负责对长江河道疏浚砂综合利用管理的指导和监督检查，长航局负责其中涉及长江航道与通航安全有关事项的指导和监督检查工作。

三、加强项目现场监督管理

长江河道疏浚砂综合利用项目所在地县级以上地方人民政府水行政主管部门应加强项目现场监督管理。要充分运用现代信息技术，建立完善进出场计重、监控、登记等制度，重点加强对疏浚砂上岸环节的监管。

长江河道疏浚砂综合利用项目有关单位应设立明显的标识牌，对建设单位、施工单位、疏浚范围、疏浚砂利用量等信息进行公示。不得擅自变更疏浚时间、范围、控制高程、疏浚方式等，确保疏浚作业及疏浚砂综合利用有序实施。疏浚砂上岸后，使用单位应严格按照地方人民政府的规定履行疏浚砂提货程序，不得擅自提取、交付、发运、转让或将疏浚砂挪作他用。

疏浚砂综合利用项目有关单位应落实疏浚现场安全生产管理责任制，严格遵守航行规则，确保施工安全，防止污染环境。疏浚作业船和运砂船必须持有合法有效的船舶、船员证书，配员符合要求。长江海事管理机构应加强对通航安全的监管，维持正常的通航秩序。

四、保障措施

（一）加强组织领导。长江河道疏浚砂综合利用管理严格贯彻落实河长制湖长制和采砂管理地方人民政府行政首长负责制，县级以上地方人民政府应加强组织领导，明确职责分工，及时协调解决突出问题，确保疏浚砂综合利用顺利实施。同时，要加强巡查监管，严厉打击非法采砂行为，切实维护采砂管理的良好秩序。

（二）建立联动机制。长江河道疏浚砂综合利用所在地水行政主管部门应积极向地方人民政府汇报，提请建立水利、交通运输及有关部门参加的协调机制，形成政府主导、部门各司其职、协调联动的管理模式。长江委、长航局要主动做好沟通协调，加强有关疏浚作业与疏浚砂综合利用的有机衔接，完善与省级人民政府水行政主管部门的长江河道疏浚砂综合利用沟通协调联动机制。

（三）强化督促检查。长江委、长航局联合省级人民政府水行政主管部门加强对有关长江河道疏浚砂综合利用项目的监督指导，适时开展联合检查，确保疏浚砂综合利用的科学合理和安全有序。对在疏浚砂综合利用中存在超范围采砂、擅自处置疏浚砂等行为，依法严肃查处。情节严重、导致采砂管理秩序混乱的，应停止疏浚砂的综合利用，并追究相关责任单位和责任人的责任。

本意见所称长江河道疏浚砂综合利用管理，是指长江河道、航道工程项目所产生的砂石除项目自用外，需要上岸综合利用的管理。本意见适用于长江宜宾以下干流河道，长江流域其他河道可参照执行。

水利部　交通运输部关于长江河道采砂管理实行砂石采运管理单制度的通知

水河湖〔2019〕64号

长江水利委员会，长江航务管理局，重庆、上海、四川、湖南、湖北、江西、安徽、江苏省（市）水利（水务）、交通运输厅（局、委）：

为加强长江河道采砂管理，规范长江河道采砂秩序，根据《长江河道采砂管理条例》《内河交通安全管理条例》等行政法规，水利部、交通运输部决定长江河道采砂管理实行砂石采运管理单制度。现将有关事项通知如下：

一、适用范围

长江干流宜宾以下河道内的采、运砂船舶及从其他支流（湖泊）进入长江干流的运砂船舶实行砂石采运管理单制度。

长江流域其他河流（湖泊、水库）采运砂管理可参照此规定执行。

二、砂石采运管理单的形式及内容

对依法办理了采砂许可证的可采区，负责采砂现场监管的主管部门，应根据运砂船舶每艘次实际承运情况，出具砂石采运管理单。

砂石采运管理单一式四联：第一联由采砂现场监管部门收执，作为控制采砂总量的依据；第二联由采砂船收执，作为核对采砂量的依据；第三联由运砂船收执，作为其运输砂石的证明；第四联由现场监管部门交发放采砂许可证的水行政主管部门备案。

砂石采运管理单应注明可采区名称，采砂许可证编号及核定可采砂总量，采运砂船舶船名、运砂船船舶经营人、运砂船实际载运量、运砂船《船舶营业运输证》编号、装砂起止时间及到达码头或装卸点等信息，采砂现场监管的主管部门盖章方能生效。采砂船负责人、运砂船负责人及现场监管人员应对上述信息进行核对并签字确认。

砂石采运管理单由各省（直辖市）根据格式要求自行印制，并加盖省统一的票据专用图章。

长江水利委员会组织开发砂石采运管理单信息平台,强化信息化管理。

对于涉及砂石转运和过驳的,还应提供相应证明。

三、砂石采运管理单的使用

砂石采运管理单是采、运砂船舶证明其砂源合法有效的证明,任何单位和个人不得伪造、变更和转借。

砂石堆放场所、经营场所的管理人或经营人,在接收运砂船舶砂石时,应检查并收存砂石采运管理单;对不能提供合法砂石采运管理单的,应拒绝接收。

四、砂石转运和过驳管理

县级以上人民政府认定或划定的合法砂场、水上过驳区方能转运或者过驳砂石。

合法砂场、水上过驳区的经营业主应向承运的运砂船舶出具砂石转运(过驳)证明。对不能提供砂石转运(过驳)证明的,运砂船舶不得转运或过驳。

砂石转运(过驳)证明由县级以上人民政府统一印制,内容与砂石采运管理单一致。

砂场、水上过驳区所在地水行政主管部门应加强转运或过驳砂石来源及相关单证的监督管理。

五、砂石采运管理单的监督管理

各级水行政主管部门、海事管理机构(或交通运输综合行政执法机构)在日常巡查或联合执法检查中发现船舶载运砂石的,应检查其砂石采运管理单或砂石转运(过驳)证明,发现有下列行为又不能提供其砂石合法来源证明的,按属地管理原则交地方人民政府给予处罚:

(一)未持有砂石采运管理单或转运(过驳)证明从事砂石运输的;

(二)所持砂石采运管理单或转运(过驳)证明与实际情况明显不符的。

附件:长江河道砂石采运管理单(略)

水利部 交通运输部
2019 年 2 月 22 日

长江委关于印发《长江省际边界重点河段采砂行政处罚自由裁量权细化标准》的通知

长政法〔2021〕89号

水政监察总队：

根据《中华人民共和国长江保护法》《中华人民共和国水法》《中华人民共和国行政处罚法》《长江河道采砂管理条例》等法律法规有关规定，长江水利委员会对《长江河道采砂行政处罚自由裁量权细化标准》（长政法〔2020〕520号）进行了修订。现予印发，请遵照执行。

水利部长江水利委员会
2021年3月5日

长江省际边界重点河段采砂行政处罚自由裁量权细化标准

为了做好长江干流省际边界重点河段采砂管理的现场执法，查处非法采砂行为，根据《中华人民共和国长江保护法》《中华人民共和国水法》《中华人民共和国行政处罚法》《长江河道采砂管理条例》等法律法规有关规定，长江委细化、量化了有关行政处罚条款的自由裁量权。

一、未依法取得许可从事采砂活动，或者在禁止采砂区和禁止采砂期从事采砂活动的

（一）货值金额不足2万元的，责令停止违法行为，没收违法所得以及用于违法活动的船舶、设备、工具，并处20万元罚款；已经取得河道采砂许可证的，吊销河道采砂许可证。

（二）货值金额2万元以上（含2万元），不足5万元的，责令停止违法行为，没收违法所得以及用于违法活动的船舶、设备、工具，并处50万元罚款；已经取得河道采砂许可证的，吊销河道采砂许可证。

（三）货值金额 5 万元以上（含 5 万元），不足 8 万元的，责令停止违法行为，没收违法所得以及用于违法活动的船舶、设备、工具，并处 80 万元罚款；已经取得河道采砂许可证的，吊销河道采砂许可证。

（四）货值金额 8 万元以上（含 8 万元），不足 10 万元的，责令停止违法行为，没收违法所得以及用于违法活动的船舶、设备、工具，并处 100 万元罚款；已经取得河道采砂许可证的，吊销河道采砂许可证。

（五）货值金额 10 万元以上（含 10 万元），不足 40 万元的，责令停止违法行为，没收违法所得以及用于违法活动的船舶、设备、工具，并处货值金额 10 倍罚款；已经取得河道采砂许可证的，吊销河道采砂许可证。

（六）货值金额 40 万元以上（含 40 万元），责令停止违法行为，没收违法所得以及用于违法活动的船舶、设备、工具，并处货值金额 20 倍罚款；已经取得河道采砂许可证的，吊销河道采砂许可证。

二、未按照河道采砂许可证规定的要求采砂的

（一）不在采砂许可证规定的时限、地点和深度采砂的

1. 采砂点在规划可采区内，超出规定地点 300 米以下，或者在规定地点内超采时限达 24 小时以下，或者超出采砂许可规定深度 5 米以下的，没收违法所得，处 5 万元罚款，并吊销采砂许可证；

2. 采砂点在规划可采区内，超出规定地点 300 米以上，或者在规定地点内超采时限达 24 小时以上，或者超出采砂许可规定深度 5 米以上的，没收违法所得，处 10 万元罚款，并吊销采砂许可证。

（二）未按照采砂许可规定的作业方式、弃料处理方式作业的

1. 未按照许可规定作业方式及弃料处理方式开采江砂达 1000 吨以下的，没收违法所得，处 5 万元罚款，并吊销采砂许可证；

2. 未按照许可规定作业方式及弃料处理方式开采江砂达 1000 吨以上的，没收违法所得，处 10 万元罚款，并吊销采砂许可证。

三、伪造、涂改或者买卖、出租、出借或者以其他方式转让河道采砂许可证尚未触犯刑律的

收缴伪造、涂改或者买卖、出租、出借或者以其他方式转让的河道采砂许可证，没收违法所得，并处 10 万元罚款。

四、逾期拒不缴纳长江河道砂石资源费的

（一）逾期 30 日以内（不含 30 日）拒不缴纳的，处应缴纳长江河道砂石

长江委关于印发《长江省际边界重点河段采砂行政处罚自由裁量权细化标准》的通知

资源费金额2倍的罚款。

（二）逾期60日以内（不含60日）逾期拒不缴纳的，处应缴纳长江河道砂石资源费金额4倍的罚款。

（三）超过限期60日以上拒不缴纳的，处应缴纳长江河道砂石资源费金额5倍的罚款，并吊销河道采砂许可证。

五、运砂船舶在长江采砂地点装运非法采砂船舶偷采的河砂的

（一）货值金额不足2万元的，责令停止违法行为，没收违法所得以及用于违法活动的船舶、设备、工具，并处20万元罚款；已经取得河道采砂许可证的，吊销河道采砂许可证。

（二）货值金额2万元以上（含2万元），不足5万元的，责令停止违法行为，没收违法所得以及用于违法活动的船舶、设备、工具，并处50万元罚款；已经取得河道采砂许可证的，吊销河道采砂许可证。

（三）货值金额5万元以上（含5万元），不足8万元的，责令停止违法行为，没收违法所得以及用于违法活动的船舶、设备、工具，并处80万元罚款；已经取得河道采砂许可证的，吊销河道采砂许可证。

（四）货值金额8万元以上（含8万元），不足10万元的，责令停止违法行为，没收违法所得以及用于违法活动的船舶、设备、工具，并处100万元罚款；已经取得河道采砂许可证的，吊销河道采砂许可证。

（五）货值金额10万元以上（含10万元），不足40万元的，责令停止违法行为，没收违法所得以及用于违法活动的船舶、设备、工具，并处货值金额10倍罚款；已经取得河道采砂许可证的，吊销河道采砂许可证。

（六）货值金额40万元以上（含40万元），责令停止违法行为，没收违法所得以及用于违法活动的船舶、设备、工具，并处货值金额20倍罚款；已经取得河道采砂许可证的，吊销河道采砂许可证。

水利部长江水利委员会关于《长江河道省际边界重点河段采砂许可证申请审批程序规定（2011年修订）》的通告

长砂管〔2011〕519号

湖北、江西、安徽、江苏省水利厅，各有关单位：

根据《长江河道采砂管理条例》和《长江河道采砂管理条例实施办法》的有关规定，经研究，我委对2004年8月16日印发的《长江河道省际边界重点河段采砂许可证申请审批程序规定》（长砂管〔2004〕467号）进行了修订，现予通告。

本规定自印发之日起执行。

附件：长江河道省际边界重点河段采砂许可证申请审批程序规定（2011年修订）

水利部长江水利委员会
2011年10月10日

附件：

长江河道省际边界重点河段采砂许可证申请审批程序规定（2011年修订）

第一章 总 则

第一条 为规范长江河道省际边界重点河段采砂许可证审批发放工作，依据《长江河道采砂管理条例》和《长江河道采砂管理条例实施办法》，制定本规定。

水利部长江水利委员会关于《长江河道省际边界重点河段采砂许可证申请审批程序规定（2011年修订）》的通告

第二条 长江河道省际边界重点河段采砂许可证的申请（吹填造地采砂除外）与审批发放事宜，应当遵守本规定。

第三条 采砂许可遵循公开、公平、公正、择优的原则。

第二章 申　　请

第四条 申请在长江河道省际边界重点河段采砂的，应当向沿江有关县级地方人民政府水行政主管部门提出书面申请，提交下列材料：

（一）采砂许可申请书；

（二）营业执照的复印件（提交复印件时，需验原件。下同）及其他相关材料；

（三）采砂申请与第三者有利害关系的，与第三者达成的协议或者有关文件。

第五条 采砂许可申请书应当包括下列内容：

（一）申请单位的名称、企业代码、地址、法定代表人或者负责人的姓名和职务，申请个人的姓名、住址、身份证号码；

（二）船名、船号、船主姓名（附具船员证书、船舶证书的复印件）；

（三）采砂作业技术人员基本情况；

（四）船机数量、采砂总功率等采砂设备、机具基本情况；

（五）采砂种类、开采地点范围（附具范围图和控制点坐标）；

（六）开采量（日采量和年度总采量）；

（七）开采时间；

（八）控制开采高程和作业方式；

（九）砂石堆放地点和弃料处理方案；

（十）其他有关事项。

第六条 采砂许可申请书采用格式文本。采砂许可申请书格式文本由长江水利委员会规定、印制，并发放给长江河道省际边界重点河段有关县级地方人民政府水行政主管部门。

采砂申请人可以到有关县级地方人民政府水行政主管部门或长江水利委员会行政许可服务处领取采砂许可申请书格式文本，也可以从长江水利委员会网站上下载，并对其申请材料实质内容的真实性负责。

第三章 受　　理

第七条　长江河道省际边界重点河段的采砂申请实行集中受理。受理应当在边界两省对采砂许可及相关事宜达成一致意见后实施。受理时间由长江水利委员会确定并公告。

第八条　受理采砂申请的县级地方人民政府水行政主管部门收到采砂许可申请书等材料后，对申请材料齐全、符合法定形式的应当予以受理，并出具加盖本行政机关专用印章和注明日期的书面受理凭证。

有下列情形之一的，应当场或在5日内一次告知申请人予以补正：

（一）采砂许可申请书内容不全或者填注不明的；

（二）应当提交采砂可行性论证报告而没有提交或者采砂可行性论证报告不符合要求的；

（三）无相关材料或者相关材料不符合要求的。

申请人应当自收到补正通知之日起15日内补正；逾期不补正的，视为撤回本次采砂申请。

第四章 审　批　发　证

第九条　受理采砂申请的县级地方人民政府水行政主管部门应当在签署意见后，将全部申请材料逐级上报。

省级地方人民政府水行政主管部门应当在收到采砂申请并签署意见后，报长江水利委员会审批。

经审查需要对申请材料的实质内容进行核实的，长江水利委员会采砂管理部门应当指派两名以上工作人员进行核查。

第十条　申请在长江河道省际边界重点河段采砂，有下列情形之一的，长江水利委员会不予批准：

（一）不符合长江中下游干流河道采砂规划和长江中下游干流省际边界重点河段采砂规划实施方案及可采区采砂可行性论证确定的可采区和可采期要求的；

（二）不符合年度采砂控制总量要求的；

（三）采砂设备功率不符合《长江河道采砂管理条例实施办法》及《长江中下游干流河道采砂规划报告》相关规定，不具备平缓移动的开采作业方式的；

（四）不符合采砂船只数量的控制要求的；

（五）采砂船舶、船员证书不全，未按规定标明船名、船号的；

（六）无符合要求的采砂设备和采砂技术人员的；

（七）未安装符合要求的采砂船舶监测设备的；

（八）有非法采砂等不良记录的；

（九）无降低或者消除不利影响的保证措施的；

（十）未达到长江水利委员会规定的其他条件的。

第十一条　长江水利委员会应当自收到采砂申请之日起30日内作出审批许可书面决定。准予许可的，颁发河道采砂许可证，并公告；不予批准的，应当在作出不予批准决定之日起7日内通知采砂申请人，并说明理由，同时告知申请人享有依法申请行政复议或者提起行政诉讼的权利。

第十二条　长江水利委员会可以组织长江河道省际边界重点河段有关省级地方人民政府水行政主管部门采用招投标等市场机制方式选择采砂经营者，并进行公告。所需时间不计算在本规定规定的期限内。

第五章　附　　则

第十三条　本规定规定的期限以工作日计算，不含法定节假日。

第十四条　本规定自发布之日起施行。

（四）监督检查

长江水利委员会关于印发《长江水利委员会部批生产建设项目水土保持监督检查办法》的通知

长水土〔2020〕669号

机关有关部门、委属有关单位，有关省、自治区、直辖市水利（水务）厅（局）：

为规范和加强长江流域部批生产建设项目水土保持监督管理，根据《中华人民共和国水土保持法》及相关法律法规、水利部《生产建设项目水土保持监督管理办法》等规范性文件规定，我委组织制定了《长江水利委员会部批生产建设项目水土保持监督检查办法》，经长江委主任办公会审议通过，现予印发，请遵照执行。

长江水利委员会
2020年12月31日

长江水利委员会部批生产建设项目水土保持监督检查办法

第一章 总 则

第一条 为规范和加强长江流域部批生产建设项目水土保持监督管理，督促生产建设单位依法履行水土流失防治主体责任，根据《中华人民共和国水土保持法》及相关法律法规、水利部《生产建设项目水土保持监督管理办法》等相关规范性文件，制定本办法。

第二条 本办法适用于长江水利委员会（以下简称长江委）在长江流域及澜沧江以西（含澜沧江）区域内（以下简称：流域内）开展水利部审批水土保持方案的生产建设项目（以下简称：部批项目）水土保持监督检查。

第三条 水土保持监督检查遵循依法依规、客观公正、规范可溯、注重实效、违法必究的原则。

第四条 本办法所指水土保持监督检查包括部批项目水土保持方案实施情况的跟踪检查（以下简称：跟踪检查）和水土保持设施自主验收情况的核查（以下简称：自验核查）。

第五条 长江委负责组织开展流域内部批项目跟踪检查和自验核查工作。

流域内省级水行政主管部门按照属地管理权限配合长江委开展辖区内部批项目跟踪检查和自验核查工作；组织对跟踪检查和自验核查中发现的违法行为依法进行查处。

流域内市县级水行政主管部门按要求配合开展辖区内部批项目跟踪检查和自验核查工作；负责生产建设项目现场整改情况跟踪；负责对跟踪检查和自验核查中发现的违法行为依法进行查处。

生产建设单位负责组织参建单位配合跟踪检查和自验核查工作，包括配合开展现场检查，按要求提供备查档案资料，完成监督检查意见整改落实。

第六条 水土保持监督检查实行年度计划制度，长江委在每年第一季度制定当年监督检查工作计划，明确监督检查的任务、分工和要求。

第七条 长江委监督检查工作要加强过程记录和台账管理，对监督检查信息实行定期公告制度，于每年第一季度在门户网站公告上一年度监督检查情况。

第八条 水土保持监督检查应当应用卫星遥感、无人机、移动终端等技术手段，建立监督管理信息平台，提高监督检查效能。监督检查中的技术性、基础性工作可以通过购买服务方式委托第三方技术服务机构承担。

第九条 开展监督检查工作不得妨碍生产建设单位正常的生产建设活动，严格遵守各项廉政规定，保障监督检查公平、公正、廉洁依法进行。

第二章 水土保持方案实施情况跟踪检查

第十条 跟踪检查内容包括水土保持工作组织管理、方案变更、后续设

规范性文件

计、地表土保护利用、施工扰动和弃渣处置、取（弃）土场选址及防护、措施实施、监测监理、补偿费缴纳、监督检查意见落实等方面。

第十一条 跟踪检查采取现场检查、监管监测、书面检查等方式，每年实现部批在建项目全覆盖，其中现场检查项目比例不低于10%。对有举报线索、不及时整改、不按规定提交水土保持监测成果或监测发现存在严重问题，以及纳入重点监管对象的项目应当进行现场检查；对水土保持监测发现存在较重问题的项目应随机抽取不少于20%进行现场检查或者监管监测。

第十二条 现场检查由长江委组织成立检查组，通过查看现场、查阅资料、座谈交流，检查生产建设项目水土保持方案实施情况。项目所涉地方水行政主管部门可以作为检查组成员参加，可以邀请生产建设单位主管部门（或上级单位）代表和专家参加。检查程序如下：

（一）印发检查通知；

（二）现场检查生产建设项目各水土流失防治分区水土保持措施实施情况；

（三）查阅生产建设项目水土保持档案资料；

（四）座谈交流，听取生产建设单位和相关参建单位关于水土保持工作情况的汇报，质询交流并反馈检查情况；

（五）填写检查情况表，由检查组长和生产建设单位负责人共同签字确认；

（六）印发检查意见。

第十三条 监管监测由长江委通过购买服务方式，委托第三方技术服务机构采用卫星遥感、无人机等技术，结合现场调查和资料查阅，对生产建设项目水土流失防治情况开展监测并出具问题清单。监管监测应重点选取施工扰动范围大、建设周期长、易产生严重水土流失的生产建设项目开展。检查程序如下：

（一）制定监管监测工作方案；

（二）采取遥感影像解译、无人机航拍和现场调查相结合，对生产建设项目开展现场监测；

（三）查阅生产建设项目水土保持档案资料；

（四）分析整理监测数据，按"一项目一清单"提出问题清单；

（五）对监管监测成果进行审核；

（六）印发监管监测意见。

第十四条 书面检查由长江委组织生产建设单位对生产建设项目水土保持方案实施情况开展自查，书面反馈自查材料。检查程序如下：

（一）印发自查通知；

（二）组织生产建设单位开展自查，上报自查材料；

（三）对自查材料进行审核和分析整理；

（四）印发自查通报，通报自查工作开展情况和发现的问题。

第十五条 长江委在现场检查和监管监测结束后二十个工作日内以书面形式向生产建设单位印发检查意见，涉及其他参建单位的由生产建设单位转达。

检查意见应当明确存在的问题及整改要求和时限。对发现问题应按照生产建设项目水土保持问题分类标准认定问题性质。对存在严重问题的，检查意见中应当明确行政处罚、责任追究的意见和建议。

省级水行政主管部门在部批项目跟踪检查中发现重大问题的，应当及时将有关情况报告长江委。

第十六条 长江委对跟踪检查发现的问题应跟踪整改落实情况，必要时组织进行复查。现场问题整改落实情况可组织地方水行政主管部门或第三方技术服务机构进行跟踪。

第三章　水土保持设施自主验收核查

第十七条 自验核查内容包括项目法人水土保持法定义务履行、水土流失防治任务完成、水土流失防治效果、水土保持工作组织管理情况等。

第十八条 自验核查采取现场抽查、查阅资料和集中讨论相结合的方式进行。长江委负责成立核查工作组，项目所涉地方水行政主管部门作为核查组成员参加。自验核查中的技术性、基础性工作可组织专家或第三方技术服务机构开展。

核查项目从取得水利部自验报备回执的部批项目中选取，对水土保持监测发现存在严重问题、建设过程中受到水土保持责任追究、根据跟踪检查或自验报备材料核查的情况发现可能存在较严重水土保持问题的部批项目应开展自验核查。

第十九条 自验核查工作遵循以下程序：

（一）前期准备。对核查项目验收报备材料进行审核，拟定现场抽查和查阅资料重点。

（二）印发核查通知。

（三）现场抽查。采取重点抽查和随机抽查相结合的方式，查看水土保持措施实施情况和水土流失防治效果，查看范围应涵盖各水土流失防治分区，对四级以上和存在安全风险因素弃土（渣）场、取土（料）场要重点抽查。

（四）查阅资料。采取集中查阅方式，查阅验收支撑材料和佐证材料的完整性、合规性和真实性。

（五）质询答疑。采取座谈方式，就现场抽查和查阅资料中发现的问题进行质询。

（六）集中讨论。对照水土保持设施验收标准，集中讨论确定核查结论。

（七）印发核查意见。

第二十条 核查组对核查中未发现下列情形的，应当给出"水土保持设施验收程序履行、验收标准和条件执行方面未发现严重问题"的结论；对存在下列情形之一的，应当给出"视同为水土保持设施验收不合格"的结论。

（一）未依法履行水土保持方案重大变更编报审批程序；

（二）未依法依规开展水土保持后续设计；

（三）未依法依规开展水土保持监测；

（四）未依法依规开展水土保持监理；

（五）废弃土石渣未堆放在经批准的水土保持方案确定的专门存放地；

（六）水土流失防治指标未达到经批准的水土保持方案要求，且不能做出合理解释；

（七）水土保持措施体系、等级和标准未按经批准的水土保持方案要求落实；

（八）重要防护对象无安全稳定结论或者结论为不稳定；

（九）水土保持分部工程和单位工程未经验收或验收不合格，不能提供水土保持单元工程验收基础资料；

（十）水土保持设施验收报告、监测总结报告和监理总结报告等材料弄虚作假或者存在重大技术问题；

（十一）未依法依规缴纳水土保持补偿费。

第二十一条 长江委在现场核查结束后二十个工作日内以书面形式向生产建设单位印发核查意见，涉及参建单位的由生产建设单位转达。

核查意见包括项目基本情况、核查组织情况、自主验收主要程序履行情况、验收标准和条件执行情况、主要问题、核查结论、整改要求等。对发现问题应按照生产建设项目水土保持问题分类标准认定问题性质。整改要求应明确整改时限。对存在严重问题的，核查意见中应当明确行政处罚、责任追究的意见和建议。

第二十二条 长江委对自验核查结论为"视同为水土保持设施验收不合格"的项目应跟踪整改落实情况，必要时组织进行复查。现场问题整改落实情况可组织地方水行政主管部门或第三方技术服务机构进行跟踪。

第四章 监督检查结果处理

第二十三条 生产建设单位应当组织参建单位按照监督检查意见整改要求，在规定的时限内完成整改，向监督检查单位书面报告整改情况。确因特殊情况需延长整改时限的，应向监督检查单位提出书面申请。

第二十四条 对跟踪检查和自验核查发现存在严重问题的，以及逾期不整改或者整改不到位的，应当按照生产建设项目水土保持责任追究标准对相关责任单位进行责任追究。对自验核查结论为"视同为水土保持设施验收不合格"的，应对相关责任单位进行责任追究。责任追究方式包括：

（一）约谈。约谈责任单位负责人，责令限期纠正违法违规行为。

（二）通报批评。在流域范围对责任单位进行通报批评，并抄报其上级主管部门（或单位）及行业自律组织。

（三）重点监管。将责任单位纳入水土保持重点监管名单，在长江委门户网站公开。

（四）信用惩戒。将责任单位认定"重点关注名单"或者"黑名单"，以正式签章函报水利部，在全国水利建设市场监管服务平台向社会公开。

（五）法律法规规定的其他责任追究方式。

在对责任单位作出责任追究决定前，应当充分听取各方面意见，对当事人提出的事实、理由和证据，应当认真进行核实，对其合理意见应当予以采纳。

第二十五条 对跟踪检查和自验核查中发现水土保持违法行为的,应当责令违法行为人停止违法行为,限期整改。违法行为涉及行政处罚和行政强制的,应当将违法线索和相关材料移交项目所在地省级水行政主管部门,由其组织依法查处。

第五章 附 则

第二十六条 本办法由长江委负责解释。

第二十七条 本办法自发布之日起施行,原《长江流域大型开发建设项目水土保持监督检查办法》(长水土〔2006〕97号)同时废止。

附表:

1. 水土保持方案实施情况跟踪检查内容表(略)
2. 水土保持设施自主验收核查内容表(略)

关于印发《长江河道省际边界重点河段可采区现场监管办法》的通知

长砂管〔2003〕673号

湖北、江西、安徽、江苏省水利厅，委属有关单位：

根据《长江河道采砂管理条例》和《长江河道采砂管理条例实施办法》的有关规定，经研究，现将《长江河道省际边界重点河段可采区现场监管办法》予以印发，请遵照执行。

附件：《长江河道省际边界重点河段可采区现场监管办法》

长江水利委员会
二〇〇三年十月二十二日

附件：

长江河道省际边界重点河段可采区现场监管办法

第一章 总 则

第一条 为了加强长江河道省际边界重点河段可采区采砂现场管理，维护长江河势稳定，保障长江防洪和通航安全，依据《长江河道采砂管理条例》（以下简称《条例》）、《长江河道采砂管理条例实施办法》（以下简称《实施办法》）和《长江中下游干流河道采砂规划报告》（以下简称《采砂规划报告》）的有关规定及要求，结合长江河道省际边界重点河段各可采区的实际，制定本办法。

第二条 本办法所称的可采区是指：经批准的长江河道省际边界重点河段内依据《采砂规划报告》所确定的采砂作业区域。

第三条　本办法适用于经依法批准在长江河道省际边界重点河段可采区进行采砂和运砂活动的单位和个人。

进入可采区的采、运砂船舶及其从业人员，应严格遵守本办法的规定，服从并配合现场执法管理。

因整修长江堤防进行吹填固基采砂、吹填造地采砂和因整治长江河道、航道工程中的经营性采砂活动，参照本办法进行监督管理。

第四条　长江水利委员会为可采区的监管主体。长江水利委员会负责长江河道采砂监督管理的工作机构是长江河道采砂管理局（以下简称砂管局）。

长江水利委员会水政监察总队采砂管理支队所属大队（以下简称采砂管理大队）为可采区现场监管责任单位，代表长江水利委员会具体负责各可采区的现场监管及执法工作，对采砂现场的作业、交易、运输的全过程实行监管。

第五条　可采区所在地的地方人民政府及其相关职能部门应当配合长江水利委员会在长江河道省际边界重点河段的采砂监管和执法工作。

第二章　可采区的设置

第六条　可采区的设置必须符合《采砂规划报告》中界定的水域范围。年度实施的可采范围必须符合《采砂规划报告》年度实施方案及可行性论证报告的要求，不得自行调整。

第七条　可采区的监管主体在商交通主管部门后，设置可采区四周起止范围的标志，其相关费用由采砂业主承担。

第八条　监管主体可以根据各可采区范围的大小、采砂船数量的多少及管理的需要，将可采区划分成若干个作业区。但单个可采区划分作业区的个数不得超过三个。

第九条　可采区现场监管责任单位在征求交通主管部门的意见后，应当在可采区附近水域设置现场监管调度中心和候采待装的采、运砂船舶停泊区。

第三章　持证采砂船采砂作业计划的
　　　　审查、实施和监督

第十条　各持证采砂船业主应按预定格式编制采砂作业计划书。作业计划书经采砂管理大队审查，报砂管局同意后实施。经审查同意的作业计划书应当通报给相关省水行政主管部门备案。

第十一条 持证采砂船业主编制的采砂作业计划书应当包括下列内容：

（一）申请进入可采区的采砂船船名、船号、船籍港、采砂机具功率、采砂许可证号及业主姓名、企业代码、法人代表、从业人员基本情况等；

（二）计划进入采砂作业的可采区名称、水域范围；

（三）采砂船日、月度作业计划及年度采砂控制总量；

（四）采砂量的控制计量方法；

（五）确保限时、限量、限区域、限功率、限方式、限深度采砂作业的可行性措施；

（六）采砂作业船舶的油污和砂石弃料等无公害、无污染处理办法；

（七）采砂作业、营运的安全保障措施；

（八）候采、停采船舶有序停泊、顺序作业的保证；

（九）长江河道砂石资源费的缴纳方式；

（十）监管主体规定的其他内容。

第十二条 持证采砂船采砂作业计划书一经审查同意，必须严格执行。确需修改的，必须按第十条规定重新办理。

第十三条 采、运砂船舶必须按审查同意的采砂作业计划书作业、营运。可采区现场监管人员应对采砂作业计划的执行情况进行监督。

第四章 可采区的现场监管

第十四条 每个可采区应当有 2 名以上的监管工作人员进行 24 小时的现场监督。其现场监管的主要内容有：

（一）采砂船是否持有合法有效的河道采砂许可证或者有关批准文件；

（二）采、运砂船舶的技术人员、设备等基本情况是否与采砂许可证许可的内容相一致；

（三）采砂船是否在批准的区域范围内采砂作业；

（四）采砂船是否按照批准的控制可采高程和作业方式作业；

（五）采砂船是否按照要求堆放砂石弃料和处理油污；

（六）采砂船是否遵守核准的采砂时限和采砂量限；

（七）采砂船是否有违法采砂行为；

（八）候采的采砂船和待装的运砂船是否按规定停泊；

（九）是否按照规定缴纳长江河道砂石资源费。

第十五条 现场监管人员应履行以下职责：

（一）宣传相关法律法规，执行上级决定、命令；

（二）依照《条例》《实施办法》和本办法的规定，维护可采区现场合法的采砂作业秩序，查处违法违规行为；

（三）审查采砂船业主提交的采砂作业计划书；

（四）对各作业区的采砂船和运砂船作业、营运进行监管，并按其生产进度随时调整、中止其采装进程；

（五）采取有效措施，确保限时、限量、限区域、限方式、限功率采砂作业；

（六）依法制止、纠正乱占通道、乱弃废料、乱排油污等行为；

（七）依法征收长江河道砂石资源费，依法查处拒缴、拖缴长江河道砂石资源费的行为；

（八）配合公安、交通部门查处涉砂治安、刑事案件和碍航事件。

第十六条 进入可采区的采、运砂船舶及其业主，必须遵守以下规定：

（一）遵纪守法，严格遵守本办法的规定；

（二）按照统一的要求标明船名、船号、船籍港；

（三）按《内河航行规定》显示灯光和信号；

（四）作业、航行应当确保安全，严禁占道、超载；严禁在恶劣天气下作业营运；

（五）按河道采砂许可证和审查同意的作业计划书核定的时间、区域、总量、方式、功率作业，严禁超期、区、量、非规定方式、非限定功率作业；

（六）严禁乱排油污、乱弃废料，禁止污染环境；

（七）严禁伪造、涂改、买卖、租借，或以其他方式转让采砂许可证；

（八）依法缴纳长江河道砂石资源费；

（九）按规定提交相关交易、缴费票证；

（十）规范停泊、有序运行；在禁采期，采砂船必须停靠到指定位置；

（十一）服从和配合监管人员的监管执法。

关于印发《长江河道省际边界重点河段可采区现场监管办法》的通知

第十七条 现场监管流程如下：

（一）查验船舶证件。进入可采区的船舶是否证件齐全，并与河道采砂许可证的内容相一致；

（二）查看船舶停泊情况。候采、待载的采、运砂船舶是否按规定有序停泊；

（三）复查作业水域。查看可采区标志是否被移动；采、运砂船舶是否按顺序进入可采区，是否按要求到划定的作业区作业；

（四）跟踪监督检查。监督检查采砂作业船舶的功率、作业方式；监测作业深度；依据开机时间、作业记录、交易票据、运装船数及距吃水线的高低等确定作业时限量限；检查废料油污的处理措施；

（五）查验收取交易、缴费凭证；

（六）填写监管报表。进入可采区的采、运砂船舶作业、装载完毕后，监管人员应填写监管报表；

（七）填写监管巡航日志；

（八）查处违法违规采砂行为。对违法违规采砂行为进行强行制止、调查取证、依法查处；

（九）上报监管情况。交班时，带班负责人应当将本班的监管情况进行交接，并报采砂管理大队负责人；采砂管理大队应当每周向砂管局报告现场监管情况，重大情况，随时报告。

第十八条 现场监管人员可以在可采区现场监管过程中采取下列监管措施：

（一）查验船舶相关证件、证书；

（二）检查询问；

（三）指挥调度；

（四）安装技术监控设备；

（五）拍照录像、调查取证；

（六）责令整改；

（七）暂扣船舶相关证件；

（八）暂扣采、运砂船舶。

第十九条 现场监管可以采取技术监控、定点监管、动态跟踪、随时抽查等多种形式进行。

规范性文件

第五章 附 则

第二十条 对违反《条例》的各类违法采砂行为，监管主体应当依照《条例》进行处罚。

第二十一条 现场监管人员不认真履行监管职责，导致采砂秩序混乱或造成重大责任事故的，上级主管部门将依照《条例》第二十六条之规定，视其情节、性质，依法追究有关责任人的责任。

第二十二条 本办法自发布之日起施行。

(五) 水行政许可

关于长江流域河道管理范围内建设项目审查权限的通知

水管〔1995〕5号

四川、云南、贵州、湖北、湖南、江西、安徽、江苏、上海、重庆省（市）人民政府办公厅、计委（计经委）、水利（水电）厅（局），长江水利委员会：

为加强对河道管理范围内建设项目的管理，保障长江防洪安全和更好地发挥综合效益，根据《中华人民共和国河道管理条例》和水利部、国家计划委员会联合颁发的《河道管理范围内建设项目管理的有关规定》，实行建设项目同意书制度。经研究，在长江流域河道管理范围内新建、扩建、改建的建设项目，包括开发水利（水电）、防治水害、整治河道的各类工程，跨河、穿河、穿堤、临河的桥梁、码头、道路、渡口、管道、缆线、取水口、排水口等建筑物，厂房、仓库、工业和民用建筑及其他公共设施（简称建设项目）等需经各级河道主管部门审查同意后方可履行基本建设审批程序。

一、我部长江水利委员会实施管理的权限如下：

（一）在长江干支流上修建的大型水工程及在下列河段各部门兴建的大型建设项目，由长江水利委员会审查发放建设项目同意书。

1. 长江干流：源头—宜宾
2. 汉江：汉中—丹江口
3. 乌江：洪家渡—乌江渡
4. 嘉陵江：武都—亭子口
5. 岷江：松潘—都江堰

（二）在下列河段内各部门兴建的大、中型建设项目，由长江水利委员会审查发放建设项目同意书。

1. 长江干流：宜宾—南汇嘴
2. 汉江：丹江口—入江口（武汉）
3. 乌江：乌江渡—入江口（涪陵）
4. 嘉陵江：亭子口—入江口（重庆）
5. 岷江：都江堰—入江口（宜宾）
6. 洞庭湖
7. 鄱阳湖
8. 其他跨省湖泊
9. 长江、汉江的分蓄洪区

（三）在下列河段内各部门兴建的所有建设项目，均由长江水利委员会审查发放建设项目同意书。

1. 水阳江干流：宣城—入江口（含石臼湖、丹阳湖、固城湖、南漪湖）
2. 滁河干流：金银浆—入江口（含驷马山水道、马汊河）
3. 松滋河
4. 虎渡河
5. 藕池河
6. 调弦河
7. 其他跨省河流的省界上下各十公里
8. 陆水实验水利枢纽的管理和保护范围

二、上述由长江水利委员会审查的建设项目，先由各有关省（市）河道主管机关提出初审意见后报长江水利委员会审查。

三、在长江流域河道管理范围内，除上述需由长江水利委员会审查同意的建设项目以外，其他项目由地方河道主管机关分级管理并制订具体管理办法。省（市）河道主管机关在发放建设项目审查同意书时，应同时抄报长江水利委员会核备。

关于明确由长江水利委员会负责审查并签署水工程建设规划同意书的河流（河段）湖泊名录和范围（试行）的通知

水规计〔2010〕175号

长江水利委员会，青海、西藏、四川、云南、重庆、湖北、湖南、江西、安徽、江苏、上海、贵州、甘肃、陕西、河南、广西、广东、浙江、福建省（自治区、直辖市）水利（水务）厅（局）：

根据《中华人民共和国水法》、《中华人民共和国防洪法》及《水工程建设规划同意书制度管理办法（试行）》（水利部第31号令），经研究，现将由长江水利委员会负责审查并签署水工程建设规划同意书的河流（河段）湖泊名录和范围（试行）通知如下：

一、长江干流及其主要一级支流、湖泊

（一）长江干流

长江干流自源头至入海口。

（二）主要一级支流、湖泊

1. 当曲、楚玛尔河、硕曲、水洛河、雅砻江、牛栏江、横江、岷江、赤水河、沱江、綦江、嘉陵江、乌江、清江、陆水河、汉江、府澴河、水阳江、青弋江、漳河、滁河。

2. 洞庭湖水系：洞庭湖，湘江（源头—入洞庭湖口），沅水（源头—入洞庭湖口，含清水江），澧水（源头—入洞庭湖口），资水（桃江—入洞庭湖口）。

3. 鄱阳湖水系：鄱阳湖，赣江（源头—入鄱阳湖口），抚河（李家渡—入鄱阳湖口），信江（梅港—入鄱阳湖口），饶河（石镇街—入鄱阳湖口），修水（虬津—入鄱阳湖口）。

二、跨省（自治区、直辖市）重要河流及省际边界河流

鲜水河、大渡河、绰斯甲河、阿柯河、白龙江、涪江、渠江、州河、大

通江、白水江、芙蓉江、濯河（阿蓬江）、堵河、丹江、唐白河、夹河（金钱河）、松滋河、虎渡河、藕池河、调弦河、渌江（渌水）；夫夷水、舞水（又名舞阳河）、酉水、辰水（又名锦江、得旺河）、渠水（洪州河）、溇水、昌江；其他省际边界河流（河段）、湖泊和省际矛盾比较突出的跨省（自治区、直辖市）河流（河段）、湖泊。

三、跨国界、边界河流及其主要支流

澜沧江及其主要支流南腊河、甫缆河、子曲、吉曲（昂曲）、黑惠江（漾濞江）；雅鲁藏布江及其主要支流锡约尔河、多雄藏布、年楚河、拉萨河、尼洋河、帕隆藏布、美曲藏布；怒江及其主要支流南汀河、南卡江、索曲；伊洛瓦底江及其主要支流大盈江、龙江（瑞丽江）；察隅曲、丹龙曲（达兰河）、西巴霞曲、鲍罗里河、达旺凿、洛扎雄曲、坎拉河、比焖河，朋曲、叶如藏布，朗钦藏布（象泉河）、森格藏布（狮泉河）、嘎尔藏布；其他跨国界、边界河流和湖泊。

四、长江水利委员会和有关省（自治区、直辖市）水行政主管部门要根据《水工程建设规划同意书制度管理办法（试行）》（水利部令第31号）和水利部办公厅《关于认真贯彻实施〈水工程建设规划同意书制度管理办法（试行）〉的通知》（办规计〔2008〕7号）的要求，依法执行水工程建设规划同意书制度，并组织制定《水工程建设规划同意书制度管理办法（试行）》实施细则。

长江水利委员会要与有关省（自治区、直辖市）水行政主管部门密切配合，相互协调，全面加强水工程建设规划同意书制度实施的有效管理。

中华人民共和国水利部
二〇一〇年三月十四日

(六) 水运

国务院关于加快长江等内河水运发展的意见

国发〔2011〕2号

各省、自治区、直辖市人民政府，国务院各部委、各直属机构：

我国内河水运资源丰富，改革开放以来特别是近10年来，我国内河水运建设与发展取得了显著成绩，形成了以长江、珠江、京杭运河、淮河、黑龙江和松辽水系为主体的内河水运格局，长江干线已成为世界上运量最大、运输最繁忙的通航河流，对促进流域经济协调发展发挥了重要作用。但是我国内河水运发展水平与国民经济和综合运输体系发展的要求仍然存在较大差距，为进一步发挥水运优势和潜力，现就加快长江等内河水运发展提出以下意见。

一、充分认识加快长江等内河水运发展的重要意义

（一）加快长江等内河水运发展有利于构建现代综合运输体系。内河水运具有运能大、占地少、能耗低等优势，加快发展内河水运，实现水运与公路、铁路、航空、管道等运输方式的有机衔接，发展多式联运，发挥各种运输方式的比较优势和组合效益，有利于优化交通运输结构，降低社会综合物流成本，转变交通运输发展方式，增强国防交通功能，构建现代综合运输体系。

（二）加快长江等内河水运发展有利于调整优化沿江沿河地区产业布局。内河水运在能源、原材料等大宗物资和集装箱、重大装备运输中具有独特优势，加快发展内河水运有利于推动电力、钢铁、汽车等沿江沿河产业带的发展，推动东部地区产业升级和中西部地区承接产业转移，优化流域经济布局和产业结构。

（三）加快长江等内河水运发展有利于促进区域经济协调发展。加快内

河水运发展，发挥长江横贯东中西部地区、西江航运干线连接西南与粤港澳地区、京杭运河沟通南北地区水运大通道的重要作用，有利于实现地区间资源、技术、资金等要素的有效利用和优势互补，符合实施西部大开发、中部崛起和东部率先发展等重大战略要求，对于区域经济协调发展具有重要促进作用。

（四）加快长江等内河水运发展有利于促进节能减排。随着我国经济社会快速发展，资源、环境约束日益加剧，发展交通运输与减少能耗、减少环境污染的矛盾日趋尖锐。大力发展内河水运，有利于加快降低能源资源消耗，发展低碳经济，减少污染物排放，符合建设资源节约型、环境友好型社会的总体要求，对于加快转变经济发展方式具有重要现实意义。

二、指导思想、主要原则和发展目标

（五）指导思想。深入贯彻落实科学发展观，进一步解放思想，把发展内河水运作为建设综合运输体系的重点任务，坚持深化改革，加强统筹规划，强化科学管理，加大投入和建设力度，推进节能减排和技术进步，切实提升内河水运的质量效益和现代化水平，促进产业结构调整和区域经济协调发展。

（六）主要原则。坚持科学发展，合理利用和有效保护水运资源，以市场为导向，突出重点，有序推进，充分发挥水资源综合效益。坚持科学统筹，统筹协调水运、水利、水电发展，统筹协调水运、公路、铁路发展，统筹协调水运资源开发与水生生物资源养护、水生态环境保护。坚持深化改革，创新体制机制，加强各有关部门的协调，充分发挥地方各级人民政府和社会各方面发展内河水运的积极性。坚持科技创新，加强先进适用技术和装备的研发和应用，推进内河水运产业升级和可持续发展。

（七）发展目标。利用10年左右的时间，建成畅通、高效、平安、绿色的现代化内河水运体系，建成比较完备的现代化内河水运安全监管和救助体系，运输效率和节能减排能力显著提高，水运优势与潜力得到充分发挥，对经济发展的带动和促进作用显著增强。2020年，全国内河水运货运量达到30亿吨以上，建成1.9万公里国家高等级航道，长江干线航道得到系统治理，成为综合运输体系的骨干、对外开放的通道和优势产业集聚的依托。长江等内河主要港口和部分地区重要港口建成规模化、专业化、现代化港区。运输船舶实现标准化、大型化，长江干线运输船舶平均吨位超过2000吨。

三、主要任务

（八）建设畅通的高等级航道。按照内河水运"十二五"规划、《全国内河航道与港口布局规划》以及《长江干线航道总体规划纲要》的要求，加快长江干线航道系统治理，上游1000吨级航道延伸至水富，适时实施三峡水库库尾航道整治；中游实施荆江河段河势控制和航道治理工程，全面改善通航条件；下游加快实现航道规划标准，巩固长江口12.5米深水航道建设成果，稳步推进长江口12.5米深水航道向上延伸工程。实施西江航运干线扩能工程，加快红水河龙滩、右江百色等枢纽通航设施建设与改造，打通西南地区连接珠江三角洲的水运通道，进一步完善珠江三角洲高等级航道网。大力推进京杭运河和长江三角洲高等级航道网建设。加快实施岷江、嘉陵江、乌江、汉江、江汉运河、湘江、沅水、赣江、信江、合裕线、柳江—黔江、淮河、松花江、闽江等航道建设工程。相应建设其他航道及界河航道，进一步延伸航道通达和覆盖范围。对新建水利水电枢纽和桥梁等基础设施，要充分考虑内河水运发展要求。对已存在碍航、断航问题的内河航道，要在充分论证通航价值和可行性的基础上逐步建设通航设施。

（九）构建高效的内河水运体系。全力推进内河水运发展方式转变，提高内河水运发展质量和效益，形成航道、港口、船舶和支持保障系统协调发展、功能完善、技术先进、运转高效的内河水运体系。发挥港口枢纽作用，加快上海国际航运中心建设，推进武汉长江中游航运中心和重庆长江上游航运中心建设，加快内河主要港口和部分地区重要港口专业化、规模化、现代化港区建设。实施船型标准化，严格船舶更新报废制度，以长江干线、西江航运干线、京杭运河为重点，加快船舶运力结构调整。优化船舶运输组织，促进干支直达和江海直达运输，发展专业化运输，引导水运企业走规模化发展道路，建立健全现代企业制度。加强水运行业人才培养，不断提高从业人员素质，提升水运科技与管理水平，开展航道整治、船型标准化、节能减排等关键技术攻关，推进水运信息化，建设水运公共信息服务系统。加快"电子口岸"建设，推进航运要素集聚和大通关信息资源整合，提高口岸综合服务效率。

（十）保障内河水运平安运行。加快建设长江干线全方位覆盖、全天候运行、具备快速反应能力的现代化水上安全监管和应急救助体系，加强三峡坝区等综合基地建设，完善长江干线基地、站点布局和功能。落实企业的安全生产主体责任和政府的安全监管责任。强化重点水域安全监管，服从防洪调度，积极应对地质灾害和极端气候，建立重大隐患排查、重大危险源监控制度和预警、预报、预防制度，提高航道应急抢通能力，有效降低重大突发事件造成的损失。提高船舶安全性能，加强船舶管理和动态监控，强化内河危险品运输、滚装运输、水上客运和渡运的安全监管、应急处置和治安防控能力建设。

（十一）实现内河水运绿色发展。在航道、港口工程建设和运行中，按照生态功能区划和水功能区划要求，更加注重保护水生态环境，依法保护饮用水水源地和水生生物保护区、关键栖息地，严格进行环境影响评价，落实环境保护和生态补偿措施。推广先进适用的港口装卸工艺和装备，有效降低港口生产环节的能源消耗和污染排放。加强船舶流动源污染控制，推动船舶防污设备配置，对新建内河运输船舶安装油污水处理（或储纳）和生活污水、垃圾收集设施，建设船舶污染监视监测系统，防止发生重大污染事故。建立内河水运污染事故应急响应机制，配备污染应急处理设备，提高快速反应和处置能力。建设船舶生活垃圾和油污水的岸上接收处理设施。严格执行和逐步提高船舶排放标准，2013年1月1日起，禁止生活污水排放达不到规范要求的客船（含载货汽车滚装船）以及单壳油船、单壳化学品船进入三峡库区。加快淘汰能耗高、污染重、技术落后的老旧船舶。

（十二）完善现代综合运输体系。按照现代综合运输体系和现代服务业的发展要求，发挥内河水运的比较优势，与其他运输方式形成优势互补的一体化运输体系。建设以长江干线为主，铁路、公路、航空、管道共同组成的沿江运输大通道。促进高等级公路、铁路与内河港口的无缝衔接，完善港口集疏运体系，发展多式联运，延伸港口服务腹地范围。依托内河主要港口，科学规划建设物流园区和海关特殊监管区域，拓展港口配送、加工、商贸、金融、保险、船舶贸易、航运交易等现代综合服务功能，发展现代物流。

（十三）带动流域经济社会发展。注重发挥长江、西江、京杭运河等内河航运干线跨区域、通江达海、物流成本低的优势，积极发展有特色的临港产业开发园区，促进优势产业向园区集聚，带动内河水运需求的稳步增长。以畅通的航道为基础，高效的服务为支撑，平安、绿色的水运体系为保障，推动沿江沿河新型工业化布局和产业结构调整优化，服务中西部地区承接产业转移，促进区域经济社会协调发展。

四、保障措施

（十四）加强规划指导。把加快长江等内河水运发展作为一项重点任务，列入各级国民经济和社会发展五年规划，切实加强统筹协调，积极有序推进。全面落实《全国内河航道与港口布局规划》和《长江干线航道总体规划纲要》，做好内河水运"十二五"规划编制工作，明确发展重点，建立项目储备，抓紧组织实施，同时做好与水利、土地利用等规划的衔接和协调。在编制区域发展规划和修订流域综合规划过程中，要统筹水资源综合利用，充分考虑内河水运发展要求。

（十五）加大资金投入。各级人民政府要进一步加大对内河水运建设和维护的投入，国家将继续增加投资，加强航道、支持保障系统和中西部地区内河港口等基础设施建设，并安排一定资金，引导船型标准化和提前淘汰老旧运输船舶。地方各级人民政府要积极安排财政性资金用于内河水运建设，并根据建设需要逐步扩大资金规模。鼓励和支持港航企业发行股票和企业债券，建设港口码头及物流园区。深化支持内河水运发展的金融政策研究，积极引导外资和民间资本投资内河水运基础设施建设和养护维护。

（十六）完善法律法规。建立和完善内河水运发展有关法律法规体系，加快出台航道法，完善水运管理相关法规，加快制定促进水运发展的地方性法规和政府规章，依法保护内河水运资源，维护内河水运合法权益，规范部门、地方和企业的行为。

（十七）保护岸线资源。加强内河港口布局规划、总体规划编制工作，科学制定港口岸线利用规划方案，保障内河港口可持续发展。强化规划实施监管，严格港口岸线使用审批，鼓励发展专业化、规模化公用港区，保障港口岸线资源有序开发和合理利用。切实保护港口岸线资源，未依法取得岸线使用许可的，不得开工建设码头设施。

国务院有关部门要根据各自职能分工，加强协调配合，认真贯彻落实本意见提出的各项任务，切实做好规划编制、资金支持、项目审批、体制创新、人才培养、制定配套政策措施等各项工作。同时要加强指导监督，及时研究新情况，协调解决相关问题。沿江沿河省（区、市）人民政府，要加强领导，因地制宜，制定具体落实方案，抓好组织实施，共同推进内河水运又好又快发展。

国务院

二〇一一年一月二十一日

交通运输部办公厅 国家发展改革委办公厅关于严格管控长江干线港口岸线资源利用的通知

交办规划〔2019〕62号

上海、江苏、安徽、江西、湖北、湖南、重庆、四川省（市）交通运输厅（委、局）、发展改革委：

长江干线港口是实施长江经济带发展战略的重要依托。为贯彻落实习近平总书记关于深入推动长江经济带发展的重要讲话精神，优化已有岸线使用效率，破解沿江港口岸线无序发展问题，提高长江干线港口现代化水平，更好地保护和改善长江生态环境，加快推进长江综合立体交通走廊建设，促进沿江地区新旧动能转换，进一步推动长江经济带高质量发展，经交通运输部、国家发展改革委同意，现就有关事项通知如下。

一、总体要求

以习近平新时代中国特色社会主义思想为指导，全面贯彻党的十九大和十九届二中、三中全会精神，坚持生态优先、绿色发展理念，共抓大保护、不搞大开发，以供给侧结构性改革为主线，以高质量发展为引领，牢固树立集约高效利用港口岸线理念，坚决防止非法码头现象反弹，坚持控总量、调存量、优增量、提效率，引领长江干线港口走上集约化、规模化、现代化发展道路，为把长江经济带建设成为生态更优美、交通更顺畅、经济更协调、市场更统一、机制更科学的黄金经济带提供有力支撑。

二、严防非法码头现象反弹

（一）依法打击违法利用港口岸线行为。加大非法码头治理和整改力度，严防未批先建、占而不用、多占少用港口岸线现象反弹。未取得港口岸线许可或超出许可规模和范围建设的码头设施，当地港口行政管理部门要对业主进行约谈，责令限期改正，并依法进行行政处罚或行政强制，行政处罚决定书或行政强制决定书应纳入本级或上一级相关信用管理平台。岸线使用自批准文件之日起两年内码头未开工建设，且未按规定办理延期手续的，岸线使用许可自动失效。严格控制拟分期实施项目的一次性申报港口岸线规模。对于长江干线非法码头、非法采砂专项整治工作后出现新的违法利用岸线行为，当地港口行政管理部门和发展改革部门要坚决查处、严肃整改，并将有关情况报交通运输部和国家发展改革委。

（二）严格管理临时使用的港口岸线。应统筹利用已有码头设施，原则上不应设置临时性的码头或装卸点。重点工程项目建设和执行防汛等应急保障特殊任务确需设置临时性码头或装卸点的，应在工程完工前或任务完成后及时拆除，恢复自然状态，坚决杜绝"批临长用"现象。

三、优化已有港口岸线使用效率

（三）加强规范提升老码头使用效率。现有码头泊位等级和岸线利用效率偏低，或影响所在区域港口岸线整体高效利用的，要加快升级改造或退出。未办理港口岸线使用审批手续的老码头，属 2004 年《中华人民共和国港口法》实施前已建成投产的，如符合港口规划且满足安全、环保和港口经营管理等要求，无需补办岸线使用审批手续；属 2004 年至 2012 年《港口岸线使用审批管理办法》实施前建成投产的，如符合港口规划，可由省级交通运输管理部门统一组织评估，按程序补办港口岸线使用审批手续。

（四）整合闲置码头和公务码头资源。沿江省市要按照政府引导、市场运作的原则，积极推进码头资源整合，完善退出机制，提高岸线使用效率。积极引导企业调整不适应市场需求的闲置码头功能，做好分类指导，长期经营不善的要推进资源重组，鼓励自身货源不足的工矿企业自备码头向社会开放服务。从严控制安全绿色发展需要之外的非生产性码头占用港口岸线，整合功能、合理布置各类公务码头。岸线使用人因企业破产等原因法人依法终止的，当地港口行政管理部门应当依法按程序办理岸线使用许可的注销手续。

四、严格管控新增港口岸线

（五）严控港口岸线总规模。坚持有保有压、有增有减，保障集约高效的公用规模化港区和提升安全绿色发展水平设施建设的港口岸线需求，根据生态保护和城市发展需要调整、压缩或退出部分港口岸线。沿江各港在修编已批准的港口总体规划时，规划的港口岸线总规模只减不增，不得突破原规划规模。

（六）严控工矿企业自备码头岸线。工矿企业应利用公用码头保障能源原材料和产品运输。从严控制因生产工艺等特殊需要之外的新建工矿企业自备码头岸线。鼓励运输需求大的工矿企业与港口物流企业合资合作，建设面向社会服务的专业化公用码头设施。

（七）严控危险化学品码头岸线。沿江省市要结合破解"化工围江"问题要求，推动化工企业入园进区，全面清查长江干线危险化学品码头和港口岸线利用情况，提出总量控制、布局优化、结构调整方案，建立危险化学品码头与化工园区联动发展机制。除国家重大战略项目配套、LNG等清洁能源发展、化工企业产能置换和搬迁需要、已有码头安全和环保技术改造外，从严控制沿江化工企业改扩建和新建自备化工码头岸线。新建危险化学品公用码头使用港口岸线，不符合产业政策、安全要求或同港区同类码头能力富余的原则上依法不予批准。

五、保障集约绿色港口发展岸线

（八）保障规模化公用港区岸线需求。重点保障集装箱、大宗散货等专业化、规模化公用港区岸线需求，集中连片开发建设，提高岸线利用效率和港口现代化水平。加强港口岸线资源保护，对具有铁水联运、水水中转及综合枢纽功能、仍有成片未开发岸线资源的公用港区或作业区，应组织编制控制性详细规划，细化港口岸线、港区土地、疏港通道线位等布置，纳入所在地区国土空间规划，实施最严格的用途管控。

（九）统筹安全绿色港口岸线需求。优先保障水上交通安全应急码头，船用LNG加注站和水上洗舱站码头等港口岸线需求，统筹纳入港口总体规划，促进港口安全绿色发展。符合《长江干线水上洗舱站布局方案》《长江干线京杭运河西江航运干线液化天然气加注码头布局方案（2017—2025年）》等专项规划有关要求，但未纳入港口总体规划的项目，应加快办理港区、作业区总体规划调整，并加快项目审批。符合专项规划且选址在已规划危化品港口岸线的洗舱站码头以及选址在已规划支持保障系统或危化品港口岸线的LNG加注站码头项目，可直接办理港口岸线使用审批手续。

六、推进港口岸线精细化管理

（十）高质量修订港口规划。沿江省市要落实高质量发展要求，对接最新的生态保护、国土空间、产业布局等规划，加快修订港口总体规划。合理确定港口功能定位，科学预测港口吞吐量，集中连片规划港口岸线，重点布置集装箱、大宗散货等规模化、专业化公用港区，做好重点港区集疏运布置规划。坚持港口绿色发展，做好与"三区三线"、负面清单和水利、城市、过江通道等相关规划的协调衔接。

（十一）制定港口岸线利用效率指标。沿江港口行政管理部门要按照集约高效利用的原则，在2019年年底前研究制定本辖区内长江干线集装箱、煤炭、铁矿石、汽车滚装、件杂货等主要货类公用码头岸线利用效率指标，并以此为依据对长江干线港口岸线规划和利用等实行精细化管理。

（十二）建立定期评估和信用管理制度。沿江港口行政管理部门应按照属地管理原则，综合利用现场巡查和信息化手段，加强港口岸线利用事中事后监管，加强"双随机、一公开"监督检查。结合水运五年规划和中期评估，每两至三年对本行政区划内长江干线港口岸线资源规划利用、使用效率、存在问题等进行系统评估并逐级上报。长江航务管理局要加强长江干线港口岸线使用情况的监督和评估。结合行业信用体系建设，将港口企业岸线利用情况纳入信用管理，将失信企业及时向社会公布，并与政府监管部门、财税、金融等部门信息共享。

沿江省、市交通运输主管部门要根据本通知要求，结合当地实际，会同发展改革部门研究制定港口岸线精细化管理实施细则，明确部门分工和联动机制，进一步压实监管责任，落实具体措施，建立问责机制。有条件的地区可积极探索港口岸线退出机制和有偿使用试点工作。

(七)渔业

国务院办公厅关于切实做好长江流域禁捕有关工作的通知

国办发明电〔2020〕21号

各省、自治区、直辖市人民政府,国务院各部委、各直属机构:

长江流域禁捕是贯彻落实习近平总书记关于"共抓大保护、不搞大开发"的重要指示精神,保护长江母亲河和加强生态文明建设的重要举措,是为全局计、为子孙谋,功在当代、利在千秋的重要决策。习近平总书记多次作出重要指示批示,李克强总理提出明确要求。为贯彻落实党中央、国务院决策部署,如期完成长江流域禁捕目标任务,农业农村部、公安部、市场监管总局分别牵头制订了《进一步加强长江流域重点水域禁捕和退捕渔民安置保障工作实施方案》《打击长江流域非法捕捞专项整治行动方案》《打击市场销售长江流域非法捕捞渔获物专项行动方案》,经国务院同意,现转发给你们,并就贯彻执行有关要求通知如下:

一、提高政治站位,压实各方责任。沿江各省(直辖市)人民政府和各有关部门要增强"四个意识"、坚定"四个自信"、做到"两个维护",深入学习领会、坚决贯彻落实习近平总书记重要指示批示精神,把长江流域重点水域禁捕和退捕渔民安置保障工作作为当前重大政治任务,进一步落实责任,细化完善各项政策措施,全面抓好落实。要坚持中央统筹、省负总责、市县抓落实的工作体制,各有关省、市、县三级政府要成立由主要负责同志任组长的领导小组,逐级建立工作专班,细化制订实施方案,做到领导到位、责任到位、工作到位。农业农村部要落实牵头抓总责任,在长江流域禁捕工作协调机制基础上,组建工作专班进行集中攻坚。国家发展改革委、公安部、财政部、人力资源社会保障部、交通运输部、水利部、市场监管总局、国家林草局等部门要各司其责、密切配合,共同做好长江流域禁捕相关工作。

二、强化转产安置，保障退捕渔民生计。沿江各省（直辖市）要抓紧完成退捕鱼船渔民建档立卡"回头看"工作，查漏补缺，切实摸清底数，做到精准识别和管理，作为落实补偿资金、转产安置、社会保障、后续帮扶、验收考核等工作的依据。要切实维护退捕渔民的社会保障权益，将符合条件的退捕渔民按规定纳入相应的社会保障制度，做到应保尽保。要根据渔民年龄结构、受教育程度、技能水平等情况，制定有针对性的转产转业安置方案，实行分类施策、精准帮扶，通过发展产业、务工就业、支持创业、公益岗位等多种方式促进渔民转产转业。

三、加大投入力度，落实相关补助资金。沿江各省（直辖市）要在中央补助资金统一核算、切块到省的基础上，加大地方财政资金投入，统筹兜底保障禁捕退捕资金需求。地方可统筹使用渔业油价补贴、资源养护等相关资金，加大对退捕工作的支持力度。要合理确定本省（直辖市）补助标准，做到省域内基本平衡，避免引起渔民攀比。在加强中央层面长江流域禁捕执法能力建设同时，沿江各省（直辖市）也要加快配备禁捕执法装备设施，提升执法能力。

四、开展专项整治行动，严厉打击非法捕捞行为。针对长江流域重点水域非法捕捞屡禁不止等问题，开展为期一年的专项打击整治行动。沿江各省（直辖市）要成立由公安机关、农业农村（渔政）部门牵头，发展改革、交通运输、水利、市场监管、网信、林草等部门和单位参加的联合指挥部，制订实施方案，统筹推进各项执法任务，确保取得实效。对重大案件挂牌督办，加强行政执法与刑事司法衔接，公布一批典型案件，形成强大威慑。

五、加大市场清查力度，斩断非法地下产业链。各地要聚焦水产品交易市场、餐饮场所等市场主体，依法依规严厉打击收购、加工、销售、利用非法渔获物等行为。加强禁捕水域周边区域管理，禁止非法渔获物上市交易。加强水产品交易市场、餐饮行业管理，对以"长江野生鱼""野生江鲜"等为噱头的宣传营销行为，要追溯渔获物来源渠道，不能提供合法来源证明或涉嫌虚假宣传、过度营销、诱导欺诈消费者的，要依法追究法律责任。

六、加强考核检查，确保各项任务按时完成。沿江各省（直辖市）人民政府要把长江流域禁捕工作作为落实"共抓大保护、不搞大开发"的约束性任务，纳入地方政府绩效考核和河长制、湖长制等目标任务考核体系。要建立定期通报和约谈制度,对工作推进不力、责任落实不到位、弄虚作假的地区、单位和个人依法依规问责追责。农业农村部、公安部、市场监管总局要对所牵头的相关工作方案落实情况进行督促检查,确保长江流域禁捕各项政策措施落实到位,并适时向国务院报告有关情况。

国务院办公厅

2020 年 7 月 4 日

国务院办公厅关于加强
长江水生生物保护工作的意见

国办发〔2018〕95号

各省、自治区、直辖市人民政府,国务院各部委、各直属机构:

长江是中华民族的母亲河,是中华民族发展的重要支撑。多年来,受拦河筑坝、水域污染、过度捕捞、航道整治、岸坡硬化、挖砂采石等人类活动影响,长江生物多样性持续下降,水生生物保护形势严峻,水域生态修复任务艰巨。为加强长江水生生物保护工作,经国务院同意,现提出以下意见。

一、总体要求

(一)指导思想。全面贯彻党的十九大和十九届二中、三中全会精神,以习近平新时代中国特色社会主义思想为指导,认真落实党中央、国务院决策部署,统筹推进"五位一体"总体布局和协调推进"四个全面"战略布局,牢固树立和贯彻落实创新、协调、绿色、开放、共享的发展理念,坚持保护优先和自然恢复为主,强化完善保护修复措施,全面加强长江水生生物保护工作,把"共抓大保护、不搞大开发"的有关要求落到实处,推动形成人与自然和谐共生的绿色发展新格局。

(二)基本原则。

树立红线思维,留足生态空间。严守生态保护红线、环境质量底线和资源利用上线,根据水生生物保护和水域生态修复的实际需要,在生态功能重要和生态环境敏感脆弱区域科学建立水生生物保护区,实施严格的保护管理。

落实保护优先,实施生态修复。坚持尊重自然、顺应自然、保护自然的理念,把修复长江生态环境摆在压倒性位置,进一步强化涉水工程监管,完善生态补偿机制,修复水生生物重要栖息地和关键生境的生态功能。

坚持全面布局,系统保护修复。坚持上下游、左右岸、江河湖泊、干支流有机统一的空间布局,把水生生物和水域生态环境放在山水林田湖草生命共同体中,全面布局、科学规划、系统保护、重点修复。

（三）主要目标。到 2020 年，长江流域重点水域实现常年禁捕，水生生物保护区建设和监管能力显著提升，保护功能充分发挥，重要栖息地得到有效保护，关键生境修复取得实质性进展，水生生物资源恢复性增长，水域生态环境恶化和水生生物多样性下降趋势基本遏制。到 2035 年，长江流域生态环境明显改善，水生生物栖息生境得到全面保护，水生生物资源显著增长，水域生态功能有效恢复。

二、开展生态修复

（四）实施生态修复工程。统筹山水林田湖草整体保护、系统修复、综合治理。在重要水生生物产卵场、索饵场、越冬场和洄游通道等关键生境实施一批重要生态系统保护和修复重大工程，构建生态廊道和生物多样性保护网络，优化生态安全屏障体系，消除已有不利影响，恢复原有生态功能，提升生态系统质量和稳定性，确保生态安全。在闸坝阻隔的自然水体之间，通过灌江纳苗、江湖连通和设置过鱼设施等措施，满足水生生物洄游习性和种质交换需求。

（五）优化完善生态调度。深入研究长江干支流水库群蓄水及运行对长江水域生态的影响，开展基于水生生物需求、兼顾其他重要功能的统筹综合调度，最大限度降低不利影响。采取针对性措施，防治大型水库库容调度对水生生物造成的不利影响。建立健全长江流域江河湖泊生态用水保障机制，明确并保障干支流江河湖泊重要断面的生态流量，维护流域生态平衡。

（六）科学开展增殖放流。完善增殖放流管理机制，科学确定放流种类，合理安排放流数量，加快恢复水生生物种群适宜规模。建立健全放流苗种管理追溯体系，严格保障苗种质量。加强放流效果跟踪评估，开展标志放流和跟踪评估技术研究，为增殖放流效果评估提供技术支撑。严禁向天然开放水域放流外来物种、人工杂交或有转基因成分的物种，防范外来物种入侵和种质资源污染。

（七）推进水产健康养殖。加快编制养殖水域滩涂规划，依法开展规划环评，科学划定禁止养殖区、限制养殖区和允许养殖区。加强水产养殖科学技术研究与创新，推广成熟的生态增养殖、循环水养殖、稻渔综合种养等生态健康养殖模式，推进养殖尾水治理。加强全价人工配合饲料推广，逐步减少冰鲜鱼直接投喂，发展不投饵滤食性、草食性鱼类养殖，实现以鱼控草、以鱼抑藻、以鱼净水，修复水生生态环境。加强水产养殖环境管理和风险防控，减少鱼病发生与传播,防止外来物种养殖逃逸造成开放水域种质资源污染。

三、拯救濒危物种

(八)实施珍稀濒危物种拯救行动。实施以中华鲟、长江鲟、长江江豚为代表的珍稀濒危水生生物抢救性保护行动。在三峡库区、长江故道、河口、近海等水域建设一批中华鲟接力保种基地,开展中华鲟生活史关键环节生境保护和分段驯养繁育,通过人工技术条件满足中华鲟江海洄游习性需求。开展长江鲟亲本放归和幼鱼规模化放流,补充野生资源,推动实现长江鲟野生种群重建和恢复。加强长江江豚栖息地保护,开展长江中下游长江江豚迁地保护行动。在有条件的科研单位和水族馆建设长江珍稀濒危物种人工驯养繁育和科普教育基地。建立中华鲟、长江鲟人工驯养繁育基地以及长江江豚就地、迁地保护场所,加快提升中华鲟、长江江豚等重点保护物种涉及的保护区等级。

(九)全面加强水生生物多样性保护。科学确定、适时调整国家和地方重点保护野生动物名录和保护等级,依法严惩破坏重点保护野生动物资源及其生境的违法行为。针对不同物种的濒危程度和致危因素,制定保护规划,完善管理制度,落实保护措施,开展一批珍稀濒危物种人工繁育和种群恢复工程,全方位提升水生生物多样性保护能力和水平。

四、加强生境保护

(十)强化源头防控。强化国土空间规划对各专项规划的指导约束作用,增强水电、航道、港口、采砂、取水、排污、岸线利用等各类规划的协同性,加强对水域开发利用的规范管理,严格限制并努力降低不利影响。涉及水生生物栖息地的规划和项目应依法开展环境影响评价,强化水生态系统整体性保护,严格控制开发强度,统筹处理好开发建设与水生生物保护的关系。

(十一)加强保护地建设。结合长江流域生态保护红线划定,在水生生物重要栖息地和关键生境建立自然保护区、水产种质资源保护区或其他保护地,实行严格的保护和管理。统筹协调保护地与人类活动之间的关系,优化调整保护地主体功能和空间布局,在科学论证和依法审批的基础上,确定保护地功能区范围,合理规范涉保护地人类活动。强化水生生物重要栖息地完整性保护,对具有重要生态服务功能的支流进行重点修复。

(十二)提升保护地功能。有关地方人民政府要依法落实各类保护地管理机构和人员,在设施建设和运行经费等方面提供必要保障。加强水生生物资源监测和水域生态监控能力建设，增强监管、救护和科普教育功能。国务院有关部门要持续开展专项督查检查行动，及时查处和有效防止水生生物保护地违法开发利用和保护职责不落实等问题。

五、完善生态补偿

（十三）完善生态补偿机制。充分考虑修复措施的流域性、系统性特点，建立健全生态补偿机制，支持水生生物重要栖息地的保护与恢复。科学确定涉水工程对水生生物和水域生态影响补偿范围，规范补偿标准，明确补偿用途。通过完善均衡性转移支付和重点生态功能区转移支付政策，加大对长江上游、重要支流、鄱阳湖、洞庭湖和河口等重点生态功能区生态补偿与保护的支持力度。加强涉水生生物保护区在建和已建项目督查，跟踪评估生态补偿措施落实情况，确保生态补偿措施到位、资源生态修复见效。

（十四）推进重点水域禁捕。科学划定禁捕、限捕区域。加快建立长江流域重点水域禁捕补偿制度，统筹推进渔民上岸安居、精准扶贫等方面政策落实，通过资金奖补、就业扶持、社会保障等措施，引导长江流域捕捞渔民加快退捕转产，率先在水生生物保护区实现全面禁捕。健全河流湖泊休养生息制度，在长江干流和重要支流等重点水域逐步实行合理期限内禁捕的禁渔期制度。

六、加强执法监管

（十五）提升执法监管能力。加强立法工作，推动完善相关法律法规。加强执法队伍和装备设施建设，引导退捕渔民参与巡查监督工作，形成与保护管理新形势相适应的监管能力。完善行政执法与刑事司法衔接机制，依法严厉打击严重破坏资源生态的犯罪行为。强化水域污染风险预警和防控，及时调查处理水域污染和环境破坏事故。健全执法检查和执法督察制度，严肃追究失职渎职责任。

（十六）强化重点水域执法。健全部门协作、流域联动、交叉检查等合作执法和联合执法机制，提升重点水域和交界水域管理效果。在长江口、鄱阳湖、洞庭湖等重点水域和问题突出的其他水域，定期组织开展专项执法行动，清理取缔各种非法利用和破坏水生生物资源及其生态、生境的行为，做到发现一起、查处一起、整改一起。坚决清理取缔涉渔"三无"船舶和"绝户网"，严厉打击"电毒炸"等非法捕捞行为。

七、强化支撑保障

（十七）加大保护投入。鼓励和支持长江流域地方各级人民政府根据大保护需要，创新水生生物保护管理体制机制，加强对水生生物保护工作的政策扶持和资金投入。设立长江水生生物保护基金，鼓励企业和公众支持长江水生生物保护事业，健全多主体参与、多元化融资、精准化投入的体制机制。

（十八）加强科技支撑。深化水生生物保护研究，加快珍稀濒危水生生物人工驯养和繁育技术攻关，开展生态修复技术集成示范，形成一批可复制、可推广的水生生物保护模式和技术。建设长江重要水生生物物种基因库和活体库，强化珍稀濒危物种遗传学研究，支持利用基因技术复活近代消失的水生生物物种的探索研究，支持以研究和保护为目的开展鱼类网箱养殖、繁殖等工作，提升物种资源保护、保存和恢复能力。

（十九）提升监测能力。全面开展水生生物资源与环境本底调查，准确掌握水生生物资源和栖息地状况，建立水生生物资源资产台账。加强水生生物资源监测网络建设，提高监测系统自动化、智能化水平，加强生态环境大数据集成分析和综合应用，促进信息共享和高效利用。

八、加强组织领导

（二十）严格落实责任。将水生生物保护工作纳入长江流域地方人民政府绩效及河长制、湖长制考核体系，进一步明确长江流域地方各级人民政府在水生生物保护方面的主体责任，根据任务清单和时间节点要求，定期考核验收，形成共抓长江大保护的强大合力。

（二十一）强化督促检查。农业农村部等有关部门要按照职责分工，建立健全沟通协调机制，适时督查和通报相关工作落实情况。对在长江水生生物保护工作中做出显著成绩的，按照国家有关规定予以表彰。对工作推进不力、责任落实不到位的，依法依规严肃处理。

（二十二）营造良好氛围。完善信息发布机制，定期公开长江水生生物和水域生态环境状况，接受公众监督。积极开展长江水生生物保护宣传，鼓励各类媒体加大公益广告投放力度。加强长江渔文化遗产保护和开发，挖掘长江流域珍稀特有水生生物及其栖息地历史文化内涵和生态价值，营造全社会关心支持长江大保护的良好氛围。

国务院办公厅

2018年9月24日

农业农村部关于长江流域重点水域
禁捕范围和时间的通告

农业农村部通告〔2019〕4号

根据《中华人民共和国渔业法》《国务院办公厅关于加强长江水生生物保护工作的意见》（国办发〔2018〕95号）和《农业农村部 财政部 人力资源社会保障部关于印发〈长江流域重点水域禁捕和建立补偿制度实施方案〉的通知》（农长渔发〔2019〕1号）等有关规定，长江流域捕捞渔民按照国家和所在地相关政策开展退捕转产，重点水域分类实行禁捕，现将相应范围和时间通告如下。

一、水生生物保护区

《农业部关于公布率先全面禁捕长江流域水生生物保护区名录的通告》（农业部通告〔2017〕6号）公布的长江上游珍稀特有鱼类国家级自然保护区等332个自然保护区和水产种质资源保护区，自2020年1月1日0时起，全面禁止生产性捕捞。有关地方政府或渔业主管部门宣布在此之前实行禁捕的，禁捕起始时间从其规定。

今后长江流域范围内新建立的以水生生物为主要保护对象的自然保护区和水产种质资源保护区，自建立之日起纳入全面禁捕范围。

二、干流和重要支流

长江干流和重要支流是指《农业部关于调整长江流域禁渔期制度的通告》（农业部通告〔2015〕1号）公布的有关禁渔区域，即青海省曲麻莱县以下至长江河口（东经122°、北纬31°36′30″、北纬30°54′之间的区域）的长江干流江段；岷江、沱江、赤水河、嘉陵江、乌江、汉江等重要通江河流在甘肃省、陕西省、云南省、贵州省、四川省、重庆市、湖北省境内的干流江段；大渡河在青海省和四川省境内的干流河段；以及各省确定的其他重要支流。

长江干流和重要支流除水生生物自然保护区和水产种质资源保护区以外的天然水域，最迟自2021年1月1日0时起实行暂定为期10年的常年禁捕，期间禁止天然渔业资源的生产性捕捞。鼓励有条件的地方在此之前实施禁捕。有关地方政府或渔业主管部门宣布在此之前实行禁捕的，禁捕起始时间从其规定。

三、大型通江湖泊

鄱阳湖、洞庭湖等大型通江湖泊除水生生物自然保护区和水产种质资源保护区以外的天然水域，由有关省级渔业主管部门划定禁捕范围，最迟自2021年1月1日0时起，实行暂定为期10年的常年禁捕，期间禁止天然渔业资源的生产性捕捞。鼓励有条件的地方在此之前实施禁捕。有关地方政府或渔业主管部门宣布在此之前实行禁捕的，禁捕起始时间从其规定。

四、其他重点水域

与长江干流、重要支流、大型通江湖泊连通的其他天然水域，由省级渔业行政主管部门确定禁捕范围和时间。

五、专项（特许）捕捞

禁捕期间，因育种、科研、监测等特殊需要采集水生生物的，或在通江湖泊、大型水库针对特定渔业资源进行专项（特许）捕捞的，由有关省级渔业主管部门根据资源状况制定管理办法，对捕捞品种、作业时间、作业类型、作业区域、准用网具和捕捞限额等作出规定，报农业农村部批准后组织实施。专项（特许）捕捞作业需要跨越省级管辖水域界限的，由交界水域有关省级渔业主管部门协商管理。

在特定水域开展增殖渔业资源的利用和管理，由省级渔业主管部门另行规定并组织实施，避免对禁捕管理产生不利影响。

六、执法监督管理

在长江流域重点水域禁捕范围和时间内违法从事天然渔业资源捕捞的，依照《渔业法》和《刑法》关于禁渔区、禁渔期的规定处理。

长江流域各级渔业主管部门应当在各级人民政府的领导下，加强与相关部门协同配合，建立"护鱼员"协管巡护制度，加强禁捕宣传教育引导，强化执法队伍和能力建设，严格渔政执法监管，确保长江流域重点水域禁捕制度顺利实施。

各级渔业主管部门应当对在长江流域重点水域禁捕范围和时间内从事娱乐性游钓和休闲渔业活动进行规范管理，避免对禁捕管理和资源保护产生不利影响。

七、其他事项

本通告自 2020 年 1 月 1 日 0 时起实施。原《农业部关于调整长江流域禁渔期制度的通告》（农业部通告〔2015〕1 号）自 2021 年 1 月 1 日 0 时起废止，原通告规定的淮河干流河段禁渔期制度，在我部另行规定前继续按照每年 3 月 1 日 0 时至 6 月 30 日 24 时执行。

农业农村部

2019 年 12 月 27 日

（八）其他

长江流域省际水事纠纷预防和处理实施办法

长政监〔2013〕418号

第一章 总 则

第一条 为了预防和调处省际水事纠纷，维护好长江流域省际边界地区正常的水事秩序和社会稳定，根据《中华人民共和国水法》、水利部《省际水事纠纷预防和处理办法》等，制定本实施办法。

第二条 本实施办法适用于长江流域内省际水事纠纷的监测与预警、议事协商及重大省际水事纠纷的应急处理等工作。

第三条 本实施办法所称省际水事纠纷是指省、自治区、直辖市在开发、利用、节约和保护水资源、防治水害过程中因权益纠纷而引起的行政争端。

重大省际水事纠纷是指发生在省际间、因涉水而发生有下列情况之一的水事纠纷：

（一）较大规模群体事件；

（二）以爆炸等危险方式破坏水利工程设施的事件；

（三）其它对人民生命财产造成较大损失或对社会稳定造成较大影响的事件。

第四条 省际水事纠纷的预防和处理，应当尊重历史、面对现实、依法规范、公平公正、以人为本、充分协商、统一指挥、反应迅速。

第五条 省际水事纠纷预防和处理的依据是：

（一）国家有关的法律、行政法规和部门规章；

（二）国务院或水利部有关协调处理省际水事纠纷的文件；

（三）经国务院或水利部批准的流域性或省际间综合规划、水利专业专项规划、水量分配方案、防御洪水方案和洪水调度方案以及水功能区划等；

（四）纠纷各方经过协商一致形成的会议纪要、签订的协议，以及纠纷双方认可的重大技术成果；

（五）水利部、长江水利委员会（以下简称长江委）就某一省际水事纠纷提出的临时性处置措施。

第六条　省际水事纠纷应当按照分级管理的原则，逐级协商处理。

长江委负责管辖范围内省际水事纠纷的预防和处理工作，会同有关省、自治区、直辖市人民政府水行政主管部门编制、拟定省际边界河流水利规划、水量分配方案和调度方案以及旱情紧急情况下的水量调度预案，并在批准后负责组织或监督执行；负责省际边界地区的水事活动的监督检查；负责流域内经国务院裁决、水利部及长江委协调解决的省际水事纠纷协议执行情况的监督检查，督促落实纠纷各方达成的省际水事协议。

第二章　省际水事纠纷的监测与预警

第七条　长江委应当定期会同有关省级人民政府水行政主管部门共同研究省际水事纠纷的监测与预警工作，建立健全监测与预警工作机制。

第八条　长江委及县级以上地方人民政府水行政主管部门应当根据省际水事纠纷的特点，建立省际水事纠纷源的基础信息数据库，完善监测网络，划分监测区域，确定监测点，明确监测项目，对可能引发水事纠纷的各类诱因进行监测。

监测应当包括水事矛盾敏感地区的水质情况、引（调）水量、水情、涉水工程变化等内容。

第九条　县级以上地方人民政府及其水行政主管部门应当通过多种途径收集易引发省际水事纠纷的信息。

县级以上地方人民政府水行政主管部门在确认水事纠纷预警信息后应当在1小时内报送同级人民政府和上级水行政主管部门，认为可能发生重大水事纠纷的，应当立即通过同级人民政府向省级人民政府报告，并向上级水行政主管部门和可能受到危害的毗邻或者相关地区的同级人民政府水行政主管部门通报；省级水行政主管部门在接到报告后及时报水利部，同时抄报长江委；报送与报告省际水事纠纷信息，应当做到及时、客观、真实。

第十条 省际水事纠纷信息可以通过明传电报、传真和邮件等书面方式报送。

未经省级人民政府水行政主管部门或长江委同意，不得向社会及新闻媒体透露纠纷信息；涉及保密的，按照《中华人民共和国保密法》的规定执行。

第十一条 长江委接到省际水事纠纷预警信息后，应当及时分析纠纷发生的可能性，并根据事态发展及时向有关省级人民政府水行政主管部门进行通报。

县级以上地方人民政府水行政主管部门接到预警通报后，及时向同级人民政府报告并开展相关预警处置工作。

第十二条 长江委和地方各级人民政府水行政主管部门应当加强省际水事纠纷预警能力建设，建立省际水事纠纷预警信息管理系统，规范信息通报程序，实现各级预警信息管理系统的联通，保障省际水事纠纷预警管理工作顺利开展。

第十三条 为加强长江流域各省际间的相互沟通，各相邻省份及长江委应明确省际水事纠纷通报联络方式，确定联络人及联系电话并确保信息畅通。

第三章 重大省际水事纠纷的应急处理

第十四条 长江委负责组织对重大省际水事纠纷进行协调，制定长江流域省际水事纠纷应急预案和临时紧急处置措施，决定处理纠纷的意见等。

第十五条 省级人民政府水行政主管部门负责组织制定本省重大省际水事纠纷的应急预案；在省级人民政府的领导下，根据职责和权限启动重大省际水事纠纷应急预案；负责与纠纷相关方省级人民政府水行政主管部门的沟通与协调。

第十六条 纠纷发生地的市（地）、县（市）人民政府水行政主管部门负责维护本行政区域水的现状，配合当地人民政府做好群众的思想工作，并采取有效措施控制纠纷事态发展，维护正常水事秩序。

第十七条 流域内省级重大省际水事纠纷应急预案制定后，应报水利部和长江委备案。应急预案应当明确处理重大省际水事纠纷的领导机构、报告程序、时间要求、物质储备、应急响应、处置过程和联络人等。

第十八条 重大省际水事纠纷发生后，纠纷发生地的市（地）、县（市）人民政府水行政主管部门应当立即核实，并在得知纠纷发生 1 小时内向同级人民政府报告，并通过同级人民政府向上一级人民政府报告，逐级上报到省级人民政府和省级水行政主管部门的时间不超过 3 小时。

第十九条 省级人民政府水行政主管部门接到报告后，应当立即组织有关人员赶赴现场，采取相应措施防止本行政区域内的事态扩大，并主动与相关省级人民政府水行政主管部门联系协商，互通情况，化解矛盾。

第二十条 长江委在接到省级人民政府水行政主管部门的报告后，应当在 3 小时内启动长江流域省际水事纠纷应急预案，并按照相关规定组织有关人员赶赴纠纷现场进行调查，及时召集相关省级人民政府水行政主管部门进行协商，研究纠纷处理方案，提出处理意见，并将情况上报水利部。

第二十一条 重大省际水事纠纷报告内容包括水事纠纷发生的时间、地点、性质、起因、影响范围、发展趋势及涉及人员等情况和采取的临时措施、存在困难和处理建议等。

第二十二条 长江委在处理重大省际水事纠纷时，根据实际需要，可采取临时紧急处置措施，有关当事各方必须服从，并贯彻执行。

第二十三条 重大省际水事纠纷发生地省级人民政府水行政主管部门应当组织纠纷发生地的市（地）、县（市）人民政府及其水行政主管部门对国务院的裁决或水利部处理的意见制定具体实施方案，并报水利部和长江委备案，纠纷发生地的市（地）、县（市）人民政府水行政主管部门负责落实实施方案。

第四章 省际水事纠纷的议事协商

第二十四条 长江委应当定期组织召开省际水事纠纷议事协商会议，相关省级人民政府水行政主管部门参加。

参加水事纠纷议事协商会议的省级人民政府水行政主管部门，应当开展省际水事纠纷排查活动，交流排查情况并通报省际边界的相关水事活动。

第二十五条 省际间就具体水事纠纷进行议事协商时，应当形成会议纪要或文字记录。

第二十六条 省际水事纠纷发生后，有关省级人民政府水行政主管部门应当及时开展议事协商工作，经协商纠纷各方能达成一致意见的，分别报省级人民政府，由省级人民政府或其授权的有关部门签订协议，并报长江委备案；纠纷各方如不能达成一致意见，则按照相关规定程序报长江委，由长江委组织召开纠纷协调会议。

纠纷发生地的市（地）、县（市）人民政府水行政主管部门应当在省际水事纠纷发生后立即赴纠纷现场，进行初步调查、分析原因、提出初步处理意见，并主动同纠纷相对方的市（地）、县（市）人民政府水行政主管部门协商，并将协商情况及时报告同级人民政府及上一级人民政府水行政主管部门，必要时采取临时处置措施，防止事态的扩大。

第二十七条 省际水事纠纷需要进行技术论证的，由纠纷各方共同确定并委托有资质的单位开展技术论证，编制论证报告，并按有关规定进行技术评审。如纠纷各方不能共同确定进行技术论证的单位，则由长江委指定与纠纷各方无利害关系且有资质的单位编制论证报告，并在征求纠纷各省级人民政府水行政主管部门意见后进行技术评审。

在省际水事纠纷调处过程中，如需进行必要的检测、鉴定或专家论证，由长江委根据实际需要组织，各级地方人民政府水行政主管部门应当积极配合。

第二十八条 纠纷各方应当根据技术评审结果提出纠纷处理意见或建议，逐级上报至省级人民政府水行政主管部门，由省级人民政府水行政主管部门报长江委组织协调。

需采用工程措施解决的省际水事纠纷，由水利部或长江委组织有资质的单位编制规划、开展前期论证等工作。报告编制完成后，按国家基建程序报批，并组织实施。

第五章 保 障 措 施

第二十九条 长江委及县级以上地方人民政府水行政主管部门应当建立专业技术人员和水行政管理人员组成的专家库，负责省际水事纠纷的监测与预警、议事协商以及应急处理中的相关技术工作。

第三十条 长江委及县级以上地方人民政府水行政主管部门工作人员在省际水事纠纷监测与预警、议事协商及应急处理工作中玩忽职守、失职渎职、违规违纪的，分别由长江委和县级以上人民政府水行政主管部门给予责任追究或纪律处分；构成犯罪的，移送司法机关依法追究刑事责任。

第六章　附　　则

第三十一条 澜沧江以西（含澜沧江）区域省际水事纠纷预防与处理工作参照本实施办法执行。

第三十二条 本实施办法由长江委负责解释。

第三十三条 本实施办法自发布之日起施行。2008年7月25日长江委印发的《长江流域重大省际水事纠纷应急处理规定》同时废止。

地方法规及政府规章

（一）重庆市

重庆市三峡水库消落区管理办法

(2023年2月11日重庆市人民政府令第358号公布　自2023年5月1日起施行)

第一条　为了加强本市三峡水库消落区（以下简称消落区）管理，保护和修复消落区生态环境，保障消落区良好生态功能，促进人与自然和谐共生，根据《中华人民共和国长江保护法》等法律、法规，结合本市实际，制定本办法。

第二条　本市行政区域内消落区的保护、规划、利用、治理等管理活动，适用本办法。

法律、法规、规章另有规定的，适用其规定。

第三条　本办法所称消落区，是指三峡水库正常蓄水位175米的库区土地征用线以下，因水库调度运用导致库区临时性出露的陆地。

本办法所称消落区所涉区县（自治县），包括巫山县、巫溪县、奉节县、云阳县、万州区、开州区、忠县、石柱土家族自治县、丰都县、涪陵区、武隆区、长寿区、渝北区、巴南区、江津区、江北区、南岸区、渝中区、大渡口区、九龙坡区、沙坪坝区、北碚区等区县（自治县）。

第四条　消落区的管理坚持保护优先、科学规划、合理利用、系统治理以及服从三峡水库调度的原则。

第五条　市、消落区所涉区县（自治县）人民政府应当将消落区的管理作为长江保护工作的重要内容，纳入国民经济和社会发展规划以及河长职责范围，编制、实施消落区综合治理实施方案，将相关工作经费纳入财政预算。

消落区所涉乡镇人民政府、街道办事处应当加强本辖区内消落区的日常管护工作。

第六条　水行政主管部门是消落区的主管机关。市水行政主管部门负责消落区的综合管理与协调，组织制定相关制度，开展科学研究，指导、监督消落区所涉区县（自治县）水行政主管部门做好消落区的管理工作。消落区所涉区县（自治县）水行政主管部门负责本行政区域内消落区的具体管理工作，组织实施消落区的保护、修复和治理项目。

规划自然资源、生态环境、城市管理、交通、农业农村、文化旅游、卫生健康、林业、地震等有关部门按照各自职责负责消落区相关管理工作。

第七条　鼓励高等院校和科研机构开展消落区地质结构、水土保持和生态修复等方面的科学研究、学术交流和成果推介。

鼓励村（居）民委员会将消落区的管理纳入村规民约或者居民公约，参与消落区的管理。

鼓励单位和个人依法通过捐赠、资助、志愿服务等方式，参与消落区生态环境的保护、修复和治理。

第八条　消落区所涉区县（自治县）水行政主管部门应当通过设立勘界牌、标识牌、宣传牌等方式加强宣传，提升社会公众对消落区的保护意识。

对在消落区管理工作中做出突出贡献的单位和个人，按照有关规定予以表彰和奖励。

第九条　消落区综合治理实施方案应当与长江流域生态环境修复规划以及国家、本市相关保护和发展规划相衔接，与库区生态保护红线的划定相协调，注重区县协同、省际协同。

消落区所涉区县（自治县）人民政府编制的消落区综合治理实施方案应当报送市人民政府备案，相关材料径送市水行政主管部门。

第十条　消落区实行分区管理，划分为保留保护区、生态修复区和工程治理区。

消落区所涉区县（自治县）人民政府应当因地制宜，根据消落区地形区位特点、生态环境特征和保护治理需求，遵循自然演变规律，兼顾干流和支流，合理分区、精准施策，既保护和恢复消落区生态环境，又保障人居环境安全和库岸稳定。

第十一条　山高坡陡、岩石裸露、人烟稀少的消落区，以及重要生物生境、饮用水源保护地等重要区域的消落区，作为保留保护区。

保留保护区内，应当减少和避免人类活动的干扰和影响，促进自然发育，保护生态系统要素，维护生态系统结构和功能。

第十二条 城集镇、重要旅游风景区和人口密集的农村居民点周边的消落区，作为生态修复区。

生态修复区内，采取封滩育草、水生生境构建等生态措施，修复消落区生态环境。

第十三条 库岸稳定性差、易发地质灾害的消落区，作为工程治理区。

工程治理区内，采取生态护坡、库岸防护、环境综合整治等生态与工程治理相结合的措施，改善消落区生态环境，增强地质灾害防御能力。

第十四条 孤岛的保护，应当保留自然状态、恢复生态系统。对区位、景观有明显优势的孤岛进行合理利用，应当依法严格管控。

第十五条 消落区内禁止下列行为：

（一）进行围垦，毁草开垦，种植阻碍行洪的林木和高秆作物；

（二）施用化肥、农药；

（三）倾倒、填埋、堆放、弃置、处理固体废物；

（四）排放超过国家或者本市规定排放标准的水污染物；

（五）在禁止采砂区和禁止采砂期从事采砂活动；

（六）法律、法规、规章规定的其他禁止行为。

第十六条 消落区的土地依法属于国家所有。任何单位和个人未经批准，不得擅自使用。确需在消落区建设跨河、穿河、穿堤、临河的桥梁、码头、道路、渡口、管道、缆线、取水、排水等项目，以及进行存放物料等活动，应当依法经有权机关批准。

建设项目经批准后，建设单位应当将施工安排告知所涉区县（自治县）水行政主管部门。

第十七条 使用消落区不得影响水库安全、防洪、发电和生态环境保护。

第十八条 市水行政主管部门应当会同规划自然资源、生态环境、住房城乡建设、城市管理、交通、农业农村、林业等有关部门，制定消落区修复规范。

消落区所涉区县（自治县）人民政府应当按照修复规范组织实施消落区修复相关事宜。

第十九条 建立健全消落区卫生防疫体系，制定完善消落区传染病疫情预防与控制、预警与应急处置、疫情收集与报告、检验与评价等制度，对消落区可能滋生病媒生物的区域进行卫生防疫处理,预防和控制传染病的发生、流行,保障人民群众身体健康。

第二十条 建立健全消落区清漂保洁长效机制,加强消落区清漂保洁,降低入库污染负荷和水面漂浮物数量。

第二十一条 水行政主管部门和规划自然资源、生态环境、城市管理、交通、农业农村、文化旅游、卫生健康、林业、地震等有关部门应当提升信息化、智慧化管理水平,按照各自职责,加强对消落区生态环境、水文水质、地质灾害、水土流失、泥沙淤积、文物保护、病媒生物、地震等状况的日常监测,并在部门、地域、层级间共享监测信息。

第二十二条 水行政主管部门和规划自然资源、生态环境、城市管理、交通、农业农村、卫生健康、林业等有关部门依法开展消落区执法,必要时开展联合执法,查处违法行为。

第二十三条 市水行政主管部门会同生态环境、林业等部门建立消落区保护和修复评估机制,对消落区的生态环境保护和修复开展定期评估。

定期评估应当充分听取专业机构和人员、社会公众的意见。

消落区所涉区县(自治县)人民政府应当根据评估结果,及时优化、调整消落区的分区管理和生态、工程措施。

第二十四条 公职人员在消落区管理中玩忽职守、滥用职权、徇私舞弊的,依法给予处分;构成犯罪的,依法追究刑事责任。

第二十五条 违反本办法第十五条、第十六条规定的,依照相关法律、法规、规章追究责任。

第二十六条 本办法自 2023 年 5 月 1 日起施行。《重庆市三峡水库消落区管理暂行办法》(重庆市人民政府令第 267 号)同时废止。

重庆市实施
《长江三峡工程建设移民条例》办法

(2002年6月7日重庆市第一届人民代表大会常务委员会第四十次会议通过 根据2010年7月23日重庆市第三届人民代表大会常务委员会第十八会议第一次修正 根据2011年11月25日重庆市第三届人民代表大会常务委员会第二十八次会议《关于修改部分地方性法规中有关行政强制条款的决定》第二次修正)

第一章 总 则

第一条 为做好长江三峡工程重庆库区的移民工作,维护移民合法权益,保障三峡工程建设顺利进行,促进三峡库区经济和社会发展,根据《长江三峡工程建设移民条例》,结合本市实际,制定本办法。

第二条 本市行政区域内三峡工程建设移民,适用本办法。

第三条 市人民政府负责本市行政区域内三峡工程建设移民工作。区县(自治县)人民政府负责本辖区内三峡工程建设移民工作。

市和区县(自治县)人民政府移民行政部门,负责本辖区内的移民综合管理工作。

市和区县(自治县)人民政府有关行政部门应按照职能分工,各负其责,认真做好移民管理工作。

乡(镇)人民政府、街道办事处,承担区县(自治县)人民政府及其行政部门委托的移民管理工作。

第四条 移民迁建单位和移民依法享有获得补偿的权利,承担搬迁的义务。

第五条 市和区县(自治县)人民政府应按照库区环境保护建设规划和本市三峡库区生态经济区发展规划,坚持可持续发展战略,加强库区水土保持、环境保护和生态环境建设。

第六条 移民工作实行目标责任制。

市人民政府与区县（自治县）人民政府，区县（自治县）人民政府与乡（镇）人民政府、街道办事处，应当签订阶段和年度移民工作目标责任书，实行阶段和年度考核、验收、奖惩。

第二章 移 民 安 置

第七条 区县（自治县）人民政府应当按照《长江三峡工程水库淹没处理及移民安置规划大纲》和全市移民安置规划，编制本辖区的移民安置规划，报市人民政府审批，并根据批准后的移民安置规划，编制移民安置实施计划和以户为单位的移民安置方案。

市人民政府及其移民行政部门应当加强对移民安置规划实施情况的监督。

第八条 农村移民应首先在本区县（自治县）内安置。本区县（自治县）安置不了的，由市人民政府在本市行政区域内其他区县（自治县）安置，或根据国家规划，在其他省、自治区、直辖市安置。

农村移民外迁安置由区县（自治县）人民政府组织，按照移民规划和年度计划实施。

第九条 农村移民在本市行政区域内以农业生产形式安置的，安置地的区县（自治县）人民政府应采取调整、开发、改造等措施，给农村移民每人安排一份不低于安置地人均标准的耕地。

城郊安置移民，人均耕地不足零点零三三公顷（零点五亩）的，经移民本人书面申请，乡（镇）人民政府或街道办事处批准，可实行兼业安置。

第十条 农村移民在本区县（自治县）内安置的，由安置地农村集体经济组织与区县（自治县）移民行政部门或其委托的乡（镇）人民政府、街道办事处签订安置协议，区县（自治县）人民政府鉴证。

农村移民在本市行政区域内其他区县（自治县）安置的，由迁出地和安置地的区县（自治县）人民政府签订协议。

农村移民在本市行政区域外安置的，由市人民政府与安置地省级人民政府按国家有关规定签订协议。

第十一条 二、三产业安置农村移民，应由移民本人向乡（镇）人民政府、街道办事处申请。

乡（镇）人民政府、街道办事处经审核并报区县（自治县）移民行政部门同意后，应将生产安置费发给移民本人，由移民本人与接收单位签订安置就业合同。接收移民的单位应当办理移民职工的失业保险和养老保险。

第十二条 具备从事个体经营条件的农村移民，经本人申请，村、组同意，乡（镇）人民政府或街道办事处审查，区县（自治县）移民行政部门批准后，可以自谋职业，生产安置费发给移民本人。

第十三条 因三峡工程建设移民迁建，土地被征用并在二、三产业安置或自谋职业的农村移民，经本人书面申请，由有关区县（自治县）人民政府批准，可以转为非农业户口。当地公安机关应依法办理相关手续。

第十四条 农村移民投亲靠友自主外迁安置的，接收地乡（镇）人民政府或街道办事处应与移民本人签订安置协议，并出具接收证明；接收地的区县（自治县）公安机关应出具户口准迁证明；接收地的区县（自治县）人民政府应当签注意见。

农村移民投亲靠友自主外迁安置，在迁出地应由移民本人申请，经迁出的村、组和乡（镇）人民政府或街道办事处同意，区县（自治县）移民行政部门审查批准，迁出地的区县（自治县）人民政府出具证明。

第十五条 丧失劳动能力的农村移民，经乡（镇）人民政府或街道办事处确认，可用生产安置费办理养老安置。

第十六条 按规划新建的农村移民居民点的道路、供水、供电等基础设施，由乡（镇）或街道、村统一组织施工。

移民在本区县（自治县）农村移民居民点内自主建房的，基础设施费按规定标准分别拨付给乡（镇）、街道、村和移民户，用于道路、供水、供电、宅基地等建设。

移民在本区县（自治县）内自主分户建房的，基础设施费按规定的标准拨付给移民户。

第十七条 农村移民以农业生产方式安置的，其生产安置费、建房宅基地征用费由乡（镇）人民政府或街道办事处拨付给安置地的村、组。学校及医疗网点增容费由安置地乡（镇）人民政府或街道办事处统筹使用。

农村移民的房屋及附属设施补偿费、零星林木补偿费、搬迁运输费、过渡期生活补助费发给移民本人。

第十八条 市内跨区县（自治县）和出市外迁移民的安置补偿费、补助费、搬迁运输费按国家规定执行。

第十九条 区县（自治县）人民政府及迁建单位和居民应当按照城镇迁建规划进行迁建，未经原规划审批机关批准，任何单位和个人不得擅自调整或修改迁建规划。

迁建单位的用地面积由移民行政部门按被淹没的建设用地面积核定，并出具迁建用地通知书。规划、土地行政主管部门应依法办理相关手续。

第二十条 移民迁建（复建）的选址定点高程必须符合三峡库区规划的要求，严格执行移民安置规划。

第二十一条 三峡工程建设移民迁建用地按照规划批准的规模审批、划拨并依法办理土地权属变更登记手续。在完成移民迁建任务前，移民迁建用地不得转让，不得用于非移民项目。

移民迁建征地补偿费标准按照国家移民行政部门的规定执行。

第二十二条 移民工程严格执行项目法人负责制以及招标投标制、合同制、监理制、竣工验收制等管理制度。禁止无资质证书或超越资质等级承担业务，禁止对移民项目进行转包或违法分包。

市和区县（自治县）人民政府及有关行政部门，应加强对迁建（复建）项目的全过程管理、监督。

第二十三条 城镇迁建中的单位搬迁提倡采取组合迁建方式。

居民房屋搬迁，可根据不同情况按下列方式之一进行：

（一）依照规划集中统建，实行同结构产权调换，结构和面积价差找补结算；

（二）统一规划，限额用地，补偿到户，由居民联户自建；

（三）经被搬迁户申请，实行货币安置。

第二十四条 城镇迁建项目和专业设施复建项目应当在验收合格后的六个月内办理固定资产移交并完备移交手续。

迁建城镇的各种市政设施和公用设施，由区县（自治县）人民政府负责组织新城建设管理委员会（指挥部）或移民行政部门移交给相关行业主管部门或单位管理。

由业主或行业主管部门负责复建的各类专业设施工程，按国家规定程序直接转为固定资产管理。

移民行政部门应对移交的各类移民工程项目与迁建业主单位或主管部门

签订淹没迁建（复建）补偿销号合同。

第二十五条 城镇迁建规划区内的占地移民生产安置费统一按三峡工程库区淹没线下农村移民生产安置补偿标准执行。占地移民生产安置费在迁建城镇基础设施费中列支。占地移民生产安置可实行一次性货币安置，也可就近调整土地，实行农业安置。

第二十六条 淹没企业应通过改组、改制等方式，推进资产重组和结构调整。鼓励产品质量好、有市场、符合环保要求的企业通过接受对口支援、与名优企业合作、合资，实行组合搬迁。

符合破产条件的淹没国有企业可以依法实施破产。各区县（自治县）人民政府应当妥善安排破产企业职工和离退休人员的基本生活，做好再就业和社会保险工作。

第二十七条 淹没企业合并、分立等，应依法进行。由此导致移民补偿资金所有权发生变更的，由区县（自治县）人民政府审批。

第二十八条 收购、兼并淹没迁建企业，被收购或兼并企业的资产评估总值应包含移民补偿额。

不得利用收购、兼并、联营等手段骗取移民补偿资金。

第二十九条 淹没企业或承担企业迁建任务的单位作为项目法人，应按照国家有关法规和产业政策，自行承担建设和生产经营风险，按时完成企业迁建任务。

第三十条 淹没企业搬迁补偿资金实行包干使用。移民部门应按规定对项目法人的资金使用计划进行审查，按工程建设进度和其他渠道资金的到位情况拨付移民资金。其他渠道资金未到位，不得拨付移民资金。企业迁建项目竣工验收合格并安置好全部职工以后的包干节余资金，归企业所有。

在未完成企业生产和生活迁建任务并形成相应生产能力前，任何部门和企业不得用移民补偿资金归还企业集资和各种贷款。

补偿额度较小或部分淹没的企业，经区县（自治县）移民行政部门批准，补偿资金可一次性拨付。

第三十一条 公路、桥梁、港口、码头、水利工程、电力设施、电信线路、广播电视、水文航道等专项设施和文物古迹等受淹项目的资产所有者或资产授权管理单位实行复建项目法人负责制。

复建补偿资金按照国家核定的投资计划拨付。对不需要复建的专业设施

地方法规及政府规章

项目，经区县（自治县）移民行政部门批准，补偿资金可一次性拨付。

第三十二条 城镇、农村居民点、工矿企业、基础设施的选址和迁建，应当加强水土保持工作，做好水文地质、工程地质勘察、地质灾害防治勘查和地质灾害危险性评估。

对移民迁建区的滑坡、变形体、坍岸、高边坡必须治理。未经治理的不得搬迁和建设；已经搬迁的，必须限期治理。

第三章 淹没区、安置区的管理

第三十三条 任何单位和个人不得在淹没线以下擅自新建、扩建和改建项目。对未经省级人民政府批准在1992年4月4日后建设的项目，按照违法建筑予以处理，一律不予补偿。

第三十四条 各级公安机关应当加强对淹没区的移民户口管理，严格控制非淹没区人口迁入。1992年4月4日后，按照国家规定允许迁入的人口，经区县（自治县）以上公安机关批准入户的，由当地人民政府负责搬迁安置；擅自迁入的人口，不负责搬迁安置。

第三十五条 按照移民安置规划必须搬迁的单位和移民，应当在区县（自治县）人民政府和移民行政部门的统一安排下实施搬迁，不得拒绝搬迁或者拖延搬迁；已经搬迁并得到补偿和安置的，应当及时办理补偿销号手续，不得返迁或者要求再次补偿，也不得干扰、阻碍或破坏其他移民迁建单位或移民的搬迁。

已经搬迁的单位和移民，其搬迁前使用的土地及其附着物由当地区县（自治县）人民政府依法处理。

第三十六条 淹没企业迁建项目在完成补偿额百分之九十的当年，项目法人应将原企业已补偿的全部房屋、土地、不可搬迁设备、设施等有形资产的产权交区县（自治县）人民政府移民行政部门，由移民行政部门依法处置。

第三十七条 库区内具有历史、艺术、科学价值的文物，受国家保护。文物行政部门应制定具体保护方案，切实做好库区文物的发掘、抢救、搬迁和保护工作。

属于集体或私人所有的古建筑、纪念建筑等，列入库区文物保护规划范围的，经办理移民补偿后，属于国家所有。

任何单位和个人不得对文物进行盗掘、哄抢、藏匿、变卖，未经批准不得对文物进行拆除或改建。

第三十八条 库底清理由区县（自治县）人民政府组织移民、环保、林业、卫生等有关行政部门，统一实施。库底清理应在淹没之日三个月前完成。

库底清理验收按照国务院三峡建设委员会库底清理技术规范执行。

第三十九条 三峡水库消落区的土地属于国家所有。任何单位和个人未经批准，不得擅自使用。

市人民政府应组织区县（自治县）人民政府制定消落区利用规划，报国务院三峡工程建设委员会备案。在不影响水库安全、防洪、发电和生态环境保护的前提下，区县（自治县）人民政府可优先安排给当地农村移民作季节性生产使用。

第四十条 区县（自治县）和乡（镇）人民政府、街道办事处应当加强移民计划生育管理，严格控制库区人口增长。

在审查外迁移民资格时，计划生育、公安和移民行政部门应据实核对每户总人口，审查计划外生育情况，并在外迁移民迁入的同时移交移民计划生育档案。

第四十一条 市和区县（自治县）人民政府应加强移民档案的管理，确保各类移民档案完整、准确和安全。

各级档案行政部门负责本辖区内移民档案工作的组织实施和监督指导。与移民工作相关的机关、团体、企事业单位应做好收集、整理、建档、保管工作，并按照国家有关规定及时向同级综合档案馆移交。

任何单位和个人均不得以任何借口拒绝归档或将移民档案占为己有。

第四十二条 市和区县（自治县）人民政府应按照属地管理、分级负责、归口办理的原则，坚持教育疏导为主，严格依照法律、法规、规章和政策办事，及时妥善地做好移民信访工作。

第四章 移民资金使用的管理和监督

第四十三条 移民资金必须专项用于移民项目和移民工作，任何单位和个人不得挤占、截留和挪用移民资金。

第四十四条 移民资金实行统一计划、分级管理、专款专用，区县（自治县）人民政府和有关单位应在包干的限额内安排使用移民资金，并确保移民搬迁安置任务的按期完成。

第四十五条 全市移民年度任务及项目投资计划，应以移民补偿投资切块包干方案和《三峡工程库区重庆市移民迁建进度及分年投资规划》为依据，由市移民行政部门负责编制，经市人民政府审定，报国务院三峡建设委员会移民行政部门审批。

区县（自治县）人民政府移民行政部门负责本辖区年度移民任务及项目投资计划实施方案的编制，经本级人民政府审核同意后，报市人民政府移民行政部门批准。

经批准的年度移民任务及项目投资计划和实施方案，不得擅自调整；确需调整的，应当报原审批机关批准。

第四十六条 年度移民任务及项目投资计划应确定库区各区县（自治县）及有关单位的年度移民任务，落实相应的投资额度。

第四十七条 移民资金的拨付必须按年度移民投资计划进行。移民行政部门应按计划、投资包干合同、工程进度及时向下级移民行政部门或迁建单位（施工单位）拨付资金。

各经办银行应认真履行职责，及时拨付资金，并加强对迁建单位移民资金使用的监督和管理。

第四十八条 区县（自治县）、乡（镇）人民政府、街道办事处和移民迁建单位对拨付的移民资金必须专户储存、专账管理、专款专用、专账核算。

区县（自治县）和乡（镇）人民政府，设有移民行政部门或移民工作机构的，移民资金由移民行政部门或移民工作机构管理，接受上级移民行政部门的指导和监督。

第四十九条 当年搬迁并具备销号条件的移民项目，应认真进行清理、登记，优先安排和补足价差资金，及时办理销号手续，并建立移民补偿投资价差计算台账。

第五十条 在移民迁建中设立的新城建设指挥部（管委会）不作为一级财务核算单位。区县（自治县）移民行政部门拨付迁建单位或施工单位的移民项目资金不得经新城建设指挥部（管委会）转拨。

新城建设指挥部（管委会）的工作补助经费由区县（自治县）移民行政部门在城镇基础设施项目资金中按规定的比例提取拨付。

第五十一条 市和区县（自治县）、乡（镇）人民政府，应加强移民资金的管理和监督，制定和落实移民资金管理责任制。

市人民政府对区县（自治县）人民政府的移民资金管理和使用实行稽查制度。对管理和使用移民资金的区县（自治县）人民政府、移民行政部门以及其他有关部门、机构的主要负责人实行任期经济责任审计制度。

各级审计机关应加强对移民资金审计监督。对移民资金的计划执行情况、移民资金拨付和使用情况要定期组织审计。对大型移民工程项目和重点移民项目应定期进行审计，必要时，可委托有资质的中介组织进行审计。

移民行政部门或负责移民管理工作的相关部门，应当加强内部审计和监察，并定期向本级人民政府、上级主管部门报告移民资金年度项目计划执行情况、移民资金拨付和使用情况。

第五十二条 承担有移民搬迁安置任务的乡（镇）、街道和村，应建立健全财务管理制度，实行村账乡管，按月做账，定期公布，做到淹没补偿范围公开、补偿标准公开、补偿对象公开、计划资金公开、执行结果公开，接受移民监督。

承担有移民搬迁安置任务的乡（镇）、街道实行会计委派制度，在业务上接受上级主管部门的指导和监督。

第五十三条 建立以行政监察部门牵头，审计、检察、财政、银行、移民等有关部门组成的监督联席会制度，采取专项检查、联合检查和重点跟踪监督等方式，定期或不定期地开展移民资金管理、使用的监察、审计和监督。

区县（自治县）和乡（镇）人民政府、街道办事处、移民行政部门及相关单位和个人应当积极配合，如实提供或交换有关资料。

第五章 扶 持 措 施

第五十四条 按国家规定返还的库区移民耕地占用税，应由区县（自治县）人民政府统筹，全额用于农村移民生产安置补助，以及库区为农村移民服务的基础设施和高效生态农业项目建设。

第五十五条 市和区县（自治县）人民政府及相关部门应支持具备一定条件的受淹区县（自治县）向国家申报列入农村水电初级电气化县和生态农业试点示范县。对已经列入的，要制订实施方案，落实扶持措施。

第五十六条 市和区县（自治县）人民政府及有关部门应大力支持库区经济建设和社会事业发展，在安排建设项目、分配各类资金时，对库区及移民安置区应予以优先照顾。

第五十七条 市和区县（自治县）人民政府及相关行政部门应制定对口支援实施方案，加强与中央各部委和其他省、自治区、直辖市与库区受援区县（自治县）的联系，落实对口支援项目计划。

第五十八条 库区及移民安置区的建设项目，应当优先吸收符合条件的移民就业。

第五十九条 按照国家规定不予补偿的外迁移民的原有的固定资产，可采取市场拍卖、租赁及转让等方式处置，迁出地的各级人民政府及相关部门应给予帮助，依法减免有关税费。

第六十条 市内接受外迁移民安置地的各级人民政府应制定移民生产过渡期、移民困难户、移民子女入学、移民劳务等方面的优惠措施，组织开展帮扶工作，为移民逐步提高生活水平创造条件。

第六十一条 国家分配给本市的三峡库区移民后期扶持基金和其他资金，应当严格按国家规定的用途使用。

第六章 法 律 责 任

第六十二条 移民迁建单位或移民有下列行为之一的，移民行政部门或有关行政部门应予说服教育。经教育不改的，给予警告、责令限期搬迁；逾期仍不搬迁的，依法申请人民法院强制执行：

（一）无正当理由拒不按政府规划的期限、地点搬迁；

（二）提出违法或违规补偿要求和条件，拒不与移民工作人员商谈搬迁事项，或以其他方式，故意拖延搬迁。

第六十三条 按照规定标准获得安置补偿后，擅自返迁或要求再次补偿的，由移民行政部门会同有关部门依据职责，给予警告、责令限期改正。违反治安管理规定的,由公安机关依法给予治安处罚。

第六十四条 已经搬迁并得到补偿和安置后,不及时办理销号手续的,移民行政部门或有关部门在送达办理销号通知七日后,移民仍不办理销号手续的,可以作出销号决定。

拖延或拒绝领取移民补偿金的,移民行政部门或有关部门可以将补偿金以应领移民迁建单位或移民的名义存入法定的金融机构,并可办理销号手续。

第六十五条 移民搬迁安置中有下列情形之一,由县级以上人民政府移民行政部门或有关行政部门对有关责任人员,依法给予警告、罚款、拘留等处罚;构成犯罪的,依法追究刑事责任:

(一)煽动、组织群众聚众闹事、冲击国家机关,破坏正常工作秩序的;

(二)以干扰、阻碍或破坏移民搬迁安置工作为目的成立非法组织的;

(三)以暴力、威胁方法阻碍移民工作人员执行公务的;

(四)侮辱、诽谤、围攻、殴打移民工作人员或非法限制其人身自由的;

(五)干扰、阻碍或破坏移民工程施工、搬迁安置、清库或其他移民工作的;

(六)以强迫、威胁、利诱等手段向移民集资,用于阻碍、破坏移民搬迁安置工作的;

(七)哄抢或损害公私财物的;

(八)堵塞交通,不听劝阻的;

(九)造谣惑众,在移民中产生不良影响的。

第六十六条 拒绝或拖延接管迁建城镇市政设施、公用设施和专业设施的,由区县(自治县)人民政府责令限期接管;逾期仍不接管的,对直接负责的主管人员和直接责任人员,依法给予行政处分。造成设施毁损或其他损失的,应当依法赔偿,并追究直接负责的主管人员和直接责任人员的相应责任。

第六十七条 利用收购、兼并、联营或其他手段,骗取移民补偿资金的,由移民行政部门会同公安机关追回,并可处以违法所得一至三倍罚款;构成犯罪的,依法追究刑事责任。

第六十八条 在未完成企业生产、生活迁建任务并形成生产能力前利用移民补偿资金归还企业集资、贷款或其他债务的,由移民行政部门责令限期退还，并可处以五万元以下的罚款；对直接负责的主管人员及直接责任人员，可依法给予行政处分；造成移民补偿资金重大损失，构成犯罪的，依法追究刑事责任。

第六十九条 对需要治理的移民迁建区的滑坡、变形体、坍岸、高边坡，不予治理或虽经治理但没有达到规定要求而进行建设和搬迁的，由区县（自治县）人民政府责令停止建设、搬迁并限期治理，可按工程造价的百分之一至百分之五给予罚款；发生安全事故，造成人身伤害、财产损失的，应当予以赔偿；情节严重，构成犯罪的，依法追究刑事责任。

第七十条 国家工作人员在移民管理工作中有下列情形之一，责令改正，由其所在单位或有关机关给予行政处分；构成犯罪的，依法追究刑事责任；造成移民资金损失的，应当承担赔偿责任：

（一）在农村移民住房迁建过程中，强行规定建房标准和建房方式的；

（二）擅自调整或修改城镇迁建规划的；

（三）不依法履行职责，影响移民搬迁安置或造成移民资金重大损失的；

（四）挪用移民资金的；

（五）不按规定发放移民补偿资金的；

（六）其他玩忽职守、滥用职权、徇私舞弊的情形。

因本市各级行政机关工作人员或者各级行政机关委托的组织或个人在移民管理中故意违法或重大过失，对移民迁建单位或移民造成损害，在国家赔偿之后，赔偿义务机关应依法进行追偿。

第七章 附　　则

第七十一条 本办法自2002年7月1日起施行。

重庆市河道管理条例

（1998年8月1日重庆市第一届人民代表大会常务委员会第十次会议通过　根据2002年1月21日重庆市第一届人民代表大会常务委员会第三十八次会议《关于取消或调整部分地方性法规设定的行政审批等项目的决定》第一次修正　根据2002年6月7日重庆市第一届人民代表大会常务委员会第四十次会议《关于修改〈重庆市河道管理条例〉的决定》第二次修正　根据2010年7月23日重庆市第三届人民代表大会常务委员会第十八次会议《关于修改部分地方性法规的决定》第三次修正　根据2011年11月25日重庆市第三届人民代表大会常务委员会第二十八次会议《关于修改部分地方性法规中有关行政强制条款的决定》第四次修正　2015年7月30日重庆市第四届人民代表大会常务委员会第十九次会议修订　根据2018年7月26日重庆市第五届人民代表大会常务委员会第四次会议《关于修改〈重庆市城市房地产开发经营管理条例〉等二十五件地方性法规的决定》第五次修正　根据2022年9月28日重庆市第五届人民代表大会常务委员会第三十七次会议《关于修改〈重庆市旅游条例〉等二十三件地方性法规的决定》第六次修正）

第一章　总　　则

第一条　为了加强河道管理，保障行洪排涝安全，保护河道生态环境，发挥河道的综合效益，根据《中华人民共和国水法》、《中华人民共和国防洪法》、《中华人民共和国河道管理条例》等法律、行政法规，结合本市实际，制定本条例。

第二条　本市行政区域内的河道（包括湖泊、人工水道、行洪区）规划、保护、治理和利用等活动适用本条例，但是属于国家权限的事项除外。

第三条　河道管理应当坚持科学规划、严格保护、综合治理、合理利用的原则。

第四条　市、区县（自治县）人民政府应当将河道规划、保护、治理和利用纳入国民经济和社会发展计划，落实所需经费。

第五条　市水行政主管部门负责本市行政区域内河道管理的指导和监

督，其河道管理机构承担具体工作。

区县（自治县）水行政主管部门负责本行政区域内河道的统一管理工作。

市、区县（自治县）人民政府其他部门依据各自职责，做好河道管理的相关工作。

第六条 乡（镇）人民政府、街道办事处应当加强辖区内河道日常管护的相关工作。

村（居）民委员会可以制定村规民约或者居民公约，引导村（居）民保护河道，检举、控告违反河道管理法律、法规的行为。

第二章 河 道 规 划

第七条 市、区县（自治县）水行政主管部门应当组织开展河道保护、治理、利用的调查和评价，建立河道登记制度和管理信息系统，公布河道名录，完善河道规划相关的基础信息。

第八条 有堤防的河道管理范围为两岸堤防之间的水域、沙洲、滩地（包括可耕地）、行洪区以及两岸堤防和护堤地。

无堤防的河道管理范围，由市人民政府依据国家防洪标准规定。

第九条 河道的具体管理范围，由区县（自治县）水行政主管部门会同规划自然资源等部门划定，报本级人民政府批准公布，并报市水行政主管部门备案。

区县（自治县）水行政主管部门应当在河道管理范围设置界桩和公告牌。公告牌应当载明河道名称、管理范围、管理单位以及河道管理范围内禁止行为等事项。

第十条 市、区县（自治县）水行政主管部门应当组织编制河道保护利用规划，经征求有关部门意见后，报本级人民政府批准后实施。

河道保护利用规划应当服从流域综合规划、区域综合规划和防洪规划。航道、港口以及涉及河道的渔业、城乡建设等规划应当与河道保护利用规划相衔接。有关部门在编制上述规划时，应当征求水行政主管部门的意见。

河道保护利用规划包括河道保护、治理、利用等内容。其中河道采砂（含采石，以下统称采砂）规划的内容应当包括可采区、禁采区、可采期、禁采期以及采掘方式和采砂总量等。

第三章 河 道 保 护

第十一条 在河道管理范围内建设的工程以及埋设的管道、缆线等设施，其管理单位应当加强安全检查和维修养护，保障工程设施运行安全，防止因工程设施损坏阻碍河道行洪。

河道管理范围内拦水、蓄水工程，应当按照经批准的调度方案运行，保证河道合理生态流量，保护河道生态环境。

第十二条 区县（自治县）水行政主管部门应当组织营造护堤护岸林，减轻堤防护岸冲刷，保护堤防护岸安全，防止岸坡水土流失，美化河道水域环境。

第十三条 市、区县（自治县）城市管理部门应当按照规定做好城镇河道垃圾的清理，保持河道整洁。

第十四条 在河道管理范围内禁止下列行为：

（一）建设妨碍行洪的建筑物、构筑物；

（二）修建围堤、阻水渠道、阻水道路；

（三）填堵、封盖集水面积超过两平方公里的河道；

（四）弃置、倾倒矿渣、石渣、煤灰、泥土、垃圾等废弃物；

（五）堆放阻碍行洪或者影响堤防护岸安全的物料；

（六）种植阻碍行洪的林木或者高秆作物（堤防防护林除外）；

（七）设置阻碍行洪的养殖网箱、拦河渔具；

（八）侵占、损毁堤防、护岸、闸坝等水工程建筑物；

（九）侵占、损毁、移动历史洪痕标志、标示河道管理范围的界桩、公告牌以及防汛、水文监测、通信照明等设施；

（十）在堤防和护堤地从事建房、放牧、开渠、打井、挖窖、葬坟、晒粮、存放物料、开采地下资源、进行考古发掘以及开展集市贸易活动；

（十一）其他影响河势稳定、危害河道堤防护岸安全、妨碍河道行洪的行为。

第十五条 在河道管理范围内，禁止堆放、倾倒、掩埋、排放污染水体的物体。禁止在河道内清洗装贮过油类或者有毒污染物的车辆、容器。

河道主管机关应当开展河道水质监测工作，协同生态环境部门对水污染防治实施监督管理。

第十六条 区县（自治县）水行政主管部门应当建立河道巡查制度，定期开展巡查检查，依法查处违法行为，及时向本级人民政府和市水行政主管部门报告巡查中发现的重大问题。

第四章 河 道 治 理

第十七条 河道治理应当以河道保护利用规划为依据，遵守国家防洪标准和有关技术要求，兼顾上下游、左右岸的关系，提高河道的防洪、供水、灌溉、航运等综合能力。

河道治理应当注重生态修复，将工程措施与生态措施相结合，综合采取水系连通、堤防绿化、水土保持、湿地保护、排污通道和排污口整治等治理措施。

城市规划区的河道治理工程，应当与城市景观、休闲娱乐、历史人文等功能相结合。

封盖集水面积两平方公里以下的河道，其防洪标准应当在所在城镇防洪标准基础上提高一个以上防护等级。

第十八条 河道治理由市、区县（自治县）水行政主管部门组织实施。

河道治理工程的设计、施工、监理和审批按照水利工程建设程序的有关规定进行。

第十九条 岸坡不稳定的河段和城镇规划区的河段，市、区县（自治县）水行政主管部门应当有计划地实施堤防、护岸建设，稳定岸坡，确保安全。

河道堤防、护岸建设，不得降低河道行洪能力；确需占用河道的，应当采取措施恢复河道行洪能力。

第二十条 对淤积严重的河道，区县（自治县）水行政主管部门和交通等行政部门应当按照职责分工及时组织清淤疏浚，因地制宜采取有利于防洪安全、航运安全的措施。

第二十一条 河道管理范围内已修建的工程，经技术鉴定不符合防洪安全要求的，区县（自治县）水行政主管部门应当报请本级人民政府责令建设单位或者使用单位采取限期改建等补救措施。

第二十二条 河道管理范围内人为形成阻碍行洪的障碍物，按照谁设障、谁清除的原则，由区县（自治县）防汛指挥机构责令限期自行清除；逾期不清除的，由区县（自治县）防汛指挥机构组织强行清除，所需费用由设障者承担。

因地质灾害等不可抗力形成阻碍河道行洪的障碍物，区县（自治县）人民政府应当及时组织清除。

第五章 河 道 利 用

第二十三条 开发利用河道，应当服从防洪的总体安排，符合国家防洪标准、河道保护利用规划和航运要求，保护河道防洪工程设施，保护水资源。

开发利用河道，确需占用河道行洪断面的，开发利用单位应当采取措施恢复或者扩大河道原有行洪断面，不得抬高河道水位。

第二十四条 建设跨河、穿河、穿堤、临河的桥涵、码头、道路、渡口、管道、缆线、取水、排水等工程设施（以下统称涉河建设项目），建设单位应当在项目开工建设前将涉河建设方案及防洪评价报告报区县（自治县）水行政主管部门批准；涉河建设项目跨区县（自治县）行政区域或者对其他区县（自治县）的防洪、用水等有较大影响的，报市水行政主管部门批准。

第二十五条 涉河建设项目应当按照水行政主管部门审查批准的位置和界限进行施工。

涉河建设项目的施工、出渣、物资堆放应当符合防洪要求；对河道工程设施造成损害的，建设单位应当及时修复或者赔偿。

第二十六条 市、区县（自治县）水行政主管部门应当加强对涉河建设项目施工过程的监督。

区县（自治县）水行政主管部门应当参与涉河建设项目竣工验收，建设单位应当提供有关资料。未经验收或者验收不合格的涉河建设项目，不得投入使用。

第二十七条 河道采砂应当符合采砂规划。

在河道管理范围内采砂的单位和个人,应当取得河道采砂许可证,并按照批准的范围、数量和作业方式采砂;但是,为了家庭生活自用,并在指定范围内采挖少量砂石、黏土的除外。

禁止伪造、涂改、买卖、出租、出借或者以其他方式转让河道采砂许可证。

第二十八条 河道采砂许可证按照下列规定审批发放:

(一)在长江干流河道采砂的,由市水行政主管部门委托区县(自治县)水行政主管部门审查批准;

(二)在其他河道采砂的,由区县(自治县)水行政主管部门审查批准。

河道采砂许可涉及其他部门的,应当征求有关部门的意见。

河道采砂应当采取拍卖、招标、挂牌等公开方式确定采砂单位和个人,年可开采量低于五千吨或者因航道整治采砂可以直接许可的除外。

第二十九条 因防洪、河势改变、水工程设施出现险情、发生地质灾害、水生态环境遭到破坏等情形不宜采砂的,水行政主管部门应当确定临时禁采期,要求撤离采砂作业机具。

第三十条 在河道管理范围内采砂,应当按照规定缴纳河道砂石资源出让收益。河道砂石资源出让收益的征收、使用管理办法由市人民政府制定。

第三十一条 在河道管理范围内从事下列活动,应当报具有相应管理权限的水行政主管部门批准;涉及其他部门的,由水行政主管部门会同有关部门批准:

(一)采砂、取土、淘金、弃置砂石或者淤泥;

(二)爆破、钻探、挖筑鱼塘;

(三)在河道滩地存放物料、进行生产经营活动、修建厂房或者其他建筑设施;

(四)在河道滩地开采地下资源及进行考古发掘。

第三十二条 因紧急抗旱需要在河道管理范围内临时修筑拦水坝的,应当经区县(自治县)水行政主管部门批准;抗旱结束后,筑坝单位应当及时拆除。

第三十三条 在河道管理范围内建设湿地公园等生态环境工程,建设单位应当修建防洪撤离通道,有关设施应当符合河道行洪要求。

第三十四条 经批准利用河道管理范围内的土地、水域等资源从事生产经营活动，应当实行有偿使用。具体办法由市人民政府制定。

第六章 法　律　责　任

第三十五条　违反本条例第二十四条、第二十五条第一款规定，未经批准或者不按照批准的位置、界限从事涉河建设项目施工的，由区县（自治县）水行政主管部门责令停止违法行为，限期申请补办有关手续；逾期不补办或者补办未被批准的，以及工程设施建设严重影响防洪的，责令限期拆除，逾期不拆除的，强行拆除，所需费用由建设单位承担；影响行洪但尚可采取补救措施的，责令限期采取补救措施，处一万元以上十万元以下罚款。

第三十六条　违反本条例第三十二条规定，未经区县（自治县）水行政主管部门批准修筑临时性抗旱拦水坝的，由区县（自治县）水行政主管部门责令限期申请补办审批手续；抗旱结束后未及时拆除临时性抗旱拦水坝的，由区县（自治县）水行政主管部门责令限期拆除，逾期不拆除的，处五千元以上两万元以下罚款。

第三十七条　违反本条例第二十六条第二款规定，涉河建设项目未经水行政主管部门验收投入使用的，由区县（自治县）水行政主管部门责令停止使用，限期申请验收；验收不合格的，责令限期拆除，处一万元以上五万元以下罚款。

第三十八条　违反本条例第十一条、第十四条、第十九条第二款、第二十三条第二款、第二十五条第二款、第三十一条规定之一的，由区县（自治县）水行政主管部门责令停止违法行为，限期清除、恢复原状或者采取其他补救措施，并处一万元以上五万元以下罚款；造成损失的，应当赔偿损失。

第三十九条　违反本条例规定，有下列行为之一的，由区县（自治县）水行政主管部门责令停止违法行为，按照下列规定处罚：

（一）未依法取得河道采砂许可证，擅自在长江干流以外的河道采砂的，没收违法所得以及用于违法活动的船舶、设备、工具，并处货值金额二倍以上二十倍以下罚款；货值金额不足十万元的，并处二十万元以上二百万元以下罚款。

（二）虽依法取得河道采砂许可证，但在禁采区、禁采期采砂的，依照前项规定处罚，并吊销河道采砂许可证。

（三）不按照河道采砂许可证要求，在长江干流以外的河道采砂的，没收违法所得，处一万元以上五万元以下罚款，并吊销河道采砂许可证。

（四）伪造、涂改、买卖、出租、出借或者以其他方式转让开采范围在长江干流以外的河道采砂许可证的，没收违法所得，并处一万元以上五万元以下罚款，收缴伪造、涂改、买卖、出租、出借或者以其他方式转让的河道采砂许可证。

（五）不依法缴纳河道砂石资源出让收益的，责令限期缴纳；逾期未缴纳的，按日加收千分之三的滞纳金；拒不缴纳的，处应缴金额二倍以上五倍以下罚款，并吊销河道采砂许可证。

在长江干流河道违法采砂的，依照《中华人民共和国长江保护法》《长江河道采砂管理条例》予以处罚。

第四十条　国家工作人员在河道管理工作中滥用职权、玩忽职守或者徇私舞弊的，依法给予处分；构成犯罪的，依法追究刑事责任。

第七章　附　　则

第四十一条　本条例所称工程设施建设严重影响防洪，是指工程设施建设违反有关法律、法规，未经水行政主管部门批准占用河道行洪断面或者抬高河道水位，无法采取补救措施。

第四十二条　本条例自 2015 年 10 月 1 日起施行。

重庆市水资源管理条例

(1997年10月17日重庆市第一届人民代表大会常务委员会第四次会议通过　2003年11月29日重庆市第二届人民代表大会常务委员会第六次会议第一次修订　根据2010年7月23日重庆市第三届人民代表大会常务委员会第十八次会议《关于修改部分地方性法规的决定》第一次修正　根据2011年11月25日重庆市第三届人民代表大会常务委员会第二十八次会议《关于修改部分地方性法规中有关行政强制条款的决定》第二次修正　2015年5月28日重庆市第四届人民代表大会常务委员会第十八次会议第二次修订　根据2018年7月26日重庆市第五届人民代表大会常务委员会第四次会议《关于修改〈重庆市城市房地产开发经营管理条例〉等二十五件地方性法规的决定》第三次修正　根据2023年3月30日重庆市第六届人民代表大会常务委员会第一次会议《关于修改〈重庆市人民代表大会常务委员会议事规则〉〈重庆市水资源管理条例〉的决定》第四次修正)

第一章　总　　则

第一条　为了合理开发、利用、节约和保护水资源,防治水害,实现水资源的可持续利用,适应经济和社会可持续发展的需要,根据《中华人民共和国水法》和有关法律、行政法规,结合本市实际,制定本条例。

第二条　在本市行政区域内开发、利用、节约、保护和管理水资源,适用本条例。

本条例所称水资源,包括地表水和地下水。

第三条　市、区县(自治县)人民政府应当将水资源的开发、利用、节约和保护纳入国民经济和社会发展规划,促进水资源可持续利用。

市、区县(自治县)人民政府应当增加财政投入,加强水利基础设施建设,建立用水总量控制制度、用水效率控制制度、水功能区限制纳污制度、水资源管理责任和考核制度。

鼓励社会资本按照水资源规划参与开发、利用水资源。

乡(镇)人民政府、街道办事处应当加强水资源的节约和保护工作。

第四条 市、区县（自治县）人民政府水行政主管部门负责本行政区域的水资源管理和监督工作。

市、区县（自治县）人民政府其他部门依据各自职责，负责有关的水资源开发、利用、节约和保护工作。

第五条 任何单位和个人都有节约用水、保护水资源的义务。

各级人民政府应当加强水资源节约、保护的宣传和普及工作，鼓励基层群众性自治组织、社会组织、志愿者开展水资源节约、保护知识的宣传，营造节约、保护水资源的良好风气。

教育行政部门、学校应当将水资源节约、保护知识纳入学校教育内容，培养学生节约、保护水资源的意识。

新闻媒体应当开展水资源节约、保护法律法规和有关知识的宣传。

第二章 水资源规划与利用

第六条 开发、利用、节约、保护水资源和防治水害应当按照流域、区域统一制定综合规划和专业规划。

其他有关规划的编制和修改应当与已批准的水资源规划相互衔接。新建项目不得影响已批准的水资源规划中的水工程建设项目的实施，确需调整水资源规划的，应当经原批准部门批准。

第七条 新建、扩建以及改建调整原有功能的水工程，应当符合流域综合规划、区域综合规划和防洪规划，未取得流域管理机构或者市、区县（自治县）水行政主管部门按照管理权限审查签署的水工程建设规划同意书的，建设单位不得开工建设。

新建、扩建以及改建调整原有功能的水工程，所在江河、湖泊的流域和区域有关综合规划、防洪规划尚未编制或者批复的，建设单位应当就水工程是否符合流域治理、开发、保护的要求或者防洪的要求编制专题论证报告，并申请办理水工程建设规划同意书。

第八条 开发、利用水资源，应当符合水资源规划和水污染防治规划，实行兴利与除害相结合的原则，正确处理上下游、左右岸和地区之间的关系。

开发、利用水资源，应当首先满足城乡居民生活用水，统筹兼顾农业、工业、生态环境用水和水土保持、治涝、航运、发电等方面的需要，充分发挥水资源的综合效益，并服从防洪抗旱的总体安排。水资源紧缺地区应当限制耗水量大的工业、农业和服务业项目。

第九条 各级人民政府应当结合本地区水资源的实际情况，按照优先开发利用地表水、合理开发地下水、鼓励污水处理再利用的原则，积极组织综合开发、利用水资源。

对矿泉水、地热水的开采、使用，应当依法严格管理。

第十条 建设水力发电站，应当保护生态环境和文物，兼顾防洪、供水、灌溉、航运、竹木流放和渔业等方面的需要。

第三章 水资源监测与保护

第十一条 各级人民政府及有关部门和单位应当采取有效措施，加强水资源保护和水污染防治的监督管理，保护自然植被和湿地，涵养水源，防治水污染和水土流失，防止水流堵塞和水源枯竭，改善生态环境，严禁破坏和污染水资源。

第十二条 市、区县（自治县）人民政府应当加强饮用水水源地、重要生态保护区、水源涵养区、江河源头区的保护，开展污染治理，推进生态脆弱河流和地区水生态修复工程建设，建立生态修复维护管理长效机制。

开发、利用水资源应当维持河流合理流量和湖泊、水库以及地下水的合理水位，保障基本生态用水需求，维护江河、湖泊健康生态。

第十三条 市、区县（自治县）水利、环境保护、国土资源等主管部门应当依照职责分工，建立水资源、水环境监测体系，健全监测制度，统筹规划监测站点建设，共享监测信息。

市、区县（自治县）水行政主管部门应当向社会公布水资源监测站点设置情况，并定期公布监测结果。公布的监测结果应当包含与标准数值的对照情况。

第十四条 取水单位或者个人应当在取水口设立醒目标志，安装检定合格的取水计量设施，并保证相关设施、设备的正常运行，不得擅自拆除、停用。

市、区县（自治县）水行政主管部门应当公布获得批准的取水口布局情况,加强取水计量监督管理,根据国家规定开展取水计量设施在线监测,有关取水单位和个人应当予以协助配合。

第十五条 市、区县(自治县)水行政主管部门应当按照水功能区对水质的要求和水体的自然净化能力以及流域机构提出的限制排污总量意见,核定水域的纳污能力,向环境保护主管部门提出该水域限制排污总量意见。

市、区县(自治县)环境保护主管部门应当根据上级政府下达的重点水污染物排放总量控制要求,结合同级水行政主管部门提出的水域限制排污总量意见,拟定本行政区域重点水污染物排放总量控制指标分解方案,经同级人民政府批准后,将重点水污染物排放总量控制指标分解落实到排污单位。

市、区县(自治县)水行政主管部门应当对水功能区的水质状况进行监测,发现重点污染物排放总量超过控制指标的,或者水功能区的水质未达到水域使用功能要求的,应当暂停审批本行政区域内的新增取水和入河排污口,并及时报告有关人民政府和通报本级环境保护主管部门。有关人民政府应当及时组织有关部门采取治理措施。

在水功能区内从事工程建设或者旅游、养殖、水上运动等开发利用活动的,不得影响本水功能区及相邻水功能区的使用功能,不得降低水功能区的水质标准。

第十六条 市、区县(自治县)环境保护主管部门对饮用水水源的水污染防治实施统一监督管理。

水利、农业等相关部门依据各自职责,负责有关的饮用水水源保护工作。

乡(镇)人民政府、街道办事处对本辖区内分散式饮用水水源的水污染防治实施监督管理。

第十七条 市、区县(自治县)水行政主管部门应当会同环境保护等主管部门提出饮用水水源地名录,报本级人民政府核准后向社会公布名录和管理单位。

集中式饮用水水源地应当依法划定保护区。

分散式饮用水水源地应当划定保护范围。区县(自治县)环境保护主管部门应当会同有关部门按照下列规定提出划定保护范围的方案,报同级人民政府批准,并报市环境保护主管部门备案:

(一)湖库型水源地取水口半径不小于两百米范围的区域,但不超过集

雨范围;

（二）河流型水源地取水口上游不小于一千米,下游不小于一百米,两岸纵深不小于五十米,但不超过集雨范围;

（三）水窖、水井水源周围,地下水水源取水口周围不小于三十米范围。

第十八条 分散式饮用水源保护范围内禁止下列行为：

（一）新建厕所、化粪池；

（二）设立粪便、生活垃圾的收集、转运站,堆放医疗垃圾,设立有毒有害化学品仓库、堆栈；

（三）施用高残留、高毒农药；

（四）从事规模畜禽养殖、网箱网栏养殖；

（五）排放工业污水；

（六）其他污染饮用水水体的行为。

第十九条 市、区县（自治县）人民政府应当建立饮用水水源地安全评估制度,开展饮用水水源地安全保障建设,加强饮用水水源应急管理,制定饮用水水源地突发事件应急预案,建立备用饮用水水源。

饮用水水源地管理单位、取水单位应当按照各自职责建立、健全巡查制度,组织对饮用水水源地及相关设施进行巡查,并做好巡查记录。对巡查中发现可能造成饮用水水源污染的行为应当劝阻和制止,劝阻和制止无效的,应当及时向有关执法机关报告,由有关执法机关依法处置。

第二十条 各级人民政府及有关部门和单位应当加强污水处理设施建设和营运。

工业污水、城镇居民生活污水应当按照规定进行处理,做到达标排放。

第二十一条 开采地下水的单位或者个人,应当按照水资源规划开采,并加强地下水水位、水质的监测,建立技术档案,接受水行政主管部门和有关部门的监督管理。

在地下水超采地区,禁止开采地下水。

第二十二条 开采（勘查）煤、石油、天然气、页岩气以及其他矿产资源,修建隧道（洞）等地下工程,建设单位在依法进行环境影响评价时,应当对水环境进行科学评价,并根据评价结果采取相应的工程、非工程防治措施或者搬迁措施。

因开采（勘查）煤、石油、天然气、页岩气以及其他矿产资源,修建隧

地方法规及政府规章

道（洞）等地下工程，导致水工程原有功能丧失的，建设单位应当采取措施恢复原有功能或者修建与原工程效益相当的替代工程，无法恢复原有功能或者修建替代工程的，建设单位应当按照工程重置价格进行补偿。

第二十三条 在城乡规划区公共供水管网覆盖范围内，且能满足用水需要的情况下，禁止单位或者个人自备取水设施取用地下水。禁止在城市、集镇等建筑物密集区直接取用地下水用于地源热泵系统。

鼓励城市街道地面采用透水建筑材料，维持地下水补给平衡。

第二十四条 市、区县（自治县）水行政主管部门应当对辖区内的水资源保护工程、取水单位和个人建立监督检查制度。

被检查单位和个人应当积极配合水行政主管部门及其直属水资源管理、监测机构的监督检查，如实反映情况，不得提供虚假数据，不得拒绝或者阻碍监督检查人员以及监测、管理人员依法执行公务。

第四章 水资源配置与取用水管理

第二十五条 市、区县（自治县）水行政主管部门应当根据流域规划和水中长期供求规划，编制水量分配方案和旱情等紧急情况下的水量调度预案，报本级人民政府批准；跨流域和跨行政区域的水量分配方案和旱情等紧急情况下的水量调度预案，由市水行政主管部门征求有关区县（自治县）人民政府和有关部门的意见后编制，报市人民政府批准。

编制水量分配方案和旱情等紧急情况下的水量调度预案，应当服从防洪抗旱的总体安排，遵循基本生活优先原则，兼顾上下游、左右岸和有关地区之间的利益。

第二十六条 水源和引供水工程建设、供水调度应当以径流调蓄计划和水量分配方案为依据。有调蓄任务的水工程，应当按照径流调蓄计划和水量分配方案蓄水、放水。

取水单位或者个人、水工程管理单位应当服从市、区县（自治县）水行政主管部门对水资源的统一调度。

第二十七条 各级人民政府应当采取积极措施，加快城乡水工程建设，推进城乡供水统一管理，保障城乡居民的饮用水水量和水质。

第二十八条 制定国民经济和社会发展规划、城乡总体规划、涉及利用水资源的产业发展规划，应当开展水资源论证。

申请取水的建设项目应当按照分级管理权限向市、区县（自治县）水行政主管部门一并提交建设项目水资源论证报告书，水行政主管部门应当组织相关单位和专家对提交的建设项目水资源论证报告书进行审查。水资源论证报告审查通过后，建设项目的性质、规模、地点或者取水标的等发生重大变化的，应当按照上述程序重新进行水资源论证。

未依法完成水资源论证工作的建设项目，取水许可审批机关不予批准，建设单位不得擅自开工建设和投产使用，对违反规定的，一律责令停止。

市、区县（自治县）水行政主管部门应当对已通过取水许可审批并建成运行的建设项目，开展水资源论证后评估工作。

第二十九条　申请取水的单位或者个人在取水申请批准后方可兴建取水工程或者设施，取水工程或者设施经验收合格后，发给取水许可证。取水单位和个人不得随意改变取水许可规定条件。

市、区县（自治县）水行政主管部门对取用水总量已达到或者超过控制指标的地区，暂停审批建设项目新增取水；对取用水总量接近控制指标的地区，限制审批新增取水。

对不符合国家产业政策或者列入国家产业结构调整指导目录中淘汰类的，产品不符合行业用水定额标准的，具有地表水取用条件却取用地下水的，以及其他不符合取用地下水条件的建设项目取水申请，审批机关不予批准。

第三十条　直接从江河、湖泊、地下取水的单位或者个人，应当依法向市、区县（自治县）水行政主管部门缴纳水资源费。

水资源费纳入财政预算管理，用于水资源的开发、节约、保护和管理，任何单位和个人不得截留、侵占或者挪用。

水资源费的征收、管理和使用办法，由市人民政府规定。

第五章　节　约　用　水

第三十一条　市、区县（自治县）人民政府应当对本行政区域内的用水实行总量控制。全市用水总量不得超过国家给本市确定的用水总量控制目标。区县（自治县）用水总量不得超过市人民政府给本区县（自治县）确定的用水总量控制目标。

市人民政府可以根据实际需要对区县（自治县）之间的用水总量进行调剂。区县（自治县）之间可以通过协商并报经市人民政府批准后，相互转让用水量。

第三十二条 取水单位或者个人应当在每年的12月31日前向有管辖权的水行政主管部门报送本年度取水情况和下一年度取水计划申请。市、区县（自治县）水行政主管部门应当根据本行政区域的年度用水计划向取水单位或者个人下达年度取水计划。取水单位或者个人必须按照市、区县（自治县）水行政主管部门批准的计划取水。

水力发电工程，应当向取水审批机关报送其下一年度发电计划。

第三十三条 市、区县（自治县）水行政主管部门应当建立用水单位监控名录，对纳入取水许可管理的单位和个人实行计划用水管理。

各项引水、调水、取水、供用水工程建设应当符合节约用水要求。严格控制水资源短缺、生态脆弱地区的城市规模过度扩张，限制高耗水工业项目建设和高耗水服务业发展，遏制农业粗放用水。

鼓励并积极发展污水处理回用、雨水收集等非常规水源开发利用。

第三十四条 工业用水单位应当积极研究和采取有效措施降低水的消耗量，增加循环用水次数，提高水的重复利用率。对取水工艺、设施落后，耗水量大，节水措施不力的单位，市、区县（自治县）水行政主管部门应当责令限期整改；逾期未整改的，核减其取水量。

第三十五条 各级人民政府及水行政主管部门和有关部门应当推广节水型生活器具、设备的应用，支持节水技术的开发；加强城乡供水管网改造，降低供水管网漏失率，提高生活用水效率；鼓励使用再生水，提高污水再生利用率。

第三十六条 新建、扩建、改建建设项目应当配套建设节水设施。已建项目未配套节水设施的，应当进行节水设施的配套建设。

市、区县（自治县）水行政主管部门应当根据降雨、入境水、取用水、排水、出境水等情况变化适时开展区域用水审计。

取用水单位应当定期进行取水、用水、排水水平衡测试，并将测试结果报有管辖权的水行政主管部门备案。因生产技术、工艺流程和规模等发生变化的，应当及时进行新的水平衡测试。

第三十七条　使用水工程供应的水，应当缴纳水费。使用农村集体所有水工程供应的水，其水费的收取由农村集体经济组织或者农民用水合作组织决定。

供水工程供应的水实行有利于节约水资源和保护环境的水价政策。供水价格应当按照补偿成本、合理收益、优质优价、公平负担的原则确定，充分考虑城乡居民的经济承受能力。

对城乡用水逐步实行分类水价和超定额累进加价制度。

第六章　法　律　责　任

第三十八条　市、区县（自治县）水行政主管部门、其他有关部门、水工程管理单位及其工作人员滥用职权、玩忽职守或者徇私舞弊，有下列情形之一的，对负有责任的主管人员和其他责任人员依法给予处分；构成犯罪的，依法追究刑事责任：

（一）对不符合法定条件的单位或者个人核发许可证、签署审查同意意见或者不按照规定程序审批的；

（二）不按照水量分配方案分配水量的；

（三）不按照国家有关规定收取水资源费或者截留、侵占、挪用水资源费的；

（四）其他不依法履行法定职责的。

前款所列单位的工作人员在行使职权时侵犯组织或者个人合法权益，造成损害，当事人要求赔偿的，违法行为人所在单位应当依法赔偿。

第三十九条　有本条例第十八条所列行为之一的，由当地乡（镇）人民政府、街道办事处责令限期改正或者采取补救措施；逾期不履行的，对个人处二百元以上五百元以下罚款，对单位处五千元以上二万元以下罚款。

第四十条　取水单位和个人有下列行为之一，由市、区县（自治县）水行政主管部门责令停止违法行为，限期改正，处五千元以上二万元以下罚款：

（一）取水口未设置醒目标志，或者标志被损坏后未及时修复、更换的；

（二）未按照规定提交取用水数据等资料或者提供虚假取用水数据、故意关闭取水口、故意减小取水量、隐瞒取水口位置和数量等规避水资源监测工作以及拒绝监督检查的。

第四十一条　违反本条例规定取用地下水的由水行政主管部门依照有关法律、行政法规规定予以处罚，水行政主管部门可以责令限期拆除取水设施。

第四十二条　取水许可证持有人未按照规定安装取水计量设施的，由市、区县（自治县）水行政主管部门责令限期改正，逾期不改正的，处五千元以上一万元以下罚款；擅自拆除、停用取水计量设施的，由市、区县（自治县）水行政主管部门责令限期安装或者恢复使用，并按照日最大取水能力计算的取水量和水资源费征收标准计征水资源费，处五千元以上二万元以下罚款。

取水单位或者个人、水工程管理单位不执行水资源调度命令或者决定的，由市、区县（自治县）水行政主管部门处一万元以上五万元以下罚款。

不执行取水量核减决定的，由市、区县（自治县）水行政主管部门处二万元以上十万元以下罚款。

第四十三条　拒不缴纳、拖延缴纳或者拖欠水资源费的，由市、区县（自治县）水行政主管部门责令限期缴纳；逾期不缴纳的，从滞纳之日起按日加收滞纳部分千分之二的滞纳金，并处应缴或者补缴水资源费一倍以上五倍以下的罚款。

第七章　附　　则

第四十四条　本条例所称水工程，是指在江河、湖泊和地下水源上开发、利用、控制、调配和保护水资源的各类工程，包括水库、拦河闸坝、引（调、提）水工程、堤防、水电站（含航运水电枢纽工程）、导流坝、水下隧洞等。

本条例所称江河、湖泊，包括运河、渠道、水库等水域。

第四十五条　本条例自2015年10月1日起施行。

重庆市河长制条例

(2020年12月3日重庆市第五届人民代表大会常务委员会第二十二次会议通过)

第一章 总 则

第一条 为了保障河长制实施,加强河流管理保护工作,筑牢长江上游重要生态屏障,推进生态文明建设,根据《中华人民共和国水污染防治法》等法律、行政法规,结合本市实际,制定本条例。

第二条 本市行政区域内河长制的实施,适用本条例。

第三条 本条例所称河长制,是指按行政区域设立总河长,在所有河流设立河长,负责组织领导、统筹协调水资源保护、水域岸线管理、水污染防治、水环境治理、水生态修复等河流管理保护工作,监督政府相关部门依法履行职责的制度。

河长制实行一河一长、一河一策、一河一档。

本条例所称河流,包括江河、湖泊、水库等。

第四条 河长制坚持生态优先、绿色发展,河长领导、部门联动,综合治理、公众参与的原则,构建责任明确、协调有序、监管严格、保护有力的河流管理保护体制机制。

第五条 市、区县(自治县)人民政府应当统筹使用河流管理保护资金,保障一河一策实施,将河长制工作经费纳入本级政府预算。

鼓励社会资本参与河流管理保护。

第六条 各级人民政府应当开展河流管理保护宣传教育,提高全社会河流管理保护的责任意识和参与意识。

第七条 鼓励和支持河流管理保护科学研究、技术创新、人才培训,推动科技成果转化。

第八条 鼓励公民、法人和非法人组织以捐资、志愿行动等方式,参与河流管理保护与监督。

各级人民政府应当聘请人大代表、政协委员、新闻媒体、群众代表等担任社会监督员,对河流管理保护效果进行监督和评价。

第二章 组 织 体 系

第九条 按照行政区域管理与河流流域管理相结合的原则,建立市、区县(自治县)、乡镇(街道)、村(社区)四级河长体系。

设立市、区县(自治县)、乡镇(街道)总河长、副总河长。各河流流域分级分段设立市、区县(自治县)、乡镇(街道)、村(社区)级河长。

各级总河长、副总河长、河长的确定和调整,依照国家和本市有关规定执行。

第十条 市、区县(自治县)、乡镇(街道)设立河长办公室,作为本级总河长、河长的办事机构,承担河长制具体工作,并配备相应的工作人员。

各级河长办公室主任由本级副总河长担任。市、区县(自治县)河长办公室成员由河长制责任单位和牵头单位的负责人担任。

第十一条 市、区县(自治县)发展改革、教育、经济信息、公安、财政、规划自然资源、生态环境、住房城乡建设、城市管理、交通、水利、农业农村、卫生健康、林业、海事等部门作为本行政区域的河长制责任单位。

市、区县(自治县)根据工作需要,确定相应河流的河长制牵头单位。

第三章 工 作 职 责

第十二条 各级总河长是本行政区域内河长制工作第一责任人,负责河长制工作的组织领导、决策部署和监督检查,统筹解决河长制实施和河流管理保护重大问题。

下级总河长应当落实上级总河长决策事项。

副总河长协助总河长工作。

第十三条 市级河长履行下列主要职责:

(一)落实本级总河长决策事项,组织领导责任河流管理保护工作,督促协调解决重大问题;

(二)审查责任河流一河一策方案并督促实施;

（三）巡查责任河流，每年不少于两次；

（四）明确跨行政区域河流管理保护责任，协调责任河流上下游、左右岸落实联防联控；

（五）监督指导本级河长制责任单位、下级总河长、责任河流河长履行职责；

（六）国家和本市规定的其他职责。

第十四条 区县（自治县）级河长履行下列主要职责：

（一）落实本级总河长决策事项，组织领导责任河流管理保护工作，组织开展突出问题专项整治；

（二）审查责任河流一河一策方案并督促实施；

（三）巡查责任河流，每季度不少于一次，协调解决巡河发现、本级有关部门和下一级河长上报、社会公众反映的有关问题；

（四）统筹责任河流上下游、左右岸、干支流管理保护工作，落实区域联防联控、部门协同联动；

（五）督促本级河长制责任单位、下级总河长、责任河流河长履行职责；

（六）落实市级河长、河长办公室交办事项；

（七）国家和本市规定的其他职责。

第十五条 乡镇（街道）级河长履行下列主要职责：

（一）落实本级总河长决策事项，组织落实责任河流管理保护工作，组织落实河流突出问题清理整治；

（二）巡查责任河流，巡河次数由区县（自治县）总河长确定；

（三）及时协调解决巡河发现和社会公众反映的问题，劝阻涉河违法违规行为，属于上级有关部门职责范围的，按照规定及时向上一级河长、河长办公室或者有关部门报告；

（四）督促指导村（社区）级河长履行职责；

（五）落实上级河长、河长办公室交办事项；

（六）国家和本市规定的其他职责。

第十六条 村（社区）级河长履行下列主要职责：

（一）开展河流管理保护宣传教育；

（二）巡查责任河流，巡河次数由区县（自治县）总河长确定；

（三）及时处理巡河发现的问题，劝阻涉河违法违规行为，并按规定上报；

（四）协助执法部门开展执法工作；

（五）落实上级河长、河长办公室交办的事项。

第十七条 各级河长办公室履行以下主要职责：

（一）落实本级总河长决策事项，拟定河长制年度工作任务；

（二）拟定工作制度并推动实施；

（三）组织开展河长制宣传、教育、培训工作；

（四）统筹编制一河一策方案，建立一河一档，建设、维护河长制信息化系统；

（五）承办河长制工作监督、考核、表彰及河长制社会监督工作；

（六）协助本级河长做好巡河等日常工作；

（七）办理上级河长办公室、本级河长交办和下一级河长上报事项，督促有关部门、单位落实工作任务。

第十八条 河长制责任单位依照职责分工和有关法律法规规定，做好河流管理保护工作，落实上级和本级河长、河长办公室交办事项。

河长制牵头单位依照有关规定，协助相应河长做好河长制相关工作。

第四章 工 作 机 制

第十九条 市、区县（自治县）总河长可以签发总河长令，部署河长制重点工作，解决河流管理保护中的全域性、流域性的重大问题。

市、区县（自治县）级河长可以根据需要签发河长令。

第二十条 按照河长办公室统筹分工确定的河长制责任单位应当根据经济社会发展需要，坚持问题导向、因地制宜、科学合理的原则，开展河流调查，以流域为单元编制和修订一河一策方案。一河一策方案已由上级编制的，原则上不再分河段编制，确有必要的可以细化。

一河一策方案应当征求社会公众、专家、其他河长制责任单位、河长办公室、流经地人民政府的意见，经河长审查后，由本级人民政府批准并组织实施。

一河一策方案应当包括水资源保护、水域岸线管理保护、水污染防治、水环境治理、水生态修复等河流管理保护总体目标、阶段性任务、具体措施等内容。

第二十一条　各级河长可以采取明察暗访、联合巡河、智能巡河等方式开展巡河工作，并做好巡查日志记录。

河长巡河应当重点巡查一河一策方案实施情况、河流水质、侵占河道、超标排污、非法采砂、非法捕捞、破坏航道、日常保洁等，对问题频发河段应当增加巡河次数。

第二十二条　各级总河长每年至少召开一次总河长会议，部署年度河长制工作，研究解决河流管理保护重大问题。

乡镇（街道）级以上河长根据需要召开巡河现场会议、流域专题会议、跨界河流联席会议，落实一河一策方案年度任务，协调解决河流管理保护重点难点问题。

市、区县（自治县）河长办公室应当根据工作需要，组织召开河长制责任单位联席会议，共同推进河长制工作。

第二十三条　各级河长名单、河流水环境质量信息应当公开发布，接受社会监督。

河流岸边显著位置应当设立河长公示牌，载明河流概况、河长姓名及职务、监督举报电话等内容。公示牌所载信息发生变化的，应当及时更新。

第二十四条　市河长办公室应当按照一河一档要求建设全市统一的河流管理保护信息化系统平台。

市、区县（自治县）河长办公室应当建立经济信息、规划自然资源、生态环境、住房城乡建设、城市管理、交通、水利、农业农村、应急、大数据应用发展、气象等部门涉河涉污数据资源共建共享机制，运用大数据智能化等现代化手段服务河长制的决策、管理和监督。

第二十五条　市河长办公室应当建立河长制专家库，为河长制实施提供智力支持和技术支撑。

第二十六条　各级人民政府应当落实河流日常保洁措施，通过政府购买服务、设置公益性岗位等方式，做好河流日常保洁工作。

第二十七条　任何单位和个人有权对河流管理保护中存在的问题以及相关的违法行为进行投诉、举报。

河长、河长办公室或者有关部门接到投诉、举报的，应当如实记录和登记；经核实属实的，应当及时予以处理。处理情况应当反馈投诉、举报人。

地方法规及政府规章

第二十八条 跨区县（自治县）、乡镇（街道）的河流，流经的区县（自治县）、乡镇（街道）应当建立联防联控机制，开展联合巡河、信息通报等工作。

加强跨省河流的联防联控，共同推进河流管理保护工作。

第二十九条 市、区县（自治县）河长制责任单位应当建立健全联动协作、联合执法机制，落实河流管理保护执法监管责任主体，加大执法监管力度。

建立和完善行政执法与刑事司法衔接机制。检察机关应当加强对河流管理保护工作的法律监督，依法提出检察建议、开展公益诉讼。

第五章 监督考核

第三十条 市、区县（自治县）应当将河长履职情况、河长制实施情况纳入督查内容。

各级河长、河长办公室可以根据需要开展专项督查。

第三十一条 市、区县（自治县）应当建立和完善河长制考核制度，对河长履职情况、河长制实施情况进行考核。河长履职情况的考核结果作为领导干部综合考核评价和自然资源资产离任审计的重要依据。河长制责任单位和牵头单位履职情况的考核纳入本级目标管理绩效考核。区县（自治县）、乡镇（街道）河长制实施情况的考核纳入本级经济社会发展业绩考核。

第三十二条 各级总河长、河长有下列行为之一的，由上级河长、河长办公室、监察机关或者本级总河长根据不同情形、后果，依照有关规定进行提醒、约谈、通报；需要追究责任的，依照有关规定处理：

（一）未按照规定巡查责任河流的；

（二）对发现的问题不及时处理或者督促整改不到位的；

（三）未按照规定落实上级、本级总河长的决策事项或者上级河长、河长办公室的交办事项的；

（四）对社会公众反映的问题处理不及时或者处理不当的；

（五）其他未按规定履行河长职责的行为。

第三十三条 各级河长办公室、河长制责任单位、牵头单位有下列行为之一的，由上级河长办公室、本级总河长或者河长根据不同情形、后果，依照有关规定对相关责任人进行提醒、约谈、通报；需要追究责任的，依照有关规定处理：

（一）未落实上级和本级总河长决策事项、河长交办事项的；

（二）对河流突出问题、社会公众反映的问题处置不及时或者处理不当的；

（三）其他未按规定履行河长制相关职责的行为。

第三十四条 河长制工作成绩显著的单位、个人，由市、区县（自治县）按照有关规定给予表彰、奖励。

第六章 附 则

第三十五条 本条例自2021年1月1日起施行。

重庆市湿地保护条例

(2019年9月26日重庆市第五届人民代表大会常务委员会第十二次会议通过)

第一章 总 则

第一条 为了加强湿地保护和管理,维护湿地生态功能和生物多样性,促进湿地资源可持续利用,推进生态文明建设,根据有关法律、行政法规,结合本市实际,制定本条例。

第二条 在本市行政区域内从事湿地规划、保护、利用和管理等活动,适用本条例。

第三条 本条例所称湿地,是指常年或者季节性积水地带、水域,包括沼泽湿地、湖泊湿地、河流湿地等自然湿地,以及重点保护野生动物栖息地或者重点保护野生植物原生地等人工湿地。

本条例所称湿地资源为湿地及依附湿地栖息、繁衍、生存的野生生物资源。

第四条 湿地保护遵循严格保护、分级管理、科学利用、多方参与的原则。

第五条 市、区县(自治县)人民政府应当加强对湿地保护工作的领导,将湿地保护纳入国民经济和社会发展规划,建立政府主导和社会共同参与的湿地保护机制。

林业主管部门负责湿地保护的组织、协调、指导和监督等管理工作。

发展改革、财政、规划自然资源、生态环境、文化旅游、住房城乡建设、城市管理、水利、农业农村等有关部门依据各自职责做好湿地保护相关工作。

乡(镇)人民政府、街道办事处应当做好辖区内的湿地保护管理工作。

村(居)民委员会应当协助政府和有关部门做好湿地保护宣传工作,对破坏湿地的行为及时劝阻并报告湿地保护主管部门。

第六条 市、区县(自治县)人民政府应当将湿地保护管理经费列入财政预算，并建立湿地生态补偿机制。

第七条 市、区县（自治县）人民政府应当建立以生态资产和生态服务价值为核心的湿地保护考核制度，将湿地工作纳入生态文明建设评价考核体系，定期对湿地保护目标完成情况进行考核，确保湿地面积总量不减少，并采取措施，提高湿地保护率，提升湿地质量，改善湿地功能。

第八条 每年十一月第三周为重庆湿地保护宣传周。

各级人民政府及其有关部门、新闻媒体应当组织开展湿地保护宣传教育，普及有关法律、法规和湿地保护科学知识，传播湿地文化，提高全社会湿地保护意识。

第九条 林业主管部门应当组织开展湿地保护管理科学研究，应用推广研究成果，提高湿地保护管理水平。

第十条 鼓励和支持公民、法人和其他组织，以宣传教育、志愿服务、捐赠等形式参与湿地保护。

第二章 规划和名录

第十一条 市规划自然资源部门应当定期组织开展湿地资源调查、评估，建立湿地资源数据档案，发布湿地资源公报。

第十二条 市林业主管部门应当会同有关部门编制市湿地保护规划，报市人民政府批准后实施。

区县（自治县）林业主管部门应当根据市湿地保护规划，组织编制本行政区域湿地保护规划，报本级人民政府批准后实施，同时报市林业主管部门备案。

湿地保护规划应当结合本行政区域湿地生态系统实际状况，明确湿地保护的目标任务、保护范围、实施方案和保障措施等内容。

经批准的湿地保护规划不得擅自修改；确需修改的，应当按照编制程序报原审批机关批准。

第十三条 本市对湿地实行分级保护。按照湿地的生态区位、生态系统功能和生物多样性等重要程度，分为重要湿地和一般湿地。

重要湿地分为国家重要湿地（含国际重要湿地）和市级重要湿地，重要湿地以外的湿地为一般湿地。

市林业主管部门应当会同有关部门制定市级重要湿地和一般湿地的认定标准和管理办法。

第十四条 本市对重要湿地实行名录管理。

申报列入国家重要湿地名录的，按照国家有关规定执行。

市级重要湿地名录由市林业主管部门会同有关部门审核，报市人民政府批准后公布。

湿地名录应当明确湿地的名称、行政区域、地理坐标、总面积、湿地面积、湿地类型、保护方式、主要保护对象、责任主体，以及范围图、湿地类型分布图等图件和矢量数据。

第十五条 符合下列条件之一的，应当列入市级重要湿地名录：

（一）具有湿地生态系统的代表性、稀有性或者独特性的典型湿地；

（二）珍稀濒危湿地物种集中分布地，国家和市重点保护野生动物主要繁殖栖息或者重要迁徙（洄游）的湿地；

（三）生物多样性丰富的湿地；

（四）具有重要的科学研究、历史文化价值的湿地；

（五）其他需要特殊保护的湿地。

第三章 保护和利用

第十六条 区县（自治县）林业主管部门应当对重要湿地勘界立标并与生态保护红线衔接，界标应当标明湿地名称、保护级别、保护范围、设立单位等内容。

禁止任何单位和个人破坏或者擅自改变重要湿地保护界标。

第十七条 市规划自然资源部门应当统筹规划并设置湿地监测站点，完善湿地监测网络，组织、协调有关部门、科研机构以及湿地管理机构对湿地资源、湿地利用状况进行动态监测，对监测获取的湿地资源相关数据实现有效集成、互联共享，并按照有关规定向社会公布。

禁止任何单位和个人破坏湿地监测设施及场地。

第十八条 重要湿地应当采取国家公园、湿地自然保护区、湿地公园的形式进行保护。

具备自然保护区建立条件的湿地，应当依法建立湿地自然保护区。

以保护湿地生态系统、合理利用湿地资源、开展湿地宣传教育和科学研究为目的，并可供开展生态旅游等活动的湿地，可以建立湿地公园。

湿地公园分为国家湿地公园、市级湿地公园。

第十九条 湿地自然保护区的建立和管理按照自然保护区管理有关规定执行。

国家湿地公园的建立、建设和管理，按照有关规定执行。

市级湿地公园的建立，由所在地区县（自治县）林业主管部门经本级人民政府同意后，向市林业主管部门提出书面申请，提交湿地公园总体规划等材料，经市林业主管部门组织专家评审后，报市人民政府批准。

对于跨行政区域市级湿地公园的申报，由所在地人民政府协商一致后，按照申报程序提出申请。

第二十条 建立湿地公园应当编制湿地公园总体规划。

湿地公园的建设和管理应当严格按照湿地公园总体规划执行。湿地公园总体规划变更、调整的，应当报原批准机关审批。

林业主管部门应当对湿地公园总体规划执行情况进行监督检查。

第二十一条 湿地公园实行分区管理。

湿地公园应当划定保育区，保育区除开展保护、监测、科学研究等必需的保护管理活动外，不得进行任何与湿地生态系统保护和管理无关的活动。

根据自然条件和管理需要，可以划分恢复重建区、合理利用区。恢复重建区应当开展培育和恢复湿地的相关活动。合理利用区应当开展以生态展示、科普教育为主的宣传教育活动，可以开展不损害湿地生态系统功能的生态体验及管理服务等活动。

第二十二条 建立湿地公园，应当具备下列条件：

（一）保护管理机构明确；

（二）土地权属清晰，相关权利主体同意作为湿地公园；

（三）边界四至与自然保护区、森林公园等其他自然保护地无重叠或者无交叉。

第二十三条 一般湿地所在地区县（自治县）人民政府应当根据湿地保护实际情况，采取必要管理和技术措施，保持湿地自然和生态特征，防止湿地生态功能退化。

鼓励利用冬水田涵养水源，改善生态环境。

地方法规及政府规章

第二十四条 建设项目应当不占或者少占湿地。

因依法批准立项的国家和本市重大建设工程，确需占用、临时占用湿地的，建设单位应当开展湿地生态功能影响评价，制定湿地保护与修复方案，并依法办理相关手续。相关部门在办理相关手续时，应当征求本级林业主管部门意见。

建设单位应当按照湿地保护与修复方案恢复或者重建湿地，按照湿地保护与修复方案中的保护措施进行施工，减少对湿地生态系统的影响，避免对湿地生态功能的损害。

因占用、临时占用湿地致使湿地所有者、使用者合法权益受到损害的，应当按照有关规定给予补偿；造成湿地生态功能退化的，应当按照"谁破坏、谁修复"原则和相关规定自行开展湿地修复或者委托具备修复能力的第三方机构进行修复。

临时占用湿地期限不超过两年；临时占用期满后，占用单位应当对所占用的湿地进行生态修复。

第二十五条 湿地内禁止下列行为：

（一）开（围）垦、填埋或者排干湿地；

（二）永久性截断湿地水源；

（三）挖沙、采矿；

（四）倾倒有毒有害物质、废弃物、垃圾；

（五）破坏野生动物栖息地和迁徙通道、鱼类洄游通道，滥捕滥采野生动植物；

（六）擅自引进外来物种；

（七）擅自放牧、捕捞、取土、取水、排污、放生；

（八）法律、法规禁止的其他行为。

第二十六条 因气候变化、自然灾害等造成湿地生态功能退化或者破坏，经科学论证需要恢复的，市、区县（自治县）人民政府应当采取生态补水、封育、禁牧、退耕、截污、恢复植被、生态移民等措施，进行重建或者修复改造，逐步恢复湿地生态功能。

第二十七条 利用湿地资源应当符合湿地保护规划，维护湿地资源可持续利用，不得超出湿地资源的承载能力。

在湿地内从事生态旅游、科学研究、调查观测、科普教育等活动，应当避免对湿地生态要素、生态过程、生态服务功能等方面造成破坏。

第四章　法　律　责　任

第二十八条　国家工作人员违反本条例规定，滥用职权、玩忽职守、徇私舞弊的，对直接负责的主管人员和其他直接责任人员依法给予处分；构成犯罪的，依法追究刑事责任。

第二十九条　违反本条例第十六条规定，破坏或者擅自改变重要湿地保护界标的，由界标所在地区县（自治县）林业主管部门责令停止违法行为，限期恢复原状，并处五百元以上两千元以下罚款；情节严重的，处两千元以上五千元以下罚款；造成损失的，应当予以赔偿。

第三十条　违反本条例第十七条规定，破坏湿地保护监测设施及场地的，由监测设施及场地的管理部门责令停止违法行为，限期恢复原状，并处五千元以上两万元以下罚款。

第三十一条　违反本条例第二十四条规定，占用、临时占用湿地的，由区县（自治县）林业主管部门责令停止违法行为，限期恢复原有生态功能或者采取其他补救措施，并处非法占用湿地每平方米一百元以上五百元以下罚款；拒不修复或者未按相关规定进行修复的，处以生态功能退化湿地每平方米一千元以上五千元以下罚款。

第三十二条　违反本条例第二十五条规定的，区县（自治县）林业主管部门应当责令停止违法行为，限期恢复原有生态功能或者采取其他补救措施，并处五千元以上五万元以下罚款；造成严重后果的，处五万元以上五十万元以下罚款；有违法所得的，没收违法所得；构成犯罪的，依法追究刑事责任。

第三十三条　其他法律、法规对本条例规定的违法行为另有行政处罚规定的，适用其规定。

第五章　附　　则

第三十四条　本条例自2019年12月1日起施行。

重庆市水污染防治条例

(2020年7月30日重庆市第五届人民代表大会常务委员会第二十次会议通过)

第一章 总 则

第一条 为了保护和改善环境,防治水污染,保护水生态,保障饮用水安全,维护公众健康,推进生态文明建设,促进经济社会可持续发展,根据《中华人民共和国环境保护法》《中华人民共和国水污染防治法》等法律、行政法规,结合本市实际,制定本条例。

第二条 本市行政区域内的江河、湖泊、渠道、水库等地表水体和地下水体的污染防治适用本条例。

第三条 水污染防治应当坚持保护优先、预防为主、防治结合、综合治理、公众参与、损害担责的原则。

第四条 市、区县(自治县)人民政府应当将水环境保护工作纳入国民经济和社会发展规划,将水环境保护目标完成情况作为对本级人民政府有关部门及其负责人和下级人民政府及其负责人考核评价的重要内容。

各级人民政府对本行政区域内的水环境质量负责,应当及时采取措施防治水污染。

第五条 本市实行河长制,各级河长分级分段组织领导、统筹协调本行政区域内相应江河湖库的水资源保护、水域岸线管理、水污染防治、水环境治理等工作,依法监督相关单位履行职责。

第六条 市、区县(自治县)生态环境主管部门对本行政区域内的水污染防治实施统一监督管理。

发展改革、经济信息、规划自然资源、住房城乡建设、城市管理、交通、水利、农业农村、卫生健康、市场监督管理、海事、税务等有关部门依法在各自职责范围内对水污染防治实施监督管理。

第七条 市、区县(自治县)人民政府应当将水环境保护的投入纳入本级政府预算。

鼓励创新投融资机制，引导社会资本投入，多渠道筹集水污染防治资金。

市、区县（自治县）人民政府应当建立健全水环境生态保护补偿机制，推进实施水生态环境损害赔偿制度。

第八条 市、区县（自治县）人民政府应当加强与周边地区的协作配合，完善水环境监测设施设备，共享水环境保护相关信息，共同预防和治理水污染、保护水环境。

第九条 各级人民政府应当加强水环境保护的宣传教育，普及相关科学知识，增强全社会水环境保护意识，引导公众参与水环境保护工作。

鼓励、支持水污染防治的科学技术研究和先进适用技术的推广应用。

第十条 任何单位和个人都有义务保护水环境，并有权对污染损害水环境的行为进行检举。

第二章 规划与监督管理

第十一条 长江干流适用的水环境功能类别执行国家规定。

流域面积在一百平方公里以上的次级河流或者跨区县（自治县）的次级河流适用的水环境功能类别，由市生态环境主管部门提出方案，报市人民政府批准。

其他次级河流适用的水环境功能类别，由区县（自治县）生态环境主管部门提出方案，报本级人民政府批准，并报市生态环境主管部门备案。

市、区县（自治县）人民政府应当采取有效措施，确保本行政区域内的水环境功能达到国家和本市规定的水环境质量标准。

第十二条 本市行政区域内跨区县（自治县）江河湖库的流域水污染防治规划，应当根据国家确定的长江流域水污染防治规划和实际情况，由市生态环境主管部门会同市水行政等部门和有关区县（自治县）人民政府编制，报市人民政府批准，并报国务院备案。

市、区县（自治县）人民政府应当根据依法批准的江河湖库的流域水污染防治规划，制定本行政区域的水污染防治规划并组织实施。

经批准的水污染防治规划是防治水污染的基本依据，规划的修订须经原批准机关批准。

第十三条 区县（自治县）人民政府应当按照水污染防治规划确定的水环境质量改善目标要求，制定限期达标规划，采取措施按期达标。

区县（自治县）人民政府应当将限期达标规划报市人民政府备案，并向社会公开。

第十四条 本市对重点水污染物排放实施总量控制制度。区县（自治县）人民政府应当采取有效措施，确保重点水污染物排放总量控制在核定指标内。

对可能超过重点水污染物排放总量控制指标或者未完成水污染防治年度目标的区域，市生态环境主管部门应当约谈该地区人民政府的分管负责人。对超过重点水污染物排放总量控制指标或者未完成水环境质量改善目标的区域，市生态环境主管部门应当会同有关部门约谈该地区人民政府的主要负责人，并暂停审批新增重点水污染物排放总量的建设项目的环境影响评价文件。约谈情况应当向社会公开。

第十五条 新建、改建、扩建直接或者间接向水体排放污染物的建设项目和其他水上设施，应当依法进行环境影响评价。

建设项目的水污染防治设施，应当与主体工程同时设计、同时施工、同时投入使用。水污染防治设施应当符合经批准或者备案的环境影响评价文件的要求。

第十六条 向水体排放水污染物，不得超过国家或者本市规定的水污染物排放标准和重点水污染排放总量控制指标。

直接或者间接向水体排放工业废水和医疗污水以及其他按照规定应当取得排污许可证方可排放废水、污水的企业事业单位和其他生产经营者，城乡污水集中处理设施的运营单位，应当按照规定取得排污许可证。排污许可证应当明确排放水污染物的种类、浓度、总量和排放去向等要求。

禁止企业事业单位和其他生产经营者无排污许可证或者违反排污许可证的规定向水体排放废水、污水。

第十七条 企业事业单位和其他生产经营者应当按照相关要求依法设置排污口，并确保排污口污水达标排放。

排污口应当设置明显标志牌，标明监督管理单位和投诉举报电话等。

第十八条 企业事业单位和其他生产经营者应当保持水污染防治设施的正常使用，如实记录污染防治设施的运行、维护和污染物排放等情况备查。

实行排污许可管理的企业事业单位和其他生产经营者应当按照国家有关规定和监测规范，对所排放的水污染物自行监测，保存原始监测记录，并对监测数据的真实性和准确性负责。

重点排污单位应当按照国家和本市有关规定安装水污染物排放自动监测设备，与生态环境主管部门的监控设备联网，并保证监测设备正常运行。

禁止利用渗井、渗坑、裂隙、溶洞，私设暗管，篡改、伪造监测数据，或者不正常运行水污染防治设施等逃避监管的方式排放水污染物。

第十九条　本市建立水环境质量监测和水污染物排放监测制度。

市生态环境主管部门按照国家有关规定会同市水行政等部门组织监测网络，统一规划、设置水环境质量监测站（点），建立水环境质量监测数据共享机制，统一组织开展水环境质量监测，定期发布水环境状况信息、评价区县（自治县）人民政府水环境质量目标完成情况。

第二十条　生态环境主管部门和有关监督管理部门，有权对管辖范围内企业事业单位和其他生产经营者的污染物排放情况、污染防治情况、环境风险防范情况以及各项环境保护法律制度的执行情况进行现场检查。被检查者应当提供必要资料，如实反映情况，不得拒绝、阻扰和拖延检查。检查者应当出示有关证件，并为被检查者保守检查中获取的商业秘密。

现场检查可以采取采样、检测、摄影、摄像、文字记录和查阅、复制有关资料等方式，检查结果应当作为实施监督管理的依据。

第二十一条　市规划自然资源部门应当统筹山水林田湖草等生态要素，指导区县（自治县）人民政府健全生态环境空间管控体系，划定绿化缓冲带，并由区县（自治县）人民政府组织实施。

长江、嘉陵江防洪标准水位或者防洪护岸工程划定的河道管理范围外侧，城镇规划建设用地内尚未建设的区域应当控制不少于五十米的绿化缓冲带，非城镇建设用地区域应当控制不少于一百米的绿化缓冲带。长江、嘉陵江的一级支流河道管理范围外侧，城镇规划建设用地内尚未建设的区域应当控制不少于三十米的绿化缓冲带，非城镇建设用地区域应当控制不少于一百米的绿化缓冲带。长江、嘉陵江的二级、三级支流河道管理范围外侧，城镇规划建设用地内尚未建设的区域应当控制不少于十米的绿化缓冲带。

绿化缓冲带内应当保持原有的状况和自然形态，原则上应当为绿地，除护岸工程、市政设施等必要的建设外，禁止修建任何建筑物和构筑物。禁止破坏生态环境的行为,对已有人为破坏的应当进行生态修复。

第二十二条 市、区县(自治县)人民政府开发、利用和调节、调度水资源时,应当统筹兼顾,维持江河的合理流量和湖泊、水库以及地下水体的合理水位,保障基本生态用水,维护水体的生态功能。

市、区县(自治县)水行政部门应当会同生态环境、发展改革、交通等有关部门加强江河湖库水量调度管理,完善水量调度方案,协调好生活、生产经营和生态环境用水;采取闸坝联合调度、生态补水等措施,合理安排闸坝下泄水量和泄流时段,维护河湖基本生态用水需求,重点保障枯水期生态基流;加大水利工程建设力度,发挥好控制性水利工程在改善水质中的作用。

第二十三条 市生态环境主管部门会同市水行政等部门指导区县(自治县)人民政府对跨区县(自治县)的流域建立上下游水污染防治联防联治工作机制。

区县(自治县)生态环境主管部门发现本行政区域内出(入)境水体断面重点污染物超标时,应当及时向市生态环境主管部门和本级人民政府报告,并同时向该断面的上(下)游区县(自治县)生态环境主管部门通报。位于该断面上游的区县(自治县)人民政府在接到报告或者相关情况通报后,应当及时采取综合治理措施,削减重点污染物排放量。

区县(自治县)水环境质量状况应当向社会公布。

第二十四条 市、区县(自治县)人民政府应当建立水环境风险防范体系,制定突发环境事件应急预案。

水环境受到严重污染,发生或者可能发生危害人体健康和安全的紧急情况的,市、区县(自治县)人民政府应当立即启动应急预案,必要时可以责令有关企业事业单位和其他生产经营者采取限制生产、停产等临时性应急措施。

因严重干旱等不可抗力导致水体水质达不到水环境功能类别要求的,必要时市、区县(自治县)人民政府可以根据企业事业单位和其他生产经营者的水污染物排放情况,对企业事业单位和其他生产经营者采取限制生产、停产等措施。

第二十五条 市、区县(自治县)人民政府及其有关部门、可能发生水污染事故的企业事业单位和其他生产经营者,应当按照国家和本市有关规定做好突发水污染事故的应急准备、应急处置和事后恢复等工作。

水污染事故处置及事后恢复所需费用，由造成水污染事故的企业事业单位或者生产经营者承担。

第二十六条　鼓励企业事业单位和其他生产经营者根据环境安全的需要，投保环境污染责任保险。

第三章　水污染防治措施

第二十七条　化学品生产企业以及工业集聚区、矿山开采区、尾矿库、危险废物处置场、垃圾填埋场等的运营、管理单位，应当采取防渗漏、防垮塌等措施，并建设地下水水质监测井进行监测，防止地下水污染。

加油站等的地下油罐应当使用双层罐或者采取建造防渗池等其他有效措施，并进行防渗漏监测，防止地下水污染。

禁止利用无防渗漏措施的沟渠、坑塘等输送或者存贮含有毒污染物的废水、含病原体的污水和其他废弃物。

第二十八条　本市严格执行产业投资禁投相关规定。

除在安全或者产业布局等方面有特殊要求的项目外，新建有污染物排放的工业项目应当进入工业集聚区。新建化工项目应当进入全市统一布局的化工产业集聚区。

新建化工产业集聚区、工业集聚区应当按照国家和本市规定，与长江、嘉陵江、乌江岸线保持相应距离。禁止在长江、嘉陵江、乌江岸线一公里范围内布局新建重化工、纸浆制造、印染等存在环境风险的项目。禁止在化工产业集聚区外扩建化工项目。

鼓励现有工业项目、化工项目分别搬入工业集聚区、化工产业集聚区。

第二十九条　工业集聚区应当按照有关规定配套建设相应的污水集中处理设施，安装自动监测设备，与生态环境主管部门的监控设备联网，并保证监测设备正常运行。

工业集聚区内的企业向污水集中处理设施排放工业废水的，应当按照国家有关规定进行预处理，达到集中处理设施处理工艺要求后方可排放。工业集聚区污水集中处理设施的运营单位应当将污水集中处理达到规定标准后排放，并对出水水质负责。

工业集聚区内的项目对水环境存在安全隐患的,应当建立车间、工厂和集聚区三级环境风险防范体系。

第三十条 市、区县(自治县)人民政府应当按照国家和本市有关规定,组织建设城乡生活污水集中处理设施,并配套建设排水管网。

鼓励城乡生活污水集中处理设施采取双回路供电。

第三十一条 新建排水管网应当实施雨水、污水分流,改建、扩建排水管网不得将雨水管网、污水管网相互混接。

现有排水设施应当实施雨水、污水分流改造。暂不具备改造条件的,应当合理设置调蓄设施,减少溢流污染对受纳水体的影响。

禁止从事餐饮、洗浴、洗涤、洗车等经营活动的单位和个人向雨水收集系统排放污水或者倾倒垃圾等废弃物。

第三十二条 排入城乡生活污水集中处理设施的水污染物,应当符合国家和本市规定的水污染物排放标准。

第三十三条 城乡生活污水集中处理设施的运营单位,应当保持处理设施的正常运行,符合国家和本市规定的排放标准,并对城乡生活污水集中处理设施的出水水质负责。

城乡生活污水集中处理设施的运营单位或者污泥处理处置单位应当安全处理处置污泥,保证处理处置后的污泥符合国家标准,并对污泥的去向等进行记录,防止造成二次污染。

第三十四条 市、区县(自治县)人民政府应当制定并实施海绵城市规划,加强对初期雨水的排放调控和污染防治。

第三十五条 禁止向水体或者在江河湖库最高水位线以下和经雨水冲刷可能进入水体的滩地和岸坡,倾倒、堆放、存贮固体废弃物和其他污染物。现有污染物,由所在地区县(自治县)人民政府组织清除并进行无害化处理。

水体中的漂浮物,由所在地区县(自治县)人民政府组织打捞。

禁止在水体清洗装贮过或者附有油类、有毒有害物质的车辆、容器及其他物品。

第三十六条 船舶航行、停泊、作业,应当按照国家有关规定配置和运行相应的防污设备和器材,并持有合法有效的防止水域环境污染的证书与文书,防止船舶污染物污染水体。

船舶进行涉及污染物排放的作业，应当严格遵守操作规程，并在相应的记录簿上如实记载。

船舶配置的污染物处理、储存设备，确因损害无法使用的，应当立即向就近的海事管理机构报告，并限期修复或者重新安装投入使用，修复期内禁止向水体排放船舶污染物。

第三十七条　船舶装载运输油类或者有毒货物，应当制定防止船舶溢漏预案，采取防溢流、防渗漏、防坠落等措施，防止货物污染水体。发生海损或者货物落水事故，船主应当立即采取措施控制、消除污染，并就近向海事管理机构和有关区县（自治县）人民政府报告。

第三十八条　船舶及有关作业单位从事船舶清舱、洗舱，进行船舶水上拆解、打捞或者其他水上、水下船舶施工等有污染风险的作业活动，应当按照有关法律法规和标准，采取有效措施，防止造成水污染。海事管理机构、农业农村部门应当加强对船舶及有关作业活动的监督管理。

船舶进行散装液体污染危害性货物的过驳作业，应当编制作业方案，采取有效的安全和污染防治措施，并报作业地海事管理机构批准。

禁止采取冲滩方式进行船舶拆解作业。

第三十九条　船舶的餐厨垃圾应当贮存在专门的容器中，收集上岸集中处置。餐厨垃圾的处置情况应当如实记录。

禁止向水体倾倒垃圾，排放残油、废油。

推进船舶污水收集上岸集中处置。含油污水、生活污水应当经过处理，达到排放标准后排放；禁止直接向水体排放未经处理的含油污水、生活污水。

第四十条　市、区县（自治县）人民政府应当在港口、码头、装卸站和船舶修造厂统筹规划建设船舶污染物、废弃物的接收、转运和处理处置设施，组织相关部门建立船舶水污染物处置联合监管制度。

第四十一条　水行政、农业农村等有关部门应当指导农业生产者控制、减少农业用水总量，推广农业节水技术，实行源头减量。

农业农村部门应当指导农业生产者科学合理施用化肥和农药，推广测土配方施肥技术和高效低毒低残留农药，推进化肥和农药减量使用，推广农业废弃物的无害化处理和资源化利用，防止造成水污染。供销合作社应当建立健全农田残膜回收处置制度并组织实施。

毗邻江河湖库的农田，所在地区县（自治县）人民政府应当引导发展绿色农业，防止农业面源污染。

禁止在长江干流和重要支流河道管理范围内的非耕地上从事种植等生产经营活动。

禁止使用农药及其他有毒物毒杀、捕捞水生生物。

第四十二条　禁止在下列区域内建立畜禽养殖场、发展养殖专业户：

（一）饮用水水源保护区、风景名胜区、湿地公园、森林公园；

（二）自然保护区的核心区和缓冲区；

（三）主城区各街道辖区，其他区县（自治县）的城市建成区以及绕城高速公路环线以内的其他区域，以及除前述区域以外的其他城镇居民区、文化教育科学研究区等人口集中区域；

（四）长江干流和重要支流水域及其两百米内的陆域；

（五）法律、法规规定需特殊保护的其他区域。

第四十三条　主城区的畜禽禁养区由市生态环境主管部门会同市农业农村部门提出方案，报市人民政府批准；其他区域的畜禽禁养区由区县（自治县）生态环境主管部门会同本级农业农村部门提出方案，报本级人民政府批准。

畜禽限养区由区县（自治县）生态环境主管部门会同本级农业农村部门提出方案，报本级人民政府批准。限养区实行畜禽养殖排放量或者存栏总量控制。畜禽养殖排放量和存栏总量由农业农村部门会同生态环境等主管部门根据区域、流域的环境承载能力确定。

第四十四条　区县（自治县）农业农村部门编制的本行政区域内畜禽养殖发展规划和养殖水域滩涂规划应当考虑水环境保护的需要，并与畜禽养殖污染防治规划相衔接。

第四十五条　畜禽养殖场应当根据养殖规模和污染防治需要，建设综合利用和无害化处理设施；委托他人对畜禽养殖废弃物代为综合利用和无害化处理的，应当建设配套的暂存设施，可以不自行建设其他处理设施。

未建设污染防治配套设施、自行建设的配套设施不合格，或者未委托他人对畜禽养殖废弃物进行综合利用和无害化处理的，畜禽养殖场不得投入生产或者使用。

第四十六条　养殖专业户应当根据养殖污染防治要求，实行雨水、污水分流，建设相应的畜禽粪便、污水贮存设施，及时对畜禽粪便、污水进行收集、贮存、处理，防止污染水体。

第四十七条 鼓励和支持采取种植和养殖相结合等方式消纳利用畜禽养殖废弃物，促进畜禽粪便、污水等废弃物就地就近利用。

第四十八条 从事水产养殖应当保护水域生态环境，科学确定养殖密度，合理投饵和使用药物，防止污染水环境。

禁止从事对水体有污染的网箱、网栏养殖。

禁止采用向水体投放化肥、粪便、动物尸体（肢体、内脏）、动物源性饲料等污染水体的方式从事水产养殖。

第四十九条 在本市生产、销售、使用洗涤制品，其总磷酸盐含量应当符合国家环境标志产品技术要求。

第四章 饮用水水源保护

第五十条 本市按照国家规定，建立饮用水水源保护区制度，并划定一级保护区、二级保护区；必要时，可以在饮用水水源保护区外围划定一定的区域作为准保护区。

对划定的饮用水水源保护区，市、区县（自治县）人民政府应当按照规定统一设立明确的地理界标和明显的警示标志。

禁止任何单位和个人损毁、涂改或者擅自移动饮用水水源保护区地理界标和警示标志。

第五十一条 乡镇人民政府、街道办事处应当对本辖区内饮用水水源的污染防治工作建立日常巡查制度。

饮用水水源地的管理单位、取水单位应当按照各自职责开展巡查工作，组织对饮用水水源地和相关设施进行巡查，并做好巡查记录。对巡查中发现可能造成饮用水水源污染的行为，应当劝阻和制止；劝阻和制止无效的，应当向有关执法机关报告，由有关执法机关依法处置。

第五十二条 在饮用水水源准保护区内禁止下列行为：

（一）设置排污口；

（二）新建、扩建对水体污染严重的建设项目，改建增加排污量的建设项目；

（三）堆放、存贮可能造成水体污染的物品；

（四）违反法律、法规规定的其他行为。

第五十三条 在饮用水水源二级保护区内，除遵守准保护区管理规定外，还应当禁止下列行为：

（一）新建、改建、扩建排放污染物的建设项目；

（二）设置从事危险化学品、煤炭、矿砂、水泥等装卸作业的货运码头、建筑物、构筑物；

（三）设置水上经营性餐饮、娱乐设施；

（四）从事采砂、对水体有污染的水产养殖、放养畜禽等活动；

（五）新增使用农药、化肥的农业种植和经济林。

对前款第一项中已建成的排放污染物的建设项目，由区县（自治县）人民政府责令拆除或者关闭。对第五项中已有的农业种植和经济林，由区县（自治县）人民政府责令有序调整为绿色农业。

在饮用水水源二级保护区内从事网箱养殖、旅游等活动的，应当按照规定采取措施，防止污染饮用水水体。

第五十四条 在饮用水水源一级保护区内，除遵守准保护区、二级保护区管理规定外，还应当禁止下列行为：

（一）新建、改建、扩建与供水设施和保护水源无关的建设项目；

（二）从事网箱养殖、旅游、游泳、垂钓或者其他可能污染饮用水水体的活动；

（三）新增农业种植。

对前款第一项中已建成的与供水设施和保护水源无关的建设项目，由区县（自治县）人民政府责令拆除或者关闭。对第三项中已有的农业种植，区县（自治县）人民政府应当制定限期退出计划，并组织实施。

第五十五条 市、区县（自治县）人民政府应当按照国家要求组织生态环境等主管部门，对饮用水水源保护区、地下水型饮用水水源的补给区以及供水单位周边区域的环境状况和污染风险进行调查评估，筛查可能存在的污染风险因素，并采取相应的风险防范措施。

饮用水水源受到污染可能威胁供水安全时，生态环境主管部门应当责令相关企业事业单位和其他生产经营者采取停止排放水污染物等措施，通报饮用水供水单位和城市管理、水行政、卫生健康等部门，并报告本级人民政府。所在地区县（自治县）人民政府应当及时向社会公布有关信息，可能影响下游地区饮用水供水安全的，还应当及时向下游区县（自治县）人民政府通报情况。

所在地区县（自治县）人民政府、有关主管部门、造成污染的企业事业单位和其他生产经营者应当立即采取措施消除污染。

第五十六条　单一水源供水的区县（自治县）人民政府应当建设应急水源或者备用水源，有条件的区县（自治县）可以开展区域联网供水。

区县（自治县）人民政府应当合理安排、布局农村饮用水水源，有条件的地区可以采取城镇供水管网延伸或者建设跨村、跨乡镇联片集中供水工程等方式，发展规模集中供水。

第五十七条　区县（自治县）人民政府应当组织编制饮用水安全突发事件应急预案，建立健全饮用水水源应急保障体系，确保应急状态下的饮用水供应。

饮用水供水单位应当根据所在地饮用水安全突发事件应急预案，制定相应的突发事件应急方案，报所在地区县（自治县）人民政府备案，并定期进行演练。

饮用水水源发生水污染事故，或者发生其他可能影响饮用水安全的突发性事件，饮用水供水单位应当采取应急处理措施，向所在地区县（自治县）人民政府报告，并向社会公开。有关人民政府应当根据情况及时启动应急预案，采取有效措施，保障供水安全。

第五十八条　在饮用水水源保护区内保留的原住居民以及在饮用水水源二级保护区内针对原住居民的非经营性住房等建设项目，产生的生活污水应当进行收集处理，处理后的污水应当引到保护区外排放。不具备外引条件的，应当通过农田灌溉、植树、造林等方式回用，或者排入湿地进行二次处理。饮用水水源保护区内现有生活污水排污口，由所在地区县（自治县）人民政府限期拆除。

第五十九条　穿越饮用水水源保护区的道路和桥梁应当安装视频监控，严格控制有毒有害物质与危险化学品运输；跨越或者与水体并行的路桥两侧应当建设防撞栏、桥面径流收集系统等事故应急防护工程设施。

禁止任何单位和个人损毁或者擅自移动前款规定的视频监控、事故应急防护工程设施。

第五章 法律责任

第六十条 生态环境主管部门或者其他依照本条例规定行使监督管理权的部门及其工作人员有下列情形之一的,由其所在单位上级主管机关或者监察机关对直接负责的主管人员和其他直接责任人员依法给予处分;构成犯罪的,依法追究刑事责任:

(一)不依法作出行政许可或者办理批准文件的;

(二)未按照规定实施行政处罚或者违法采取行政措施的;

(三)发现违法行为或者接到违法行为举报后不予查处的;

(四)其他未依照本条例规定履行职责行为的。

第六十一条 违反本条例规定,有下列行为之一的,由生态环境主管部门责令改正或者责令限制生产、停产整治,并处十万元以上一百万元以下的罚款;情节严重的,报经有批准权的人民政府批准,责令停业、关闭:

(一)未依法取得排污许可证排放水污染物的;

(二)超过水污染物排放标准或者超过重点水污染物排放总量控制指标排放水污染物的;

(三)利用渗井、渗坑、裂隙、溶洞,私设暗管,篡改、伪造监测数据,或者不正常运行水污染防治设施等逃避监管的方式排放水污染物的;

(四)未按照规定进行预处理,向污水集中处理设施排放不符合处理工艺要求的工业废水的。

第六十二条 违反本条例规定,向雨水收集系统排放污水或者倾倒垃圾等废弃物的,由住房城乡建设部门责令改正,给予警告;逾期不改正或者造成严重后果的,对单位处十万元以上二十万元以下的罚款,对个人处二万元以上十万元以下罚款;造成损失的,依法承担赔偿责任。

第六十三条 违反本条例规定,在饮用水水源保护区内设置排污口的,由区县(自治县)人民政府责令限期拆除,处十万元以上五十万元以下的罚款;逾期不拆除的,强制拆除,所需费用由违法者承担,处五十万元以上一百万元以下的罚款,并可以责令停产整治。

除前款规定外,违反法律、行政法规和国务院生态环境主管部门的规定设置排污口的,由生态环境主管部门责令限期拆除,处二万元以上十万元以下的罚款；逾期不拆除的，强制拆除，所需费用由违法者承担，处十万元以上五十万元以下的罚款；情节严重的，可以责令停产整治。

第六十四条 违反本条例规定，城乡生活污水集中处理设施的运营单位或者污泥处理处置单位，处理处置后的污泥不符合国家标准，或者对污泥去向等未进行记录的，由住房城乡建设部门责令限期采取治理措施，给予警告；造成严重后果的，处十万元以上二十万元以下的罚款；逾期不采取治理措施的，住房城乡建设部门可以指定有治理能力的单位代为治理，所需费用由违法者承担。

第六十五条 违反本条例规定，有下列情形之一的，由生态环境主管部门责令停止违法行为，限期采取治理措施，消除污染，并处二万元以上二十万元以下的罚款；逾期不采取治理措施的，生态环境主管部门可以指定有治理能力的单位代为治理，所需费用由违法者承担：

（一）向水体或者在江河湖库最高水位线以下以及经雨水冲刷可能进入水体的滩地、岸坡倾倒、堆放、存贮固体废弃物或者其他污染物的；

（二）在水体清洗装贮过或者附有油类、有毒有害物质的车辆、容器及其他物品的。

第六十六条 违反本条例规定，有下列行为之一的，由海事管理机构、农业农村部门根据职责分工，按照以下规定进行处理：

（一）船舶未配置或者不正常运行相应的防污染设备和器材，或者未持有合法有效的防止水域环境污染的证书与文书的，责令限期改正，处二千元以上二万元以下的罚款；逾期不改正的，责令船舶临时停航。

（二）船舶进行涉及污染物排放的作业，未遵守操作规程或者未在相应的记录簿上如实记载的，责令改正，处二千元以上二万元以下的罚款。

（三）直接向水体排放未经处理或者处理不达标的含油污水、生活污水的，责令停止违法行为，处五千元以上三万元以下的罚款。

（四）船舶装载运输油类或者有毒货物，未制定防止船舶溢漏应急预案的，或者未采取防溢流、防渗漏、防坠落等措施的；发生海损事故或者货物落水事故未立即采取措施控制和消除污染以及迟报、谎报、漏报、瞒报的，责令停止违法行为，处一万元以上十万元以下的罚款；造成水污染的，责令限期采取治理措施，消除污染，处二万元以上二十万元以下的罚款；逾期不采取治理措施的，可以指定有治理能力的单位代为治理，所需费用由船舶承担。

(五)从事船舶清舱、洗舱、污染危害性货物过驳,进行船舶打捞或者其他水上、水下船舶施工作业,未按规定采取有效措施的,责令停止违法行为,处一万元以上十万元以下的罚款;造成水污染的,责令限期采取治理措施,消除污染,处二万元以上二十万元以下的罚款;逾期不采取治理措施的,可以指定有治理能力的单位代为治理,所需费用由船舶承担。

(六)向水体倾倒船舶垃圾或者排放残油、废油的,或者未经作业地海事管理机构批准,船舶进行散装液体污染危害性货物的过驳作业的,或者以冲滩方式进行船舶拆解的,责令停止违法行为,处一万元以上十万元以下的罚款;造成水污染的,责令限期采取治理措施,消除污染,处二万元以上二十万元以下的罚款;逾期不采取治理措施的,可以指定有治理能力的单位代为治理,所需费用由船舶承担。

(七)未将餐厨垃圾贮存在专门的容器中,收集上岸集中处置的,或者未如实记录处置情况的,责令改正,处二千元以上二万元以下的罚款。

第六十七条　违反本条例规定,有下列行为之一的,按下列规定处罚:

(一)在长江干流和重要支流河道管理范围内非耕地上从事种植等生产经营活动,由生态环境、水行政、农业农村等部门按照职责分工责令停止违法行为,对单位处一万元以上十万元以下的罚款,对个人处二百元以上一千元以下的罚款;已有的种植等生产经营活动,由所在地区县(自治县)人民政府组织有序退出。

(二)使用农药及其他有毒物毒杀、捕捞水生物的,由农业农村部门依据有关法律法规予以处罚。

(三)从事对水体有污染的网箱、网栏养殖的,由农业农村部门责令停止违法行为,处二万元以上十万元以下的罚款,并责令拆除网箱养殖设施。

(四)向水体以投放化肥、粪便、动物尸体(肢体、内脏)、动物源性饲料等污染水体的方式从事水产养殖的,由农业农村部门责令停止违法行为,处一万元以上十万元以下的罚款。

(五)在本市生产、销售、使用总磷酸盐含量不符合国家环境标志产品技术要求的洗涤制品的,分别由市场监督管理、生态环境部门依据有关法律法规进行处罚。

第六十八条　违反本条例规定,损毁、涂改或者擅自移动饮用水水源保护区的地理界标或者警示标志的，或者损毁、擅自移动视频监控、事故应急防护工程设施的，由生态环境主管部门责令恢复原状，对单位处五千元以上二万元以下罚款，对个人处二千元以上五千元以下罚款。

第六十九条 违反本条例规定，有下列行为之一的，由生态环境主管部门责令停止违法行为，处十万元以上五十万元以下的罚款；并报经有批准权的人民政府批准，责令拆除或者关闭：

（一）在饮用水水源一级保护区内新建、改建、扩建与供水设施和保护水源无关的建设项目的；

（二）在饮用水水源二级保护区内新建、改建、扩建排放污染物的建设项目的；

（三）在饮用水水源准保护区内新建、扩建对水体污染严重的建设项目，或者改建建设项目增加排污量的。

第七十条 违反本条例规定，在饮用水水源一级保护区内从事网箱养殖的，由生态环境主管部门责令停止违法行为，处二万元以上十万元以下的罚款。

违反本条例规定，有下列行为之一的，由生态环境主管部门责令停止违法行为，对单位处二万元以上十万元以下的罚款，对个人可以处五百元以下的罚款：

（一）在饮用水水源一级保护区内，从事旅游、游泳、垂钓等活动的；

（二）在饮用水水源一级、二级保护区内，设置水上经营性餐饮、娱乐设施，从事采砂、对水体有污染的水产养殖、放养畜禽等活动的；

（三）在饮用水水源一级、二级以及准保护区内，堆放、存贮可能造成水体污染的物品的；

（四）在饮用水水源一级保护区内新增农业种植以及在饮用水水源二级保护区内新增使用农药、化肥的农业种植或者经济林的；

（五）在饮用水水源保护区内从事其他可能污染饮用水水体的活动的。

第七十一条 违反本条例规定，养殖专业户未实行雨污分流，未建设相应的畜禽粪便、污水贮存设施，未及时对畜禽粪便、污水进行收集、贮存、处理的，由生态环境主管部门责令改正，处二千元以上一万元以下的罚款。

第七十二条 企业事业单位和其他生产经营者拒不履行市、区县（自治县）人民政府或者生态环境主管部门作出的责令停产、停业、关闭或者停产整治决定，继续违法生产的，市、区县（自治县）人民政府可以作出停止或者限制向违法企业事业单位和其他生产经营者供应生产所需水、电的决定。

第七十三条 因排放污染物给水环境造成危害的，排污方应当排除危害。

因水污染引起的损害赔偿责任和赔偿金额的纠纷，可以根据当事人的请求，由生态环境主管部门或者海事管理机构、农业农村部门按照职责分工调解处理；调解不成的，当事人可以向人民法院提起诉讼。当事人也可以直接向人民法院提起诉讼。

第六章 附 则

第七十四条 本条例下列用语的含义：

（一）有毒有害物质，是指列入《危险货物品名表》《危险化学品名录》《国家危险废物名录》《剧毒化学品目录》和《优先控制化学品名录》的物质及其他具有毒性、可能污染环境的物质。

（二）污染危害性货物，是指直接或者间接进入水域，会产生损害生物资源、危害人体健康、妨害渔业和其他合法活动、损害水体使用素质和减损环境质量等有害影响的货物。

（三）动物源性饲料，是指以动物或者动物副产品为原料，经工业化加工、制作的单一饲料。

（四）重要支流，是指重庆境内除长江干流外，流域面积在一千平方公里以上的河流。

（五）散养户，是指常年存栏生猪当量大于等于一头小于二十头的畜禽养殖户。

（六）养殖专业户，是指常年存栏生猪当量大于等于二十头小于二百头的畜禽养殖户。

（七）畜禽养殖场，是指常年存栏生猪当量大于等于二百头的畜禽养殖场。

第七十五条 市、区县（自治县）生态环境主管部门行使的行政处罚权，分别由市、区县（自治县）生态环境保护综合执法机构实施。

第七十六条 本条例自2020年10月1日起施行。2011年7月29日重庆市第三届人民代表大会常务委员会第二十五次会议通过的《重庆市长江三峡水库库区及流域水污染防治条例》同时废止。

重庆市河道采砂管理办法

(2016年12月8日重庆市人民政府第150次常务会议通过 2016年12月23日重庆市人民政府令第310号公布 自2017年2月1日起施行)

第一条 为了加强河道采砂管理,确保河势稳定和防洪、通航安全,依据《中华人民共和国水法》《中华人民共和国防洪法》《长江河道采砂管理条例》《重庆市河道管理条例》和有关法律法规,结合本市实际,制定本办法。

第二条 在本市行政区域内的河道管理范围内(以下简称河道)从事开采砂石(以下简称采砂)及其管理活动,应当遵守本办法。

第三条 河道砂石资源属于国家所有,任何单位或者个人不得非法开采。

河道采砂应当科学规划、保护优先、总量控制、有序开采、严格监管、确保安全。

第四条 区县(自治县)人民政府应当加强对本行政区域内河道采砂管理工作的领导,建立河道采砂监管协调机制,及时处理河道采砂管理中的重大问题。

第五条 市水行政主管部门负责全市河道采砂管理的指导和监督,市河道管理站承担具体工作。

区县(自治县)水行政主管部门负责本行政区域内河道采砂的统一管理工作。区县(自治县)边界河段的河道采砂管理由相邻区县(自治县)水行政主管部门协商确定;协商不成的由市水行政主管部门指定的区县(自治县)水行政主管部门负责管理。

海事、公安、航道等有关部门应当依据各自职责做好河道采砂管理工作。

乡镇人民政府、街道办事处应当协助水行政主管部门做好河道采砂管理工作。

第六条 河道采砂实行统一规划制度。

长江干流河道的采砂规划,依照《长江河道采砂管理条例》有关规定进行编制和报批。

嘉陵江、乌江及其他跨区县（自治县）河流的河道采砂规划，由市水行政主管部门会同沿江区县（自治县）水行政主管部门统一编制，征求市交通行政主管部门意见后，报市人民政府批准并公告。

除前款规定外，其他河流的河道采砂规划，由其所在地区县（自治县）水行政主管部门编制，报本级人民政府批准并公告，并送市水行政主管部门备案。涉及通航河道的，在报批前应当征求同级交通行政主管部门或者航道管理机构和海事机构的意见。

河道采砂规划一经批准，必须严格执行；确需修改的，应当依照上述规定报批。

第七条 河道采砂规划应当充分考虑河道防洪安全、通航安全和涉河建（构）筑物安全的要求，符合流域综合规划和防洪、港口、河道整治以及航道整治等专业规划。

第八条 河道采砂规划应当包括下列内容：

（一）禁采区和可采区；

（二）禁采期和可采期；

（三）年度采砂控制总量；

（四）可采区内采砂船只控制数量和岸砂采掘点控制范围。

第九条 河道的下列区域应当列为禁采区：

（一）河道堤防、桥梁、闸坝、航道筑坝的保护范围；

（二）现行的航道范围内，航标周围20米内，埋有航标地下管道和线路的区域，主航道过渡段上下边滩接岸部分，非通航汊道的鞍凹部分，有利于维持山区河流通航条件的石梁、石嘴等；

（三）下河引道3米内，电缆线架3米内；

（四）船舶停泊和作业区域，车、客渡通道，系舶设施3米内，危险品锚地；

（五）外环绕城高速公路以内长江、嘉陵江水域；

（六）依法应当禁止采掘的其他区域。

第十条 区县（自治县）水行政主管部门可以根据本行政区域内河道的水情、汛情、工情、航道变迁和管理、鱼类资源保护等需要，确定临时禁采区和临时禁采期，报本级人民政府决定后公告。

各区县（自治县）人民政府应当组织水利、交通等部门确定禁采期内采砂船舶集中停靠点。

第十一条 区县（自治县）水行政主管部门应当根据河道采砂规划，组织编制本行政区域的河道采砂出让方案。

河道采砂出让方案应当征求有关乡镇人民政府、街道办事处的意见；涉及通航安全的，还应当征求有关交通行政主管部门或者航道管理机构和海事机构的意见，报本级人民政府批准实施。其中，长江干流河道采砂出让方案还应当报市水行政主管部门审核；嘉陵江、乌江河道采砂出让方案还应当征求市水行政主管部门的意见。

第十二条 河道采砂出让方案应当包括以下内容：

（一）开采种类、开采范围、作业时段、开采深度、开采总量等；

（二）采砂作业方式、采砂船只数量、采砂设备最高功率、采掘点控制数量、年度采砂总量等；

（三）堆砂场地设置、弃料处理方式、安全生产措施、第三方合法权益保护措施；

（四）出让方式、出让期限、出让底价；

（五）现场监管措施；

（六）其他事项。

第十三条 河道采砂实行采砂许可制度。河道采砂许可证由市水行政主管部门统一印制。

长江干流河道采砂许可证由市水行政主管部门委托沿江区县（自治县）水行政主管部门审查批准；其他河道的河道采砂许可证由所在区县（自治县）水行政主管部门审查批准。

河道采砂许可证的许可期限不得超过2年。河道采砂许可期限届满或者已达到河道采砂许可证规定的开采总量的，采砂单位或者个人应当停止采砂行为，发证机关应当依法注销河道采砂许可证并公告。

河道采砂许可证应当明确开采种类、开采范围、开采深度、开采总量、开采期限、作业方式、作业时段、弃料处理等具体事项。

禁止伪造、涂改、买卖、出租、出借或者以其他方式转让河道采砂许可证。

第十四条 河道采砂出让应当采取拍卖、招标、挂牌等公开方式，在统一的公共资源交易场所实施。

公开出让前，区县（自治县）水行政主管部门应当组织投标人或者竞买人到现场确认采砂范围、界限。

第十五条 因河道治理、航道整治以及港口、取水口清淤等需要采砂并用于销售的，可以采取直接许可方式确定采砂单位或个人；不用于销售的，应当事先征求水行政主管部门的意见，并提供相关审批文件和资料。

第十六条 申请参加河道采砂拍卖、招标、挂牌的，应当是经工商登记的企业法人或者个体工商户。

使用采砂船采砂的，还应当符合下列条件：

（一）长江河道长寿以上河段、嘉陵江河道、乌江河道、三峡库区155米至175米高程内的支岔河道的采砂船舶采砂设备功率不得超过350千瓦，长江河道长寿（含）以下河段的采砂船舶采砂设备功率不得超过1250千瓦，且具备平缓移动的开采作业方式，其他河道的采砂船舶采砂设备功率不得超过50千瓦；

（二）采砂船舶、船员证书齐全；

（三）有符合要求的采砂设备和采砂技术人员。

第十七条 通过拍卖、招标或者挂牌方式确定的采砂单位或者个人，应当与区县（自治县）水行政主管部门签订出让协议，由区县（自治县）水行政主管部门颁发采砂许可证。

采取直接许可方式的，区县（自治县）水行政主管部门应当在收到采砂申请书后15个工作日内作出是否予以批准的决定。符合条件的，发放河道采砂许可证；不符合条件的，应当作出不予批准的书面决定并说明理由。

水行政主管部门应当及时将河道采砂许可情况向社会公示，建立河道采砂违法行为举报制度，设置并公布群众举报投诉电话或者电子邮箱，及时处理举报线索。

第十八条 水行政主管部门审批的年采砂总量不得超过规划确定的年度控制开采总量。

区县（自治县）水行政主管部门应当在每月5日前将上月的河道采砂审批发证情况和实施情况报告市水行政主管部门，长江干流的河道采砂审批应当按照国家规定的时限报送。市水行政主管部门应当加强对河道采砂管理工作的指导和监督。

第十九条 从事河道采砂活动的单位和个人应当履行下列义务：

（一）严格按照河道采砂许可证批准的地点、范围、开采总量、作业方式和期限进行开采，确需改变的，应当重新办理河道采砂许可证；

（二）服从防汛指挥机构的统一调度指挥；

（三）服从通航安全要求，设立明显标志，保障航道畅通和航行安全；

（四）在采砂船舶或者采砂作业区悬挂由区县（自治县）水行政主管部门统一制作的采砂作业公示牌；

（五）配合水行政主管部门安装智能监控设备；

（六）法律法规规定的其他义务。

第二十条 从事河道采砂活动的单位和个人不得有下列行为：

（一）在河道内堆积砂石或者废弃物；

（二）危害堤防、桥梁、航道、港口、码头、挡水坝、输变电线路安全，损坏水文、水质测验、邮电、通信等设施，破坏文物古迹；

（三）采砂船舶对运砂船舶超额配载；

（四）运砂船舶装运非法采砂船舶开采的河砂；

（五）故意损坏智能监控设备；

（六）影响防洪安全、航运安全的其他行为。

第二十一条 在长江干流从事河道采砂的单位和个人应当按照规定缴纳河道砂石资源费、采矿权使用费和采矿权价款。在嘉陵江、乌江及其他河流从事河道采砂的单位和个人应当按照本市有关规定缴纳采矿权使用费和采矿权价款。

采矿权使用费和采矿权价款的具体征收、使用管理办法由市财政局、市物价局、市水利局按国家有关规定制定。

从事河道采砂的单位和个人，不再办理采矿许可证，不再缴纳河道采砂管理费和矿产资源补偿费。

第二十二条 市水行政主管部门应当建立统一的河道采砂管理信息系统和督查、考核制度。

市水行政主管部门应当对重要江河、重点河段、重要区域和重要时段的河道采砂管理工作开展专项督查，定期通报督查结果，将督查和整改情况作为对区县（自治县）河道管理工作考核的依据。

第二十三条 区县（自治县）人民政府应当建立河道采砂联合监管机制，根据当地河道采砂管理工作的需要，组织水利、公安、国土房管、交通、农业、环保等部门开展河道采砂联合执法。

区县（自治县）人民政府应当组织有关部门对本行政区域内违法违规采砂问题突出、采砂量较大以及防汛任务较重的河段进行全面排查，对非法采砂行为和涉砂船舶，以及可能危及水工程、桥梁、航道、码头、管线等重要基础设施安全和影响防洪安全、通航安全、供水安全的采砂行为进行查处，消除安全隐患。

第二十四条　区县（自治县）水行政主管部门应当对河道采砂许可规定的开采种类、开采范围、开采总量、采砂船舶数量、作业方式、作业时段、弃料处理、安全生产措施等开展巡查，依法查处河道采砂违法行为。

区县（自治县）水行政主管部门应当逐步推行以下措施加强可采区的现场监管：

（一）安装智能监控设备进行实时监控；

（二）在采砂现场派驻人员实行旁站式监管；

（三）委托具有相应技术条件的单位对采砂活动实施监理。

第二十五条　水行政主管部门应当采取随机抽取的方式确定检查对象和执法检查人员。执法检查人员履行河道采砂管理的监督检查职责时应当出示执法证件，并有权采取下列措施：

（一）要求采砂单位或者个人出示有关文件、证照、资料；

（二）要求采砂单位或者个人就执行本办法的有关问题作出说明；

（三）进入采砂单位或者个人的生产场所进行调查；

（四）责令采砂单位或者个人停止违反本办法的行为。

第二十六条　水行政主管部门应当建立河道采砂单位和个人信用记录，并纳入公共信用信息共享平台，同时将河道采砂单位行政许可和行政处罚等信用信息在"信用重庆"网站和企业信用信息公示系统上予以公示。

第二十七条　违反本办法规定，在河道内堆积砂石或者废弃物的，由水行政主管部门责令其停止违法行为，采取补救措施，并处10000元以上30000元以下罚款；造成损失的，应当赔偿损失。

违反本办法规定，采砂船舶对运砂船舶超额配载的，由水行政主管部门责令其整改，并处10000元以上30000元以下罚款。

第二十八条　运砂船舶在采砂地点装运非法采砂船舶开采的河砂的，属于与非法采砂船舶共同实施非法采砂行为，依照《重庆市河道管理条例》第三十八条第一款第一项、第二项的规定给予处罚。

第二十九条 从事河道采砂活动的单位和个人有下列行为之一的，由水行政主管部门责令其限期改正；逾期未改正的，处5000元以上10000元以下罚款：

（一）采砂船舶或者采砂作业区未悬挂公示牌的；

（二）不配合水行政主管部门安装智能监控设备的。

第三十条 采砂单位和个人故意损坏智能监控设备的，应当依法赔偿，并由水行政主管部门处10000元以上30000元以下罚款。

第三十一条 对河道采砂管理工作推进不力、落实不到位的，由市水行政主管部门对区县（自治县）人民政府及有关部门负责人进行约谈；造成重大影响的，依法启动问责程序。

有下列行为之一的，由有权机关对负有责任的主管人员和其他直接责任人员依法给予行政处分；涉嫌犯罪的，移送司法机关依法处理：

（一）水行政主管部门及其工作人员玩忽职守，擅自修改河道采砂规划、违反河道采砂规划批准采砂、不按照规定审批发放河道采砂许可证、不履行监督检查职责以及不按照国家和本市有关规定收取河道砂石资源费、采矿权使用费和采矿权价款的；

（二）其他有关部门及其工作人员玩忽职守、滥用职权、违反国家和本市有关规定，干扰或破坏采砂管理秩序、对采砂单位或者个人乱发证、乱收费的。

第三十二条 本办法所称外环绕城高速公路以内长江、嘉陵江水域，是指外环江津长江大桥、鱼嘴两江大桥、水土嘉陵江大桥以内的长江、嘉陵江河道水域。

第三十三条 本办法自2017年2月1日起施行。施行前已批准的河道采砂许可在许可期限届满前继续有效。《重庆市河道采砂管理办法》（重庆市人民政府令第157号）同时废止。

（二）湖北省

湖北省湖泊保护条例

（2012年5月30日湖北省第十一届人民代表大会常务委员会第三十次会议通过　根据2021年9月29日湖北省第十三届人民代表大会常务委员会第二十六次会议《关于集中修改涉及长江保护法省本级地方性法规的决定》修正　根据2022年11月25日湖北省第十三届人民代表大会常务委员会第三十四次会议《关于集中修改、废止部分省本级地方性法规的决定》第二次修正）

第一章　总　　则

第一条　为了加强湖泊保护，防止湖泊面积减少和水质污染，保障湖泊功能，保护和改善湖泊生态环境，促进经济社会可持续发展，根据有关法律、行政法规，结合本省实际，制定本条例。

第二条　本省行政区域内的湖泊保护、利用和管理活动适用本条例。

湖泊渔业生产活动和水生野生动植物的保护按照有关法律、法规的规定执行。

法律、法规对湿地和风景名胜区、自然保护区内湖泊的保护另有规定的，从其规定。

重要湖泊可根据其功能和实际需要，另行制定地方性法规或者政府规章，以加强保护。

水库的水污染防治适用本条例。

第三条　湖泊保护工作应当遵循保护优先、科学规划、综合治理、永续利用的原则，达到保面（容）积、保水质、保功能、保生态、保可持续利用的目标。

第四条　湖泊保护实行名录制度。本省行政区域内湖泊保护名录，经省人民政府水行政主管部门会同发展改革、生态环境、自然资源、农业农村、林业、住房和城乡建设、交通运输、文化和旅游等有关主管部门根据湖泊的功能、面积，以及应保必保原则拟定和调整，由省人民政府确定和公布，并报省人大常委会备案。

第二章 政 府 职 责

第五条 县级以上人民政府应当加强对湖泊保护工作的领导，将湖泊保护工作纳入国民经济和社会发展规划，协调解决湖泊保护工作中的重大问题。跨行政区域的湖泊保护工作，由其共同的上一级人民政府和区域内的人民政府负责。

跨行政区域湖泊的保护机构及其职责由省人民政府确定。

跨行政区域湖泊的保护机构应当切实履行湖泊保护职责，协助本级人民政府及其有关部门做好湖泊保护工作。

第六条 湖泊保护实行政府行政首长负责制。

上级人民政府对下级人民政府湖泊保护工作实行年度目标考核，考核目标包括湖泊数量、面（容）积、水质、功能、水污染防治、生态等内容。具体考核办法由省人民政府制定。

湖泊保护年度目标考核结果，应当作为当地人民政府主要负责人、分管负责人和部门负责人任职、奖惩的重要依据。

第七条 县级以上人民政府水行政主管部门主管本行政区域内的湖泊保护工作，具体履行以下职责：

（一）湖泊状况普查和信息发布；

（二）拟定湖泊保护规划及湖泊保护范围；

（三）湖泊水资源统一管理；

（四）防汛抗旱水利设施建设；

（五）涉湖工程建设项目的管理与监督；

（六）湖泊水生态修复；

（七）法律、法规等规定的其他职责。

县级以上人民政府水行政主管部门应当明确相应的管理机构负责湖泊的日常保护工作。

第八条 县级以上人民政府生态环境主管部门在湖泊保护工作中具体履行以下职责：

地方法规及政府规章

（一）编制湖泊水污染防治规划；

（二）编制与调整水功能区划；

（三）水污染源的监督管理；

（四）湖泊水质、水环境质量监测和信息发布；

（五）水污染综合治理和监督；

（六）审批涉湖建设项目环境影响评价文件；

（七）组织指导湖泊流域内城镇和农村环境综合整治工作；

（八）法律、法规等规定的其他职责。

县级以上人民政府农业农村主管部门在湖泊保护工作中具体履行以下职责：

（一）设定禁渔区和确定禁渔期；

（二）渔业种质资源保护；

（三）渔业养殖的监管；

（四）农业面源污染防治；

（五）组织制定和实施渔业开发利用保护规划；

（六）法律、法规等规定的其他职责。

县级以上人民政府林业主管部门在湖泊保护工作中具体履行以下职责：

（一）湿地自然保护区和湿地公园的建设、管理；

（二）环湖生态防护林、水源涵养林工程建设；

（三）湖泊湿地生态修复；

（四）湖泊生物多样性的保护；

（五）法律、法规等规定的其他职责。

县级以上人民政府发展改革、财政、住房和城乡建设、自然资源、公安、交通运输、文化和旅游等其他主管部门按照各自职责做好湖泊保护工作。

第九条　县级以上人民政府应当建立和完善湖泊保护的部门联动机制，实行由政府负责人召集，相关部门参加的湖泊保护联席会议制度。

联席会议由政府负责人主持，日常工作由水行政主管部门承担。

第十条　各级人民政府应当建立和完善湖泊保护投入机制，将湖泊保护所需经费列入财政预算。

第十一条　县级以上人民政府应当通过财政、税收、金融、土地使用、能源供应、政府采购等措施，鼓励和扶持企业为减少湖泊污染进行技术改造或者转产、搬迁、关闭。

第十二条　县级以上人民政府应当根据湖泊保护规划的要求和恢复湖泊生态功能的需要，对居住在湖上，岸上无房屋、无耕地的渔民和居住在湖泊保护区内的其他农（渔）民实施生态移民，采取资金支持、技能培训、转移就业、社会保障等方式予以扶持。

第十三条　对重要湖泊的保护，省人民政府应当建立生态补偿机制，在资金投入、基础设施建设等方面给予支持。

第十四条　县级以上人民政府应当鼓励和支持湖泊保护的科学研究和技术创新，运用科技手段加强湖泊的监测、污染防治和生态修复。

第三章　湖泊保护规划与保护范围

第十五条　县级以上人民政府应当编制湖泊保护总体规划，并报上一级人民政府批准。土地利用总体规划、城乡规划、水污染防治规划、湿地保护规划和湖泊保护总体规划应当相互衔接。

第十六条　县级以上人民政府水行政主管部门应当根据湖泊保护总体规划，按照管理权限，组织对列入湖泊保护名录的湖泊分别拟定湖泊保护详细规划，征求相关部门和公众意见，报本级人民政府批准后公布实施，并报本级人民代表大会常务委员会和上级水行政主管部门备案。

湖泊保护详细规划应当包括湖泊保护范围，湖泊水功能区划分和水质保护目标，水域纳污能力和限制排污总量意见，防洪、除涝和水土流失防治目标，种植、养殖控制目标，退田（池）还湖，生态修复等内容。

第十七条　湖泊保护规划不得随意变更，确需修改的应当按照法定程序进行。

各级人民政府及其有关部门不得违反湖泊保护规划批准开发利用湖泊资源，任何单位和个人不得违反湖泊保护规划开发利用湖泊资源。

第十八条　实行湖泊普查制度。

县级以上人民政府水行政主管部门应当定期组织实施湖泊状况普查，建立包括名称、位置、面（容）积、调蓄能力、主要功能等内容的湖泊档案。

第十九条　县级以上人民政府应当依据湖泊保护规划，对湖泊进行勘界，划定湖泊保护范围，设立保护标志，确定保护责任单位和责任人，并向社会公示。

第二十条　湖泊保护范围包括湖泊保护区和湖泊控制区。

湖泊保护区按照湖泊设计洪水位划定，包括湖堤、湖泊水体、湖盆、湖洲、湖滩、湖心岛屿等。湖泊设计洪水位以外区域对湖泊保护有重要作用的，划为湖泊保护区。城市规划区内的湖泊，湖泊设计洪水位以外不少于50米的区域划为湖泊保护区。

湖泊控制区在湖泊保护区外围根据湖泊保护的需要划定，原则上不少于保护区外围500米的范围。

第二十一条　在湖泊保护区内，禁止建设与防洪、改善水环境、生态保护、航运和道路等公共设施无关的建筑物、构筑物。

在湖泊保护区内建设防洪、改善水环境、生态保护、航运和道路等公共设施的，应当进行环境影响评价。

建设单位经依法批准在湖泊保护区内从事建设的，应当做到工完场清；对影响湖泊保护的施工便道、施工围堰、建筑垃圾应当及时清除。

第二十二条　禁止填湖建房、填湖建造公园、填湖造地、围湖造田、筑坝拦汊以及其他侵占和分割水面的行为。

湖泊已经被围垦或者筑坝拦汊的，应当按照湖泊保护规划，逐步退田（圩）还湖。

第二十三条　在湖泊保护范围内新建、改建或者扩大排污口的，应当报经有管辖权的生态环境主管部门同意，并由生态环境主管部门负责对该建设项目的环境影响评价文件进行审批；涉及通航、渔业水域的，应当征求交通运输、农业农村主管部门的意见。对未达到水质目标的水功能区，除污水集中处理设施排污口外，应当严格控制新建、改建或者扩大排污口。

第二十四条　湖泊控制区内的土地开发利用应当与湖泊的公共使用功能相协调，预留公共进出通道和视线通廊。

禁止在湖泊控制区内从事可能对湖泊产生污染的项目建设和其他危害湖泊生态环境的活动。

第四章　湖泊水资源保护

第二十五条　实行最严格的湖泊水资源保护制度。湖泊水资源配置实行统一调度、分级负责，优先满足城乡居民生活用水，保障基本生态用水，并统筹农业、工业用水以及航运等需要，维持湖泊合理水位。

第二十六条 县级以上人民政府生态环境主管部门应当会同发展改革、水行政、农业农村、林业、住房和城乡建设、交通运输、文化和旅游等有关部门，按照流域综合规划、湖泊保护总体规划和经济社会发展需要，拟定和调整湖泊的水功能区划，报本级人民政府批准后向社会公布。

在湖泊内进行养殖、航运、旅游等活动，应当符合该湖泊的水功能区划要求。

第二十七条 加强对湖泊饮用水水源地的保护。对具有饮用水水源地功能的湖泊，县级以上人民政府应当按照规定划定饮用水水源保护区，设立相关保护标志。水行政主管部门应当科学调度，防止水源枯竭；生态环境主管部门应当开展日常巡查和监测，防止水体污染。

第二十八条 县级以上人民政府水行政主管部门应当会同生态环境、农业农村主管部门根据湖泊生态保护需要确定湖泊的最低水位线，设置最低水位线标志。

湖泊水位接近最低水位线的，应当采取补水、限制取水等措施。

第二十九条 省人民政府应当按照统一规划布局、统一标准方法、统一信息发布的要求，建立湖泊监测体系和监测信息协商共享机制。

县级以上人民政府生态环境主管部门应当定期向社会公布本行政区域湖泊水环境质量监测信息；水文水资源信息由水行政主管部门统一发布；发布水文水资源信息涉及水环境质量的内容，应当与生态环境主管部门协商一致。

第五章　湖泊水污染防治

第三十条 省人民政府应当拟订湖泊重点水污染物排放总量削减和控制计划，逐级分解至县（市、区）人民政府，并落实到排污单位。

第三十一条 县级以上人民政府生态环境主管部门应当按照水环境质量改善目标和水污染防治要求，确定湖泊水域重点污染物排放总量控制指标。

县级以上人民政府生态环境主管部门应当对湖泊水质状况进行监测，发现湖泊水质未达到该水功能区水质要求的，应当及时报告有关人民政府采取治理措施，并向水行政主管部门通报。

第三十二条 省人民政府生态环境主管部门根据湖泊水污染防治、产业结构优化和产业布局调整的需要，拟定湖泊重点水污染物排放限值适用的具体地域范围和期限，经省人民政府批准后执行。

第三十三条 对湖泊水环境质量不能满足水功能区要求的区域，生态环境主管部门应当停止审批新增污染物排放的建设项目的环境影响评价文件。

第三十四条 县级以上人民政府应当加强对湖泊流域内各类工业园区、工业集中区的统一规划布局，依法进行规划环境影响评价，配套建设污水集中处理设施。

湖泊流域内建设项目应当符合国家和省产业政策；禁止新建造纸、印染、制革、电镀、化工、制药等排放含磷、氮、重金属等污染物的企业和项目；对已有的污染企业，县级以上人民政府及其有关部门应当依法责令其限期整改、转产或者关闭。

第三十五条 县级以上人民政府农业农村主管部门和其他有关部门，应当采取措施指导湖泊流域内农业生产者科学、合理使用化肥、农药等农业投入品，控制过量和不当使用，防止造成水污染。

县级以上人民政府农业农村主管部门应当科学规划湖泊流域内畜禽饲养区域，鼓励建设生态养殖场和养殖小区，通过发展沼气、生产有机肥和无害化畜禽粪便还田等方式实现畜禽粪污综合利用，减少畜禽养殖污染。

第三十六条 禁止向湖泊排放未经处理或者处理未达标的工业废水、生活污水。

禁止向湖泊倾倒建筑垃圾、生活垃圾、工业废渣和其他废弃物。

禁止在属于饮用水水源保护区的湖泊水域设置排污口和从事可能污染饮用水水体的活动。

第三十七条 县级以上人民政府应当统筹安排建设湖泊流域内城镇污水集中处理设施及配套管网，合理规划建设雨水、污水单独收集设施，提高城镇污水收集率和处理率。新建、在建城镇污水处理厂，应当同步配套建设脱氮除磷设施；已建的城镇污水处理厂没有脱氮除磷设施的，应当增设脱氮除磷设施。

污水处理厂出水应当符合国家对回用水的要求。

第三十八条 各级人民政府应当加强湖泊流域内农村生活污水处理设施

建设，结合生态乡、镇、村创建和农村环境综合整治活动，实施河塘清淤，改造和完善水利设施，利用河塘沟渠的自净能力处理生活污水。鼓励有条件的地方建设污水人工湿地处理设施、生物滤池设施和接触氧化池等集中或者分散污水处理设施。

第三十九条 县（市、区）、乡镇人民政府应当统筹安排建设湖泊流域内城乡垃圾收集、运输、处置设施，在村庄设置垃圾收集点，对垃圾分类收集，对化肥、农药、除草剂等包装物分类处理，提高垃圾处理的减量化、无害化和资源化水平。

第四十条 县级以上人民政府农业农村主管部门应当会同水行政、生态环境等主管部门，按照湖泊的水功能区划、水环境容量和防洪要求编制渔业养殖规划，确定具体的养殖水域、面积、种类和密度等，报本级人民政府批准。

禁止在湖泊水域围网、围栏养殖；本条例实施前已经围网、围栏的，由县级以上人民政府限期拆除。

禁止在湖泊水域养殖珍珠和投肥（粪）养殖。

第四十一条 在湖泊保护范围内，县级以上人民政府应当科学规划旅游业，防止超环境能力过度发展；从事旅游开发应当符合湖泊保护规划的要求，并依法报经批准；有关部门在审批过程中，应当召开听证会听取公众意见。

经批准设置的各类旅游观光、水上运动、休闲娱乐等设施不得影响水生态环境，应当与自然景观相协调，并配备污水集中处理设施，确保达标排放。

第四十二条 湖泊内的船舶应当按照要求配备污水、废油、垃圾、粪便等污染物、废弃物收集设施。港口、码头等场所应当配备船舶污染物接收设施，并转移至其他场所进行无害化处理。

在城区湖泊和具有饮用水水源功能的湖泊从事经营的船舶，不得使用汽油、柴油等污染水体的燃料。

第四十三条 县级以上人民政府应当组织生态环境、水行政等主管部门编制湖泊水污染突发事件应急预案，定期开展应急演练，做好应急准备、应急处置和事后恢复等工作。

第六章 湖泊生态保护和修复

第四十四条 县级以上人民政府应当加强湖泊生态保护和修复工作，保护和改善湖泊生态系统。

县级以上人民政府水行政主管部门应当会同生态环境、自然资源、农业农村、林业等主管部门开展湖泊生态环境调查，制定修复方案，报本级人民政府批准后实施。

第四十五条　县级以上人民政府应当组织水行政、生态环境、林业、住房和城乡建设等主管部门，运用种植林木、截污治污、底泥清淤、打捞蓝藻、调水引流、河湖连通等措施，对湖泊水生态系统以及主要入湖河道进行综合治理，逐步恢复湖泊水生态。

第四十六条　县级以上人民政府林业主管部门应当依据湖泊保护详细规划，会同相关部门修复湖滨湿地，建设湿地恢复示范区，有计划、分步骤地组织实施环湖生态防护林、水源涵养林工程建设。

第四十七条　维护湖泊生物多样性，保护湖泊生态系统，禁止猎取、捕杀和非法交易野生鸟类及其他湖泊珍稀动物；禁止采集和非法交易珍稀、濒危野生植物。

在水生动物繁殖及其幼苗生长季节的重要湖区和洄游通道，农业农村主管部门应当设立禁渔区，确定禁渔期。在禁渔区内和禁渔期间，任何单位和个人不得进行捕捞和爆破、采砂等水下作业。

县级以上人民政府应当组织农业农村等有关主管部门在科学论证的基础上，采取适量投放水生物、放养滤食性鱼类、底栖生物移植等措施修复水域生态系统，并对各类水生植物的残体以及有害水生植物进行清除。

第七章　湖泊保护监督和公众参与

第四十八条　省人民政府应当定期公布湖泊保护情况白皮书，对保护湖泊不力的市、县、区人民政府主要负责人实行约谈，督促其湖泊保护工作。

第四十九条　县级以上人民政府水行政、生态环境、农业农村、林业等主管部门应当依照本条例和相关法律法规的规定，加强对湖泊保护、利用、管理的监督检查，发现违法行为及时查处；对不属于职责范围的，应当移交有管辖权的部门及时查处。

第五十条　县级以上人民代表大会常务委员会应当通过听取和审议本级人民政府湖泊保护情况的专项工作报告、对本条例实施情况组织执法检查、开展专题询问、质询等方式，依法履行监督职责；必要时可以依法组织关于特定问题的调查。

第五十一条 县级以上人民政府及其相关部门应当加强湖泊保护的宣传和教育工作，增强公众湖泊保护意识，建立公众参与的湖泊保护、管理和监督机制。

第五十二条 县级以上人民政府及其相关部门应当定期发布湖泊保护的相关信息，保障公众知情权。

编制湖泊保护规划、湖泊水污染防治规划、湖泊生态修复方案和审批沿湖周边建设项目环境影响评价文件，应当采取多种形式征求公众的意见和建议，接受公众监督。

第五十三条 广播、电视、报刊、网络等媒体应当开展湖泊保护公益性宣传，倡导促进环境友好的生活方式，发挥舆论引导和监督作用。

第五十四条 鼓励社会各界、非政府组织、湖泊保护志愿者参与湖泊保护、管理和监督工作。

鼓励社会力量投资或者以其他方式投入湖泊保护。

社区、村（居）民委员会应当协助当地人民政府开展湖泊保护工作，督促、引导村（居）民依法履行保护湖泊义务。

第五十五条 在湖泊保护范围内从事生产、经营活动的单位和个人，应当严格遵守湖泊保护法律、法规的规定和湖泊保护规划的规定，自觉接受相关部门和公众的监督，依法、合理、有序利用湖泊。

第五十六条 县级以上人民政府及相关部门应当建立、完善湖泊保护的举报和奖励制度。

任何单位和个人有权对危害湖泊的行为进行举报；有处理权限的部门接到检举和举报后，应当及时核查、处理。

对保护湖泊成绩显著的单位和个人，应当给予表彰和奖励。

第八章 法 律 责 任

第五十七条 违反本条例规定，法律、行政法规已有处罚规定的，从其规定。

第五十八条 县级以上人民政府、有关主管部门及其工作人员违反本条例规定，有下列行为之一的，由上级人民政府或者有关主管机关依据职权责令改正，通报批评；对直接负责的主管人员和其他直接责任人员依法给予处分；构成犯罪的，依法追究刑事责任：

（一）保护湖泊不力造成严重社会影响的；

（二）未依法对湖泊进行勘界，划定保护范围，设立保护标志的；

（三）未依法组织编制湖泊保护规划、湖泊水功能区划、湖泊水污染防治规划的；

（四）违反湖泊保护规划批准开发利用湖泊资源的；

（五）未依法履行有关公示、公布程序的；

（六）有其他玩忽职守、滥用职权、徇私舞弊行为的。

第五十九条 违反本条例第二十一条第一款的规定，在湖泊保护区内建设与防洪、改善水环境、生态保护、航运和道路等公共设施无关的建筑物、构筑物的，由县级以上人民政府水行政、自然资源等主管部门按照职责分工，责令停止违法行为，限期拆除并恢复原状，所需费用由违法者承担，没收违法所得，并处5万元以上50万元以下罚款。

违反本条例第二十一条第三款规定，由县级以上人民政府水行政主管部门责令限期恢复原状，处5万元以上10万元以下罚款；逾期不清除的，由水行政主管部门指定有关单位代为清除，所需费用由违法行为人承担。

第六十条 违反本条例第二十二条第一款的规定，在湖泊保护区内从事填湖建房、填湖建造公园、填湖造地、围湖造田、筑坝拦汊以及其他侵占和分割水面行为的，由县级以上人民政府水行政、自然资源等主管部门按照职责分工，责令停止违法行为，限期拆除并恢复原状，所需费用由违法者承担，没收违法所得，并处5万元以上50万元以下罚款。

第六十一条 违反本条例第四十条第二款规定，围网、围栏养殖的，由县级以上人民政府农业农村主管部门责令限期拆除，没收违法所得；逾期不拆除的，由农业农村主管部门指定有关单位代为清除，所需费用由违法行为人承担，处1万元以上5万元以下罚款。

违反本条例第四十条第三款在湖泊水域养殖珍珠的，由县级以上人民政府农业农村主管部门责令停止违法行为，没收违法所得，并处5万元以上10万元以下罚款。

违反本条例第四十条第三款在湖泊水域投肥（粪）养殖的，由县级以上人民政府农业农村主管部门责令停止违法行为，采取补救措施，处 500 元以上 1 万元以下罚款；污染水体的，由县级以上人民政府生态环境主管部门责令停止违法行为，没收违法所得，并处 5 万元以上 10 万元以下罚款。

第九章　附　　则

第六十二条　本条例自 2012 年 10 月 1 日起施行。

湖北省河道采砂管理条例

（2018年9月30日湖北省第十三届人民代表大会常务委员会第五次会议通过　根据2020年6月3日湖北省第十三届人民代表大会常务委员会第十六次会议《关于集中修改、废止涉及取消证明事项的部分省本级地方性法规的决定》第一次修正　根据2021年9月29日湖北省第十三届人民代表大会常务委员会第二十六次会议《关于集中修改涉及长江保护法省本级地方性法规的决定》第二次修正　根据2022年11月25日湖北省第十三届人民代表大会常务委员会第三十四次会议《关于集中修改、废止部分省本级地方性法规的决定》第三次修正）

第一章　总　　则

第一条　为了加强河道采砂管理，保障河势稳定和防洪、通航安全，推进长江经济带生态环境保护，根据《中华人民共和国环境保护法》《中华人民共和国水法》《中华人民共和国河道管理条例》等法律、行政法规，结合本省实际，制定本条例。

第二条　本条例适用于本省行政区域内从事河道采砂及其管理活动。《长江河道采砂管理条例》有规定的，从其规定。

本条例所称河道采砂，是指在河道（包括湖泊、水库、人工水道等）管理范围内开采砂石、取土和淘金等行为。

第三条　河道砂石资源属于国家所有，任何单位或者个人不得非法开采。

河道采砂管理应当遵循生态优先、科学规划、严格控制、规范开采、依法监管的原则。

第四条　河道采砂管理实行行政首长负责制。

县级以上人民政府应当加强对本行政区域内河道采砂管理工作的领导，健全部门、区域联动协作机制，推进河道采砂管理能力建设和信息化建设，将河道采砂管理工作纳入河湖长制管理，健全河道采砂管理的督察、通报、考核、问责制度。

乡镇人民政府、街道办事处应当按照上级人民政府及其有关部门的要求做好河道采砂管理的相关工作。

村（居）民委员会应当配合做好河道采砂管理相关工作。

第五条 县级以上人民政府河道采砂主管部门负责本行政区域内河道采砂的管理和监督检查工作。

交通运输主管部门负责采（运）砂船舶（车辆）的管理，依法查处证照不齐全的采（运）砂船舶（车辆）、非法码头以及违法运输砂石等行为。

公安机关负责依法处置河道采砂活动中非法采砂、无证驾驶船舶（车辆）、妨害公务等治安违法和犯罪行为。

船舶工业、标准化主管部门负责采（运）砂船舶建造和改造的管理。

生态环境、自然资源、农业农村、市场监管等主管部门按照各自职责，依法做好河道采砂相关监督管理工作。

第六条 鼓励和支持开展制砂科学技术研究，推广应用先进适用的制砂技术、装备，发展现代、环保的砂石供应产业。

第七条 国家机关及其工作人员不得违反规定参与河道采砂经营活动，不得纵容、包庇河道采砂违法行为。

第二章 河道采砂规划

第八条 河道采砂规划应当在调研论证的基础上，根据生态环境安全、防洪安全、通航安全和河势稳定的要求编制，并与流域综合规划和防洪、河道整治、航道整治、饮用水水源保护、水生生物资源保护等专业规划相衔接。

汉江丹江口大坝以下河段、东荆河的采砂规划，由省人民政府河道采砂主管部门组织编制，报省人民政府批准实施。

其他河道的采砂规划，由设区的市（自治州）、县级人民政府河道采砂主管部门按照省有关规定对每条河道组织编制，经上一级河道采砂主管部门同意后报本级人民政府批准实施。

编制河道采砂规划应当征求交通运输、生态环境、自然资源、公安、农业农村等主管部门的意见，并采取论证会、听证会或者其他方式征求专家、公众和利益相关方的意见。

地方法规及政府规章

经批准的河道采砂规划应当向社会公开,并严格执行;确需调整的,应当经原批准机关批准。

第九条 河道采砂规划应当包括以下内容:

(一)砂石砂质、分布、储量,可利用砂石总量与补给分析;

(二)采砂影响分析评价;

(三)禁采区、可采区;

(四)禁采期、可采期;

(五)年度采砂控制总量、开采范围和开采高程;

(六)采砂船舶(机具)的种类、控制数量和开采方式;

(七)沿河两岸临时堆砂场的控制数量及布局;

(八)弃料处理和河道清理、修复;

(九)规划实施与管理。

第十条 下列区域为禁采区:

(一)饮用水水源保护区、水产种质资源保护区、鸟类栖息地;

(二)自然保护区、风景名胜区、国家公园、森林公园、湿地公园、地质公园以及天然林保护范围;

(三)河道防洪工程、河道整治工程、航道整治工程、航道构(建)筑物、航道配套设施、水库枢纽、水文监测设施、水环境监测设施、涵闸以及取水、排水、水电站等工程及其附属设施的安全保护范围;

(四)桥梁、码头、浮桥、渡口、过河电缆、管道、隧道等工程及其附属设施的安全保护范围;

(五)河道险工、险段和浅窄航道附近区域;

(六)法律、法规规定禁止采砂的其他区域。

第十一条 下列时段为禁采期:

(一)主汛期;

(二)河道达到或者超过警戒水位时;

(三)法律、法规规定禁止采砂的其他时段。

第十二条 县级以上人民政府依法划定和公告禁止采砂区、禁止采砂期,并设立明显的禁采区标志。禁止在禁采区和禁采期从事采砂活动。

在可采区、可采期内,因防洪、河势改变、水工程建设、水生态环境遭受严重改变以及有重大水上活动等情形不宜采砂的,县级以上人民政府河道采砂主管部门应当划定临时禁采区或者规定临时禁采期，报同级人民政府批准后予以公告。

第十三条　县级以上人民政府河道采砂主管部门应当根据河道采砂规划，制定本行政区域内可采区的年度采砂实施方案，经本级人民政府同意，报上一级河道采砂主管部门备案后予以公布。

年度采砂实施方案应当包括下列内容：

（一）采区基本情况，许可方式、期限；

（二）采区采砂控制量、开采范围和开采高程；

（三）采砂作业方式、船舶（机具）数量及采砂设备种类、功率；

（四）临时堆砂场、卸砂点控制数量、布局、存放时限；

（五）河道清理、修复方案；

（六）采区现场监管方案；

（七）其他需要明确的事项。

第三章　河道采砂许可

第十四条　河道采砂实行许可制度。

县级以上人民政府河道采砂主管部门应当按照河道采砂分级管理权限实施许可。河道采砂分级管理权限由省人民政府河道采砂主管部门规定。

未经许可，禁止在本行政区域内从事河道采砂活动。

第十五条　河道采砂实行总量控制制度。河道采砂主管部门应当根据河道采砂规划严格控制本行政区域内每条河道的年度采砂总量，实际审批的年度采砂总量不得超过年度采砂控制总量，每一可采区实际审批的年度采砂量不得超过该可采区的年度采砂控制量。

第十六条　申请从事河道采砂的单位和个人应当符合下列条件：

（一）有依法取得的营业执照；

（二）有符合环保等要求的采砂作业方式；

（三）有符合要求的采砂设备和采砂技术人员；

（四）用船舶采砂的，船舶、船员的证书齐全有效；

（五）无非法采砂失信行为和不良记录；

（六）法律、法规规定的其他条件。

第十七条 申请办理河道采砂许可，应当提交或者提请许可机关核实下列资料：

（一）河道采砂申请；

（二）营业执照；

（三）采砂船舶（机具）证书、采砂技术人员的基本情况；

（四）砂石堆放地点和弃料处理方案；

（五）船舶油污、生活废弃物的处理方案；

（六）河道清理、修复方案；

（七）规范开采的承诺书；

（八）其他有关资料。

第十八条 河道采砂许可由河道采砂主管部门通过招标、拍卖、挂牌等公平竞争的方式实施。

河道采砂主管部门应当依法确定中标人或者买受人，发放河道采砂许可证，并书面告知从事河道采砂应当遵守的相关规定。

第十九条 因吹填造地、路基填筑等重点工程需要进行河道采砂的，应当编制采砂可行性论证报告，经上一级人民政府同意，依法向有许可权的河道采砂主管部门申请。对符合河道采砂许可条件的，由河道采砂主管部门发放河道采砂许可证。

因整修河道堤防进行吹填固基等公益性采砂活动的，不需要办理河道采砂许可证，但应当按照要求编制采砂可行性论证报告，报有许可权的河道采砂主管部门审批。所采砂石不得用于经营。

第二十条 县级以上人民政府可以决定对本行政区域内的河道砂石资源按照政企分开的原则依法实行统一经营，具体办法由县级以上人民政府规定，并报上一级人民政府备案。

第二十一条 河道采砂许可证由省人民政府河道采砂主管部门统一印制，载明采砂单位或者个人的名称（姓名），采砂船舶（机具）名称、编号、功率，采砂地点、时限、开采范围、开采高程以及作业方式、现场清理方式，许可证有效期限等事项。

河道采砂许可证的有效期不得超过一年。河道采砂许可证的有效期届满或者累计采砂量达到规定开采量的，采砂单位和个人应当终止采砂行为，并按照规定对作业现场进行清理、修复；发证机关应当收回或者注销河道采砂许可证，并予以公告。

河道采砂许可证载明的事项发生变更的，被许可人应当及时向作出许可决定的河道采砂主管部门申请办理变更手续。

禁止伪造、涂改、买卖、出租、出借或者以其他方式非法转让河道采砂许可证。

第二十二条　取得河道砂石开采权的单位和个人应当依法缴纳矿业权出让收益。矿业权出让收益的征收和使用管理，按照国家及省有关规定确定。国家另有规定的从其规定。

第二十三条　依法整治疏浚河道、航道、涉水工程所产生的砂石需要综合利用的，应当由项目所在地县级以上人民政府报上一级人民政府河道采砂主管部门审批后依法处置。

第四章　河道采砂监督管理

第二十四条　从事河道采砂的单位和个人应当遵守下列规定：

（一）按照河道采砂许可确定的时间、地点、采砂控制量、开采范围、开采高程和作业方式等进行开采；

（二）设置采区边界标识，提供有关资料，接受监督检查；

（三）及时清运砂石、平整弃料堆体或者采砂坑槽；

（四）不得在河道管理范围内擅自设置砂场、堆积砂石或者弃料；

（五）不得违反有关通航安全规定，不得向航道和通航水域抛弃废弃物，不得妨碍航道畅通、损害通航条件；

（六）不得危及水工程、水文、桥梁、隧道、管线、环境保护等设施以及岸坡安全；

（七）法律、法规有关河道采砂的其他规定。

第二十五条　采（运）砂船舶（机具）应当依法持有合格的检验证书、登记证书、必要的航行资料。

未依法持有前款规定证书、航行资料的采（运）砂船舶（机具），不得在河道管理范围内通行、采（运）砂。

第二十六条　任何采砂船舶不得在禁采区滞留；未取得河道采砂许可证的采砂船舶不得在可采区滞留。

地方法规及政府规章

采砂船舶在禁采期应当停放在所在地县级人民政府指定的集中停放地点。无正当理由，不得擅自离开。

第二十七条　河道管理范围内的运砂船舶（车辆）装运河道砂石，应当持有负责现场监管的河道采砂主管部门核发的砂石合法来源凭证。没有砂石合法来源凭证的河道砂石，运砂船舶（车辆）不得装运，任何单位和个人不得收购、销售。

砂石合法来源凭证由省人民政府河道采砂主管部门统一格式，内容包括河道砂石来源地、运输工具及所有人的证照号、装运时限、砂石数量等有关事项。

第二十八条　县级以上人民政府河道采砂、交通运输等主管部门应当加强对河道采（运）砂活动的监督管理，组织开展巡查检查，及时发现和查处违法采（运）砂行为，对采砂作业现场的清理、修复等情况予以监督管理。

第二十九条　县级以上人民政府应当建立河道采砂预警应急联动以及联合执法机制，组织河道采砂、公安、交通运输、生态环境等主管部门开展联合执法，对采砂现场的生产、交易、运输和水上交通、社会治安进行监督管理。

对于交界水域，应当加强区域合作，建立健全交界水域联管联治机制，开展交界河段非法采砂联合整治。

第三十条　县级以上人民政府应当组织交通运输、河道采砂、公安、船舶工业、市场监管等主管部门开展采砂船舶的综合整治工作，对本行政区域内的采砂船舶进行登记，对采砂船舶进行总量控制，查处违法建造和改造采砂船舶的行为。

第三十一条　县级以上人民政府河道采砂主管部门应当建立河道采砂管理平台，交通运输、公安、市场监管等主管部门应当将执法监管信息数据纳入河道采砂管理平台，实现信息互换、监管互认、执法互助。

县级以上人民政府应当在采砂船舶集中停放点、非法采砂多发水域安装监控系统，为采砂船舶安装电子信息化监控设备，提高信息化监管水平。

从事采砂的单位和个人应当配合安装电子信息化监控设备，不得损坏或者擅自拆除。

第三十二条　县级以上人民政府有关部门履行河道采砂监督管理职责时，有权采取下列措施：

（一）进入采砂生产、运输、存放场所进行调查、取证；

（二）要求采（运）砂单位和个人如实提供与河道采（运）砂有关的文件、证照、资料；

（三）责令采（运）砂单位和个人停止违法采（运）砂行为；

（四）依法扣押非法采砂船舶（机具）、运砂船舶（车辆）以及非法采（运）的砂石。

第三十三条　县级以上人民政府有关部门应当建立河道采砂违法行为信用记录，并纳入社会信用信息服务平台，依法实行联合惩戒。

第三十四条　出现影响河势稳定、防洪安全、通航安全或者生态环境的自然灾害或者其他重大事件需要暂停采砂的，采砂单位和个人应当按照县级以上人民政府河道采砂主管部门的规定暂停采砂活动。

前款规定的情形消除后，县级以上人民政府河道采砂主管部门应当及时解除临时处置措施。

第三十五条　县级以上人民政府河道采砂主管部门应当建立河道采砂违法行为的举报制度，公布举报电话、电子邮箱等。

对河道采砂的违法行为，任何单位和个人有权向河道采砂主管部门举报。经查证属实的，对举报人给予奖励，并为其保密。

第五章　法　律　责　任

第三十六条　违反本条例，法律、法规有规定的，从其规定。

第三十七条　国家机关及其工作人员有下列行为之一的，对直接负责的主管人员和其他直接责任人员依法给予处分；构成犯罪的，依法追究刑事责任：

（一）不执行已经批准的河道采砂规划，擅自修改河道采砂规划或者违反河道采砂规划批准采砂的；

（二）不履行河道采砂监督管理职责，造成河道采砂管理秩序混乱或者重大责任事故的；

（三）不按照规定审批发放河道采砂许可证或者其他批准文件的；

（四）不按照规定征收砂石矿业权出让收益，致使国家资源流失的；

（五）截留、挪用砂石矿业权出让收益的；

（六）违反规定参与河道采砂经营活动或者纵容、包庇河道采砂违法行为的；

（七）擅自利用因整治疏浚河道、航道、涉水工程所产生的砂石的；

（八）其他玩忽职守、滥用职权、徇私舞弊的行为。

第三十八条 违反本条例第十二条第一款、第十四条第三款规定，未依法取得许可从事采砂活动或者在禁采区和禁采期从事采砂活动的，由河道采砂主管部门责令停止违法行为，没收违法所得以及用于违法活动的船舶、设备、工具，并处货值金额二倍以上二十倍以下罚款；货值金额不足10万元的，并处20万元以上200万元以下罚款；已经取得河道采砂许可证的，吊销河道采砂许可证。

第三十九条 违反本条例第二十一条第四款规定，伪造、涂改、买卖、出租、出借或者以其他方式非法转让河道采砂许可证的，由河道采砂主管部门吊销河道采砂许可证或者收缴伪造的河道采砂许可证，没收违法所得，并处3万元以上10万元以下罚款。

第四十条 违反本条例第二十四条第一项规定，未按照河道采砂许可规定采砂的，由河道采砂主管部门责令停止违法行为，扣押违法采砂船舶（机具），没收违法所得，并处3万元以上10万元以下罚款；情节严重的，吊销河道采砂许可证，并处10万元以上20万元以下罚款。

违反本条例第二十四条第四项规定，在河道管理范围内擅自设置砂场、堆积砂石或者弃料的，由河道采砂主管部门责令限期改正，清除堆积的砂石、弃料或者采取其他措施恢复原貌；逾期未改正的，处1万元以上5万元以下罚款。

第四十一条 违反本条例第二十五条规定，未依法持有合格检验证书、登记证书、必要航行资料的采（运）砂船舶（机具）在河道通行的，由交通运输主管部门责令停止航行；拒不停止的，扣押采（运）砂船舶（机具）。在河道违法采砂的，由河道采砂主管部门按照本条例第三十八条规定处罚，并没收采砂船舶（机具）。

第四十二条 违反本条例第二十六条规定，采砂船舶在禁采区滞留，未取得河道采砂许可证的采砂船舶在可采区滞留或者采砂船舶在禁采期未按指定位置集中停放或者擅自离开的，由河道采砂主管部门责令限期改正，并处1万元以上3万元以下罚款。

第四十三条 违反本条例第二十七条第一款规定，在河道管理范围内装运没有合法来源凭证的河道砂石的，由交通运输主管部门扣押违法运砂船舶（车辆），没收违法所得和所运砂石，并处1万元以上5万元以下罚款。在河道管理范围内收购、销售没有合法来源凭证的河道砂石的，由河道采砂主管部门没收违法所得和砂石，并处5万元以上20万元以下罚款。

第四十四条 违反本条例第三十一条第三款规定，损坏或者擅自拆除采砂船舶电子信息化监控设备的，由河道采砂主管部门责令停止违法行为、限期恢复原状；逾期未改正的，处1万元以上3万元以下罚款。

第四十五条 县级以上人民政府河道采砂主管部门及其他负有河道采砂监督管理职责的部门在查处采砂违法行为时，发现涉嫌犯罪的，应当依法移送司法机关追究刑事责任。

第六章 附 则

第四十六条 本条例所称采砂机具，包括挖掘机械、吊杆机械、分离机械等与采运砂石相关的机械和工具。

第四十七条 本条例自2018年12月1日起施行。

湖北省水污染防治条例

（2014年1月22日湖北省第十二届人民代表大会第二次会议通过　根据2018年11月19日湖北省第十三届人民代表大会常务委员会第六次会议《关于集中修改、废止省本级生态环境保护相关地方性法规的决定》第一次修正　根据2019年11月29日湖北省第十三届人民代表大会常务委员会第十二次会议《关于集中修改、废止部分省本级地方性法规的决定》第二次修正　根据2022年3月31日湖北省第十三届人民代表大会常务委员会第三十次会议《关于集中修改涉及行政处罚内容的省本级地方性法规的决定》第三次修正）

第一章　总　　则

第一条　为了防治水污染，保护和改善水环境，保障用水安全，推进生态文明建设，促进经济社会可持续发展，根据《中华人民共和国环境保护法》、《中华人民共和国水污染防治法》、《中华人民共和国水法》等有关法律、行政法规，结合本省实际，制定本条例。

第二条　本条例适用于本省行政区域内的江河、湖泊、水库、运河、渠道、塘堰、水井等地表水体和地下水体的污染防治。

第三条　水污染防治坚持预防为主、严防严治、综合治理、公众参与、污染者担责的原则。

第四条　县级以上人民政府应当对本行政区域内的水环境质量负责，将水污染防治工作纳入国民经济和社会发展规划，建立财政资金和社会资金相结合的多元化资金投入和保障机制，采取有效措施，改善水环境质量。

第五条　实行水污染防治政府行政首长负责制、目标责任制和水环境损害责任终身追究制。

县级以上人民政府应当每年向本级人民代表大会或者其常务委员会报告本行政区域的水污染防治工作。

第六条　任何单位和个人都有保护水环境的义务，享有获取符合安全、卫生标准的生产生活用水的权利。

县级以上人民政府及其有关部门对在水污染防治工作中做出显著成绩的

单位和个人给予表彰和奖励。

第二章 政 府 职 责

第七条 县级以上人民政府应当依法制定本行政区域水污染防治规划和年度实施计划,明确水污染防治目标,保证本行政区域水体符合规定的水环境质量标准。

乡镇人民政府、街道办事处根据法律法规的规定和上级人民政府的要求,开展有关水污染防治工作。

第八条 省人民政府应当根据国家水环境质量标准、水污染物排放标准以及本省主要流域、地区水环境现状和经济、技术条件,对国家水环境质量标准和国家水污染物排放标准中未作规定的项目,制定本省水污染物排放标准,严格控制水污染物排放。

对环境敏感区、生态脆弱区、水环境容量不足的区域,省人民政府应当制定严于国家标准的地方水污染物排放标准,实行水污染物排放总量控制。

第九条 县级以上人民政府应当建立健全基层环境监测预警体系和环境监察执法体系,加强水环境保护执法队伍建设,组织开展教育培训,规范执法行为,提高基层环境保护执法能力和执法水平。

第十条 县级以上人民政府生态环境主管部门对水污染防治实施统一监督管理,具体履行下列职责:

(一)贯彻实施有关水污染防治的法律法规、政策措施;

(二)会同有关部门编制水污染防治规划;

(三)依法拟定水环境功能区划和地方水污染物排放标准;

(四)会同有关部门编制饮用水水源保护区的划定方案;

(五)编制与调整水功能区划,提出水体限制排污总量意见,审批新建、改建、扩建进入地表水体的排污口的设置,监测、分析水功能区的水质状况;

(六)建立水环境监测网络,统一监测和定期发布水环境质量信息;

(七)编制水污染突发事件应急预案,调查处理水污染事件;

(八)依法开展水环境保护监察执法;

(九)法律法规规定的其他职责。

第十一条 县级以上人民政府对水污染防治负有监督管理职责的有关部门,依照规定履行下列职责:

(一)水行政主管部门负责编制与调整水资源保护规划;

(二)农业农村主管部门依法管理农药、化肥等农业投入品的使用,指导畜禽、水产养殖的水污染防治,推广测土配方施肥,发展生态农业,防治农业面源污染;

(三)城乡建设相关主管部门依法做好城乡规划,负责城乡垃圾处理,城镇污水集中处理设施及配套管网规划、建设和运营管理;

(四)卫生健康主管部门负责饮用水安全卫生的监督管理,监督医疗机构废水无害化处理,参与饮用水水源保护区的划定和饮用水水源污染突发事故的预防及应急处置;

(五)自然资源主管部门负责勘探、采矿、开采地下水等过程中的水污染防治监督管理;

(六)交通运输主管部门的海事管理机构对船舶污染水域的防治实施监督管理;

(七)林业主管部门负责湿地、水源涵养林、防护林的建设管理以及生态修复;

(八)发展改革、经济和信息化、公安、监察、文化和旅游、应急管理等其他主管部门根据各自职责对水污染防治实施监督管理。

第十二条 县级以上人民政府应当建立水污染防治的部门协调机制,实行由政府负责人召集、生态环境主管部门承担日常工作、有关部门参加的水污染防治联席会议制度,研究解决水污染防治监督管理工作中的重大问题。

第十三条 省人民政府应当根据主体功能区规划和生态保护的目标以及区域间经济社会发展水平,建立健全对饮用水水源保护区和江河、湖泊、水库上游地区以及有关重点生态功能区的水环境生态补偿机制,推动地区间建立横向生态补偿机制。

生态补偿的具体办法由省人民政府制定。

第十四条 县级以上人民政府应当支持水污染防治科学技术研究开发和推广应用,鼓励水污染防治产业的发展,提高水环境保护的科学技术水平。

第十五条 县级以上人民政府应当鼓励企业实行清洁生产,按照清洁生产的要求进行技术改造,提高水循环利用率,减少废水和水污染物排放量,对为减少水污染进行技术改造或者转产的企业，通过财政、金融、土地使用、能源供应、政府采购等措施予以鼓励和扶持。

第十六条　各级人民政府及有关部门应当加强水环境保护的宣传教育，增强公众水环境保护意识，拓展公众参与水环境保护途径，引导公众参与水环境保护工作。

第三章　水污染预防

第十七条　省人民政府生态环境主管部门划定重点水环境功能区，报省人民政府批准。其他水环境功能区由市（州）、直管市、林区人民政府生态环境主管部门划定，报本级人民政府批准，并报省人民政府生态环境主管部门备案。

水环境功能区划需要调整的，按照前款程序报批。

依法批准的水环境功能区划应当公告。

第十八条　重点水污染物排放实行总量控制制度。本省重点水污染物控制名录由省人民政府确定并公告。

排放水污染物的，不得超过国家或者地方规定的水污染物排放标准和重点水污染物排放总量控制指标。

第十九条　编制区域或者流域开发建设规划，新建、改建、扩建直接或者间接向水体排放污染物的建设项目和其他水上设施，应当依法进行环境影响评价。

有下列情形之一的，生态环境主管部门应当暂停审批新增水污染物建设项目的环境影响评价文件，发展改革、自然资源等主管部门不得批准其建设，建设单位不得开工建设：

（一）超过重点水污染物排放总量控制指标或者未完成水环境质量改善目标的；

（二）重点保护水域水质未达到标准的；

（三）规划未进行环境影响评价的；

（四）开发区、工业园区环境保护基础设施不符合规定要求的；

（五）法律法规和国家、省规定的其他情形。

第二十条　直接或者间接向水体排放工业废水、医疗污水以及其他按照规定应当取得排污许可证方可排放废水、污水的企业事业单位和城镇污水集中处理设施的运营单位,应当依法向生态环境主管部门申请取得排污许可证。禁止违反排污许可证的规定排放水污染物。

餐饮、洗浴、洗涤、洗车经营者不得直接向水体排放污水。

禁止利用渗井、渗坑、灌注、裂隙、溶洞,私设暗管,篡改、伪造监测数据,或者不正常运行水污染防治设施等逃避监管的方式排放水污染物。

第二十一条 省人民政府应当根据水环境保护需要,制定禁止新建、改建、扩建的严重污染水环境的生产项目名录,并公布实施。

县级以上人民政府及其发展改革、经济和信息化、城乡建设、生态环境、商务等主管部门,应当根据主体功能区规划和本行政区域的资源环境承载能力与水环境容量,合理规划工业布局,禁止引进高污染、高环境风险项目,限期淘汰严重污染水环境的工艺和设备,公布不符合产业政策的污染企业名单,限期整治或者关闭不符合产业政策的污染企业。

第二十二条 各级人民政府应当将发展生态农业列入扶持范围,在申请环境保护、清洁生产等相关资金和污染治理贷款贴息补助等方面给予支持。

农业农村主管部门应当指导农业生产者科学合理使用农药、化肥等农业投入品,防止过度使用造成水体污染。

水产养殖应当采取措施避免水体污染。禁止在江河、湖泊、水库、运河、塘堰养殖珍珠;禁止在江河、湖泊、水库、运河围栏围网养殖、投肥(粪)养殖。

第二十三条 县级以上人民政府应当根据水污染防治规划和区域环境承载能力,依法划定畜禽养殖的禁养区和限养区,并向社会公布。

禁养区内已有的畜禽养殖场、养殖小区由县级以上人民政府限期拆除;造成养殖者经济损失的,依法予以补偿。

第二十四条 畜禽规模养殖排放的水污染物应当符合国家和地方排放标准。

畜禽规模养殖经营者应当按照环境保护的要求收集、贮存、利用或者处置养殖废弃物,并采取防渗漏、防溢流等措施,防止污染水体。

县级以上人民政府应当对畜禽规模养殖废弃物的综合利用、污染物处理设施建设等给予扶持;鼓励、引导建设集中式畜禽养殖废弃物综合利用和无害化处理设施,引入市场化机制运营。

动物尸体及其他废弃物应当按照规定进行无害化处理，禁止向水体丢弃。

第二十五条 建立饮用水水源保护区制度。饮用水水源保护区分为一级保护区和二级保护区；必要时，可以在饮用水水源保护区外围划定一定的区域作为准保护区。

饮用水水源保护区的划定、调整和饮用水水源的保护，按照国家有关规定执行。

第二十六条 禁止在饮用水水源保护区内设置排污口。禁止在饮用水水源保护区内堆放、贮存可能造成水体污染的固体废弃物和其他污染物。

禁止在饮用水水源一级保护区内从事与供水作业或者水源保护无关的可能污染饮用水水体的活动。

禁止在饮用水水源二级保护区内新建、改建、扩建排放污染物的建设项目；已建成的排放污染物的建设项目，由县级以上人民政府责令限期拆除或者关闭。

第二十七条 县级以上人民政府应当加强饮用水水源地隔离防护设施建设，在饮用水水源保护区的边界设立明确的地理界标、护栏围网和明显的警示标志、宣传标语。

禁止损毁、擅自移动前款规定的地理界标、护栏围网和警示标志。

第二十八条 县级以上人民政府及其有关部门应当根据保护饮用水水源的实际需要，在与饮用水水源保护区相邻的公路和航道，采取必要的防护措施，防止运输危险化学物品的车辆和船舶发生事故污染饮用水水体。

第二十九条 县级以上人民政府应当加强农村饮用水水源保护和治理，安排资金，支持农村饮用水工程建设，促进城镇供水管网向农村延伸；加强农村生活垃圾的收集和处理，防止污染水体。

第三十条 生态环境主管部门应当加强饮用水水源地的水环境质量监测和监督检查，每月在本地主要媒体及时发布饮用水水源地水环境质量监测信息。

第三十一条 县级以上人民政府及其生态环境、自然资源、水行政等有关部门应当开展地下水污染状况调查，根据地下水水文地质结构、污染状况、水资源禀赋及其使用功能等因素，建立地下水污染防治区划体系，划定地下水污染治理区、防控区和一般保护区。

第三十二条 县级以上人民政府应当组织生态环境、自然资源、水行政等有关部门建立完善地下水环境监测网络和信息共享平台,实现对人口密集区、工业园区、地下水重点污染源区和饮用水水源地等重点地区的有效监测。

第三十三条 建设、使用垃圾填埋场或者贮存液体化学原料、油类等地下工程设施的单位,应当对地下工程采取防渗漏的有效措施,并配套建设地下水监测井等水污染防治设施,定期向生态环境主管部门提交地下水水质监测报告,防止污染地下水。

第三十四条 进行地下勘探、采矿、工程降排水、地下空间开发利用、人工回灌补给地下水等可能干扰地下含水层的活动,应当采取防护性措施,防止污染地下水。

从事地下热水资源开发利用或者使用水源热泵技术、地源热泵技术的,应当采取有效措施,防止污染地下水。生态环境、自然资源、水行政等主管部门应当依法加强监督管理和指导。

大口井、废弃机井的产权单位应当采取合理的封井措施和工艺,防止污染地下水。

第四章 水污染治理

第三十五条 建设项目的水污染防治设施应当与主体工程同时设计、同时施工、同时投入使用,水污染防治设施应当符合经批准或者备案的环境影响评价文件的要求。

排污单位应当建立水污染防治设施运行管理制度,保证设施正常运转和水污染物稳定达标排放;不得擅自拆除、停运或者闲置污水处理设施。因检修等原因需要停运或者部分停运污水处理设施的,应当征得生态环境主管部门同意。

第三十六条 排放重点水污染物的工业项目应当进入开发区、工业园区等工业集聚区。

开发区、工业园区等工业集聚区应当统筹规划、建设污水集中处理设施,实行工业污水集中处理。排污单位对污水进行预处理后向污水集中处理设施排放的,应当符合集中处理设施的接纳标准。

第三十七条 城镇污水应当集中处理。县级以上人民政府应当根据城镇排水与污水处理规划，按照雨污分流原则，明确排水与排污管网、泵站、污水处理厂等城镇污水集中处理设施的规模、布局、建设时序和保障措施，并在省人民政府规定的期限内完成。

城镇新区的开发和建设应当按照先规划后建设的原则，优先安排排水与污水集中处理设施建设；旧城改造应当统筹规划、建设排污管网等城镇污水集中处理设施。

第三十八条 县级以上人民政府应当加大投入力度，加强城镇排水与排污管网建设，提高污水收集处理率，保障城镇排水与排污管网建设和污水集中处理设施运行经费，污水处理收费不足以支付运行成本的，应当提高财政补贴水平。

省人民政府应当每年公布市（州）、县（市、区）人民政府城镇污水集中处理设施的建设、运营、达标排放情况；对按期完成城镇污水集中处理设施建设的，予以鼓励和扶持。

第三十九条 建设垃圾堆放场、处理场和垃圾处理设施，应当采取防渗漏等处理措施。禁止在毗邻地表水体的区域和泄洪区内建设垃圾堆放场、处理场和垃圾处理设施；已经建设的，由当地人民政府责令限期搬迁。

第四十条 医疗机构、学校、科研院所、企业等单位的实验室、检验室、化验室产生的废液应当按照规定单独收集，进行安全处置，禁止排入排水管道或者直接排入水体。

生态环境主管部门应当按照有关规定加强对实验室、检验室、化验室废液处理的监督管理，为有关单位依法处理废液提供指导。

第四十一条 各级人民政府应当加强农村生活污水处理设施建设，对未纳入城镇排污管网的村庄的生活污水进行治理，优先采用生态、低能耗、资源化的污水处理技术；对在饮用水水源保护区、河道两侧等重点区域的村庄，应当建设污水处理设施，并保证建设及运转资金。

第四十二条 交通运输、生态环境、农业农村、文化和旅游等主管部门应当建立船舶水上污染防治执法联动机制，对船舶污染物实行从船上到岸上的全程监管。

船舶应当按照国家规定配置相应的防污设备和器材，排放污染物应当符合相应的排放标准。

地方法规及政府规章

港口、码头、水上服务区应当建设船舶油污水、生活垃圾岸上接收和无害化处理设施，纳入城镇管网或者农村环卫管理。

在具有饮用水水源功能的湖泊、水库航行或者停泊的船舶，应当使用清洁能源；对使用汽油、柴油等燃料的船舶，采取限制措施，逐步淘汰。

第四十三条 省人民政府生态环境主管部门应当会同水行政主管部门在江河、湖泊、水库、运河的市（州）、县（市、区）交界处设置地表水环境质量监测断面，确定监测断面水体适用的水环境质量标准，定期监测并发布监测信息。

江河、湖泊、水库、运河上游人民政府必须采取措施保证出界断面水质达标。

第四十四条 跨市（州）、县（市、区）的江河、湖泊、水库、运河实行交界断面水质考核制度。

上级人民政府对考核不达标的市（州）、县（市、区）人民政府责令限期整改；有关人民政府必须采取有效措施削减水污染物排放量，直至出界断面水质达标，并向下游受影响地区人民政府作出补偿。

具体考核和补偿办法由省人民政府制定。

第四十五条 跨行政区域江河、湖泊、水库、运河所在地人民政府及其有关部门应当建立联席会商制度，相互配合，共享信息，协调跨行政区域水污染防治工作，预防和处置跨行政区域的水污染事件。

跨行政区域的水污染纠纷，可以由有关人民政府协商解决，或者由其共同的上级人民政府协调解决。

第四十六条 县级以上人民政府应当对水污染严重的流域、区域，划定重点监管区，确定重点监管的行业和企业，制定治理计划，限期整治。

县级以上人民政府应当组织有关部门开展水生态环境调查，制定修复方案，采取截污治污、清淤疏浚、调水引流、河湖连通、湿地修复、生态保护带建设等措施，对水生态系统进行综合治理，保护和修复水生态。

第四十七条 县级以上人民政府及其有关部门应当在地下水污染突出的固体废物堆存、垃圾填埋、矿山开采、石油化工行业生产、农业面源污染严重等区域开展地下水污染修复工作。

第四十八条 对因清理水产养殖、畜禽养殖，实施退田还湖、退渔还湖以及生态移民等导致转产转业的，县级以上人民政府应当采取资金支持、技能培训、转移就业、社会保障等方式予以扶持。

第四十九条　县级以上人民政府应当发展环保市场，通过招标、委托等方式向社会购买服务，吸引各类市场主体开展水污染防治技术评估、水污染防治设施建设与运营、水污染治理和水环境修复等环保服务业务，促进水污染防治的市场化。

第五章　监督与应急

第五十条　上级人民政府对下级人民政府的水污染防治工作目标实施年度考核，向社会公布考核办法和结果，考核结果作为对县级以上人民政府主要负责人考核评价的内容。

各级人民政府未完成水污染防治工作目标的，由上一级人民政府或者监察机关对其主要负责人进行诫勉谈话或者通报批评；不能尽职尽责，使辖区内水环境质量恶化，造成严重后果或者恶劣影响的，主要负责人应当引咎辞职。

第五十一条　县级以上人民代表大会常务委员会应当通过听取和审议专项工作报告、组织执法检查、开展专题询问、质询等方式，对本级人民政府水污染防治工作依法履行监督职责；必要时可以依法组织关于特定问题的调查。

第五十二条　负有水污染防治监督管理职责的部门应当建立完善水污染防治的举报制度。

负有水污染防治监督管理职责的部门应当公布举报污染水环境行为的联系方式，对属于本部门职责范围的举报事项，应当及时处理；对不属于本部门职责范围的，应当及时转交有权处理的部门，并告知举报人。有关部门应当为举报人保密，对举报属实的予以奖励。

第五十三条　省人民政府应当规划建设污染源、水环境质量、水量和水位监测网络，实现生态环境、水行政、自然资源、卫生健康等有关部门之间监测数据的共享。

第五十四条　排放工业废水的排污单位和城镇污水集中处理设施的运营单位应当对其所排放的水污染物进行监测，并保存原始监测记录，依法适时公开监测数据。生态环境主管部门应当对排污单位进行监督性监测。

重点排污单位应当按照规定安装水污染物排放自动计量、监测设备和视频监控装置，并与生态环境主管部门的监控设备联网。

第五十五条　负有水污染防治监督管理职责的部门应当对排污口、水污染防治设施、固体废物贮存和处置设施以及有毒物质存放场所进行环境安全监督检查。发现重大水污染事故隐患的，被检查的单位和个人应当采取应对措施，防止水污染事故发生。

第五十六条　负有水污染防治监督管理职责的部门进行监督检查，可以依法采取下列措施：

（一）进入排污场所实施现场检查，向有关单位和人员了解情况，查阅、复制有关文件资料；

（二）发现影响水环境安全的违法行为，责令当场纠正或者限期改正；

（三）责令立即消除或者限期消除水污染事故隐患；

（四）责令停止使用不符合法律法规规定或者国家标准、行业标准的设施、设备；

（五）依法查封违法排污场所或者用于违法生产、使用的原材料、设备、运输工具。

省人民政府生态环境主管部门可以对重大水污染事故和重点排污单位实行挂牌督办，派驻专员监督执行。

第五十七条　各级人民政府及其有关部门和可能发生水污染事故的企业事业单位，应当制定水污染事故的应急预案，并定期进行演练，做好应急准备。

从事有毒物质生产、使用、运输、贮存、处置的单位和个人，应当按照规定配备水污染事故应急设施。

第五十八条　水环境质量因严重干旱等不可抗力达不到功能区水质要求时，县级以上人民政府可以根据水污染物排放情况，要求排污者采取限制生产、停止生产等措施，减少水污染物排放，保障功能区的水环境质量达标。

第五十九条　饮用水水源受到污染，危及供水安全的，县级以上人民政府应当责令相关排污单位停止排放水污染物，并及时向社会发布饮用水水源污染状况、应急措施和恢复供水等信息。可能危及下游地区饮用水供水安全的，应当及时通报。

县级以上人民政府以及有条件的乡镇人民政府应当规划、建设备用水源，保障应急状态下的饮用水供应。

第六十条 对跨省的江河、湖泊、水库，交界地生态环境主管部门应当加强水质监测，发现异常或者发生水污染事故的，及时采取应急措施，并向省人民政府生态环境主管部门报告。省人民政府生态环境主管部门接到报告后，应当及时与相关省（市）生态环境主管部门协调沟通。

第六章　信息公开与公众参与

第六十一条 县级以上人民政府及其负有水污染防治监督管理职责的部门，应当建立水污染防治信息公开制度，完善公众参与程序，为公众参与和监督水污染防治工作提供便利；依法公开水环境质量，水环境监测，水污染突发事件，与水环境保护有关的行政许可、行政处罚，水环境质量限期达标情况，水污染物排放限期治理情况等信息。

县级以上人民政府应当及时公布严重污染水环境的企业。

重点排污单位应当按照生态环境主管部门的规定向社会公开其排放的主要污染物种类、方式、浓度和总量，以及水污染防治设施的建设与运行情况。

第六十二条 生态环境主管部门应当会同有关部门建立排污者环保诚信档案，记载其遵守环境保护法律法规和承担环境保护社会责任等情况，并纳入社会征信体系。

排污者的环保诚信档案应当向社会公开，并作为财政支持、政府采购、银行信贷、外贸出口、企业信用、上市融资的重要依据。

第六十三条 任何单位和个人都可以按照规定向政府及其有关部门申请获取相关的水环境信息，有关部门应当依法予以答复。

使用公开的水环境信息，不得损害国家利益、公共利益和他人的合法权益。

第六十四条 任何单位和个人都应当遵守水环境保护法律法规，提高水环境保护意识，养成节约用水、保护水环境的绿色环保生产生活方式。

第六十五条 任何单位和个人都有权对污染水环境的行为向生态环境主管部门或者其他有关部门检举和控告。

发现人民政府及其负有水污染防治监督管理职责的部门不依法履行职责

的,可以向其上级人民政府或者监察机关举报。

第六十六条 对污染水环境损害社会公共利益的行为,法律规定的机关和有关组织可以向人民法院提起诉讼。

因水环境污染受到损害的当事人向人民法院提起诉讼的,负有水污染防治监督管理职责的部门和有关社会团体在确定污染源、污染范围及污染造成的损失等事故调查方面为当事人提供支持。

法律援助机构对水环境污染公益诉讼和因水污染受到损害请求赔偿的经济困难公民提供法律援助。

第六十七条 单位和个人可以对水环境保护的决策活动提出意见和建议。

除依法需要保密的情形外,规划编制、项目审批、环境影响评价等与公众水环境权益密切相关的事项,应当公开,并通过听证会、论证会、座谈会等形式向可能受影响的公众说明情况,充分征求意见。听证会的结果应当作为决策的参考。

第六十八条 学校和其他教育机构应当开展水环境保护宣传教育。

报刊、广播、电视、网络等媒体应当加强对水环境保护法律法规以及相关科学知识、信息的宣传报道,对污染水环境的违法行为和处理结果依法进行舆论监督。

鼓励群众性自治组织、社会组织以及环境保护志愿者开展水污染防治法律法规和相关科学知识的宣传,依法参与水污染防治工作,保护水环境。

第七章 法 律 责 任

第六十九条 违反本条例的行为,法律、行政法规已有行政处罚规定的,从其规定。

因水环境污染受到损害的单位和个人,有权依法要求污染者承担停止侵害、排除妨碍、消除危险、恢复原状、赔偿损失等民事侵权责任。

污染水环境违法行为涉嫌犯罪的,负有水污染防治监督管理职责的部门应当及时将案件移送司法机关,依法追究刑事责任。

第七十条 国家机关及其工作人员在水污染防治工作中,有下列情形之一的,对直接负责的主管人员和其他直接责任人员,由其主管机关或者监察机关依法给予处分：

（一）应当暂停审批新增水污染物建设项目的环境影响评价文件而不暂停审批的；

（二）不依法作出行政许可的；

（三）发现违法行为或者接到对违法行为的举报后不予查处的；

（四）造成水环境功能退化或者跨行政区域水污染事故的；

（五）违反产业政策批准项目造成环境污染或者生态破坏的；

（六）未依法履行信息公开义务的；

（七）其他不依法履行职责的行为。

国家机关工作人员在水污染防治工作中作出或者执行违法的决定、命令的，应当承担相应的法律责任。

第七十一条 违反本条例规定，新建、改建、扩建直接或者间接向水体排放污染物的建设项目和其他水上设施，未依法进行环境影响评价，建设单位擅自开工建设的，由生态环境主管部门责令停止建设，根据违法情节和危害后果，处建设项目总投资额百分之一以上百分之五以下罚款，并可以责令恢复原状；对建设单位直接负责的主管人员和其他直接责任人员，依法给予处分。

第七十二条 餐饮、洗浴、洗涤、洗车经营者直接向水体排放污水的，由生态环境主管部门责令停止违法行为，限期改正，没收违法所得，并处 2 万元以上 5 万元以下罚款；情节严重的，责令停业，依法吊销许可证。

第七十三条 违反本条例规定，利用渗井、渗坑、灌注、裂隙、溶洞，私设暗管，篡改、伪造监测数据，或者不正常运行水污染防治设施等逃避监管的方式排放水污染物的，由生态环境主管部门责令改正或者责令限制生产、停产整治，并处 20 万元以上 100 万元以下罚款；情节严重的，吊销排污许可证，报经有批准权的人民政府批准，责令停业、关闭。

第七十四条 在江河、湖泊、水库、运河、塘堰养殖珍珠的，由农业农村主管部门责令停止违法行为，没收违法所得，并处 5 万元以上 10 万元以下罚款。

在江河、湖泊、水库、运河违法围栏围网养殖的，由农业农村主管部门责令限期拆除，没收违法所得；逾期不拆除的，由农业农村主管部门依法确定有关单位代为拆除，所需费用由违法行为人承担，并处 1 万元以上 5 万元以下罚款。

在江河、湖泊、水库、运河投肥（粪）养殖污染水体的，由生态环境主管部门责令停止违法行为，没收违法所得，并处5万元以上10万元以下罚款；经处罚后，再次投肥（粪）养殖的，处10万元以上30万元以下罚款，由发证机关吊销养殖证。

第七十五条 在饮用水水源保护区内堆放、贮存可能造成水体污染的固体废弃物和其他污染物的，由生态环境主管部门责令停止违法行为，限期清除，处5万元以上10万元以下罚款。

第七十六条 违反本条例规定，损毁或者擅自移动饮用水水源保护区地理界标、护栏围网和警示标志的，由生态环境主管部门责令停止违法行为，恢复原状；情节严重的，处2000元以上1万元以下罚款。

第七十七条 违反本条例规定，未按照规定安装水污染物排放自动监测设备，未按照规定与生态环境主管部门的监控设备联网，或者未保证监测设备正常运行的，由生态环境主管部门责令限期改正，处2万元以上20万元以下的罚款；逾期不改正的，责令停产整治。

第七十八条 违反本条例规定，对造成水污染事故后瞒报或者故意拖延报告的排污单位，由生态环境主管部门或者其他负有水污染防治监督管理职责的部门处10万元以上30万元以下罚款，并对排污单位主要负责人处5万元以上10万元以下罚款。

第七十九条 违反《中华人民共和国水污染防治法》以及本条例规定排放水污染物，受到罚款处罚，被责令改正的，依法作出处罚决定的行政机关应当组织复查，发现其继续违法排放水污染物或者拒绝、阻挠复查的，依照《中华人民共和国环境保护法》的规定按日连续处罚。

第八章　附　　则

第八十条 本条例自2014年7月1日起施行。2000年12月1日湖北省第九届人民代表大会常务委员会第二十一次会议通过的《湖北省实施〈中华人民共和国水污染防治法〉办法》同时废止。

湖北省河道管理实施办法

(1992年7月2日省人民政府常务会议通过　1992年8月12日湖北省人民政府令第33号发布)

第一章　总　　则

第一条　为加强河道管理，保障防洪安全，发挥江河湖泊的综合效益，根据《中华人民共和国河道管理条例》（以下简称《条例》），结合我省实际，制定本办法。

第二条　本办法适用于长江、汉江流经我省的江段，东荆河、府环河、汉北河、沮漳河以及县（含县级市，下同）以上水行政主管部门和河道专门管理机关管理的其他河流（包括湖泊、人工水道、行洪区、蓄洪区、滞洪区）。

河道内的航道，同时适用《中华人民共和国航道管理条例》。

第三条　省水行政主管部门负责全省河道管理；各地、市、州、县水行政主管部门负责本行政区域内的河道管理。

长江和汉江在本省境内的江段以及本省境内其他重要河流，按现行管理体制，由河道专门管理机关及其分支机构负责管理（属国家授权的江河流域管理机构管理范围的，应根据其统一规划实施管理）。

第四条　河道管理范围为两岸堤防之间的水域、沙洲、滩地（包括可耕地），以及堤身、禁脚地、工程留用地和安全保护区。

无堤防的河道，其管理范围根据历史最高洪水水位或者设计洪水水位确定。

第五条　河道防汛抢险和清障工作实行地方人民政府行政首长负责制。一切单位和个人都有保护河道堤防安全和参加防汛抢险的义务。

第二章　水域、洲滩保护

第六条　在水域和洲滩内，禁止从事下列污染水体、阻碍行洪的活动：

洗涤装贮过油类或者有毒污染物的物体；

设置拦河渔具、炸鱼等；

排放超过国家规定标准的污染物液体；

倾倒矿渣、石渣、煤灰、泥土、垃圾，以及填高滩地等；

烧窑、埋坟、盖房、种植阻碍行洪的高秆作物（护堤护岸林除外）以及堆放阻碍行洪的物料；

修建围堤、阻水道路、渠道；

其他污染水体、阻碍行洪的行为。

第七条 在水域和洲滩以及工程留用地、安全保护区内进行下列活动，必须经有关水行政主管部门或河道专门管理机关批准（涉及其他部门职责范围的，应会同其他部门共同批准）：

爆破、钻探、挖筑鱼塘、开采地下资源或考古发掘；修建取、排水口及临时性设施。

第八条 在水域、洲滩、堤身和禁脚地范围内埋设缆线、管道，修建桥梁、码头、渡口、道路以及通航设施等，建设单位必须将工程建设方案，报送有关水行政主管部门或河道专门管理机关审查同意（涉及航道管理的，会同航道主管机关审查同意）后，方可办理基本建设审批手续。

第九条 因新建本办法第八条所列工程设施而扩建、改建、拆除或者损坏原有工程设施的，其费用及经济损失补偿由后建工程的建设单位承担。但原有工程设施属违章者除外。

第十条 修建港口、码头或进行其他活动，不得随意扩占岸线。因特殊情况确需扩占的，应报经有审批权的县以上水行政主管部门或河道专门管理机关批准（涉及其他部门职权范围的，应会同其他部门共同批准）。

第十一条 港口、码头的日常运行，应采取有效的保护措施，避免损害堤身、禁脚地和滩岸。无法避免损害的，由港口、码头管理单位负责修复或承担修复费用。

第十二条 禁止围垦湖泊、河流。确需围垦的，应经过科学论证，并经省以上人民政府批准。

在经省水行政主管部门批准控制运用的围垸内，任何单位和个人不得建造设施，种植作物不得影响围垸控制运用功能；汛情紧急需破围垸或清除高秆作物时，利害关系人应无条件服从。

第十三条　在两岸堤防之间的水域、沙洲、滩地范围内采砂（包括砂、石、士，下同），必须经有关水行政主管部门或河道专门管理机关批准（涉及航道管理的，应会同航道主管机关批准）后，由地质矿产主管部门或矿产资源管理机构发给采矿许可证。采砂必须按批准机关规定的地点和作业方式进行，并按河道管理权限，向有关水行政主管部门或河道专门管理机关交纳采砂管理费。但是，凡采砂用于堤防岁修、整险加固、防汛抢险的，禁止收取采砂管理费，亦不准从工程款项中提取。

采砂管理费的收费标准、分成办法、使用范围等，由省物价局、财政厅、水利厅、地矿局制订，报省人民政府批准后执行。

第十四条　交通部门和水利部门进行航道、河道整治，按照《条例》第十三条的规定办理。

第十五条　城镇建设和发展不得占用河道滩地。城镇规划的临河界限，由有关水行政主管部门或河道专门管理机关会同城镇规划等有关部门确定。沿河城镇在编制和审查城镇规划时，应当事先征求有关水行政主管部门或河道专门管理机关的意见。

第十六条　河道清障工作，按《条例》第四章的规定执行。

第三章　堤防安全管理

第十七条　本省堤防安全管理重点，为境内的确保堤、干堤及重要支堤。确保堤、干堤及重要支堤，由省水行政主管部门根据国家规定和标准予以公布。

第十八条　本省境内确保堤、干堤及重要支堤的禁脚地、工程留用地和安全保护区范围，由市县人民政府按照下列标准划定公布：

禁脚地：确保堤迎水面五十至一百米，背水面三十至五十米；干堤及重要支堤迎水面三十至五十米，背水面二十至三十米（从堤防两侧斜面与平地的交叉点算起）；

工程留用地：确保堤、干堤及重要支堤迎水面和背水面均为二百米（从禁脚地外沿算起）；

安全保护区：确保堤、干堤及重要支堤迎水面和背水面均为三百米（从工程留用地外沿算起）。

第十九条 划定禁脚地涉及集体所有土地的,可以在不改变土地所有制形式的前提下,用滩地或其他国有土地调整使用权,也可以按已经形成的历史习惯处理。具体采用上述何种方式,由市、县人民政府决定。

划定工程留用地和安全保护区,均不改变其范围内土地的所有权和使用权,但河道专门管理机关为维护堤防安全,有权依照本办法对其实施安全管理。

第二十条 禁止任何单位和个人在堤身和禁脚地范围内建房、爆破、采砂、打井、挖洞、开沟、埋坟、铲草皮、打场晒粮、搭棚、设摊、堆放物料、钻探与开采地下资源、进行考古发掘以及从事其他损害堤身和禁脚地安全的行为。

非经省人民政府批准,任何单位和个人不准将堤身和禁脚地范围内的土地批给其他单位和个人使用。

河道专门管理机关除修建哨屋、临时工棚、通信照明设施、堆放防汛抢险料物外,不准在堤身和禁脚地范围内修建其他任何建(构)筑物。

第二十一条 《湖北省河道堤防管理暂行条例》(鄂政发〔1992〕128号)颁布后,在堤身和禁脚地范围内修建的仓库、厂房、办公房、住宅等建(构)筑物,凡未经河道专门管理机关批准的,建设单位和个人必须在河道专门管理机关规定的期限内无条件自行拆除;上述条件颁发前修建的建(构)筑物,也应按规划逐步拆迁。

第二十二条 利用堤顶、禁脚地新建公路,须事先经县以上水行政主管部门或河道专门管理机关批准。已在堤顶和禁脚地上修建的公路,由投资修建单位实施管理和养护。未修建公路但机动车辆流量较大的堤顶和禁脚地地段,由省水行政主管部门和省交通主管部门协商确定后,纳入公路建设计划,按公路建设管理体制,分级安排建设和养护,在其他可通车堤顶和禁脚地地段,按照"晴通雨阻"的原则处理机动车辆通行事宜,但防汛抢险车辆不受此限。

第二十三条 在工程留用地内,必须保障确保堤、干堤及重要支堤的岁修、整险加固、防汛抢险取土。河道专门管理机关取土,应当多取堤防迎水面土,少取背水面土;多取非耕地土,少取耕地土。取土凡损坏水利等设施及青苗的,应予补偿;在耕地取土的,取土者应及时予以垦复,垦复确有困难的,应向土地使用者缴纳垦复费(利用取土修建精养鱼池的,可抵顶垦复费)。

第二十四条 河道专门管理机关在属国家所有的荒山、荒坡和堤防迎水面无农业税赋的滩地上无偿职土,任何单位和个人不得阻拦,或索要取土费。

第二十五条 堤身和禁脚地上已修建的涵闸、泵站和埋设的管道、缆线等建筑物及设施,河道专门管理机关应定期进行安全检查。不符合安全要求的,有关单位应按河道专门管理机关《安全通知书》的要求维修或改建。

在堤防上新建前款所列建筑物及设施,必须经河道专门管理机关进行安全验收合格后,方可启用。

第二十六条 堤身和禁脚地上的里程碑、水尺、哨屋、仓库及备用砂石料等设施和防汛物料,由河道专门管理机关管理,任何单位和个人不得侵占、移动或毁坏。

第二十七条 因工程吹淤而形成的禁脚地以外的土地,按下列规定处理:吹淤时压占的集体所有地土地,应如数退还原所有者;吹淤时压占的国家所有且已依法确认土地使用者的,应如数退还原使用者;吹淤时压占的国家所有但未确认土地使用者的,可以由河道专门管理机关使用,但须依法办理有［FS:PAGE］关手续。

第二十八条 本省境内确保堤、干堤及重要支堤以外的其他堤防的管理,由地区行署和市、州人民政府依照国家法律、法规和本办法作出规定。

第四章 涵 闸 保 护

第二十九条 涵闸保护区由市、县人民政府按下列标准划定并公布:大型涵闸上游、下游各五百米,左右各二百米;中型涵闸上游、下游各二百米,左右各一百米;小型涵闸上游、下游各一百米,左右各三十米。上述距离均从涵闸外沿算起。

划定涵闸保护区涉及集体所有土地的,按照本办法第十九条的规定处理。

第三十条 在涵闸保护区内,不准新建房屋等建(构)筑物。涵闸保护区内堤身和禁脚地的管理,按本办法第三章的规定执行。

第三十一条 涵闸管理单位应建立、健全涵闸管理制度。启闭涵闸必须履行报批手续，严格执行操作规程，未经批准，不得擅自启闭。任何单位和个人不得干扰涵闸管理单位的正常工作。

启闸泄流时，涵闸管理单位应通知上、下游的船只驶离涵闸保护区。

第三十二条 严禁超过涵闸设计荷载的车辆通过闸顶。船只通过涵闸时，必须服从闸管人员指挥。

第五章 护堤护岸林采伐

第三十三条 江汉干堤及其重要支堤护堤护岸林的年度森林采伐限额计划，由省水行政主管部门拟订后报省林业主管部门。全省年度森林采伐限额经国务院批准后，由省人民政府将上述护堤护岸林木采伐限额下达至省水行政主管部门，由其逐级分解到各采伐单位。

护堤护岸林的年更新采伐许可证，由省林业主管部门按省人民政府下达给省水行政主管部门的采伐限额，一次发给省水行政主管部门。由省水行政主管部门组织核发。省水行政主管部门年末应将采伐限额执行情况汇总报省林业主管部门。

第三十四条 江汉干堤及其重要支堤以外的堤防护堤护岸林的采伐管理，按国家和省的有关规定执行。

第三十五条 因防汛抢险急需采伐护堤护岸林的，抢险单位可以先行采伐，但事后应将采伐情况报县以上林业主管部门或河道专门管理机关备案。

第三十六条 县以上林业主管部门对护堤护岸林的采伐和种植依法进行监督。

第三十七条 对江汉干堤及其重要支堤护堤护岸林的经营收入，县、市河道专门管理机关按规定提取育林基金和更新改造资金，以用于护堤护岸林的营造和管理。

第六章 经费及其使用

第三十八条 河道堤防的防汛岁修费，按照分级管理原则分别由中央财政和地方财政负担。属地方财政负担的，列入地方年度财政预算。

第三十九条 对江汉干堤及其重要支堤保护范围内受益的工商企业等单

位农户，河道专门管理机关可以收取河道工程修建维护管理费。具体收费标准和办法，由省水行政主管部门和省物价、财政部门制订，报经省人民政府批准后执行。

在江汉干堤及其重要支堤以外的堤防的保护区的，是否开征河道工程修建维护管理费，由省人民政府决定，其他任何单位不得越权开征。

收取河道工程修建维护管理费后，凡未经国务院、国务院授权的主管部门以及省人民政府批准的其他收费项目，一律废止。

第七章 奖励和处罚

第四十条 在河道管理和防汛抢险工作中表现突出，成绩显著者，由县以上人民政府及其水行政主管部门、河道专门管理机关给予奖励。

第四十一条 对有《条例》第四十四条、第四十五条所列行为之一者，由县级以上人民政府水行政主管部门或河道专门管理机关根据职责分工，按《条例》的相应规定处理。

第四十二条 对有下列行为之一者，县级以上人民政府的水行政主管部门或河道专门管理机关除责令其纠正违法行为、采取补救措施外，可以并处警告、罚款、没收非法所得；对有关责任人员，由其所在单位或上级主管机关给予行政处分。

未经批准，在工程留用地、安全挂号信区内打井、爆破、钻探、开采地下资源的；

船只通过涵闸时，不服从闸管人员指挥的；

其他损害河道、堤防安全的行为。

第四十三条 县以上人民政府的水行政主管部门和河道专门管理机关实施经济罚款，按直接经济损失的二至五倍的标准执行，但最高不超过一万元人民币。所有罚没收入交同级财政。

第四十四条 对违反《中华人民共和国治安管理处罚条例》的，由公安部门依法处理；对触犯刑律，构成犯罪的，由司法机关追究刑事责任。

第四十五条 水行政主管部门、河道专门管理机关的工作人员玩忽职守或滥用职权、营私舞弊的，由其所在单位或者上级主管机关给予行政处分；触犯刑律的，由司法机关依法追究刑事责任。

第四十六条 当事人对行政处罚决定不服的,按《条例》第四十六条规定处理。

第八章 附 则

第四十七条 本省境内的堤防原由城建部门管理的,仍由其负责管理。

第四十八条 本省所有关于河道堤防管理的规定,凡与本办法相抵触的,以本办法为准。

第四十九条 本办法应用中的问题由省水行政主管部门负责解释。

第五十条 本办法自发布之日起施行。

湖北省河湖长制工作规定

(2022年9月16日中共湖北省委常委会会议审议批准 2022年9月28日中共湖北省委、湖北省人民政府发布)

第一章 总 则

第一条 为了保障河湖长制实施，统筹流域水安全，推进生态文明建设和高质量发展，根据党中央、国务院有关部署和规定精神，结合我省实际，制定本规定。

第二条 本规定所称河湖长制，是指在相应河湖设立河长、湖长（以下统称河湖长），组织领导其责任河湖的管理保护工作，统筹、协调、督促相关党委和政府以及有关部门履行法定职责，推动落实河湖管理保护的目标任务和行动计划的工作制度。

第三条 全省河湖长制工作以习近平新时代中国特色社会主义思想为指导，贯彻落实习近平生态文明思想，完整、准确、全面贯彻新发展理念，坚持节水优先、空间均衡、系统治理、两手发力，构建责任明确、协调有序、监管有力、保护有效的河湖管理保护机制，为建设全国构建新发展格局先行区，维护河湖健康生命、实现河湖功能永续利用提供制度保障。

第四条 全面实施河湖长制工作，应当坚持生态优先、绿色发展，党政领导、部门联动，问题导向、因地制宜，强化监督、严格考核的原则。

第五条 本规定所称河湖，包括江河、湖泊、水库、渠道以及人工水道等水体及岸线。

根据国家和我省有关规定纳入河湖长制实施范围的塘堰、溪沟等小微水体，适用本规定。

第六条 河湖管理保护工作主要包括水资源保护、水域岸线管理、水污染防治、水环境治理、水生态修复、执法监管，以及国家和我省规定的其他任务。

第二章　组　织　体　系

第七条　建立流域统一管理与区域分级管理相结合的河湖长制组织体系。

按照流域设立河湖长，跨省、市重要河湖设立省级河湖长；河湖所在的市（含州、直管市、神农架林区，下同）、县（含县级市、区，下同）、乡（含镇、街道，下同）、村（含社区，下同）分级分段设立河湖长。乡级以上河湖长原则上由同级党委和政府负责人担任。村级河湖长由乡级党委和政府明确。

按照行政区域设立省、市、县、乡级总河湖长、副总河湖长，分别由同级党委和政府主要负责人、分管负责人担任。

乡级以上河湖长实行席位制，担任河湖长的负责人职务发生变动的，由相应岗位新任负责人接替。新任负责人未到岗前，由同级其他党委和政府负责人或者联系部门主要负责人代为履行相应河湖长工作职责。

鼓励和支持设立民间河湖长，配合各级河湖长做好相关工作，共同保护河湖生态环境。

第八条　各级党委和政府要切实加强对河湖长制工作的领导，建立健全工作组织领导体系。

县级以上党委和政府应当设立河湖长制办公室，承担本级河湖长制日常工作，对本级总河湖长负责。省河湖长制办公室设在省水利厅。各级河湖长制联席会议要发挥统筹协调作用。联席会议成员单位根据职责分工，依法履行河湖管理保护相关职责，协同推进河湖长制工作。

县级以上党委和政府应当配齐配强河湖长制办公室工作人员，将工作经费纳入本级财政预算。乡级党委和政府应当明确负责河湖长制工作的机构。

第九条　县级以上党委和政府应当根据本级河湖长设立情况明确河湖长联系部门，由其协助相应河湖长做好有关工作。

第十条　全省公安机关明确省、市、县、乡四级河湖警长，由同级公安机关或者公安派出机构负责同志担任。

第十一条　全省检察机关明确省、市、县三级河湖检察长，分别由同级检察机关负责同志担任。省、市、县检察机关均至少明确一名检察官负责联系同级河湖长制办公室,协助河湖长开展河湖长制有关工作。

第三章 工 作 职 责

第十二条 各级总河湖长负责组织领导本行政区域内河湖管理保护工作,是本行政区域全面推行河湖长制工作的第一责任人,对本行政区域河湖管理保护负总责。主要履行以下职责:

(一)贯彻落实党中央、国务院关于河湖长制工作决策部署和省委、省政府工作要求;

(二)组织建立健全党政领导负责制为核心的责任体系,建立全面推行河湖长制工作领导机制;

(三)主持研究河湖长制推行中的重大政策措施、重要制度以及河湖管理保护的重大事项;

(四)统筹河湖管理保护工作,部署安排河湖管理保护重点任务、重大专项行动;

(五)组织召开总河湖长会议,研究解决河湖长制推进过程中的全局性问题以及河湖管理保护的重大问题;

(六)组织督导落实河湖长制监督考核与激励问责制度,督促指导本级河湖长、河湖长制办公室、河湖长联系部门和下级河湖长履行职责。

副总河湖长协助本级总河湖长开展工作。

第十三条 省级河湖长主要履行以下职责:

(一)组织领导责任河湖的管理保护工作,协调和督促解决责任河湖管理保护的重大问题;

(二)组织审定责任河湖的"一河(湖)一策"等河湖管理保护方案并督导实施;

(三)明晰责任河湖上下游、左右岸、干支流地区管理保护目标任务,推动建立流域统筹、区域协同、部门联动的河湖联防联控机制;

(四)组织开展责任河湖的巡查和突出问题专项整治工作;

(五)组织对省级相关部门(单位)和下级河湖长履职情况进行督导,对目标任务完成情况进行考核;

(六)完成省总河湖长交办的工作任务。

第十四条 市、县级河湖长主要履行以下职责：

（一）审定并组织实施责任河湖"一河（湖）一策"方案或者细化实施方案；

（二）组织研究责任河湖管理保护中的重大问题，协调和督促相关部门（单位）予以解决；

（三）组织开展责任河湖的巡查和侵占河道、围垦湖泊、超标排污、违法养殖、非法采砂、破坏航道、电毒炸鱼等专项治理、整治行动；

（四）牵头协调上下游、左右岸、干支流相关地区以及部门（单位）落实流域（跨界）河湖联防联控机制；

（五）对本级相关部门（单位）和下级河湖长履职情况进行督导，对其目标任务完成情况组织考核；

（六）完成上级河湖长和本级总河湖长交办的工作任务。

第十五条 乡级河湖长主要履行以下职责：

（一）组织落实责任河湖管理保护的具体工作；

（二）开展责任河湖经常性巡查，及时处理和上报发现的相关河湖问题；

（三）组织开展河湖日常清漂、保洁等活动；

（四）组织落实小微水体的管理保护工作；

（五）指导监督村级河湖长开展工作；

（六）完成上级河湖长和本级总河湖长交办的工作任务。

第十六条 乡级党委和政府应当与村级河湖长明确约定其具体职责，主要包括以下工作：开展责任河湖的日常巡查工作，及时发现并劝阻相关违法行为，并向上级河湖长或者有关部门报告相关情况；落实小微水体具体管理保护工作；教育引导村民、居民保护河湖资源、改善河湖生态环境；完成上级河湖长交办的工作任务。

乡级党委和政府在村级河湖长职责约定中，应当同时明确经费保障和未履行职责承担的责任等事项。

第十七条 各级河湖长制办公室负责全面推行河湖长制的组织实施、综合协调、检查督办和考核评价等工作，主要履行以下职责：

（一）组织完成本级党委和政府、总河湖长和副总河湖长确定或者交办的事项，协调完成本级其他河湖长确定或者交办的事项，及时请示报告有关情况；

（二）督促协调本级河湖长制联席会议成员单位、河湖长联系部门履行职责；

（三）研究起草河湖长制相关制度，组织编制和监督落实"一河（湖）一策"等河湖管理保护规划、方案；

（四）组织开展河湖长制工作监督检查、考核评价、评选表彰；

（五）组织开展河湖长制及河湖管理保护的宣传、培训等工作；

（六）完成上级河湖长制办公室交办的工作任务；

（七）其他有关职责。

第十八条　河湖长联系部门协助相应河湖长做好相关工作，主要履行以下职责：

（一）协助、提醒相应河湖长履职，承担相应河湖长的办公室日常工作；

（二）掌握责任河湖基本情况和存在的主要问题；

（三）定期组织开展责任河湖巡查工作，协助相应河湖长抓好问题的跟踪督办落实；

（四）及时向相应河湖长以及河湖长制办公室报告有关河湖长制工作情况，报送有关履职信息；

（五）完成相应河湖长以及河湖长制办公室交办的其他工作。

第十九条　各级河湖警长在相应河湖长的领导下，研究解决河湖管理保护工作中存在的治安问题，依法遏制、打击涉河湖违法犯罪行为。主要履行以下职责：

（一）组织本级公安机关依法打击污染水环境、非法采砂、非法捕捞等涉河湖违法犯罪行为，及时查处在河湖管理保护领域中违反治安管理处罚法的违法行为；

（二）健全本地河湖区域治安防控网络，及时排查化解矛盾纠纷和治安隐患；

（三）参与部门联合执法，依法查处妨害公务等违法犯罪行为；

（四）协助相应河湖长开展巡查、调研、督查等工作，定期向相应河湖长和上级河湖警长报告工作开展情况，及时报告工作中遇到的重大问题，为河湖治理提供非涉密公安业务数据信息，配合开展法治宣传工作。

第二十条　河湖检察长负责推动行政监管执法与检察监督有效衔接，推进落实涉河湖公益诉讼制度，依法打击涉河湖违法犯罪行为，督促行政机关依法履职，督促水生态环境损害责任人依法对水生态环境进行修复或者补偿，维护社会公共利益。

河湖长制办公室联络检察官协助本级河湖长开展河湖长制有关工作，督促有关行政机关落实本级河湖长以及河湖长制办公室反馈的涉河湖有关问题。

第四章 工 作 机 制

第二十一条 县级以上总河湖长可以就本行政区域内河湖管理保护和河湖长制工作的重大事项签发总河湖长令，对有关工作作出部署。

第二十二条 各级河湖长以及联系部门应当定期或者不定期组织开展河湖巡查工作，巡查频次、形式、内容和情况通报按照国家和我省有关规定执行。根据实际情况，对跨界河湖组织开展联合巡查、联合执法工作。

对于巡查中发现的问题，按照以下规定处理：

（一）属于自身职责范围的，应当及时予以处理；

（二）根据职责应由本级相关部门处理的，应当及时协调、督促相关部门予以处理；

（三）根据职责应由上级河湖长或者上级相关部门处理的，提请上一级河湖长协调处理；

（四）根据职责应由下级河湖长或者下级相关部门处理的，移交下一级河湖长组织处理。

第二十三条 县级人民政府应当建立河湖日常管护机制，通过聘请河湖巡查员、保洁员或者政府购买服务等方式，开展河湖日常巡查和保洁工作。

河湖垃圾（含水面漂浮物）纳入城乡一体化垃圾处理范围。

第二十四条 县级以上人民政府应当提高河湖水质水量监测能力，优化监测站点布设，加强河湖跨界断面动态监测，强化监测结果的运用。

第二十五条 县级以上人民政府应当建立统一高效的信息共享机制，在管理部门之间实现河湖水文、自然资源、生态环境、执法处置等数据信息的及时共享，提高河湖管理保护信息化、数字化、智慧化水平。跨界河湖问题突出的，相关县级以上人民政府或者其授权部门应当主动共享跨界河湖的水质水量、环境风险等基本信息，共同防御水灾害、水污染等风险。

第二十六条 县级以上河湖长名单应当通过本地政府门户网站或者主要

媒体公开发布；乡、村级河湖长名单根据实际情况以适当方式公开发布。

河湖重点水域和沿岸显要位置应当设立河湖长公示牌，载明河湖长姓名、职务、职责、河湖管理保护范围以及监督举报电话等内容。公示牌所载信息发生变动的，应当及时更新。

第二十七条　县级以上人民政府应当聘请河湖长制社会监督员，参与监督评价河湖管理保护工作。

鼓励和引导公民、法人和其他组织参与河湖保护工作，从事河湖保护志愿服务。

倡导村规民约、居民公约对河湖管理保护作出约定。

第二十八条　县级以上人民政府应当鼓励和吸纳社会资本以多种形式参与河湖保护，可以通过市场化机制设立河湖保护基金，重点支持实施河湖管理保护、重大生态环境治理等项目。

基金管理组织机构依法依规接受社会捐赠，按照捐赠者意愿用于本地或者具体河湖的管理保护。

第二十九条　县级以上人民政府应当建立危害河湖行为举报制度以及对举报人的奖励、保护制度。

有关部门接到公民、法人和其他组织对危害河湖行为的举报、投诉后，应当及时予以核查、处理。

第三十条　加强河湖管理保护领域检察公益诉讼工作，建立健全检察公益诉讼制度与生态环境损害赔偿制度的有效衔接机制。

县级以上人民政府及其部门和检察机关、审判机关，应当依法履行推进检察公益诉讼工作的职责。

第三十一条　县级以上党委和政府应当做好实施河湖长制的宣传教育和舆论引导工作，加强河湖管理保护相关法律法规的普及，增强社会各界的责任意识、参与意识，凝聚生态文明建设的共识与合力，形成全社会共同参与河湖保护的良好氛围。

鼓励广播、电视、报刊、互联网等媒体开展河湖保护和河湖长制的公益性宣传。

第五章　考　核　奖　惩

第三十二条　严格河湖长制考核。县级以上总河湖长应当组织对本级河

地方法规及政府规章

湖管理保护和河湖长制工作有关部门（单位）以及下一级地方河湖长制工作情况进行年度考核和专项考核，县级以上河湖长应当组织对相应河湖的下一级河湖长履职情况进行年度考核和专项考核。

强化考核结果运用。将河湖长制考核结果作为地方党政领导干部综合考核评价的重要依据，作为干部选拔任用的重要参考和领导干部自然资源资产离任审计的重要依据，并与河湖长制"以奖代补"资金安排挂钩。

第三十三条　对河湖长制工作成绩显著的相关部门（单位）或者个人，各级党委和政府按照国家和我省有关规定，给予表彰或者奖励。

第三十四条　对未履行职责或者履行职责不力的，县级以上总河湖长应当约谈本级河湖长和下级总河湖长，副总河湖长应当约谈本级相关部门（单位）、下级河湖长和下级河湖长制办公室，河湖长应当约谈联系部门和下级河湖长。

第三十五条　各级河湖长未按照规定履行职责，有下列行为之一，造成不良后果或者影响的，根据情节轻重，按照管理权限，依规依纪依法给予处理处分：

（一）未认真落实河湖长制有关政策规定，执行上级河湖长指令不力的；

（二）未按照规定进行巡查，或者对巡查发现的问题未按规定进行处理的；

（三）对社会反映强烈的河湖问题未采取及时有效处置措施的；

（四）其他怠于履行河湖长职责的行为。

第三十六条　县级以上河湖长制办公室未按照规定履行职责，有下列行为之一，造成不良后果或者影响的，根据情节轻重，按照管理权限，依规依纪依法给予处理处分：

（一）未认真落实河湖长制有关政策规定，执行本级党委和政府以及总河湖长、副总河湖长、上级河湖长制办公室要求不力的；

（二）对社会反映强烈的河湖问题，未及时提醒相关河湖长履职，未及时分办、督办相关职能部门履职的；

（三）未组织开展编制"一河（湖）一策"，未组织开展河湖长制考核的；

（四）其他违反河湖长制相关规定的行为。

第三十七条　县级以上河湖长联系部门未按照规定履行职责，有下列行为之一，造成不良后果或者影响的，根据情节轻重，按照管理权限，依规依纪依法给予处理处分：

（一）未认真落实河湖长制有关政策规定，执行本级总河湖长、副总河湖长和相应河湖长要求不力的；

（二）未按照规定履行责任河湖巡查和问题跟踪督办职责的；

（三）履行联系部门职责不力，对责任河湖的河湖长制工作推进造成严重影响的；

（四）履行职能部门职责不力，造成河湖生态环境严重损害等后果的；

（五）其他违反河湖长制相关规定的行为。

第六章　附　　则

第三十八条　本规定由中共湖北省委、湖北省人民政府负责解释，具体解释工作由省委办公厅、省政府办公厅商省水利厅承担。

第三十九条　本规定自印发之日起施行。

湖北省实施《中华人民共和国水法》办法

（1992年3月14日湖北省第七届人民代表大会常务委员会第二十五次会议通过　2006年7月21日湖北省第十届人民代表大会常务委员会第二十二次会议修订　根据2015年9月23日湖北省第十二届人民代表大会常务委员会第十七次会议《关于集中修改、废止部分省本级地方性法规的决定》第一次修正　根据2016年12月1日湖北省第十二届人民代表大会常务委员会第二十五次会议《关于集中修改、废止部分省本级地方性法规的决定》第二次修正　根据2017年11月29日湖北省第十二届人民代表大会常务委员会第三十一次会议《关于集中修改、废止部分省本级地方性法规的决定》第三次修正　根据2019年11月29日湖北省第十三届人民代表大会常务委员会第十二次会议《关于集中修改、废止部分省本级地方性法规的决定》第四次修正　根据2021年9月29日湖北省第十三届人民代表大会常务委员会第二十六次会议《关于集中修改涉及长江保护法省本级地方性法规的决定》第五次修正　根据2022年11月25日湖北省第十三届人民代表大会常务委员会第三十四次会议《关于集中修改、废止部分省本级地方性法规的决定》第六次修正）

第一章　总　　则

第一条　为了合理开发、利用、节约和保护水资源，防治水害，促进水资源的可持续利用，保护生态环境，支持经济社会的可持续发展，根据《中华人民共和国水法》和有关法律、法规，结合本省实际，制定本办法。

第二条　在本省行政区域内开发、利用、节约、保护和管理水资源，防治水害，适用本办法。

第三条　开发、利用、节约、保护、管理水资源和防治水害，应当全面规划、统筹兼顾、标本兼治、综合利用、讲求效益，发挥水资源的多种功能，合理配置生活、生产经营和生态环境用水。水资源属于国家所有，依法实施取水许可制度和水资源有偿使用制度。

第四条　县级以上人民政府应当加强水资源开发、利用、节约和保护工作，加强珍惜、保护水资源的宣传教育，加强水利基础设施建设，并将其纳入本级国民经济和社会发展计划。

第五条 省人民政府水行政主管部门负责全省水资源的统一管理和监督工作。

市（州）、县（市、区）人民政府水行政主管部门按照规定的权限负责本行政区域内水资源的统一管理和监督工作。

县级以上人民政府有关部门按照职责分工，负责本行政区域内水资源开发、利用、节约和保护的有关工作。

第六条 在开发、利用、节约、保护、管理水资源和防治水害等方面做出突出贡献的单位或者个人，由人民政府或者水行政等主管部门给予奖励。

第二章 水资源规划和开发利用

第七条 省人民政府制定全省水资源战略规划。

开发、利用、节约、保护、管理水资源和防治水害，应当按照流域、区域统一制定规划。区域规划应当服从流域规划，专业规划应当服从综合规划。

水资源规划编制应当注重保护生态环境，防止过度开发，体现科学性、合理性。

县级以上人民政府应当加强对水资源规划编制工作的指导、监督和协调。

第八条 省人民政府水行政主管部门会同有关部门和有关市（州）人民政府依照国家流域综合规划和全省水资源战略规划，编制本省区域综合规划和省人民政府确认的重要江河、湖泊、水库以及跨市、州的流域综合规划、区域综合规划，报省人民政府批准后，报国务院水行政主管部门备案。

前款规定以外的流域综合规划、区域综合规划，由县级以上人民政府水行政主管部门会同有关部门编制，经本级人民政府批准后，报上一级人民政府水行政主管部门备案。

第九条 防洪、抗旱、治涝、灌溉、航运、供水、水力发电、竹木流放、渔业、水资源保护、水土保持、水环境、节约用水等专业规划，由县级以上人民政府有关部门依法编制，征求同级相关部门的意见后，报本级人民政府批准。

第十条 开发、利用、节约、保护、管理水资源和防治水害活动必须严格遵守经批准的规划。规划需要修改时，必须按照规划编制程序报原批准机关批准。水工程建设涉及防洪的，依照《防洪法》的有关规定执行；涉及其他地区和行业的，建设单位应当事先征求有关地区和部门的意见。

第十一条 对于直接从地下或者江河、湖泊及水工程拦蓄江河、湖泊的水域内取用水资源并需申请取水许可证的新建、改建、扩建的建设项目，业主单位应当进行水资源论证，依法自行或者委托有关机构编制论证报告书。

少量取水建设项目不需要进行水资源论证，具体范围由省水行政主管部门规定。

县级以上人民政府水行政主管部门负责建设项目水资源论证工作的监督管理。

第十二条 开采地下水应当遵循总量控制、优化配置的原则，并符合地下水开发利用规划和年度开采计划中确定的可采总量、井点总体布局、取水层位的要求，防止水源枯竭以及地质灾害的发生。

县级以上人民政府水行政主管部门会同自然资源主管部门确定地下水年度可开采量、井点总体布局和取水层位，并对地下水水位、水质状况进行监测，建立档案，报上一级主管部门备案。

第十三条 县级以上人民政府应当严格控制开采地下水，并规划和开发替代水源，采取科学措施，增加地下水的有效补给。

省人民政府水行政主管部门应当会同自然资源等主管部门，统筹考虑地下水超采区划定、地下水利用情况以及地质环境条件等因素，组织划定本行政区域内地下水禁止开采区、限制开采区，经省人民政府批准后公布，并报国务院水行政主管部门备案。

在地下水禁止开采区内，除国家有关规定的情形外，禁止取用地下水。

第十四条 水能资源属于国家所有。开发利用水能资源应当符合水资源规划和国家水能资源开发利用的管理要求。

兴建的各类水工程，其防洪调度和大坝安全应当接受水行政主管部门依法实施管理和监督。出现严重旱涝灾情，必须服从水行政主管部门的统一调度。

第三章　水资源、水域和水工程的保护

第十五条　本省境内长江干流、汉江干流及其重要支流和重要湖泊、水库等的水功能区划，由省人民政府生态环境主管部门会同省水行政主管部门和有关部门拟定，报省人民政府批准，并向社会公告，同时报国务院生态环境主管部门和水行政主管部门备案。

其他江河、湖泊、水库的水功能区划，由县级以上人民政府生态环境主管部门会同同级水行政主管部门和有关部门拟定，报同级人民政府批准，并向社会公告，同时报上一级生态环境主管部门和水行政主管部门备案。

水功能区划的编制和拟定应当有利于水资源的保护和合理的开发利用，体现社会、经济、环境效益，对重要的水域以及涉及人民群众切身利益的水功能区划的编制，应当通过各种形式，公开征求社会各方面的意见。

第十六条　县级以上人民政府应当加强水文、水资源信息系统、水资源监测站网的规划、建设和管理。

县级以上人民政府水行政主管部门按照国家规定对水资源状况进行监测，定期或者不定期发布水资源信息。

水行政、生态环境、自然资源、农业农村、卫生健康、建设等有关主管部门的水资源监测数据、资料实行共享。

第十七条　省人民政府应当根据国家产业政策和有关规定，逐步建立和完善保护水资源、恢复生态环境的经济补偿机制。

任何生活、生产活动及建设项目必须防止造成水土流失、水污染和水资源浪费。

第十八条　本省境内跨流域、跨市州的江河、湖泊、水库以及重要水域的饮用水水源保护区，由省人民政府划定，并向社会公布。其他饮用水水源保护区的划定，由省人民政府规定。饮用水水源保护区应当设置明显标志。

禁止在饮用水水源保护区内设置排污口。禁止在饮用水水源一级保护区内从事网箱养殖、旅游、游泳、垂钓或者其他可能污染饮用水水体的活动，禁止新建、改建、扩建与供水设施和保护水源无关的建设项目；已建成的，由县级以上人民政府责令拆除或者关闭。

第十九条　在饮用水水源保护区以外的其他水域确需新建、改建或者扩

大排污口的，须经有管辖权的生态环境主管部门审查同意，并由生态环境主管部门对该建设项目的环境影响评价文件进行审批。

禁止向江河、湖泊、水库等水体排放不达标的工业污水、废渣，倾倒有毒有害物质和城镇垃圾。禁止将可溶性剧毒废渣向水体排放、倾倒或者直接埋入地下。

第二十条 县级以上人民政府及有关部门应当加强对农村小水库、塘堰等水资源的保护，改善农村饮用水环境；乡镇人民政府、村民委员会或者其他农村集体经济组织，应当对其管理或者使用的水域、水工程设施进行保护，建立健全蓄水、用水和保护水资源、水工程安全的管理制度。

第二十一条 利用江河、湖泊、水库及人工水道从事种植、养殖、旅游、体育等活动的，应当符合水功能区划的要求，并不得污染水体和影响行洪安全及水工程运行安全。

第二十二条 禁止向废水井、废矿井、废坑、裂隙和溶洞排放有毒有害物质，防止地下水污染。废水井、废矿井应当由原使用者及时封闭。

第二十三条 禁止在江河、湖泊、水库、渠道、涵闸、泵站枢纽内，弃置或者堆放阻碍行洪、排涝、航运和妨碍水工程正常运行的物体；禁止在水库设计洪水位线以下和渠道围垦、种植作物和搭建构筑物；除护堤护岸的林木外，在水工程管理范围内不得种植有碍行洪、排涝、航运、水文测报的林木和高秆作物。

第二十四条 禁止围湖造地。已经围垦的，县级以上人民政府水行政主管部门应当会同有关部门按照国家规定的防洪标准拟订退地还湖的具体方案，由县级以上人民政府有计划地组织实施。

禁止围垦河道。确需围垦的，必须经过科学论证，并经省人民政府水行政主管部门审查同意后，报省人民政府批准；按规定需报国务院批准的，应报国务院批准。

禁止在水库、湖泊从事筑坝、拦汊等分割水面的活动。

第二十五条 国家所有的水工程的管理和保护范围，按照国家有关的法律法规和规章的规定确定。

前款规定以外的水工程管理和保护范围，由有管辖权的人民政府根据实际需要，参照国家所有的水工程标准划定，并制定相应保护措施。

第二十六条 在水工程保护范围内，禁止从事影响水工程运行和危害水工程安全的爆破、打井、采石、取土等活动。

在河道、水库等水工程管理范围内确需进行下列活动的，应当经有管辖权的水行政主管部门审批或者审核同意；涉及其他主管部门的，依法办理有关手续：

（一）采砂、取土、爆破、钻探、淘取金属或者矿产物；

（二）挖筑鱼塘、存放物料、修建厂房或者其他建构筑设施；

（三）其他依法需要审批或者审核的活动。

第二十七条　河道采砂实行许可制度和有偿使用制度。省人民政府根据国务院有关规定制定具体管理办法。

第四章　水资源配置和节约用水

第二十八条　省人民政府发展改革主管部门和水行政主管部门负责全省水资源的宏观调配。

水中长期供求规划由县级以上人民政府水行政主管部门会同有关部门，依据上一级的水中长期供求规划和本地区的实际情况制订，经本级发展改革主管部门审查批准后执行。跨行政区域的水中长期供求规划由其共同的上级水行政主管部门会同有关部门制订，经同级发展改革主管部门审查批准后执行。

第二十九条　江河、湖泊、水库年度水量分配方案和调度计划，由县级以上人民政府水行政主管部门根据批准的水量分配方案编制。

跨市（州）、县（市、区）的江河、湖泊、水库水量分配方案和旱情紧急情况下的水量调度预案，由其共同的上一级水行政主管部门商有关人民政府编制，报共同的上一级人民政府批准后执行。

第三十条　对直接从地下或者江河、湖泊及水工程拦蓄江河、湖泊的水域内取用水资源的单位和个人，应当按照国家取水许可制度和水资源有偿使用制度的规定，向水行政主管部门申领取水许可证，并缴纳水资源费，取得取水权。法律法规规定不需要申领取水许可证的除外。

第三十一条　用水应当计量，并按照批准的用水计划用水。实行计量收费和超定额累进加价制度，具体办法由省人民政府规定。

第三十二条　使用水工程供应的水，应当按照国家和省有关规定向供水单位缴纳水利工程水费。

第三十三条 严格执行节约用水和用水定额管理的有关规定。各级人民政府应当积极开发、推广节水先进实用技术和设施,加强节水管理,修建、改造节水工程设施,加强取用水计量设施建设,严格控制高耗水产业的发展。

各级人民政府应当根据农业生产及自然条件,重点扶持推广喷灌、滴灌等农业节水灌溉技术,提高灌溉水的有效利用率。

用水单位应当采取循环用水、一水多用等节水措施。

第三十四条 县级以上人民政府水行政主管部门负责本行政区域内的节约用水的工作,编制节约用水规划,制定有关标准和措施,并监督实施。

第五章 监督检查

第三十五条 县级以上人民政府水行政主管部门应当建立健全水政监督检查制度,加强水政监督检查队伍建设,对违反《中华人民共和国水法》和本办法的行为实施监督检查并依法进行查处。

依照法律规定对水资源保护负有监督检查职责的其他部门,应当依法履行监督检查职责。

第三十六条 水政监督检查人员在依法履行监督检查职责时,应当按照法定程序,出示行政执法证件;有关单位或者个人应当给予配合,如实反映情况,提供有关数据、资料,不得拒绝、拖延或者谎报,不得阻碍水政监督检查人员依法执行职务。

第三十七条 上级水行政主管部门发现下级水行政主管部门在履行监督检查职责时有违法或者失职行为的,应当责令其限期改正或者直接查处。

第三十八条 乡镇人民政府应当在其职责范围内,协助水行政主管部门调处水事纠纷、查处水事违法案件,维护水事秩序。

第六章 法律责任

第三十九条 违反本办法的行为,法律、行政法规已有处罚规定的,从其规定。

第四十条 水行政主管部门或者其他有关部门以及水工程管理单位及其工作人员，有下列情形之一的，由有关部门对负有责任的主管人员和直接责任人员予以处分；构成犯罪的，依法追究刑事责任：

（一）不执行水资源规划的；

（二）违反规划兴建水工程的；

（三）不执行水量分配方案、水量调度预案和调度命令的；

（四）对法定规费擅自减免或者违反规定征收、征缴以及挪用的；

（五）违法实施行政许可的；

（六）其他不依法履行管理职责的行为。

第四十一条 违反本办法第二十四条第三款规定的，由县级以上人民政府水行政主管部门责令停止违法行为，限期拆除并恢复原状，所需费用由违法者承担，没收违法所得，并处5万元以上50万元以下罚款。

第四十二条 违反本办法第三十六条规定，干扰、阻碍水政监督检查人员依法执行职务的，由县级以上人民政府水行政主管部门予以警告，责令改正；违反治安管理规定的，由公安机关依法给予治安管理处罚；构成犯罪的，依法追究刑事责任。

第七章 附 则

第四十三条 本办法自2006年10月1日起施行。

湖北省实施《中华人民共和国防洪法》办法

（1998年11月27日湖北省第九届人民代表大会常务委员会第六次会议通过　根据2010年7月30日湖北省第十一届人民代表大会常务委员会第十七次会议《关于集中修改、废止部分省本级地方性法规的决定》第一次修正　根据2015年9月23日湖北省第十二届人民代表大会常务委员会第十七次会议《关于集中修改、废止部分省本级地方性法规的决定》第二次修正　根据2017年11月29日湖北省第十二届人民代表大会常务委员会第三十一次会议《关于集中修改、废止部分省本级地方性法规的决定》第三次修正　根据2019年11月29日湖北省第十三届人民代表大会常务委员会第十二次会议《关于集中修改、废止部分省本级地方性法规的决定》第四次修正　根据2021年1月22日湖北省第十三届人民代表大会常务委员会第二十次会议《关于集中修改部分省本级地方性法规的决定》第五次修正）

第一章　总　　则

第一条　为了防治洪水，防御、减轻洪涝灾害，维护人民的生命和财产安全，保障社会主义现代化建设顺利进行，根据《中华人民共和国防洪法》（以下简称《防洪法》），结合本省实际，制定本办法。

第二条　本省境内一切防洪活动必须遵守《防洪法》和本办法。

本办法所称防洪是指根据洪涝灾害特点采取的防止或减轻洪涝灾害的各项活动。

第三条　防洪工作实行全面规划、统筹兼顾、标本兼治、综合治理的原则；坚持蓄泄兼筹、以泄为主的方针。

第四条　任何单位和个人都有依法保护防洪工程设施和参加防汛抗洪的义务。

第五条　各级人民政府分别对本行政区域内的防洪工作实行统一领导，全面负责。

各级人民政府应当组织有关部门对广大群众进行防洪教育，普及防洪知识，提高水患意识；组织有关方面力量，依靠科技进步，建立并完善防洪体系和水文、气象、通信、信息遥控、预警及洪涝灾害监测系统；有计划地治理江河、湖泊，建设防洪工程，巩固、提高防洪能力；对防洪工程加强维护管理，确保安全。

第六条 防汛抗洪工作实行各级人民政府行政首长负责制，统一指挥、分级分部门负责。

县级以上人民政府水行政主管部门（以下简称水行政主管部门）在本级人民政府的领导下，负责本行政区域内防汛抗洪的组织、协调、监督、指导等日常工作。

县级以上人民政府有关部门在本级人民政府的领导下，按照防洪责任制的分工，负责有关的防汛抗洪工作。

第七条 县级以上人民政府设立由有关部门、省军区或者军分区、人民武装部等负责人组成的防汛指挥机构，在上级防汛指挥机构和本级人民政府的领导下，指挥本行政区域的防汛抗洪工作，其办事机构根据工作需要由各级人民政府设立。在汛期，乡镇人民政府和企事业单位根据防汛抗洪工作的需要，可以设立临时防汛指挥机构。

第八条 对在防汛抗洪工作中作出显著成绩的单位和个人，应当给予表彰和奖励。

第二章 防洪规划与防洪工程设施的管理

第九条 本省境内长江的防洪规划，必须符合国务院批准的长江流域防洪规划。

汉江、东荆河、府环河、汉北河、沮漳河、清江、举水、富水及长湖、洪湖、梁子湖、西梁湖、汈汊湖等跨地、市江河湖泊的防洪规划，由省水行政主管部门依据流域综合规划、区域综合规划与土地利用整体规划，会同有关部门和有关地区编制，报省人民政府批准。

其他中小河流、湖泊的防洪规划或者区域防洪规划，由所在地县级以上水行政主管部门依据流域综合规划、区域综合规划，会同有关部门和有关地区编制，报本级人民政府批准，并报上一级水行政主管部门备案。

城市防洪规划，由城市人民政府组织水行政主管部门和其他有关部门依据流域防洪规划编制，按规定审批后纳入城市总体规划。

第十条 全省除涝治涝规划由省水行政主管部门制定。

易涝地区的人民政府应当根据全省除涝治涝规划制定本行政区域的除涝治涝规划。

城市除涝治涝规划由城市人民政府组织有关部门制定，纳入城市总体规划。

第十一条 整治河道和修建控制引导河水流向、保护堤岸等工程，应当兼顾上下游、左右岸的关系，按照规划治导线实施，不得任意改变河水流向。

长江在本省境内的规划治导线按照国务院水行政主管部门批准的方案执行。

汉江、东荆河、府环河、汉北河、沮漳河、清江、举水、富水等江河的规划治导线由省水行政主管部门组织有关地方和部门拟定，报省人民政府批准。其他中小河流的规划治导线由县级以上水行政主管部门拟定，报本级人民政府批准。

第十二条 河道、湖泊的防洪管理实行按水系统一管理和按区域分级管理相结合的原则，加强防护，确保行洪畅通。

长江在本省境内河段，由省水行政主管部门按照国务院水行政主管部门划定的范围依法实施管理。

其他河道、湖泊，由县级以上水行政主管部门按照省水行政主管部门划定的范围依法实施管理。

有堤防的河道、湖泊，其管理范围为两岸堤防之间的水域、沙洲、滩地、行洪区和堤身、禁脚地、工程留用地；无堤防的河道、湖泊，其管理范围为历史最高水位或者设计洪水水位到达的水域、沙洲、滩地和行洪区。

其他水工程的管理范围由县级以上人民政府划定。

第十三条 河道、湖泊、水库管理范围内的土地和岸线的利用，应当符合行洪、输水的要求。

禁止在河道、湖泊、水库、渠道、涵闸、水文测验河段、泵站等管理范围内，建设妨碍行洪、排涝、水文测报和水工程正常运用的建筑物、构筑物，倾倒垃圾等废弃物体，从事影响河势稳定，危害河岸堤防安全和其他影响防洪安全的活动。

除护堤护岸林木外，禁止在行（泄）洪河道内种植阻碍行（泄）洪的林木和高秆作物。

在河道管理范围内建设跨河、穿河、穿堤、临河的桥梁、码头、道路、渡口、管道、缆线、取水、排水等工程设施，建设单位必须按照管理权限，将工程建设方案报送水行政主管部门审查同意，未经水行政主管部门审查同意的，建设单位不得开工建设。其中，涉及与通航有关的设施，还需就有关航道的事项事先征得航道主管部门的同意。

在船舶航行可能危及堤岸安全的河段，以及汛期高水位河段，应当限定船舶航行速度。限定船舶航行速度的标志，由省交通行政主管部门与省水行政主管部门商定后设置。对长江上船舶航行速度的限制，由省交通行政主管部门报国务院交通行政主管部门批准。

第十四条 禁止围湖造地。本省境内湖泊，由水行政主管部门依照管理权限按照经批准的防洪除涝规划的要求，合理固定湖面，禁止围垦、侵占。已经围垦、侵占的，应当按照防洪除涝规划的要求进行治理，合理调整利用或有计划地退地还湖。

禁止围垦河道。已经围垦的，经科学论证，确认不妨碍行洪的，由省水行政主管部门审查同意，报省人民政府批准后予以保留；按规定需报国务院水行政主管部门批准的，应报国务院水行政主管部门批准。确认妨碍行洪的，应当平垸行洪。

禁止在水库库区内筑坝拦汊和在水库淹没线以下垦种土地。对水库下游泄洪河道内的障碍物，应当拆除，确保行洪畅通。

禁止在崩塌滑坡危险区和泥石流易发区取土、挖沙、采石。崩塌滑坡危险区和泥石流易发区的范围，由县级以上人民政府划定并公告，设立永久性标志。

制止砍伐、破坏天然林。有计划地封山植树。

禁止在二十五度以上（含二十五度）陡坡地开垦种植农作物。已在禁止开垦陡坡地开垦种植农作物的，应当有计划地退耕还林育草。

在河道内挖沙取土，按照有关法律、法规的规定执行。

不得在城市区域内擅自填堵原有河道沟汊、贮水湖塘洼地和废除原有防洪围堤；因城市建设确需填堵或废除的，应当经水行政主管部门审查同意，报市人民政府批准。

第十五条 护堤护岸林木，由河道、湖泊所在地的人民政府组织营造和管理。护堤护岸林木，不得任意砍伐。采伐护堤护岸林木后，应当于次年完成补种任务。

第十六条 对分洪区（分蓄洪区、滞洪区、行洪区）的安全建设与管理及对其扶持和补偿、救助，应当按照《湖北省分洪区安全建设与管理条例》的规定执行。

分洪区内的基本建设，必须符合分洪区防洪规划，履行规定的报批手续。

分洪区内的安全建设，必须保证分洪时安全正常运用。

第十七条 因依法启用蓄滞洪区而受益的地区和单位，应当对蓄滞洪区承担相应的扶持和补偿、救助义务。其具体办法由省人民政府制定。

第三章 防 汛 抗 洪

第十八条 防御长江洪水，按照国务院批准的防御洪水方案执行。防御汉江、东荆河、府环河、汉北河、沮漳河、清江、举水、富水等江河的洪水，按照省人民政府批准的方案执行。其他中小河流的防洪，按照批准的防御洪水方案执行。

第十九条 水库防洪，按照经批准的水库调度运用方案执行。

大型水库及需要与下游河道错峰的中型水库的防洪，按照省人民政府批准的水库调度运用方案执行。

其他中小型水库的防洪，按照当地水行政主管部门制定的水库调度运用方案执行。以上水库调度运用方案应当报省防汛指挥机构备案。

第二十条 本省的防汛期为每年的五月一日至十月十五日。特殊情况下，县级以上防汛指挥机构可以宣布提前或者延长本行政区域内的防汛期，报省防汛指挥机构备案。

当江河、湖泊的水情接近保证水位或者安全流量，水库水位接近设计洪水位，或者防洪工程设施发生重大险情时，由有关县级以上防汛指挥机构报请省防汛指挥机构批准后，可以宣布进入紧急防汛期。

在紧急防汛期，省防汛指挥机构可以对壅水、阻水严重的桥梁、引道、码头和其他跨河工程设施作出紧急处置。防汛指挥机构根据防汛抗洪需要，有权在其管辖范围内调用物资、设备、交通运输工具和人力，决定采取取土占地、砍伐林木、清除阻水障碍物和其他必要的紧急措施；必要时，公安、交通等有关部门按照防汛指挥机构的决定，依法实行陆地和水面交通管制。

第二十一条　各级防汛指挥机构、水行政主管部门或其授权的水文机构负责向社会发布水文情报预报和汛情公告，其他部门和单位不得发布。

第二十二条　禁止破坏、侵占、毁损堤防、水闸、护岸、泵站、排水渠系等防洪排涝工程和气象、水文、通讯设施、测量标志以及防汛备用器材、物料等行为。

对江河、湖泊、水库、渠道、涵闸、泵站、水文测验河段等管理范围内阻碍行洪的障碍物和违章建筑，按照谁设障、谁清除的原则，由负责管辖的县级以上防汛指挥机构责令限期清除；逾期不清除的，由防汛指挥机构组织强行清除，所需费用由设障者承担。

对历史遗留的有碍行洪的成片建筑，由县级以上防汛指挥机构作出规划，报本级人民政府批准后逐步组织拆迁。

第二十三条　在汛期，有关人民政府应当动员组织当地群众参加巡堤查险、抗洪抢险等防汛工作。

所有部门和企业、事业单位，应当在防汛指挥机构的统一部署下，按照各自的职责做好有关的防汛工作。

建立险情报告制度。对重大险情，必须立即进行排除，并迅速上报。

第二十四条　江河、湖泊水位或者流量达到规定的分洪标准，需要启用蓄滞洪区时，长江的蓄滞洪区按照国家规定的方案执行；汉江、东荆河、府环河、汉北河、沮漳河、清江、举水、富水及长湖、洪湖、梁子湖、西梁湖、汈汊湖等江河湖泊的蓄滞洪区由省防汛指挥机构按照省人民政府批准的防御洪水方案执行；其他蓄滞洪区由县级以上人民政府按照经批准的防御洪水方案执行。

依法启用蓄滞洪区，任何单位和个人不得阻拦、拖延。遇到阻拦、拖延时，由有关县级以上人民政府依法强制实施。

第二十五条　发生洪涝灾害后，有关人民政府应当组织水行政、应急管理、发展改革、财政、民政、卫生健康、交通、公安、教育、农业农村、住房和城乡建设、商务、供销、电力、邮政等有关部门开展抗灾救灾工作,做好灾区的生活供给、卫生防疫、救灾物资供应、治安管理、学校复课、恢复生产和重建家园以及各项水毁工程设施修复等工作。

水毁防洪工程设施的修复,应当优先列入本级人民政府的年度建设计划。

因防洪抢险需要调用的物资、设备、交通运输工具等,在汛期结束后,由有关人民政府负责组织归还;造成损坏或者无法归还的,应当依法给予补偿。

鼓励、引导、扶持开展洪水保险。

第二十六条 中国人民解放军、中国人民武装警察部队和民兵在我省执行防汛抗洪任务时,各级人民政府和防汛指挥机构应为其提供便利条件。

第四章 保 障 措 施

第二十七条 各级人民政府应当将江河、湖泊的治理和防洪工程设施建设纳入国民经济和社会发展计划。

防洪费用按照政府投入同受益者合理承担相结合的原则筹集。

第二十八条 县级以上人民政府应当按照《湖北省农业投资条例》的规定,每年在本级财政预算中安排资金,用于江河、湖泊的治理和防洪工程设施的建设与维护;特大防汛抗灾,应当安排专项资金,用于抗洪抢险和水毁工程的修复。

设立湖北省水利建设基金,用于水利工程和防洪工程设施的建设与维护。

水利建设与维护资金的筹集,按照省人民政府的规定执行。

第二十九条 受洪水威胁地区的企业、事业单位,应当自筹资金,兴建必要的防洪自保工程。

第三十条 有关单位和个人应当履行紧急情况下的防汛抢险义务。

第三十一条 任何单位和个人不得截留、挤占、挪用防洪、救灾资金和物资。

各级人民政府应当对防洪、救灾资金的使用,实行严格的审计监督,保证专款专用。

第五章 法 律 责 任

第三十二条 违反本办法，法律、法规已有规定的，从其规定。

第三十三条 违反本办法第十四条第四款、第六款规定，在崩塌滑坡危险区和泥石流易发区取土、挖沙、采石的，在二十五度以上陡坡地开垦种植农作物的，依照《中华人民共和国水土保持法》的规定给予处罚。

第三十四条 违反本办法第二十一条规定，擅自发布水文情报预报或者汛情公告的，由县级以上水行政主管部门责令停止违法行为，对单位可以处1千元以上5千元以下的罚款，对个人可以处100元以上500元以下的罚款。

第三十五条 违反本办法第二十二条第一款规定，破坏、侵占、毁损堤防、水闸、护岸、泵站、排水渠系等防洪排涝工程和气象、水文、通讯设施、测量标志以及防汛备用器材、物料的，责令停止违法行为，采取补救措施，可以处5万元以下的罚款；造成损坏的，依法承担民事责任；应当给予治安管理处罚的，依照《中华人民共和国治安管理处罚法》的规定处罚；构成犯罪的，依法追究刑事责任。

第三十六条 违反本办法规定，有下列行为之一，构成犯罪的，依法追究刑事责任；尚不构成犯罪，应当给予治安管理处罚的，依照《中华人民共和国治安管理处罚法》的规定处罚：

（一）阻碍、威胁防汛指挥机构、水行政主管部门或者河道堤防、湖泊、水库专管机构工作人员依法执行公务的；

（二）发现险情不报的；

（三）造谣惑众，制造恐慌的；

（四）拒不履行防汛抗洪义务或者在防汛紧要关头脱逃的。

第三十七条 违反本办法第三十一条规定，截留、挤占、挪用防洪、救灾资金和物资，构成犯罪的，依法追究单位负责人和直接当事人的刑事责任；尚不构成犯罪的，给予处分。

第三十八条 国家工作人员有下列行为之一，构成犯罪的，依法追究刑事责任；尚不构成犯罪的，给予处分：

（一）违反本办法第九条、第十条规定，擅自修改防洪规划或者除涝治涝规划的；

（二）违反本办法第十一条规定，未按规划治导线整治河道和修建控制引导河水流向、保护堤岸等工程，任意改变河水流向的；

（三）滥用职权，玩忽职守，徇私舞弊，致使防汛抗洪工作遭受重大损失的；

（四）批准建设有碍行洪建筑物的；

（五）拒不执行防御洪水方案、蓄滞洪区运用方案、防汛调度方案和防汛抢险指令、汛期调度运用计划的。

第六章　附　　则

第三十九条　本办法自公布之日起施行。

湖北省长江河道采砂管理实施办法

（2003年9月19日湖北省人民政府令第256号发布 根据2022年3月23日《湖北省人民政府关于修改和废止涉及行政处罚内容的省政府规章的决定》第一次修正）

第一条 为了加强本省境内长江河道采砂管理和监督检查，维护长江河势稳定，保障防洪和航运安全，根据《长江河道采砂管理条例》（以下简称《条例》）的规定，结合本省实际，制定本办法。

第二条 在本省境内长江河道从事开采砂石（以下简称长江采砂）及其管理活动，应当遵守本办法。

第三条 长江采砂管理实行县级以上人民政府行政首长负责制。沿江县级以上人民政府应当加强对本行政区域内长江采砂活动的管理工作，督促检查有关部门维护本行政区域内长江采砂管理秩序，组织、协调有关部门的管理活动。

第四条 县级以上地方人民政府水行政主管部门具体负责本行政区域内长江采砂管理和监督检查工作。

第五条 各级公安部门负责长江水上治安管理工作，维护长江水上治安秩序，对违反治安管理规定，拒绝、阻碍长江采砂监督检查人员依法执行公务的行为实施治安管理处罚；依法打击长江采砂活动中的犯罪行为。

长江航务管理局和长江海事机构负责《条例》规定的管理工作。

第六条 省人民政府水行政主管部门根据国家制定的长江采砂规划，拟定本省境内长江采砂规划实施方案，报省人民政府批准后组织实施，并报长江水利委员会、长江航务管理局备案。

本省境内长江采砂规划实施方案应当充分考虑长江防洪安全和航运安全的要求，符合长江防洪、河道整治及航道整治等专业规划的规定。

本省境内长江采砂规划实施方案，由省人民政府水行政主管部门组织、指导、协调沿江市（州）、县（市、区）人民政府水行政主管部门具体实施。

第七条 长江采砂规划确定的本省境内禁采区和禁采期由省人民政府予以公告。

地方法规及政府规章

省人民政府水行政主管部门可以根据本省境内长江的水情、工情、汛情、航道变迁和管理等需要,在长江采砂规划确定的禁采区、禁采期外调整禁采范围、延长禁采期限。调整的禁采范围和延长的禁采期限,应当报省人民政府决定后公告,并报长江水利委员会备案。

第八条 长江采砂实行许可制度。本省境内长江河道采砂许可证由省人民政府水行政主管部门统一审批发放。省际边界重点河段的长江河道采砂许可证,经省人民政府水行政主管部门签署意见后,报长江水利委员会审批发放。

水行政主管部门审批发放长江河道采砂许可证涉及航道的,应当征求长江航务管理局和长江海事机构的意见。长江航务管理局和长江海事机构应当自收到水行政主管部门书面征求意见之日起7日内出具书面意见。

本省境内长江河道采砂许可证有效期不超过一个可采期,实行一船一证,采砂许可证式样由省人民政府水行政主管部门按照国务院水行政主管部门的规定统一印制。

第九条 从事长江采砂活动的单位和个人申领长江河道采砂许可证,应当向长江采砂规划确定的可采区所在地县级人民政府水行政主管部门提出申请。受理申请的水行政主管部门依法审查,符合审批发证条件的,应当签署意见,逐级上报,由长江水利委员会或省人民政府水行政主管部门依照本办法第八条的规定,审批发放长江河道采砂许可证。

从事长江采砂活动的单位和个人申领长江河道采砂许可证,应当填写《长江河道采砂许可申请书》。《长江河道采砂许可申请书》由省人民政府水行政主管部门统一印制。

市(州)、县(市、区)人民政府水行政主管部门应当自收到申请之日起10日内提出是否符合审批发证条件的意见并决定是否报送上一级水行政主管部门审批。不予上报的,应当在作出不予上报决定之日起7日内通知申请人,并说明理由。省人民政府水行政主管部门应当自收到经市级人民政府水行政主管部门签署意见的申请之日起30日内予以审批;经审查不予批准的,应当在作出不予批准决定之日起7日内通知申请人,并说明理由。

第十条 符合下列条件的,省人民政府水行政主管部门审批发放长江河道采砂许可证或者上报长江水利委员会审批发放长江河道采砂许可证:

(一)符合长江采砂规划确定的可采区和可采期的要求;

（二）符合年度采砂控制总量的要求；

（三）具备平缓移动的作业方式；

（四）符合采砂船只数量的控制要求；

（五）采砂船舶、船员证书齐全并按规定标明船名、船号；

（六）有符合要求的采砂设备和相关的采砂技术人员；

（七）采砂船舶装配有定位测量设备；

（八）没有非法采砂等不良记录。

第十一条 在本省境内从事长江采砂的船舶，其允许开采动力为250千瓦以上，750千瓦以下。

第十二条 省人民政府水行政主管部门应当定期组织对本行政区域内长江河道可采区的水下地形进行测量，并根据测量结果对可采区能否续采进行论证并作出论证报告。论证报告是下一年度进行采砂许可审批的依据。

水下地形测量应当由具有乙级以上水下测绘资质的单位承担；论证报告应当由具有甲级资质的水利、水电勘察单位编制。

第十三条 长江河道采砂许可证应当载明采砂业主姓名（法人名称）、采砂船名、船号和开采性质、种类、地点、时限、数量以及作业方式、弃料处理方式、许可证的有效期限等有关事项和内容。

第十四条 在本省境内从事长江采砂的单位和个人应当按照长江河道采砂许可证的规定进行开采。需要改变长江河道采砂许可证规定的事项和内容的，应当重新办理长江河道采砂许可证。禁止伪造、涂改、买卖、出租、出借或者以其他方式转让长江河道采砂许可证。

第十五条 为保障航道畅通和航行安全，采砂作业应当服从通航要求，并设立明显标志。

第十六条 因河势变化和防洪安全的需要，沿江县级以上人民政府水行政主管部门可以采取临时处置措施，中止采砂活动，采砂单位和个人必须服从。

第十七条 省人民政府水行政主管部门年审批采砂总量不得超过长江采砂规划确定的年度采砂控制总量。并在每年1月31日前将上一年度长江采砂审批发证和实施情况，报长江水利委员会备案。

第十八条 沿江市（州）、县（市、区）人民政府水行政主管部门因整修长江堤防进行吹填固基或者整治长江河道需采砂的，应当进行科学论证并经省水行政主管部门审查,报长江水利委员会批准。

长江航务管理局在本省境内因整治长江航道需采砂的,应当在征求省人民政府水行政主管部门意见的基础上,向长江水利委员会征求意见。

本省境内因吹填造地从事长江采砂活动的单位和个人,应当依照本办法第九条的规定申请长江河道采砂许可证。单项工程吹填造地采砂规模为10万吨以上的,报长江水利委员会审查同意后办理长江河道采砂许可证。

本条第一、二款所列采砂活动属于公益采砂,所采砂石应当按照省水行政主管部门或者长江水利委员会的要求处理,不得用于经营活动。

第十九条 本省境内的采砂船,在禁采期内应当拆除采砂机具,停放在县级人民政府水行政主管部门指定的地点,不得擅自离开。采砂船在禁采期内确需离开指定停放地点的,须经县级人民政府水行政主管部门批准。县级人民政府水行政主管部门应当及时将批准情况逐级上报至省人民政府水行政主管部门备案。

第二十条 本省境内从事长江采砂的单位和个人应向水行政主管部门缴纳长江河道砂石资源费,不再缴纳河道采砂管理费和矿产资源补偿费。长江河道砂石资源费征收、使用和管理办法按照国家有关部门的规定执行。

第二十一条 从事长江采砂活动的单位和个人发生长江采砂纠纷的,应当协商解决;当事人不愿协商或者协商不成的,可以申请县级以上人民政府水行政主管部门处理。

不同行政区域之间发生长江采砂纠纷的,纠纷各方应当协商处理;协商不成的,由共同的上一级人民政府裁决,有关各方必须遵照执行。

在长江采砂纠纷解决前,纠纷任何一方或者当事人不得单方面改变现状。

县级以上人民政府或者其水行政主管部门在处理长江河道采砂纠纷时,有权采取临时处置措施,有关各方或者当事人必须服从。

第二十二条 沿江县级以上人民政府水行政主管部门应当对长江采砂规划实施情况和违反本办法的行为加强监督检查并依法进行查处。

长江采砂监督检查人员应当忠于职守,秉公执法。在履行监督检查职责时,应当向被检查单位或者个人出示执法证件。

从事长江采砂活动的单位和个人对长江采砂监督检查人员的监督检查工作应当给予配合,不得拒绝或者阻碍长江采砂监督检查人员依法执行职务。

第二十三条　依照本办法规定应当给予行政处罚，而有关水行政主管部门不给予行政处罚的，由上级人民政府水行政主管部门责令其作出行政处罚决定或者直接给予行政处罚；对负有责任的主要负责人和直接责任人员依照有关规定给予行政处分。

第二十四条　有下列行为之一的，对主要负责人和直接责任人员依法给予行政处分；触犯刑律的，依法追究刑事责任：

（一）不执行已经批准的长江采砂规划、擅自修改长江采砂规划或者违反长江采砂规划批准采砂的；

（二）不按照规定审批发放长江河道采砂许可证或者其他批准文件的；

（三）不履行本办法规定的监督检查职责，造成长江采砂秩序混乱或者造成重大责任事故的；

（四）在长江河道采砂管理中不按照规定的项目、范围和标准征收长江河道砂石资源费的；

（五）截留、挪用长江河道砂石资源费，或者有本款第（四）项行为的，由同级财政主管部门追缴已收取的费用和截留、挪用的费用。

第二十五条　违反本办法规定，《中华人民共和国长江保护法》《条例》等已有处罚规定的，依照其规定给予处罚。

第二十六条　运砂船舶在采砂地点装运非法采砂船舶所采砂石，属于与非法采砂船舶共同实施非法采砂行为，视同非法采砂船舶，由县级以上人民政府水行政主管部门依据职权，依照《条例》的规定处罚。

第二十七条　以整修长江堤防进行吹填固基、整治长江河道、整治长江航道的名义采砂进行经营活动的，由县级以上人民政府水行政主管部门没收违法所得，并处 1 万元以上 3 万元以下的罚款。

第二十八条　依照本办法实施吊销长江河道采砂许可证的行政处罚，有关人民政府水行政主管部门应当报请省人民政府水行政主管部门或者长江水利委员会决定。

第二十九条　本办法自 2003 年 9 月 19 日起施行。

（三）湖南省

湖南省河道采砂管理条例

（2021年1月19日湖南省第十三届人民代表大会常务委员会第二十二次会议通过）

第一章 总 则

第一条 为了加强河道采砂管理、规范河道采砂行为，维护河势稳定，保障防洪、供水、通航安全，保护生态环境，根据国家有关法律、行政法规的规定，结合本省实际，制定本条例。

第二条 在本省行政区域内从事河道采砂以及相关活动适用本条例。

在长江干流湖南段河道内从事采砂及其管理，国务院《长江河道采砂管理条例》另有规定的，从其规定。

第三条 河道砂石资源属于国家所有，任何组织或者个人不得非法开采。

第四条 河道采砂管理应当遵循保护优先、科学规划、有序开采、严格监管的原则。

第五条 县级以上人民政府应当加强河道采砂管理工作的领导，建立健全组织领导、联合执法和区域合作机制；加强河道采砂管理能力建设和信息化建设，保障河道采砂管理工作经费，将河道采砂管理纳入河（湖）长制工作内容，健全河道采砂管理的督察、通报、考核、问责制度。

乡镇人民政府、街道办事处应当协助上级人民政府及其有关部门做好辖区内采砂船舶（机具）集中停放、河道采砂纠纷调处、采区现场监督等河道采砂管理工作。

第六条 县级以上人民政府水行政主管部门负责编制河道采砂规划和年度实施方案，实施采砂许可，负责现场监督、督促落实生态环保措施、组织开展河道采砂常态化监督巡查、依法查处河道采砂违法行为，以及河道采砂的其他监督管理工作。

县级以上人民政府交通运输主管部门按照职责负责采（运）砂船舶（车辆）、船舶集中停靠点、砂石码头的监督管理工作，制定砂石码头和砂石集散中心布局规划，依法查处未取得营运许可擅自从事砂石运输的违法行为、超限运砂行为、损害通航条件的采砂行为以及未持有合格船舶证书、船员证书从事采砂、运砂的违法行为。

县级以上人民政府公安机关负责查处河道采砂及其管理活动中的违法犯罪行为。

县级以上人民政府自然资源、生态环境、农业农村、应急管理、市场监督管理、林业等主管部门按照各自职责负责河道采砂监督管理的相关工作。

第七条 鼓励和支持河道砂石替代品的科学研究，发展现代、环保的砂石供应产业。

第二章 河道采砂规划

第八条 洞庭湖和湘江、资江、沅江、澧水干流的采砂规划，由省人民政府水行政主管部门商同级自然资源、交通运输、生态环境、农业农村、林业等主管部门编制，报省人民政府批准。

其他河道的采砂规划，由有关设区的市、自治州、县（市、区）人民政府水行政主管部门按照河道管理权限商同级自然资源、交通运输、生态环境、农业农村、林业等主管部门编制，经上一级人民政府水行政主管部门审核，由同级人民政府批准。

河道采砂规划是实施河道采砂许可、管理和监督检查的依据。经批准的河道采砂规划应当向社会公开，并严格执行；确需调整的，应当经原批准机关批准。

第九条 河道采砂规划应当依据国土空间总体规划制定，符合保障河道防洪、供水、通航安全和保护生态环境要求，并与防洪、航运、生态环境保护规划等相关规划相衔接。

第十条 河道采砂规划应当包括下列内容：

（一）砂石砂质、总储量；

（二）禁采区和可采区；

（三）禁采期和可采期；

（四）可采区规划期控制总开采量、开采范围、最低控制开采高程；

（五）砂石码头的布局要求；

（六）采砂环境影响分析。

第十一条　下列区域为禁采区：

（一）饮用水水源保护区、自然保护区、风景名胜区和水产种质资源保护区核心区以及其他生态保护红线划定的区域；

（二）堤防、闸坝、水文观测、水质监测、取水、排水、护岸等工程设施安全保护范围；

（三）桥梁、码头、渡口、航道整治建筑物、电缆、管道、隧洞、输电线路等工程及其附属设施安全保护范围；

（四）河道险工、险段附近区域；

（五）危害航道通航安全的区域；

（六）法律、法规禁止采砂的其他区域。

第十二条　河道达到或者超过警戒水位时以及法律、法规规定禁止采砂的其他时段为禁采期。

在禁采期内，县级以上人民政府防汛指挥机构根据防汛抗洪的需要，有权在其管辖范围内作出紧急采砂的决定，所采砂石按照防洪物资管理规定使用。

第十三条　县级以上人民政府应当将河道采砂规划确定的禁采区、禁采期进行公告，设立明显的禁采区标志。

在可采区、可采期内，因防洪、河势改变、水工程建设、水生态环境遭受严重改变以及有重大水上活动等情形不宜采砂的，县级以上人民政府水行政主管部门应当划定临时禁采区或者规定临时禁采期，报同级人民政府批准后予以公告。

第十四条　河道采砂规划批准后，县级人民政府应当组织水行政、自然资源、交通运输、生态环境、农业农村等主管部门按照有关规定，对可采区砂石开采影响评价等进行专题论证，并经具有相应管理权限的部门批复同意。

第十五条　县级人民政府水行政主管部门应当根据河道采砂规划和可采区专题论证意见，商同级交通运输、自然资源、生态环境、农业农村、林业等主管部门制定年度采砂实施方案，经同级人民政府同意后，报设区的市、自治州水行政主管部门批准。

年度采砂实施方案应当包括以下内容：

（一）可采区基本情况，许可方式、许可期限；

（二）可采区年度控制最大开采总量、开采范围、最低控制开采高程；

（三）采砂作业方式、船舶（机具）数量及采砂设备种类、最大生产功率；

（四）砂石码头的数量和位置；

（五）可采区现场监管方案；

（六）河道及航道清理、修复方案；

（七）船舶污染物接收方案等影响水生生物资源和环境的防范、修复措施；

（八）水生态保护及其他需要明确的事项。

第三章　河道采砂许可

第十六条　县级人民政府水行政主管部门应当按照批准的年度采砂实施方案实施本行政区域内河道采砂许可。未经许可，不得从事河道采砂活动；但是，农村村民为生活自用采挖少量河道砂石的除外。

交界水域河段采砂许可发生争议时，由共同的上一级人民政府裁决。

第十七条　县级人民政府应当采取招标、拍卖、挂牌等公开出让方式或者国家规定的其他方式出让河道砂石开采权。

第十八条　县级人民政府根据生态环境保护的需要，可以决定对本行政区域内的河道砂石资源依法实行统一开采管理。

第十九条　河道采砂许可申请人应当符合下列条件：

（一）有依法取得的营业执照；

（二）有符合生态环境保护、安全生产等要求的采砂设备和作业方式；

（三）有符合要求的采砂技术人员；

（四）用船舶采砂的，船舶检验证书、所有权登记证书和船员适任证书以及其他相关证书齐全有效；

（五）无非法采砂失信行为和不良记录；

（六）法律、法规规定的其他条件。

第二十条　申请办理河道采砂许可，应当提交下列资料：

（一）河道采砂许可申请；

（二）营业执照；

（三）采砂船舶（机具）证书、采砂技术人员的基本情况；

（四）砂石堆放地点和弃料处理方案；

（五）船舶油污、生活废弃物的处理方案；

（六）河道及航道清理、修复方案；

（七）水生生物避让及水生态修复方案；

（八）法律、法规规定的其他有关资料。

第二十一条　河道采砂许可证由省人民政府水行政主管部门统一式样，由设区的市、自治州人民政府水行政主管部门统一印制，由实施许可的县级人民政府水行政主管部门发放。

河道采砂许可证内容包括许可证号、有效期、发证机关名称、发证日期，河道砂石开采权人名称、采砂船舶（机具）名称、检验证书登记号、采砂主机功率，许可河段、范围、控制开采量、最低控制开采高程以及作业方式、弃料处理方式等有关事项。

河道采砂许可证应当放置或者附着于采砂船舶（机具）的显著位置。

河道采砂许可证的有效期限不得超过一年。河道采砂许可证有效期届满，可以按照本条例规定继续申请办理河道采砂许可证；没有继续申请办理的，发证机关应当收回或者注销河道采砂许可证。

第二十二条　禁止伪造、涂改河道采砂许可证，禁止买卖、出租、出借或者以其他方式转让河道采砂许可证。

第二十三条　河道整治、航道整治和清淤疏浚等活动产生的砂石由县级以上人民政府按照规定统一处置，不得擅自销售。

第二十四条　河道砂石资源有偿使用收入应当主要用于河道生态环境治理、河道建设维护管理以及河道采砂管理，具体管理办法由省财政部门会同同级水行政、自然资源、交通运输、税务等部门制定。

第四章　河道采砂监督与管理

第二十五条　县级以上人民政府应当组织水行政、交通运输、公安、生态环境、农业农村、应急管理、市场监督管理等相关主管部门，对河道砂石的生产、交易、运输和水上交通安全、生态环境保护、社会治安等进行监督管理,开展联合执法,有关主管部门应当依职权及时发现和查处违法行为。

交界水域县级人民政府应当加强区域合作,建立健全交界水域联管联治机制,开展交界水域非法采砂联合整治。

第二十六条 县级人民政府水行政、交通运输、公安、生态环境、农业农村、市场监督管理等主管部门应当将河道采砂执法监管信息数据纳入"互联网＋监管"平台,实现信息互通、监管互认、执法互助。

县级人民政府应当明确河道采砂现场管理机构,建立河道采砂电子监控系统,对河道采砂现场进行监控管理。

从事河道采砂的单位和个人应当配合安装监控设备,不得损坏或者擅自拆除,不得妨碍其正常运行。

第二十七条 县级人民政府水行政主管部门应当在河道采砂现场明显的位置竖立公示牌,标明河道采砂许可证号、采砂范围、采砂作业工具名称、采砂期限、被许可单位名称及监督举报电话等。

第二十八条 县级以上人民政府水行政、交通运输等主管部门及其行政执法人员履行河道采砂相关监督管理职责时,有权采取下列措施:

(一)进入采砂生产、运输、存放场所进行调查、取证;

(二)要求采(运)砂单位和个人如实提供与河道采(运)砂有关的文件、证照、资料;

(三)责令采(运)砂单位和个人停止违法采(运)砂行为;

(四)依法查封非法砂石堆场,扣押非法采砂船舶(机具)、运砂船舶(车辆)以及非法采(运)的砂石。

第二十九条 县级以上人民政府水行政主管部门可以委托具备水利工程建设监理相应资质的监理单位对河道采砂活动实施监督管理。监理单位及其监理人员不得与采砂人、运砂人串通,弄虚作假,不得损害国家利益或者社会公共利益。

第三十条 从事河道采砂的单位和个人应当遵守下列要求:

(一)按照河道采砂许可确定的时间、地点、开采范围、最低控制开采高程、作业方式和控制开采量等进行开采;

(二)设置采区作业标志;

(三)及时清运砂石、平整弃料堆体或者采砂坑槽;

（四）按照有关生态环境保护规定做好生态环境修复工作；

（五）不得在河道管理范围内擅自设置砂场、堆积砂石或者弃料；

（六）不得危及水工程、农田工程、水文、桥梁、隧道、管线、环境保护等设施以及岸坡安全；

（七）法律、法规有关河道采砂的其他规定。

第三十一条 运砂船舶装运河道砂石，应当持有县级人民政府水行政主管部门核发的证明砂源合法的采运管理单。

县级人民政府水行政主管部门应当落实运砂船舶签单发航制度，从事河道采砂的单位和个人应当按照规定发放签单发航凭证。

第三十二条 县级人民政府交通运输主管部门应当建立采砂船舶集中停靠点，建立监控系统，设置电子围栏，加强采砂船舶停泊管理。

采砂船舶在禁采期或者在可采期但未取得河道采砂许可证的，应当在县级人民政府交通运输主管部门指定的集中停靠点停放。

河道内长期停泊不用、无人管理的采砂船舶，由所在地县级人民政府交通运输主管部门发布招领公告，自公告之日起一年内无人认领的，依法予以处置。

第三十三条 河道采（运）砂生产经营业主是采（运）砂安全生产责任主体，应当建立健全安全生产责任制度，完善安全生产设施，培训从业人员，确保生产安全。

第三十四条 河道采砂许可证有效期届满或者累计采砂量达到限定开采总量的，河道砂石开采权人应当停止采砂作业，按照规定对作业现场进行清理、修复，达到环保要求。县级人民政府水行政、自然资源、农业农村、交通运输、林业和生态环境等主管部门应当组织进行现场查验。

第三十五条 县级以上人民政府水行政主管部门应当将河道采砂违法行为记录纳入社会信用信息服务平台。

第三十六条 县级以上人民政府水行政主管部门应当建立河道采砂违法行为举报制度，公布举报电话、电子邮箱，依法及时处理举报。

任何单位和个人有权举报河道采砂违法行为。经查证属实的，应当对举报人给予奖励。

接受举报的机关应当保护举报人的合法权益，对举报人的相关信息予以保密。

第五章 法 律 责 任

第三十七条 国家机关及其工作人员违反本条例，有下列行为之一的，对直接负责的主管人员和其他直接责任人员依法给予处分；构成犯罪的，依法追究刑事责任：

（一）擅自修改河道采砂规划或者违反河道采砂规划、年度采砂实施方案批准采砂的；

（二）不按照规定审批发放河道采砂许可证的；

（三）根据防汛抗洪需要所采砂石未按照防洪物资管理规定使用的；

（四）违反规定批准销售因河道整治、航道整治和清淤疏浚等活动产生的砂石的；

（五）不履行河道采砂监督管理职责，造成重大责任事故的；

（六）违反规定参与河道采砂经营活动或者纵容、包庇河道采砂违法行为的；

（七）其他玩忽职守、滥用职权、徇私舞弊的行为。

第三十八条 违反本条例第十一条、第十二条、第十六条规定，在禁采区、禁采期采砂，或者未办理河道采砂许可证采砂的，由县级以上人民政府水行政主管部门责令停止违法行为，没收违法所得和用于违法活动的采砂船舶（机具），并处货值金额两倍以上二十倍以下罚款；货值金额不足十万元的，并处二十万元以上二百万元以下罚款；构成犯罪的，依法追究刑事责任。

持有河道采砂许可证，但在禁采区、禁采期采砂的，由县级以上人民政府水行政主管部门依照前款规定处罚，并吊销河道采砂许可证。

第三十九条 违反本条例第二十二条，伪造、涂改或者买卖、出租、出借或者以其他方式转让河道采砂许可证的，由县级以上人民政府水行政主管部门没收违法所得，并处五万元以上十万元以下罚款，收缴伪造、涂改或者买卖、出租、出借或者以其他方式转让的河道采砂许可证；构成犯罪的，依法追究刑事责任。

第四十条 违反本条例第二十三条规定，擅自销售河道整治、航道整治和清淤疏浚等活动产生的砂石的，由县级以上人民政府水行政主管部门没收违法所得,并处五万元以上二十万元以下罚款;情节严重的,并处二十万元以上五十万元以下罚款。

第四十一条 违反本条例第二十六条第三款规定,不安装、损坏或者擅自拆除监控设备,妨碍其正常运行的,由县级以上人民政府水行政主管部门责令停止违法行为、限期恢复原状;逾期不改正的,处一万元以上三万元以下罚款。

第四十二条 违反本条例第三十条第一项规定的,由县级以上人民政府水行政主管部门责令停止违法行为,没收违法所得,处五万元以上十万元以下罚款;情节严重的,吊销河道采砂许可证。

违反本条例第三十条第二项至第六项规定的,由县级以上人民政府水行政主管部门责令限期改正;逾期不改正的,处一万元以上五万元以下罚款。

第四十三条 违反本条例第三十一条第一款规定,运砂船舶装运河道砂石,未持有县级人民政府水行政主管部门核发的采运管理单的,由县级以上人民政府水行政主管部门没收违法所得,并处一万元以上五万元以下罚款。

第四十四条 违反本条例第三十二条第二款规定,采砂船舶在禁采期或者在可采期但未取得河道采砂许可证,未按照县级人民政府交通运输主管部门指定的集中停靠点停放的,由县级人民政府交通运输主管部门责令限期改正;逾期不改正的,由县级人民政府交通运输主管部门采取措施将采砂船舶拖移至集中停靠点,处一万元以上三万元以下罚款。

第六章 附 则

第四十五条 本条例所称采砂机具,包括采砂水上浮动设施、挖掘机械、吊杆机械、分离机械等与采运砂石相关的机械和工具。

第四十六条 本条例自 2021 年 3 月 1 日起施行。

湖南省洞庭湖区水利管理条例

（2009年11月27日湖南省第十一届人民代表大会常务委员会第十一次会议通过 根据2018年7月19日湖南省第十三届人民代表大会常务委员会第五次会议《关于修改〈湖南省实施中华人民共和国水土保持法办法〉等十一件地方性法规的决定》第一次修正 根据2021年3月31日湖南省第十三届人民代表大会常务委员会第二十三次会议《关于修改〈湖南省建筑市场管理条例〉等三十件地方性法规的决定》第二次修正 根据2023年5月31日湖南省第十四届人民代表大会常务委员会第三次会议《关于废止、修改部分地方性法规的决定》第三次修正）

第一章 总 则

第一条 为了加强洞庭湖区水利管理，改善生态环境，发挥河湖功能，根据有关法律、行政法规，结合洞庭湖区实际，制定本条例。

第二条 在洞庭湖区从事水资源利用、水资源保护、水工程管理及相关活动，应当遵守本条例。

本条例所称洞庭湖区，是指洞庭湖区综合治理规划确定的本省境内洞庭湖水域及其周围平原区和湘江、资江、沅江、澧水干流尾闾地区。

第三条 洞庭湖区水利管理应当遵循统一规划、分级管理、科学利用、严格保护和协调发展的原则。

第四条 省人民政府应当加强对洞庭湖区水利管理工作的领导；建立洞庭湖利用与保护相结合的综合治理机制，制定政策措施，改善水生态环境，促进水资源可持续利用；定期听取洞庭湖区水利管理情况的报告，及时研究解决有关重大问题。

洞庭湖区设区的市、县（市、区）人民政府应当加强水利建设和管理，落实国家和省人民政府有关洞庭湖区综合治理的政策，采取有效措施规范水资源的开发利用，防止现有河湖面积减少，提高河湖行洪蓄水能力，防治水污染，保护水资源。

洞庭湖区乡镇人民政府应当根据洞庭湖区水利管理的要求，做好有关具体工作。

第五条　省人民政府水行政主管部门是洞庭湖区水利管理的主管部门，省洞庭湖水利管理机构具体负责洞庭湖区水利管理工作。

洞庭湖区设区的市、县（市、区）人民政府水行政主管部门负责本行政区域内水利管理工作。

省、洞庭湖区设区的市和县（市、区）人民政府有关行政管理部门，按照各自职责，做好洞庭湖区水利管理的有关工作。

第六条　省人民政府水行政主管部门应当根据洞庭湖区综合治理规划，编制治涝、灌溉、供水、洲滩岸线利用和水资源保护等专业规划。有关行政管理部门制定的洞庭湖区水环境保护、湿地保护、渔业、航运、水土保持、种植养殖等专业规划，应当符合洞庭湖区综合治理规划。

洞庭湖区设区的市、县（市、区）人民政府应当根据洞庭湖区综合治理规划和有关专业规划，制定本行政区域具体实施方案并组织实施。

第七条　鼓励成立农民用水户协会，加强水工程设施和用水排水自律管理。

第二章　水资源利用

第八条　省、洞庭湖区设区的市和县（市、区）人民政府水行政主管部门应当根据水功能区的要求，优化水资源配置，加强水质监测和饮用水水源保护，满足城乡居民生活用水，兼顾种植养殖和工业用水，保障河湖生态环境用水。

第九条　洞庭湖区县（市、区）人民政府水行政主管部门应当会同农业农村管理部门划定农田灌溉区，实行计划用水；推行节水灌溉方式和节水技术，提高农业用水效率。

农田灌溉单位和个人引水、截（蓄）水不得损害公共利益以及他人合法权益。

第十条　在洞庭湖区水域、滩地、岸线内进行开发活动，应当符合法律法规的规定和洞庭湖区综合治理规划以及有关专业规划的要求。开发利用洲滩应当经有管辖权的人民政府水行政主管部门批准。

第十一条　省、洞庭湖区设区的市和县（市、区）人民政府农业农村管理部门应当会同水行政主管部门,根据省人民政府批准的《湖南省水功能区划》划定养殖水域,报同级人民政府批准后向社会公布。

在养殖水域内养殖,应当科学确定养殖密度,合理投饵、施肥和使用药物,防止污染水体。养殖水域的水质必须符合渔业水质标准。

禁止在非养殖水域内进行任何形式的投肥、投饵或者设置网箱等人工养殖活动。

第三章 水 资 源 保 护

第十二条 禁止围垦湖泊。

城镇建设不得占用湖泊。城镇规划的临湖界限,由省、洞庭湖区设区的市和县(市、区)人民政府自然资源管理部门会同水行政主管部门确定。

对垸内湖泊面积不足本垸面积百分之十的,洞庭湖区设区的市、县(市、区)人民政府应当采取措施补足湖泊面积;确有困难的,应当划定相应的预备调蓄区。在垸内湖泊和预备调蓄区内从事养殖或者其他生产经营活动,必须服从调蓄渍水的需要。

第十三条 禁止向水域排放未经处理或者处理未达标的工业废水和生活污水。禁止向水域倾倒污染物。禁止在滩地和岸线内倾倒、填埋、堆放、贮存污染物。

省、洞庭湖区设区的市和县(市、区)人民政府生态环境管理部门应当加强洞庭湖区水环境监测与管理。

第十四条 禁止在江河、湖泊和渠道内弃置、堆放阻碍行洪的物体和种植妨碍行洪的林木、高秆作物或者设置妨碍行洪的网箱、拦湖拦河渔具。禁止在洲滩上抬垄植树或者修筑矮围从事种植养殖活动。

第十五条 省、洞庭湖区设区的市和县(市、区)人民政府水行政主管部门应当会同有关行政管理部门加强对采砂的管理,依法划定禁采区、确定禁采期,并向社会公布。

在可采区内采砂,应当由水行政主管部门会同有关行政管理部门批准。

从事采砂活动应当及时清理尾堆,平整河道,不得在河道内堆积砂石和废弃物,不得污染水体、妨碍行洪,不得影响河势稳定和堤防安全。

第十六条 省、洞庭湖区设区的市和县(市、区)人民政府应当采取措施,定期组织江河、湖泊和干渠清淤,所需经费由人民政府根据财力统筹安排。

人为造成河湖淤积的,由致淤单位或者个人负责清淤;致淤单位或者个人不清淤的,由水行政主管部门组织清淤,所需经费由致淤单位或者个人承担。

第四章 水工程管理

第十七条 在河道管理范围内修建桥梁、码头和其他拦河、跨河、临河建(构)筑物,铺设跨河管道、缆线,应当符合国家规定的防洪标准、洲滩岸线利用规划、航运要求和其他有关技术要求;其可行性研究报告按照国家规定的基本建设程序报请批准前,其中的工程建设方案应当经有管辖权的人民政府水行政主管部门审查同意。

修建前款规定的建设工程不得危害堤防安全、妨碍蓄洪区的运用或者减低湖泊的行洪蓄水能力。

第十八条 省、洞庭湖区设区的市和县(市、区)人民政府水行政主管部门应当按照《湖南省实施〈中华人民共和国水法〉办法》的规定,分别划定水工程的管理范围和保护范围。

第十九条 在堤防管理范围内,禁止下列行为:

(一)在大堤、间堤和溃堤上植树、种作物、铲草皮;

(二)履带式车辆上堤行驶;

(三)非防汛抢险机动车辆泥泞期间在堤上通行;

(四)烧窑、挖函沤肥、堆放物资;

(五)打井、爆破、葬坟、挖筑鱼塘、采石、取土;

(六)修建有碍堤防安全和堤防抢险的建(构)筑物;

(七)在距堤内脚五米以内耕种;

(八)其他危害堤防安全的行为。

在堤防保护范围内,禁止前款第五项规定的行为以及其他危及堤防安全的活动。

第二十条 堤防管理范围和距堤脚五百米以内的湖洲、与堤脚相连一百米以内的河滩属防护林区。防护林由洞庭湖区水利工程管理机构组织营造和管理，任何单位和个人不得侵占、破坏、任意砍伐。

第二十一条 堤防外无湖洲、河滩的，应当在垸内预留取土区，供防汛抢险及堤防维修取土。预留取土区的地点和范围由所在地县级人民政府水行政主管部门提出，报同级人民政府批准后划定。因防汛抢险和堤防维修需要可以在预留取土区无偿取土。

第二十二条 因工程建设确需在大堤、溃堤或者主要间堤上临时开口的，建设单位必须按照要求进行堤防安全设计，并报经有管辖权的人民政府水行政主管部门批准。

堤垸内原有的高地、间堤、大堤、江河故道不得擅自填堵、占用或者拆毁。

第二十三条 在渠道保护范围内，禁止下列行为：

（一）修建损害渠道功能的建（构）筑物和其他阻水设施；

（二）倾倒废弃物；

（三）在渠堤上取土、挖眼、扒口、铲草皮、滥伐林木；

（四）其他损害渠道功能的行为。

第二十四条 禁止擅自启闭水闸闸门。汛期启闭水闸闸门应当按照有管辖权的防汛指挥机构批准的运行方案执行，非汛期启闭水闸闸门应当遵守水闸管理单位的规定。

禁止在水闸上修建建（构）筑物。禁止在水闸的上下游保护范围内修建影响水闸安全和运行的设施。

第二十五条 机电排灌站在汛期应当严格执行上级防汛指挥机构的排渍调度；内湖水位达到控制水位时，应当及时向上级防汛指挥机构报告。

第二十六条 任何单位和个人不得侵占、破坏、损毁分蓄洪、蓄洪安全、机电排灌、供水、水利结合灭螺、防汛器材、观测监测管理等水工程设施。

禁止侵占、破坏、损毁、移动水工程设施保护标志和界碑、界杆、界桩等水工程管理标志。

第二十七条 省、洞庭湖区设区的市和县（市、区）人民政府应当按照省蓄洪区安全与建设规划，组织建设安全区、安全台、安全转移的道路和桥梁等设施，制定移民安置规划和蓄洪转移安置方案。

第二十八条 在血吸虫病疫区修建水工程，建设单位应当将灭螺工程设施纳入工程建设计划并统一组织实施。

第二十九条 洞庭湖区水利工程管理机构负责辖区内的防洪保安以及水工程设施的运行、维护、管理，所需工作经费和公益性水工程日常维修养护经费纳入同级财政预算。

第五章 法 律 责 任

第三十条 违反本条例第十四条规定，妨碍行洪的，由省、洞庭湖区设区的市或者县（市、区）人民政府水行政主管部门责令停止违法行为，限期清除或者采取其他补救措施，可以处一万元以上五万元以下罚款。

违反本条例第十七条规定，工程建设方案未经审查同意的，由省、洞庭湖区设区的市或者县（市、区）人民政府水行政主管部门责令停止违法行为，补办手续；建设工程危害堤防安全、妨碍蓄洪区的运用或者减低湖泊的行洪蓄水能力的，责令限期拆除，逾期不拆除的，强行拆除，所需经费由建设单位承担；可以采取补救措施的，责令限期采取补救措施，可以处一万元以上五万元以下罚款。

虽经水行政主管部门同意，但未按照要求修建前款所列工程设施的，由县级以上人民政府水行政主管部门依据职权，责令限期改正，按照情节轻重，处一万元以上五万元以下的罚款。

第三十一条 违反本条例第十九条第一款第五项规定，在堤防保护范围内，从事危害堤防安全的爆破、打井、采石、取土等活动的，由省、洞庭湖区设区的市或者县（市、区）人民政府水行政主管部门责令停止违法行为，排除妨碍或者采取其他补救措施，可以处一万元以上三万元以下罚款；情节严重，造成堤防毁损的，可以处三万元以上五万元以下罚款。

违反本条例第二十二条第一款规定，擅自在防洪大堤、溃堤或者主要间堤上开口的，由省、洞庭湖区设区的市或者县（市、区）人民政府水行政主管部门责令停止违法行为，限期恢复原状，可以处一万元以上五万元以下罚款。

第三十二条 违反本条例第二十四条第一款规定，擅自启闭水闸闸门的，由省、洞庭湖区设区的市或者县（市、区）人民政府水行政主管部门责令停止违法行为、采取补救措施，处一万元以上五万元以下罚款。

违反本条例第二十四条第二款规定，在水闸上修建建（构）筑物，在水闸的上下游保护范围内修建影响水闸安全和运行设施的，由省、洞庭湖区设区的市或者县（市、区）人民政府水行政主管部门责令改正，可以处二百元以上二千元以下罚款。

违反本条例第二十六条第一款规定，侵占、破坏、损毁水工程设施的，由省、洞庭湖区设区的市或者县（市、区）人民政府水行政主管部门责令停止违法行为，可以处一万元以下罚款；造成严重后果的，可以处一万元以上五万元以下罚款。

违反本条例第二十六条第二款规定，侵占、破坏、损毁、移动水工程设施保护标志和界碑、界杆、界桩等水工程管理标志的，由省、洞庭湖区设区的市或者县（市、区）人民政府水行政主管部门责令停止违法行为、限期恢复原状或者赔偿损失。

第三十三条 违反本条例第二十条规定，侵占、破坏防护林的，由省、洞庭湖区设区的市或者县（市、区）人民政府水行政主管部门责令停止违法行为；造成损失的，依法承担民事赔偿责任。

第三十四条 省、洞庭湖区设区的市或者县（市、区）人民政府水行政主管部门或者其他有关行政管理部门的工作人员在洞庭湖水利管理工作中玩忽职守、滥用职权、徇私舞弊的，依法给予处分。

第六章 附 则

第三十五条 本条例自 2010 年 1 月 1 日起施行。1982 年 3 月 29 日湖南省第五届人民代表大会常务委员会第十四次会议通过的《湖南省洞庭湖区水利管理条例》同时废止。

湖南省洞庭湖保护条例

(2021年5月27日湖南省第十三届人民代表大会常务委员会第二十四次会议通过)

第一章 总 则

第一条 为了保护和改善洞庭湖生态环境，保障经济社会可持续发展，推进生态文明建设，促进人与自然和谐共生，根据《中华人民共和国长江保护法》《中华人民共和国环境保护法》《中华人民共和国水法》等有关法律、行政法规，结合本省实际，制定本条例。

第二条 本省行政区域内关于洞庭湖保护的规划与管控、污染防治、生态保护与修复、绿色发展等相关活动，适用本条例。

本条例所称洞庭湖，是指洞庭湖湖泊、松滋河、虎渡河、藕池河、华容河本省行政区域内河道，以及上述湖泊、河道沿岸堤防保护的区域（以下简称湖区），包括岳阳市、常德市、益阳市和长沙市望城区等相关地区。具体范围由省人民政府划定，向社会公布，设立必要的标志。

第三条 洞庭湖保护应当遵循科学规划、生态优先、绿色发展、系统治理和公众参与原则。

第四条 省人民政府负责对洞庭湖保护实行统一领导和统筹协调，开展洞庭湖与湘资沅澧四水协同治理，建立洞庭湖保护目标责任制和考核评价制度，督促有关部门和下级人民政府依法履行洞庭湖保护职责。

湖区设区的市（以下简称市）、县（市、区）人民政府对本行政区域内洞庭湖保护工作负责，具体组织落实洞庭湖保护目标责任制和考核评价制度。

第五条 洞庭湖保护实行河湖长制。

湖区各级河湖长依法履行河湖长职责，负责洞庭湖保护相关工作。

第六条 湖区乡（镇）人民政府、街道办事处应当根据洞庭湖保护的具体要求，做好相关工作。

湖区村（居）民委员会应当协助开展洞庭湖保护工作，鼓励将洞庭湖保护要求纳入村规民约，引导村（居）民遵守洞庭湖保护相关法律法规，参加洞庭湖保护活动。

第七条 省人民政府自然资源、生态环境、水行政、农业农村、交通运输、林业、市场监督管理等部门建立洞庭湖生态环境保护联合执法机制，对湖区跨行政区域、生态敏感区域和生态环境违法案件高发区域以及重大违法案件等实施联合执法。

岳阳市、常德市、益阳市人民政府建立洞庭湖生态环境保护综合行政执法机制，确定综合行政执法机构，统一行使污染防治和生态保护执法职责。

第八条 省人民政府自然资源、生态环境、水行政、农业农村、林业等部门依职责组织对洞庭湖水环境质量、重点水污染物排放、水文状况、水资源状况、国土空间开发保护、湿地生态状况和野生动植物资源及生物多样性等进行监测。

省人民政府生态环境主管部门应当会同水行政主管部门，建立洞庭湖水质水量动态监测预警体系和信息平台，统一监测标准和方法、统一布设监测站点和网络、统一发布监测预警信息，实现监测信息共享。

第九条 湖区市、县（市、区）人民政府及其有关部门应当建立健全突发环境事件应急响应联动机制，确保区域生态安全和水环境安全。

第十条 省、湖区市、县（市、区）人民政府应当将洞庭湖保护所需经费列入本级财政预算，建立稳定的财政资金投入机制。

省、湖区市人民政府应当专项安排洞庭湖保护资金，用于实施生态修复和其他相关保护。

鼓励社会资本依法投入洞庭湖保护，拓宽洞庭湖保护资金来源渠道。

第十一条 省人民政府应当推动建立洞庭湖保护跨省合作机制，加强与湖北省信息共享和行政执法协作。

第十二条 省人民政府定期向省人民代表大会或者其常务委员会报告本级人民政府长江流域生态环境保护和修复工作情况时，应当将洞庭湖保护工作情况作为重点报告内容。

湖区市、县（市、区）人民政府应当每年向本级人民代表大会或者其常务委员会报告本级人民政府洞庭湖保护工作情况。

第十三条 县级以上人民政府及其有关部门，广播、电视、报刊、网络等大众传播媒介，应当加强洞庭湖保护的宣传工作，增强全民保护意识。鼓励社会组织和个人开展形式多样的洞庭湖保护宣传普及工作。

省人民政府有关部门应当重视洞庭湖保护科学研究工作，支持高等院校、科研机构开展洞庭湖生态环境保护专门研究。

第十四条　湖区市、县（市、区）人民政府应当建立健全对破坏洞庭湖生态环境行为的举报制度，对举报查证属实的予以奖励。

第二章　规 划 与 管 控

第十五条　省人民政府应当将洞庭湖保护纳入国民经济和社会发展规划，调整湖区经济结构，优化产业布局。

湖区市、县（市、区）人民政府应当将洞庭湖保护纳入国民经济和社会发展规划。

第十六条　省人民政府自然资源主管部门会同省人民政府有关部门组织编制洞庭湖生态经济区国土空间规划，报省人民政府批准后实施。湖区市、县（市）人民政府组织编制本行政区域的国土空间规划，按照规定的程序经批准后实施。

湖区市、县（市、区）人民政府自然资源主管部门依照国土空间规划，对所辖洞庭湖国土空间实施分区、分类用途管制。

第十七条　省人民政府应当根据洞庭湖保护的实际需要组织编制相关专项规划，严格落实生态保护红线、环境质量底线、资源利用上线和生态环境准入清单管控要求，并与洞庭湖生态经济区国土空间规划等相衔接。

湖区市、县（市、区）人民政府根据省人民政府制定的相关专项规划，制定本行政区域内洞庭湖保护方案，具体组织落实洞庭湖保护事务。

第十八条　湖区产业结构和布局应当与湖区生态系统和资源环境承载能力相适应。

禁止在湖区布局对生态系统有严重影响的产业。禁止重污染企业和项目向湖区转移。

第十九条　省、湖区市、县（市、区）人民政府应当组织开展水域岸线确权登记，确定水域岸线权属，科学规划港口岸线，确保港口岸线合理开发使用。

省、湖区市、县（市、区）人民政府应当按照岸线修复目标要求，制定并组织实施修复计划，清退非法利用、占用的岸线，恢复岸线生态功能。

禁止填湖造地、围湖造田、建设矮围网围、填埋湿地等非法侵占河湖水域或者违法利用、占用河湖岸线的行为。

第二十条 洞庭湖蓄滞洪区的土地利用、城乡建设以及其他非防洪工程的规划与建设应当符合防洪蓄洪要求。

洞庭湖生态保护红线划定、永久基本农田划定、城镇开发边界划定应当满足防洪设施建设管理要求，预留防洪设施建设空间和范围，确保防洪安全。

第二十一条 省、湖区市、县（市、区）人民政府应当按照蓄滞洪区管理与建设要求建设防洪蓄洪工程，确保堤防达标。

湖区市人民政府根据国家和省规定的有关权限，在防洪规划或者防御洪水方案中，划定本行政区域范围内除国家级蓄滞洪区之外的蓄滞洪区，并经省人民政府批复同意后予以公布。本省划定的蓄滞洪区运用补偿办法由省人民政府制定。

第三章 污 染 防 治

第二十二条 根据洞庭湖水环境质量状况和水污染防治工作的需要，省人民政府生态环境主管部门按程序拟定洞庭湖总磷、氨氮等重点水污染物的排放总量削减和控制方案，报省人民政府批准后下达到湖区市、县（市、区）人民政府，湖区市、县（市、区）人民政府应当将控制指标分解落实到排污单位。

湖区禁止生产、销售、使用含磷洗涤用品。

前款所称含磷洗涤用品，是指总磷酸盐含量（以五氧化二磷计）超过国家标准的洗涤用品。

第二十三条 湖区市、县（市、区）人民政府生态环境主管部门应当建立洞庭湖工业污染源信息库。

湖区市、县（市、区）人民政府应当加强对工业污染源的监管，严格控制重点行业氮磷排放总量。

第二十四条 省人民政府应当建立湖区植物病虫害防控投入品推荐名录，推广使用高效、低毒、低残留农药。湖区市、县（市、区）人民政府应当发布主要农作物科学施肥指导意见,制定鼓励支持化肥、农药农膜减量增效使用和秸秆综合利用绿色补贴的配套政策,推广先进农业生产技术,加强科学用药指导,有效控制农业面源污染。

第二十五条 湖区市、县(市、区)人民政府应当因地制宜设置农(兽)药包装、化肥包装、农用残膜等农业废弃物回收点和贮存站,健全回收、贮存、运输、处置和综合利用机制和网络,实施集中无害化处理。

第二十六条 省人民政府应当制定湖区畜禽养殖污染防治办法,重点规范规模以下畜禽养殖污染防治。

第二十七条 省人民政府农业农村主管部门应当组织制定水产养殖污染防治技术规范。

湖区县(市、区)人民政府应当根据省农业农村主管部门制定的统一规范组织制定养殖水域滩涂规划,科学划定禁养区、限养区和适养区,关停、拆除禁养区内的养殖设施,在限养区、适养区科学确定养殖密度,对投饵和使用药物予以规范。

湖区市、县(市、区)人民政府农业农村主管部门应当督促养殖户对养殖尾水进行处理后达标排放或循环利用。在集中连片水产养殖区推广建设尾水生态化治理工程,推进养殖尾水循环利用。

禁止在湖区天然水域围栏围网(含网箱)养殖、投肥投饵养殖。

第二十八条 湖区市、县(市、区)人民政府应当按照国家、省有关标准统筹安排城乡排水与污水收集处理管网建设、改造和运行,确保生产生活污水全面收集,达标排放。

湖区市、县(市、区)人民政府应当推广农村卫生厕所,推进粪污无害化处理与资源化利用,配套建设农村污水治理设施,防止粪污污染水体。

鼓励将污水处理设施尾水接入人工湿地处理系统。

鼓励城乡生活污水循环化利用。

第二十九条 湖区市、县(市、区)人民政府应当实施生活废弃物分类处理制度,建设生活废弃物分类投放、收集、中转和运输设施,完善城乡垃圾收集转运体系,推进城乡垃圾一体化处理,实行综合利用和无害化处理。

鼓励建设生活废弃物焚烧发电项目。

第三十条 在洞庭湖水域航行的船舶应当具备合法有效的防污染证书、文书,依法配备废油、粪便、污水、垃圾等污染物、废弃物收集设施或者无害化处理设施，禁止向水体排放、弃置污染物和废弃物。达不到管理要求的船舶，省、湖区市、县（市、区）人民政府交通运输主管部门不得放行。

湖区市、县（市、区）人民政府应当合理规划和设置船舶废油、粪便、污水、垃圾等污染物、废弃物收集设施，并对收集的污染物和废弃物进行无害化处理和资源化利用。

鼓励船舶经营者使用天然气、太阳能、电能等清洁能源。

第四章　生态保护与修复

第三十一条　湖区市、县（市、区）人民政府应当按照国家和省制定的河湖连通修复方案，建设河湖连通工程以及水系综合整治工程，并对湖区沟渠塘坝进行清淤疏浚，加快洞庭湖水体交换，扩大洞庭湖水体环境容量，增强水体自净能力，改善洞庭湖水环境质量和水生态功能。

第三十二条　湖区用水实行总量控制、统一调度、分级负责的原则，应当兼顾上、下游用水需求，科学制定水量分配方案，优先满足城乡居民生活用水，保障基本生态用水，统筹农业、工业以及航运等需要。

省人民政府水行政主管部门应当制定湖区水量分配方案，征求有关部门及湖区市人民政府的意见，经省人民政府批准后实施。湖区市人民政府水行政主管部门可以制定本行政区域的水量分配方案，征求有关部门及县（市、区）人民政府的意见，经本级人民政府批准后实施。经批准的水量分配方案需修改或调整时，应当按照方案制定程序经原批准机关批准。

第三十三条　省、湖区市、县（市、区）人民政府水行政主管部门应当根据国家确定的控制断面生态流量管控指标，会同本级人民政府有关部门确定所辖湖区河湖生态流量管控指标。

省、湖区市、县（市、区）人民政府水行政主管部门应当将生态水量纳入年度水量调度计划，保证河湖基本生态用水需求，保障枯水期河道生态流量、湖泊生态水位以及鱼类产卵期生态流量。

河道流量低于生态流量、湖泊水位低于生态水位的，应当采取补水、限制取水等措施，任何单位和个人不得擅自向河道外、湖外调水；确需向外调水的，应当由有管辖权的水行政主管部门报经本级人民政府同意。

湖区市、县（市、区）人民政府应当组织生态环境、水行政、农业农村、住房和城乡建设等部门加强枯水期污染管控，组织编制枯水期生态环境管理应急预案，按要求做好应急响应工作。

第三十四条 省人民政府生态环境主管部门对交接断面水质监测工作实施统一监督管理，建立跨市、县（市、区）河流断面水质交接责任制。

省人民政府生态环境主管部门应当每月监测、评价洞庭湖湖体断面及湘资沅澧等主要入湖河流断面的水质状况并及时向社会公开。交接断面水质考核情况应当纳入生态环境保护工作目标责任考核体系。

第三十五条 省人民政府农业农村主管部门应当定期对洞庭湖水生物种资源状况进行调查、监测，评估洞庭湖水生态系统和水生生物总体状况，制定并实施水生生物多样性保护方案。

省人民政府林业主管部门应当组织开展湖区鸟类及其栖息地状况专项调查，建立鸟类资源档案，并向社会公布湖区鸟类资源状况。

湖区市、县（市、区）人民政府应当建立江豚、中华鲟等重点保护野生动物及其栖息地、重点保护野生植物及其生境保护网络，建设鱼类洄游通道等生态廊道，对鸟类迁徙通道开展巡护，加强生物多样性保护。

第三十六条 禁止在湖区自然保护区人工种植、施肥培育芦苇，但为生态保护和修复需要种植的除外。

湖区县（市、区）人民政府应当采取措施，防止芦苇残体污染水体。

第三十七条 禁止在湖区的自然保护区种植欧美黑杨等不利于涵养水源、破坏生物多样性的树种。

第三十八条 洞庭湖水域的港口、码头作业范围内的漂浮物和影响水环境的水生植物，由港口、码头的经营管理单位负责打捞。

洞庭湖水域其他范围内的漂浮物和影响水环境的水生植物，由所在地县级人民政府负责组织打捞。

打捞的漂浮物、水生植物等应当运送至所在地县级人民政府指定的场所进行无害化处理。

第三十九条 省人民政府应当制定洞庭湖生态补偿办法。

省人民政府通过财政转移支付等方式，开展洞庭湖生态保护补偿。湖区市、县（市、区）人民政府应当落实生态保护补偿资金，确保用于生态保护补偿。

鼓励行政区域间通过资金补偿、对口协作、产业转移、人才培训、共建园区等方式进行生态保护补偿。

第五章 绿色发展

第四十条 省人民政府标准化主管部门应当会同发展改革、工业和信息化、生态环境、农业农村、交通运输、文化和旅游、林业等部门，依据国家、省有关规定，结合洞庭湖实际，制定湖区工业、农业、旅游业、林业绿色发展标准。

湖区市、县（市、区）人民政府应当采取财政、信贷、绿色认证等手段，鼓励和支持工业、农业、旅游业、林业绿色发展。

第四十一条 省、湖区市、县（市、区）人民政府应当将生态农业、生态工业、综合立体交通体系列为重点发展领域，发展低水耗、低能耗、高附加值的产业。

湖区市、县（市、区）人民政府应当发挥临江临湖区位优势，建立湖区特有的生态产业和合理的经济结构，发展绿色品牌农业、滨水产业、港口经济，培育新材料、新能源、电子信息、医疗健康、高端制造、数字经济产业等战略性新兴产业集群和先进制造业集群。

第四十二条 省人民政府应当编制并组织实施水运规划，建设"一江一湖四水"水运网，贯通湘江、沅江高等级航道，有序推进资水、澧水等级航道建设，提升洞庭湖水道功能。

第四十三条 湖区市、县（市、区）人民政府应当加强历史文化名城名镇名村保护，修复历史文化街区，利用湖区文旅资源，建设体现洞庭湖特色的文化旅游品牌。

第四十四条 省人民政府应当建立湖区绿色发展评估机制；探索建立洞庭湖绿色GDP核算制度，建立水质、大气质量、能源利用、绿色建筑等生态绿色指标体系；组织对湖区的资源能源节约集约利用、生态环境保护等情况开展定期评估。

第四十五条 鼓励公民践行低碳、环保、绿色生活方式，优先选择公共交通工具出行，节约使用水、电力、燃油、天然气等资源，减少使用易污染不易降解的塑料制品。

鼓励公民绿色消费，反对奢侈浪费和不合理消费。

第六章 法律责任

第四十六条 在洞庭湖保护中负有职责的相关人民政府及其有关部门有下列行为之一的，对直接负责的主管人员和其他直接责任人员给予记过、记大过或者降级处分；造成严重后果的，给予撤职或者开除处分，其主要负责人应当引咎辞职。涉嫌犯罪的，移送司法机关处理：

（一）不及时制定实施洞庭湖保护相关规划、方案、标准的；

（二）未按规定予以生态保护补偿的；

（三）对超标排放污染物、采用逃避监管的方式排放污染物、造成环境事故以及不落实洞庭湖生态保护措施造成生态破坏等行为，发现或者接到举报未及时查处的；

（四）篡改、伪造或者指使篡改、伪造监测数据的；

（五）有其他滥用职权、玩忽职守、徇私舞弊行为的。

第四十七条 违反本条例第十九条第三款规定，实施填湖造地、围湖造田、建设矮围网围、填埋湿地等非法侵占河湖水域或者违法利用、占用河湖岸线的，责令停止违法行为，限期拆除并恢复原状，所需费用由违法者承担，没收违法所得，并处五万元以上五十万元以下罚款。

第四十八条 违反本条例第二十二条第二款规定，在湖区生产、销售含磷洗涤用品的，责令停止生产、销售，没收违法所得和违法生产、销售的产品，并处违法生产、销售产品货值金额百分之五十以上三倍以下罚款。

第四十九条 违反本条例第二十七条第四款规定，在湖区天然水域投肥投饵养殖的，责令停止违法行为；拒不停止违法行为的，处一万元以上五万元以下罚款。

第五十条 本条例规定的行政处罚，在洞庭湖实行生态环境保护综合行政执法的区域，由综合行政执法机构实施；在未实行生态环境保护综合行政执法的区域，由相关部门按照各自职责实施。

第七章 附则

第五十一条 本条例自2021年9月1日起施行。

湖南省饮用水水源保护条例

（2017年11月30日湖南省第十二届人民代表大会常务委员会第三十三次会议通过 根据2020年6月12日湖南省第十三届人民代表大会常务委员会第十八次会议《关于修改〈湖南省实施《中华人民共和国城市居民委员会组织法》办法〉等二十一件地方性法规的决定》第一次修正 根据2022年5月26日湖南省第十三届人民代表大会常务委员会第三十一次会议《关于修改〈湖南省水能资源开发利用管理条例〉等九件地方性法规的决定》第二次修正 根据2023年5月31日湖南省第十四届人民代表大会常务委员会第三次会议《关于废止、修改部分地方性法规的决定》第三次修正）

第一章 总 则

第一条 为了加强饮用水水源保护，保障饮用水安全，维护人民群众身体健康，根据《中华人民共和国水污染防治法》《中华人民共和国水法》和其他有关法律、行政法规的规定，结合本省实际，制定本条例。

第二条 本省行政区域内饮用水水源保护及管理适用本条例。

本条例所称饮用水水源，是指用于城乡供水的江河、湖泊、水库、山塘、渠道、井（泉）水等地表水水源和地下水水源。

第三条 乡（镇）以上人民政府对饮用水水源保护负责。

县级以上人民政府应当将饮用水水源保护纳入本行政区域国民经济与社会发展规划、水资源保护规划、水污染防治规划、矿产资源规划和生态保护红线范围等，加大对饮用水水源保护的投入和监督检查力度，确保饮用水安全。

饮用水水源保护实行责任制和考核评价机制。饮用水水源保护工作应当纳入乡（镇）以上人民政府及其负责人和监督管理目标考核评价内容。

第四条 县级以上人民政府应当加强农村饮用水工程建设和维护管理工作，因地制宜逐步推进城乡统筹区域集中式供水。

第五条 县级以上人民政府水行政主管部门负责本行政区域内饮用水水源地拟定和饮用水水源工程建设以及水资源调度配置有关工作，对饮用水水资源实施统一监督管理。

县级以上人民政府生态环境主管部门负责本行政区域内饮用水水源保护区划分方案的拟定和生态环境管理的有关工作,对饮用水水源污染防治实施统一监督管理。

县级以上人民政府发展和改革、财政、住房和城乡建设、卫生健康、城市管理、农业农村、林业、交通运输、公安等有关部门,应当按照各自职责做好饮用水水源保护有关工作。

第六条 村(居)民委员会应当协助乡(镇)人民政府、街道办事处依法做好饮用水水源保护有关工作。

第二章 饮用水水源地确定

第七条 县级以上人民政府应当根据本行政区域经济社会发展需要和水资源开发利用现状,按照优先保障城乡居民饮用水的要求,对饮用水水源地进行统筹规划。

第八条 饮用水水源地的确定,应当与水功能区划、水环境功能区划相衔接,符合国家有关水量、水质标准和规范要求。

第九条 县级以上城市饮用水水源地,由设区的市、自治州、县(市、区)人民政府水行政主管部门会同同级发展和改革、生态环境、自然资源、住房和城乡建设、卫生健康、交通运输等部门进行科学论证,提出意见,经本级人民政府同意后报省人民政府确定;跨行政区域的,由有关人民政府协商后提出意见,报省人民政府确定;协商不成的,由省人民政府水行政主管部门会同同级发展和改革、生态环境、自然资源、住房和城乡建设、卫生健康、交通运输等部门提出意见,报省人民政府批准。

乡(镇)、村饮用水水源地,由所在地乡(镇)人民政府提出意见,报县(市、区)人民政府确定。

第十条 县级以上人民政府应当确定应急备用水源,保证本行政区域应急生活供水。有条件的地区应当确定第二水源。

县级以上人民政府应当根据区域发展规划,将水质良好、水量稳定的大中型水库、河道、湖泊等作为预留饮用水水源地。

第十一条 县级以上城市饮用水水源地和应急备用水源地、第二水源地名录由省人民政府公布。

乡（镇）、村饮用水水源地名录由县（市、区）人民政府公布。

第十二条　开采地下水作为饮用水水源的，应当遵守国家和省有关地下水开采和保护规定。

第三章　饮用水水源保护区划定

第十三条　划定饮用水水源地内的取水口周边一定范围的水域和陆域作为饮用水水源保护区，实行比非保护区更加严格的保护措施。

江河、湖泊、水库等地表水饮用水水源保护区分为一级保护区和二级保护区，取水口周边的核心区域为一级保护区，一级保护区外围的一定区域为二级保护区。必要时，可以在饮用水水源保护区外围划定一定区域作为准保护区。

第十四条　饮用水水源保护区的范围应当根据确定的饮用水水源地的地理位置、地质特征、水量需求、环境状况等现实情况和确保饮用水安全的实际需要，按照国家饮用水水源保护区划分的技术规范要求划定。

划定饮用水水源保护区，应当进行充分论证，并公开征求所在地有关单位和村（居）民代表的意见。

应急备用饮用水水源应当根据实际情况，按照本条第一款、第二款的规定划定保护范围。

第十五条　饮用水水源保护区的划定和调整，由设区的市、自治州、县（市、区）人民政府提出方案，报省人民政府批准。跨设区的市、自治州、县（市、区）饮用水水源保护区的划定和调整，由有关设区的市、自治州、县（市、区）人民政府协商提出方案，报省人民政府批准；协商不成的，由省人民政府生态环境主管部门会同同级水行政、自然资源、卫生健康、住房和城乡建设等部门提出方案，征求同级有关部门意见后，报省人民政府批准。

经批准的饮用水水源保护区由省人民政府向社会公告。

第十六条　乡（镇）人民政府可以根据实际需要，明确山塘、渠道、井（泉）水等饮用水水源的保护范围，并设定地理界标和警示标志。

乡（镇）人民政府应当督促和指导饮用水水源所在地村民委员会制定水

源保护公约，明确保护范围。

第四章 保 护 措 施

第十七条 设区的市、自治州、县（市、区）人民政府应当在饮用水水源保护区按规定设立明确的地理界标和明显的警示标志。

具备条件的地区应当设置饮用水水源一级保护区的隔离防护设施，对一级保护区实行封闭式管理。

任何单位和个人不得损毁、涂改或者擅自移动饮用水水源保护区地理界标、警示标志、隔离防护设施。

第十八条 在饮用水水源准保护区内，禁止下列行为：

（一）新建、扩建水上加油站、油库、制药、造纸、化工等严重污染水体的建设项目，或者改建增加排污量的建设项目；

（二）水上运输剧毒化学品和国家规定禁止通过内河运输的其他危险化学品；

（三）使用毒鱼、炸鱼、电鱼等方法进行捕捞；

（四）排放倾倒工业废渣、城镇垃圾、医疗垃圾和其他废弃物，或者填埋、贮存、堆放、弃置固体废弃物和其他污染物；

（五）使用剧毒和高残留农药，滥用化肥；

（六）投肥养鱼；

（七）其他可能污染饮用水水体的行为。

第十九条 在饮用水水源二级保护区内，除第十八条规定的禁止行为外，还禁止下列行为：

（一）设置排污口；

（二）新建、改建、扩建排放污染物的建设项目；

（三）设置畜禽养殖场、养殖小区；

（四）设置装卸垃圾、油类及其他有毒有害物品的码头；

（五）使用农药。

第二十条 在饮用水水源一级保护区内，除第十八条、第十九条规定的禁止行为外，还禁止下列行为：

（一）新建、改建、扩建与供水设施和保护水源无关的建设项目；

（二）水上餐饮；

（三）网箱养殖、旅游、游泳、垂钓。

第二十一条 在饮用水水源二级保护区划定前已建成的排放污染物的建设项目、在饮用水水源一级保护区划定前已建成的与供水设施和保护水源无关的建设项目，由县级以上人民政府责令拆除或者关闭。因建设项目和设施被拆除或者关闭，导致所有者或者经营者的合法权益受到损害的，有关人民政府应当依法予以补偿。

第二十二条 在地下水饮用水水源保护区内，除禁止第十八条、第十九条、第二十条规定的行为外，还应当遵守下列规定：

（一）人工回灌补给地下水的水质、农田灌溉的水质应当符合国家规定的标准；

（二）从事地质钻探、隧道挖掘、地下施工、地下勘探等活动，应当采取防护措施，防止破坏和污染地下水饮用水水源；

（三）不得排放倾倒含有毒污染物的废水、含病原体的污水或者其他废弃物。

第二十三条 乡（镇）、村饮用水水源保护范围内禁止下列行为：

（一）设置畜禽养殖场、养殖小区；

（二）使用剧毒、高残留农药；

（三）向水体倾倒排放生活垃圾、污水以及其他可能污染水体的物质；

（四）其他可能污染饮用水水体的行为。

第二十四条 饮用水水源保护区确定后，县级以上人民政府生态环境主管部门应当及时通知同级公安机关，公安机关应当将饮用水水源保护区划定为危险化学品运输车辆限制通行的区域。

县级以上人民政府公安机关在审批剧毒化学品运输车辆线路时，应当避开饮用水水源保护区；确实无法避开的，县级以上人民政府及其有关部门应当按照有关规定采取相应的安全防护措施。

第二十五条 县级以上人民政府应当加强饮用水水源保护区及有关流域、区域的生态建设工作，加强水土保持林、水源涵养林、人工湿地建设，维护水体的自净能力，保障饮用水水源安全。

第二十六条 县级以上人民政府应当建立健全饮用水水源生态保护补偿机制，可以通过安排饮用水水源保护生态补偿资金、财政转移支付、区域协作等方式，促进饮用水水源保护区和其他地区的协调发展。生态补偿具体办法由省人民政府制定。

江河流域上下游的设区的市、自治州、县（市、区）人民政府之间，以及湖泊、水库饮用水水源的供水方和用水方所在地的人民政府之间可以协商签订饮用水水源生态保护补偿协议，报省人民政府生态环境主管部门备案。

第五章 监 督 管 理

第二十七条 县级以上人民政府应当组织协调生态环境、水行政等有关部门，按照各自职责定期对饮用水水源水质进行监测，整合监测资源，加强水质在线监测监控和预警能力建设，完善监测信息系统和共享机制。

县级以上人民政府卫生健康主管部门应当定期对乡（镇）、村饮用水水源水质实施卫生监测。

饮用水供水单位应当加强对饮用水水源取水口的水质监测工作，发现异常情况的，应当采取有效措施，并按照有关规定向生态环境主管部门报告。

在地下水饮用水水源保护区内，以机井抽取地下水的单位应当做好水位、水量、水温、水质的监测，将监测资料定期报送所在地县级人民政府水行政和自然资源主管部门，并抄送生态环境主管部门。

第二十八条 饮用水水源保护区的水质应当不低于国家规定的标准。

饮用水水源水质信息统一由县级以上人民政府生态环境主管部门每月在门户网站或者当地主要媒体上公开。

第二十九条 县级以上人民政府生态环境主管部门应当会同同级水行政主管部门定期组织开展对饮用水水源水质、水量和水源保护情况的综合评估，并将评估结果报告本级人民政府。

第三十条 在突发水污染事件和藻类爆发高峰期及汛期等特殊时段，县级以上人民政府生态环境、水行政和卫生健康等主管部门以及有关单位应当扩大监测范围，增加监测频次和项目，及时掌握饮用水水质水量状况，发现异常情况的，应当及时向本级人民政府报告，并采取有效措施防止污染饮用水水源。

第三十一条 县级以上人民政府生态环境、水行政等部门以及江河（湖泊、水库）管理机构应当建立巡查制度，对饮用水水源保护区进行巡查。

乡（镇）人民政府、街道办事处应当组织和指导村（居）民委员会开展饮用水水源保护巡查；发现问题应当及时采取措施并向有关主管部门报告。

第三十二条　县级以上人民政府生态环境主管部门应当会同有关部门加强对饮用水水源保护区及有关流域、区域内污染物排放情况的监督检查，定期开展安全隐患排查，发现饮用水水源受到污染或者可能受到污染的，应当根据相应情况及时制止和查处。

饮用水水源水质达不到国家规定水质标准的，县级以上人民政府可以对有关区域的排污单位依法采取停产、限产等措施，减少污染物排放，确保饮用水安全。

对饮用水水源保护区和准保护区内不能确定责任人的污染源，由所在地县级人民政府组织有关部门和单位予以治理。

第三十三条　省人民政府生态环境、水行政等主管部门以及流域、区域有关人民政府应当建立健全执法协作机制，提高跨行政区域饮用水水污染防治监督管理水平。

跨行政区域河流交界断面入境水质低于水功能区划规定的标准，影响饮用水水源安全的，下游地区县（市、区）人民政府应当向上级人民政府报告，并向上游地区县（市、区）人民政府通报；上游地区县（市、区）人民政府应当采取必要措施使出境水质达到规定的标准。

跨行政区域湖泊、水库等饮用水水源所在地有关人民政府共同对饮用水水质安全负责。

跨行政区域饮用水水源所在地的县级以上人民政府之间应当采取定期会商、跨区域交叉检查、联合执法等措施，加强跨行政区域饮用水水源保护。

第三十四条　县级以上人民政府应当组织编制饮用水水源污染事件应急预案，配备应急救援设施设备和应急物资，建立应急救援队伍。

重点水污染物排放单位、饮用水供水单位应当制定本单位饮用水水源污染事件的应急预案，做好应急准备和演练工作。

跨行政区域江河、湖泊、水库的饮用水水源地所在的设区的市、自治州、县（市、区）人民政府之间应当建立污染事件应急处理协调机制。

第三十五条　县级以上人民政府生态环境、水行政等主管部门应当公开举报电话和电子邮箱，及时受理公民、法人和其他组织对违反本条例行为的检举、投诉，并依法查处违法行为。

第六章 法 律 责 任

第三十六条 违反本条例规定,在饮用水水源准保护区和一级、二级保护区有下列行为的,按照下列规定处理:

(一)新建、扩建水上加油站、油库、制药、造纸、化工等严重污染水体的建设项目、改建增加排污量的建设项目的,由县级以上人民政府生态环境主管部门责令停止违法行为,处二十万元以上五十万元以下的罚款;并报经有批准权的人民政府批准,责令拆除或者关闭。

(二)使用毒鱼、炸鱼、电鱼等方法进行捕捞的,由县级以上人民政府渔业主管部门没收渔获物和违法所得,处二万元以上五万元以下的罚款;情节严重的,没收渔具,吊销捕捞许可证;情节特别严重的,可以没收渔船。

(三)排放、倾倒工业废渣、城镇垃圾、医疗垃圾或者其他废弃物以及填埋、贮存、堆放、弃置固体废弃物和其他污染物的,由县级以上人民政府生态环境主管部门责令停止违法行为,限期采取治理措施,消除污染,处二万元以上十万元以下的罚款;情节严重的,处十万元以上二十万元以下的罚款。逾期不采取治理措施的,县级以上人民政府生态环境主管部门可以指定有治理能力的单位代为治理,所需费用由违法者承担。

(四)使用剧毒和高残留农药、滥用化肥的,由县级人民政府农业农村主管部门责令改正,对单位处五万元以上十万元以下的罚款;对个人处二千元以上一万元以下的罚款。

(五)投肥养鱼的,由县级人民政府农业农村主管部门责令改正,对单位处二万元以上五万元以下的罚款;对个人处一千元以上五千元以下的罚款。

第三十七条 违反本条例规定,在饮用水水源一级、二级保护区有下列行为的,按照下列规定处理:

(一)设置畜禽养殖场、养殖小区的,由县级以上人民政府生态环境主管部门责令停止违法行为,处二十万元以上五十万元以下的罚款,并报经有批准权的人民政府批准,责令拆除或者关闭。

(二)设置装卸垃圾、油类及其他有毒有害物品的码头的,由县级以上人民政府生态环境主管部门责令限期拆除,可以处五万元以上十万元以下的罚款。

（三）使用农药的，由县级人民政府农业农村主管部门责令改正，对单位处五万元以上十万元以下的罚款；对个人处二千元以上一万元以下的罚款。

第三十八条　违反本条例第二十条规定，在饮用水水源一级保护区从事水上餐饮的，由县级以上人民政府生态环境主管部门责令停业，处二万元以上十万元以下的罚款；拒不停业的，并处没收专门用于经营餐饮业的设施、工具等财物。

第三十九条　违反本条例第二十三条规定，在乡（镇）、村饮用水水源保护范围内有下列行为的，按照下列规定处理：

（一）设置畜禽养殖场、养殖小区的，由县级人民政府生态环境主管部门责令停止违法行为，处二十万元以上五十万元以下的罚款，并报经有批准权的人民政府批准，责令拆除或者关闭。

（二）使用剧毒、高残留农药的，由县级人民政府农业农村主管部门责令改正，对单位处五万元以上十万元以下的罚款；对个人处二千元以上一万元以下的罚款。

（三）向水体倾倒排放生活垃圾、污水以及其他可能污染水体的物质的，由县级人民政府生态环境主管部门责令改正，处一千元以上五千元以下的罚款。

第四十条　县级以上人民政府及其水行政、生态环境等其他负有监管职责的部门有下列行为之一的，对直接负责的主管人员和其他直接责任人员依法给予处分：

（一）未按照规定拟定饮用水水源地或者饮用水水源保护区划分方案的；

（二）违反规定在饮用水水源保护区审批、核准建设项目的；

（三）未按照规定开展饮用水水源巡查、水质监测和综合评估的；

（四）未按照规定及时排查饮用水水源安全隐患或者处置饮用水水源污染事故，造成严重后果的；

（五）其他滥用职权、玩忽职守、徇私舞弊的行为。

第四十一条　违反本条例规定的其他行为，有关法律法规规定处罚的，从其规定。

第七章　附　　则

第四十二条　本条例自 2018 年 1 月 1 日起施行。

湖南省实施《中华人民共和国水法》办法

（2004年5月31日湖南省第十届人民代表大会常务委员会第九次会议通过　根据2012年3月31日湖南省第十一届人民代表大会常务委员会第二十八次会议《关于按照行政强制法的规定修改部分地方性法规的决定》第一次修正　根据2022年5月26日湖南省第十三届人民代表大会常务委员会第三十一次会议《关于修改〈湖南省水能资源开发利用管理条例〉等九件地方性法规的决定》第二次修正　根据2023年5月31日湖南省第十四届人民代表大会常务委员会第三次会议《关于废止、修改部分地方性法规的决定》第三次修正）

第一条　根据《中华人民共和国水法》（以下简称水法），结合本省实际，制定本办法。

第二条　在本省行政区域内开发、利用、节约、保护和管理水资源，防治水害，必须遵守本办法。

长江湖南段、洞庭湖以及其他省界江河、湖泊水资源的开发、利用、节约、保护、管理和水害的防治，国家法律和行政法规另有规定的，从其规定。

第三条　县级以上人民政府水行政主管部门按照规定的权限，负责本行政区域内水资源的统一管理和监督工作。

县级以上人民政府有关部门按照职责分工，负责本行政区域内水资源开发、利用、节约和保护的有关工作。

第四条　单位和个人都有依法保护水资源、水工程和节约用水的义务，对破坏水资源、污染水环境、损坏河道和水工程设施的行为有权检举。

第五条　开发、利用、节约、保护水资源和防治水害应当按照流域、区域统一制定规划。区域规划应当服从流域规划，专业规划应当服从综合规划。

第六条　全省流域综合规划、区域综合规划和跨设区的市、自治州的江河、湖泊，以及省人民政府确认的其他重要江河、湖泊的流域综合规划、区域综合规划，由省人民政府水行政主管部门会同有关部门和有关人民政府编制,报省人民政府批准后,报国务院水行政主管部门备案。

前款规定以外的流域综合规划、区域综合规划,按照管理权限由县级以上人民政府水行政主管部门会同同级有关部门编制,经本级人民政府批准后,报上一级人民政府水行政主管部门备案。

第七条 治涝、山洪灾害防治、灌溉、航运、供水、水力发电、竹木流放、渔业、水资源保护、节约用水等专业规划,由县级以上人民政府有关部门编制,征求同级其他有关部门意见后,报本级人民政府批准。防洪规划、水土保持规划的编制、批准,按照《中华人民共和国防洪法》、《中华人民共和国水土保持法》的有关规定执行。

第八条 流域综合规划、区域综合规划以及第七条所规定的专业规划一经批准,必须严格执行。

经批准的规划需要修改时,必须按照规划编制程序经原批准机关批准。

第九条 洞庭湖、湘江、资江、沅江、澧水干流和汨罗江、新墙河以及省人民政府确认的其他重要江河、湖泊的水功能区划,由省人民政府水行政主管部门会同省生态环境行政主管部门和有关部门拟定,报省人民政府批准,并报国务院水行政主管部门和生态环境行政主管部门备案。其他江河、湖泊的水功能区划,由设区的市、自治州、县(市、区)人民政府水行政主管部门会同同级人民政府生态环境行政主管部门和有关部门拟定,报同级人民政府批准,并报上一级水行政主管部门和生态环境行政主管部门备案。

第十条 水功能区划定后,县级以上人民政府水行政主管部门应当按照国家规定,在主要河道、饮用水水源保护区等区域设置水资源质量监测断面,对水质状况进行监测。发现重点污染物排放总量超过控制指标的,或者水质未达到水域使用功能对水质要求的,应当及时报告相关人民政府采取治理措施,控制污染物排放,改善水质,并向生态环境行政主管部门通报。

第十一条 在洞庭湖和湘江、资江、沅江、澧水干流及大型水库新建、改建或者扩大排污口,应当由省人民政府生态环境行政主管部门进行审批。在其他江河、湖泊、水库、人工水道上新建、改建或者扩大排污口,应当由生态环境行政主管部门按照管理权限进行审批。

禁止在饮用水水源保护区设置排污口或者新建有污染的项目,现有污染项目应当限期治理。

第十二条 开发利用江河、湖泊、水库水资源,应当按照水法规定的原则,做到公平有序,并符合水功能区划,服从防洪安全和水工程运行安全的需要。水行政主管部门应当加强监督检查。

第十三条 建设水工程,应当进行科学论证,并符合流域综合规划。

在洞庭湖、湘江、资江、沅江、澧水干流和汨罗江、新墙河以及省人民政府确认的其他重要江河、湖泊上建设水工程,其工程可行性研究报告报请批准前,由省人民政府水行政主管部门对其是否符合流域综合规划进行审查并签署意见。

在跨县、市(区)的江河、湖泊上建设水工程,其工程可行性研究报告报请批准前,由设区的市、自治州人民政府水行政主管部门对其是否符合流域综合规划进行审查并签署意见;在不跨县、市(区)的江河、湖泊上建设水工程,其工程可行性研究报告报请批准前,由县级人民政府水行政主管部门对其是否符合流域综合规划进行审查并签署意见。

第十四条 兴建水利水电、防治水害、整治河道的工程和拦河、跨河、穿河、穿堤、临河的闸坝、桥梁、码头、道路、渡口、取水口、排污口等设施及铺设跨河管道、电缆,必须符合国家规定的防洪标准、通航标准和其他有关技术要求。

修建前款工程设施,建设单位必须在立项前进行防洪评价论证、编制水土保持方案,并报送县级以上人民政府水行政主管部门审查同意后,按基本建设程序办理审批手续。

第十五条 从事工程建设,不得占用农业灌溉水源、灌排工程设施,不得影响原有灌溉用水、供水水源、水文测验,不得危害河势稳定、行洪畅通和护坡、护岸、堤防及导航、助航、水文监测等工程设施安全,不得造成江河、湖泊、水库、人工水道淤积。确实无法避免的,建设单位应当采取相应的补救措施。造成损失的,依法给予补偿。

禁止围垦湖泊、水库造地。

第十六条 国家所有的水工程,由县级以上人民政府水行政主管部门或者水行政主管部门会同有关部门依照下列标准,报请县级以上人民政府划定管理范围和保护范围,并设立标志:

(一)防洪、防涝的堤防、间堤背水坡脚向外水平延伸30至50米(经过城镇的堤段不得少于 10 米）为管理范围。保护范围视堤防重要程度、堤基土质条件划定。

（二）水库库区设计洪水位线以下（包括库内岛屿），大坝背水坡脚向外水平延伸 30 至 200 米，大坝两端山坡自开挖线起顺坡向外延伸 50 至 100 米（到达分水岭不足 50 米的至分水岭上），溢洪道两端自山坡开挖线起顺坡向外延伸 10 至 20 米为管理范围。库区管理范围边缘向外延伸 20 至 100 米为保护范围；大坝、溢洪道保护范围根据坝型、坝高及坝基情况划定。

（三）船闸上下游航道护岸末端、水闸上下游翼墙末端以内为管理范围，管理范围边缘向外延伸 50 至 200 米为保护范围。

（四）引水工程、水轮泵站、水力发电站的拦河坝两端向外延伸 50 至 200 米，河床、河堤护砌线末端向上下游各延伸 500 米为保护范围。

（五）水力发电站厂房、机电排灌站枢纽建筑物周边向外延伸 20 至 100 米，进出水渠（管）道自拦污栅向外延伸 100 至 500 米水面为保护范围。

（六）渠道自两边渠堤外坡脚或者开挖线向外延伸 1 至 5 米，渠系建筑物周边 2 至 10 米为保护范围。

（七）其他水工程由县级以上人民政府结合实际情况，参照上述标准划定管理范围和保护范围。

国家所有以外的水工程管理范围和保护范围，可以参照前款第（一）项至第（六）项规定，由有管辖权的人民政府结合实际情况划定。

城市规划区内水工程管理范围和保护范围的划定，应当与城市总体规划相协调。

第十七条　水行政主管部门应当加强对水工程管理范围的保护。依法由人民政府划定的水工程管理范围的土地及建筑物，除水工程管理单位外，其他单位和个人不得占用。

第十八条　各级人民政府必须落实水工程安全管理责任制和安全检查制度，对病险水工程应当控制运行，限期消除险情。县级以上人民政府水行政主管部门应当加强对水工程安全的技术指导和监督管理。

第十九条　禁止在水工程保护范围内从事影响水工程运行和危害水工程安全的爆破、打井、采石、取土等活动。

在水工程管理范围内除禁止从事第一款所规定行为外，还不得从事影响水工程运行和危害水工程安全的建房、开渠、倾倒垃圾渣土等活动。

在大坝、堤防上除禁止从事第一款、第二款所规定的行为外,还不得从事垦殖、铲草、设立墟场等活动。

第二十条 开采矿藏可能造成地表水源枯竭、水资源污染、地下水含水层串通、地面塌陷和影响水工程安全的,采矿单位或者建设单位应当组织科学论证。在进行科学论证时,应当征求水行政主管部门的意见。

第二十一条 在河道管理范围内采砂,必须经县级以上人民政府水行政主管部门批准。未经批准采砂或者未按照采砂许可规定采砂,情节严重的,县级以上人民政府水行政主管部门可以依法及时作出处理。

经批准从事河道采砂的单位和个人,应当按照防洪和通航安全的需要,及时清理尾堆,平整河道,不得在河道内堆积砂石或者废弃物。

县级以上人民政府水行政主管部门应当加强对河道采砂的统一管理和监督检查,并做好有关组织、协调的指导工作。

第二十二条 调蓄径流和分配水量,应当兼顾上下游和左右岸用水、航运、竹木流放、渔业和保护生态环境的需要。

调蓄径流和水量分配方案,由县级以上人民政府水行政主管部门按照管理权限拟定,征求有关部门意见后,报本级人民政府批准后执行;跨行政区域的,由共同上一级人民政府水行政主管部门商有关人民政府拟定,报本级人民政府批准后执行。

第二十三条 省人民政府水行政主管部门应当确定湘江、资江、沅江、澧水干流和主要水库特别干旱时期的供水以及水环境需要的最小流量、水位,制定特别干旱时期供水预案和水环境应急预案,报省人民政府批准后执行。出现供水、水环境紧急状况时,各大中型水工程管理单位、沿河城市人民政府必须服从省人民政府的用水调度。

第二十四条 直接从江河、湖泊或者地下取用水资源的,应当按照国家取水许可制度和水资源有偿使用制度的规定,向水行政主管部门申请领取取水许可证,按照国家和省人民政府的规定缴纳水资源费。但是,农业灌溉以及家庭生活、零星散养、圈养畜禽饮用等少量取水和省人民政府规定的其他少量取水的除外。

第二十五条 使用水工程供应的水,用水单位和个人应当向供水单位申请用水计划,并按规定缴纳水费。

第二十六条 地方各级人民政府应当采取措施,鼓励研究节水技术,推广节水工艺和设备、产品。

工业用水应当采用先进技术、工艺和设备，增加循环用水次数，提高水的重复利用率。

城市应当推广节水型生活用水器具，降低城市供水管网漏失率，提高生活用水效率。

第二十七条　在地下水超采的地区，县级以上人民政府应当制定计划，限制取水量，并规划建设替代水源，采取科学措施增加地下水的有效补给。禁止新建、扩建取用地下水的建设项目。

省人民政府水行政主管部门应当会同自然资源等主管部门，统筹考虑地下水超采区划定、地下水利用情况以及地质环境条件等因素，组织划定本行政区域内地下水禁止开采区和限制开采区，报省人民政府批准后公布，并报国务院水行政主管部门备案。

开采地下水的单位，应当对地下水的水位、水质变化趋势进行监测，建立技术档案。

第二十八条　乡镇人民政府、村民委员会、村民小组或者农村集体经济组织，应当对其管理或者使用的水库、山塘等水利设施进行维护，建立蓄水用水和水工程安全管理制度，加强管理，合理使用。县（市、区）和乡镇人民政府应当加强检查、指导。

除国家建设或者公益事业需要外，不得填埋山塘。

第二十九条　不同行政区域之间发生水事纠纷的，应当协商处理；协商不成的，应当报告共同的上一级人民政府，人民政府应当自收到报告之日起五日内受理，并及时作出裁决，有关各方必须执行。水事纠纷解决前，未经各方达成协议或者共同上一级人民政府批准，在县级以上行政区域交界线水事纠纷发生地方圆5公里、乡镇行政区域交界线水事纠纷发生地方圆3公里区域内，任何一方不得修建排水、阻水、取水和截（蓄）水工程，不得单方面改变水的现状。

第三十条　县级以上人民政府水行政主管部门或者法律、法规授权的组织，应当建立水政监察制度，依法实施水政监察。

水政监察人员应当忠于职守、秉公执法，在依法查处水事行政案件时，应当出示行政执法证件。

第三十一条　违反本办法第十九条规定的，由县级以上人民政府水行政

地方法规及政府规章

主管部门按照下列规定进行处理：

（一）从事影响水工程运行和危害水工程安全的爆破、打井、采石、取土等活动的，责令停止违法行为、采取补救措施，对在水工程保护范围内的可以并处一万元以上二万元以下罚款，对在水工程管理范围内的可以并处二万元以上三万元以下罚款，对在大坝、堤防上的可以并处三万元以上五万元以下罚款。

（二）从事影响水工程运行和危害水工程安全的建房、开渠、倾倒垃圾渣土等活动的，责令停止违法行为、采取补救措施，对在水工程管理范围内的可以并处五百元以上三千元以下罚款，对在大坝、堤防上的可以并处一千元以上五千元以下罚款。

（三）在大坝、堤防上从事垦殖、铲草、设立墟场等活动的，责令停止违法行为，给予警告；情节严重的，可以并处五十元以上二百元以下罚款。

第三十二条　违反本办法第二十一条规定，采砂的单位和个人未按照防洪和通航安全的需要及时清理尾堆、平整河道的，由县级以上人民政府水行政主管部门责令限期清理，恢复原状；逾期不清理的，由县级以上人民政府水行政主管部门强制清理，所需费用由采砂的单位和个人承担，并处一万元以上二万元以下罚款；情节严重的，并处二万元以上五万元以下罚款。

第三十三条　违反本办法第二十八条第二款的规定填埋山塘的，由县级人民政府水行政主管部门责令停止违法行为，限期恢复原状或者采取其他补救措施；拒不恢复原状或者采取其他补救措施的，由县级人民政府水行政主管部门强制恢复原状或者采取其他补救措施，所需费用由违法者承担；情节严重、对生产生活等造成严重危害的，并处一万元以上三万元以下罚款。

第三十四条　水行政主管部门或者其他有关部门以及水工程管理单位的工作人员玩忽职守、滥用职权、徇私舞弊，或者贪污、挪用水资源费的，依法给予行政处分；构成犯罪的，依法追究刑事责任。

第三十五条　本办法自2004年9月1日起施行。1993年7月10日湖南省第八届人民代表大会常务委员会第三次会议通过的《湖南省水法实施办法》同时废止。

湖南省实施
《中华人民共和国河道管理条例》办法

(1995年4月6日湖南省人民政府令第43号公布 2008年1月2日湖南省人民政府令第219号第一次修改 2022年10月8日湖南省人民政府令第310号第二次修改)

第一章 总 则

第一条 根据《中华人民共和国河道管理条例》(以下简称《河道管理条例》)和其他有关法律、法规的规定,结合我省实际情况,制定本实施办法。

第二条 本实施办法适用于本省行政区域内河道(包括湖泊、人工水道、撇洪河、行洪区、蓄洪区、滞洪区)的管理。

长江干流流经我省的江段和洞庭湖以及省界河道的管理,国家另有规定的,按国家规定执行。

河道内的航道,同时适用《中华人民共和国航道管理条例》。

第三条 县级以上人民政府水行政主管部门为本行政区域的河道主管机关。

第四条 洞庭湖的湘江、资江、沅江、澧水干流及其他跨市、州行政区域的重要河段,由省河道主管机关实施管理;其他河道,由市、州、县河道主管机关实施管理。

省管河道的具体范围,由省河道主管机关确定并公布;其他河道的具体范围,由市、州、县河道主管机关提出方案,报上一级河道主管机关批准后公布。

第五条 沿河两岸由城建部门和农场、渔场、工矿企业等单位按照河道整治规划修建的堤防工程设施,由该修建单位维护管理,并接受河道主管机关的监督检查。

城市规划区内由城建部门修建的公园内的湖泊,由城建部门负责管理,其中有洪涝调蓄功能的湖泊，必须服从防洪的统一调度。

第六条 县级以上河道主管机关的河道监理人员，对管辖范围内的河道进行现场检查时，应当佩戴统一标志，出示行政执法证件。被检查者应如实反映情况，不得拒绝。

第二章 河道整治与建设

第七条 河道的整治与建设，应当符合《河道管理条例》第十条规定的原则。

在河道管理范围内兴建的建设项目，涉及河道与防洪的工程建设方案，建设单位必须按照本实施办法第四条规定的河道管理权限，报河道主管机关审查同意后，方可开工建设。

河道主管机关对涉及河道与防洪的工程建设方案的审查和防洪安全的管理，按国家有关规定执行。

第八条 在河道两岸临水侧修建码头、泵房、船台、道路等建筑物和其他设施，应当服从河道整治规划和航道整治规划，不得伸出临水岸坡、滩缘或者高于滩地高程。确需伸出临水岸坡、滩缘或者高于滩地高程的，建设单位必须作出防洪影响分析，并采取措施，减少阻水面积，保持河势稳定和水流畅通。

第九条 跨越河道的桥梁、栈桥等建筑物的梁底必须高出设计洪水位0.5米以上。设计洪水位，由河道主管机关根据流域防洪规划确定。

涉及通航河道的建筑物，还应当符合通航标准。为保证防汛抢险救灾的需要，洞庭湖区的主要通航河道，其设计最高通航水位不得低于设计洪水位。

第十条 在河道堤防上兴建建筑物及设施的单位和个人，应当接受河道主管机关及所在河段的河道堤防管理单位对其工程防洪安全的监督检查。建设期间堤段的维护、管理和防汛，由建设单位负责；建设完毕后，堤段经河道主管机关验收合格，交河道堤防管理单位管理。

第十一条 确需利用堤顶或者戗台、护堤地兼做公路的，必须符合堤防防洪设计标准，遵守堤防管理规定，保证防洪安全，并按河道管理权限经河道主管机关批准。堤身和堤顶公路的管理和维护办法，由河道主管机关商交通部门制定。

跨越河道堤防的道路，应当填筑引道或者采取其他措施，确保堤身完整和安全。

第十二条　城市、集镇、村庄的建设和发展不得占用河道滩地。城市、集镇和村庄规划的临河界限由河道主管机关会同规划等有关部门根据下列原则确定：

（一）有堤防的河道，临河界限应当在堤防背水侧护堤地以外；

（二）无堤防的河道，临河界限应当在设计洪水位线 20 米以外；

（三）已规划需展宽或者修建堤防的河段，临河界限应当根据已规划的河道管理范围，按上述两项原则确定。

沿河城市、乡村在编制和审查城市、集镇和村庄规划时，应当按河道管理权限事先征求河道主管机关的意见。

第十三条　河道清淤或者加固堤防和堤身两侧填塘囵固基取土，应当不占或者少占耕地。确需占用耕地的，由当地人民政府调剂解决。占用河湖洲滩、国有荒山荒地或者在河湖洲滩、国有荒山荒地取土的，任何单位和个人不得阻挠。

取土或者占用土地，免交土地补偿费。

整治河道、修建水库所增加的可利用的土地属于国家所有，可以由县级以上人民政府用于移民安置、河道堤防维护管理和河道整治工程。

第十四条　在市州、县市区的边界河道两岸外侧各 5 公里内，以及跨市、州、县市区的河道，未经有关各方达成协议或者未按河道管理权限报经河道主管机关批准，禁止单方面修建排水、阻水、引水、蓄水工程以及河道整治工程。

第三章　河　道　保　护

第十五条　河道的具体管理范围，按河道管理权限由河道主管机关提出方案，报同级人民政府划定并公告。

第十六条　下列区域应当列入河道管理范围：

（一）现已确定或者因历史形成、社会公认的护堤地；

（二）加固堤防的堆土区、填塘区；

(三)压浸平台、防渗铺盖。

新建堤防,在堤防建设的同时,应当依照本实施办法第十五条的规定划定护堤地。

凡划入河道管理范围的土地,土地使用者必须服从河道防洪安全的需要,遵守河道、堤防管理的有关规定。

第十七条 渗水严重的堤段,应当在河道管理范围的相连地域划定堤防安全保护区。堤防安全保护区由堤段所在地的市州、县市区河道主管机关提出划定方案,报同级人民政府批准。

在堤防安全保护区内,禁止打井、钻探、爆破、挖筑鱼塘、葬坟、采石、取土等危及堤防安全的活动。

第十八条 依法在河道两侧山坡开矿、采石、修建铁路、公路、水工程以及开荒等,应当采取水土保持措施,防止塌方、崩岸和淤塞河道。在有山体滑坡、崩岸、泥石流等自然灾害的河段,禁止从事开山、采石、采矿、开荒等危及山体稳定的活动。

第十九条 在河道管理范围内采挖砂石、取土、淘金的,须经河道所在地的市州、县市河道主管机关批准;涉及其他部门的,由河通主管机关会同有关部门批准。

凡利用河道管理范围内洲滩的,必须符合防洪和洲滩利用规划要求,按照有关规定报县级以上人民政府河道主管机关批准。

第二十条 水闸、船闸管理单位应当加强对水闸、船闸的管理,使其保持正常运行。过闸船舶必须服从闸管单位的指挥。

第二十一条 河道两岸的单位和个人,应当保护水质,防止水质破坏。造成水质污染危害的,排污单位有责任排除危害,并对直接受到损害的水工程负责赔偿。

第四章 河 道 清 障

第二十二条 河道管理范围内下列阻水障碍物或者工程设施,必须清除或者改建、拆除:

(一)严重壅水、阻水危及安全泄洪的桥梁、码头、栈桥、泵房、船台、渡口、丁坝、矶头、锁坝;

（二）围堤、围墙、围窑、房屋；

（三）阻水道路、阻水渠道；

（四）弃置的矿渣、砂石、煤渣、垃圾、泥土等；

（五）堆放的影响行洪的物料，设置的拦河渔具；

（六）行洪通道内的树木（护堤护岸林除外）、芦苇、杞柳、荻柴或者高秆作物；

（七）其他影响河道安全泄洪和河势稳定的障碍物。

第二十三条　对河道管理范围内的阻水障碍物的清除或者工程设施的改建、拆除，分别按《河道管理条例》第三十六条、第三十七条的规定执行。

第五章　经　　费

第二十四条　在堤防、护岸、灌排水闸、圩垸和排涝工程设施受益范围内的工商企业等单位和农户、个体工商户，应当按规定向河道主管机关缴纳河道工程修建维护管理费。

收费的具体标准和计收办法由省水行政主管部门提出，经省发展改革、财政部门核定，报省人民政府批准后执行。

河道工程修建维护管理费开征后，省人民政府1986年关于缴纳堤防维护费的规定停止执行。

第二十五条　在河道管理范围内采挖砂石、取土、淘金的单位和个人，应当按照国家的规定向河道主管机关缴纳河道采砂、取土、淘金管理费。

河道采砂、取土、淘金管理费，用于河道与堤防工程的维修、工程设施的更新改造以及管理单位的管理费用。

第二十六条　凡改善通航条件的河道过船水闸、船闸，财政未拨维护费或者当地政府未划拨养闸经营土地、水面的，经省人民政府批准，闸管单位可以向过闸船舶收取船舶过闸费。具体收费标准，由省发展改革、财政部门制定。

第二十七条　在河道管理范围内修建工程设施或者进行生产作业活动，造成护岸、护坡、堤防、导航、助航等工程设施损坏或者造成河道淤积、河岸崩坍、水位壅高危及堤防安全的，建设单位必须负责及时修复、清淤或者按修复、清淤的工程量予以经济补偿。

地方法规及政府规章

第二十八条　县级以上人民政府在必要时可以组织本辖区河道两岸堤防保护区内的单位和个人义务出工，对护岸、堤防进行维修加固，对淤塞河道进行清淤疏浚。

第六章　罚　　则

第二十九条　有《河道管理条例》第四十四条第（一）、（四）、（五）、（六）项或者第四十五条规定的行为，应当给予罚款处罚的，罚款额度为10000元以下；有第四十四条第（二）、（三）、（七）项规定的行为，应当给予罚款处罚的，罚款额度为5000元以下；有第四十四条第（八）项规定的行为，应当给予罚款处罚的，罚款额度为10000元以下。《防洪法》和其他有关法律、法规有规定的从其规定。

第三十条　当事人对行政处罚决定不服的，可以在接到处罚通知之日起15日内，向作出处罚决定的机关的上一级机关申请复议，对复议决定不服的，可以在接到复议决定之日起15日内向人民法院起诉。当事人也可以在接到处罚通知之日起15日内，直接向人民法院起诉。当事人逾期不申请复议或者不向人民法院起诉又不履行处罚决定的，由作出处罚决定的机关申请人民法院强制执行；对治安管理处罚不服的，按照《中华人民共和国治安管理处罚法》的规定处理。

第三十一条　河道主管机关的工作人员以及河道监理人员玩忽职守、滥用职权、徇私舞弊的，由其所在单位或者上级主管机关给予行政处分；对公共财产、国家和人民利益造成重大损失的，依法追究刑事责任。

第七章　附　　则

第三十二条　本实施办法自发布之日起施行。本省过去有关规定与本实施办法不一致的，以本实施办法为准。

（四）江西省

江西省河道管理条例

（1994年6月17日江西省第八届人民代表大会常务委员会第九次会议通过　1997年6月20日江西省第八届人民代表大会常务委员会第二十八次会议第一次修正　2001年12月22日江西省第九届人民代表大会常务委员会第二十七次会议第二次修正　2010年9月17日江西省第十一届人民代表大会常务委员会第十八次会议第三次修正　2018年7月27日江西省第十三届人民代表大会常务委员会第四次会议第四次修正　2021年7月28日江西省第十三届人民代表大会常务委员会第三十一次会议第五次修正）

第一章　总　　则

第一条　为加强河道管理，保障防洪安全，发挥江河湖泊的综合效益，根据《中华人民共和国水法》和《中华人民共和国河道管理条例》，结合本省实际，制定本条例。

第二条　本条例适用于本省行政区域内的河道（包括湖泊、人工水道、行洪区、蓄洪区、滞洪区）。

本省行政区域内的长江河段和其他跨省河道的管理，国家有规定的，从其规定。

第三条　开发利用河道的水、土等资源和整治河道、防治水害，应当服从流域综合规划和防洪的总体安排，全面规划，统筹兼顾，综合利用，讲求效益，促进各项事业的发展。

第四条　县级以上人民政府水行政主管部门是本行政区域河道的主管机关（以下简称河道主管机关）。

县级以上人民政府根据实际情况设立的河道管理机构隶属同级河道主管机关领导。各级堤防管理单位归口同级河道主管机关管理。

第五条　河道管理范围按下列原则确定：有堤防的河道为两岸堤防之间的水域、沙洲、滩地（包括可耕地）、行洪区、堤防及护堤地，其中有堤防的湖泊以堤防护堤地外缘为界，包括周边界之内的水域、洲滩、出入湖水道；无堤防的河道按历史最高洪水位或者设计洪水位确定。

河道的具体管理范围未划定或者需要变动的，由县级以上人民政府河道主管机关会同有关部门提出，报同级人民政府批准，并立桩定界。

第六条　河道管理实行按水系统一管理和分级管理相结合的原则。各级河道主管机关按下列分工实施管理：

（一）本省行政区域内的长江河段和其他跨省河道，由省河道主管机关根据流域统一规划实施管理。

（二）赣江、抚河、信江、饶河、修河和鄱阳湖由省河道主管机关实施管理。

（三）本省跨行政区域的河道，由上一级河道主管机关实施管理。

（四）其他河道由所在地河道主管机关实施管理。

河道主管机关可以委托河道管理机构或者下一级河道主管机关实施管理。

省管河段的具体范围由省河道主管机关划定。

第七条　各级人民政府必须加强对河道管理工作的领导，及时处理河道管理方面的重大问题。河道防汛抗洪和清障工作实行地方人民政府行政首长负责制。

任何单位和个人都有保护河道堤防安全和参加防汛抢险的义务。

第二章　河道整治与建设

第八条　县级以上人民政府及其河道主管机关应当根据规划，合理安排对河道整治与建设的投入，积极组织兴建河道整治工程，加强对蓄洪区、滞洪区、水库以及江河堤防等防洪设施的建设和管理，增强防洪能力。

第九条　县级以上人民政府河道主管机关应当根据流域综合规划和国家规定的防洪标准、通航标准及其他有关技术要求，按河道管理权限编制河道整治与建设规划，报同级人民政府批准并报上一级河道主管机关备案。

第十条　河道的整治与利用以及在河道管理范围内进行建设，应当服从河道的整治规划，保持河势稳定和行洪、航运的通畅。

第十一条　在进行河道整治时，涉及航道的，应当兼顾航运的需要，并事先征求交通运输主管部门对有关设计和计划的意见。

交通部门进行航道整治，应当符合防洪安全要求，并事先征求河道主管机关对有关设计和计划的意见。

第十二条 禁止围湖造田和修建填湖工程。已经建成的围湖、填湖工程，列入平退规划的应当予以平退，保留的应当按国家规定的防洪标准进行治理；对于危害防洪安全的围湖工程和影响行洪的建筑物及设施，按照谁设障、谁清除的原则，由防汛指挥机构责令限期清除；逾期不清除的，由防汛指挥机构组织强行清除，所需费用由设障者承担。

第十三条 在跨行政区域的边界河道修建排水、阻水、引水、蓄水等水工程以及河道整治工程，必须经上一级河道主管机关审查同意。

第十四条 在河道管理范围内兴建工程或者进行其他作业活动，需破挖大堤或者损害其他河道工程时，应当报告堤防管理单位，并经有管辖权的河道主管机关审查同意。工程施工必须接受堤防管理单位及其上级主管部门的监督管理，竣工后必须按原标准修复并接受河道主管机关的安全管理。

第十五条 河道管理范围内的建设项目的工程建设方案，依法须经河道主管机关审查同意的，应当按照本条例规定的河道分级管理权限，经相应的河道主管机关审查同意。未经河道主管机关审查同意的，建设单位不得开工建设。

建设项目经批准后，建设单位应当将施工安排告知河道主管机关。

第十六条 河道管理范围内建设项目施工期间，河道主管机关应当对其是否符合审查同意书的要求进行检查，被检查单位应当接受监督，如实提供情况。建设项目的性质、规模、地点以及施工安排作较大变动时，应当事先征得河道主管机关同意。出现涉及江河防洪和建设项目安全方面问题时，河道主管机关应当及时提出处理意见，建设单位必须执行。

建设单位应当在建设项目验收六十日前将有关文件资料报送河道主管机关，竣工验收应当有河道主管机关参加。

第十七条 河道主管机关自接到建设单位建设项目申请之日起，应当在六十日内将审查意见书面通知申请单位。同意兴建的，应当发给审查同意书，并可对建设项目的设计、施工和管理提出有关要求；不同意兴建的，或者要求就有关问题进一步修改补充后再行审查的，应当说明理由和依据。

建设单位对审查意见有异议的，可在接到通知书之日起三十日内向作出审查意见机关的上一级河道主管机关提出复审申请，由复审机关会同同级发展改革主管部门商处。

第十八条 河道主管机关应当定期对河道管理范围内的建筑物和设施进行检查。凡经河道主管机关检查鉴定不符合防洪安全要求，影响河势稳定、水流形态、水质，或者对其他部门利用河道造成不利影响的，河道主管机关应当责成建设单位或者使用单位在限期内改建或者采取其他补救措施；需要拆除的，由河道主管机关提出方案，报县级以上人民政府批准。

第十九条 修建桥梁、码头和取水、排水等设施，必须按照国家规定的防洪标准所确定的河宽进行，不得缩窄行洪通道。

跨越河道的桥梁和栈桥等建筑物的梁底必须高于设计洪水位，并按照防洪的要求留有一定的超高；跨越通航河道和已经批准的规划通航河道的建筑物还应当符合航运要求。

跨越河道工程的建筑物，应当留有河道工程提高防洪标准的余地，不得妨碍防汛和日常管理工作。

第二十条 编制港区划定方案时，港务管理机关应当事先征求河道主管机关的意见。

第二十一条 城市建设和发展，不得占用河道滩地。城市规划的临河、临堤界限，由河道主管机关会同城市规划等有关部门确定。沿河城市在编制和审查城市规划时，应当事先征求河道主管机关的意见。

第二十二条 河道岸线及滩地的利用和建设，应当服从河道整治规划和航道整治规划。重要河段按河道管理权限由河道主管机关会同有关部门编制岸线利用规划，报同级人民政府批准后执行。

第二十三条 在河道管理范围内，经批准的建设项目，施工单位不按规划方案进行，危及水工程和跨河建筑物安全的，应当立即停止施工；造成损害的，应当负责修复或者给予赔偿。

第二十四条 河道清淤和加固堤防取土以及按照防洪规划进行河道整治需占用的土地，由县级以上人民政府调剂解决。

因修建水库、整治河道所增加的可利用土地，属国家所有，应当首先用于移民安置和河道整治工程。

第三章 河道保护

第二十五条 国有河道工程及设施，由河道主管机关依照下列标准报请县级以上人民政府划定管理范围和保护范围：

（一）赣东大堤、抚西大堤、富大有堤、九江长江大堤（九江市区至瑞昌市码头镇）其管理范围为迎水面和背水面堤脚外不少于五十米（水平距离，下同）；保护耕地五万亩以上的其他重点堤防，其管理范围为迎水面和背水面堤脚外不少于三十米；其他堤防的管理范围，迎水面和背水面堤脚外不少于二十米。其中险段自压浸台脚起算。

（二）水闸、泵站工程的管理范围和保护范围按照《江西省水利工程条例》的有关规定，结合工程实际划定。

（三）其他河道工程及设施的管理范围和保护范围参照堤防、水闸、泵站工程标准划定。

前款第一项三类堤防的管理范围边缘分别外延二百米、一百五十米、一百米，为保护范围。

划定河道工程及设施的管理范围，应当依照土地管理的法律、法规办理有关手续。

第二十六条　在河道工程保护范围内进行建设或者开展影响河道工程保护的活动，必须经河道工程管理单位同意；较大的建设项目或者活动，必须按河道管理权限报河道主管机关审查同意。

第二十七条　在河道管理范围内，河道堤防、护岸、闸坝等水工程以及堤防管理房、堤防里程桩、防汛、通信、照明、水文监测、测量等设施，必须严加保护，任何单位和个人不得侵占、毁坏。

前款所指设施未经河道主管机关批准不得移动或者拆除。经批准移动或者拆除的，由申请拆迁单位负责重建或者补偿。

第二十八条　河道主管机关应当组织河道管理人员定期对河道堤防进行巡查，及时发现鼠洞、蚁穴、泡泉等隐患和雨淋沟、滑坡等险段，并报告同级人民政府，及时组织清除或者修复。

第二十九条　禁止在河道及滩地、分洪道、蓄洪区、滞洪区圈圩垦殖或者堵河并圩。擅自圈圩垦殖或者堵河并圩的，必须彻底平毁。因特殊原因需要圈圩垦殖或者堵河并圩的，必须经省河道主管机关审查同意；长江干流上圈圩或者堵支，必须报经国务院河道主管机关或者其授权的管理机构审查同意。

同一河段次要堤防的高程，不得高于主要堤防的高程。长江、赣江、抚河、信江、饶河、修河的江心洲，现有圩堤堤顶高程至少应当低于主要圩堤一米。

第三十条 在河道管理范围内，禁止种植树木（防浪林、护堤林除外）、芦苇等阻水植物，禁止设置拦河渔具以及弃置矿渣、石渣、煤灰、泥土等杂物。

第三十一条 在河道管理范围内进行下列活动，必须报经河道主管机关批准：

（一）采砂、采石、取土、淘金（以下统称采砂）；

（二）爆破、钻探、垦荒、挖筑鱼塘；

（三）在河道滩地存放物料、修建厂房或者其他建筑设施；

（四）在河道滩地开采地下资源及进行考古发掘。

从事前款所列活动，必须按照批准的范围和作业方式进行。

第三十二条 江河故道、旧堤、原有工程设施等，不得擅自填堵、占用或者拆毁。

第三十三条 确需向河道排污的排污口的设置或者改建、扩建，排污单位应当向生态环境主管部门申报。

第三十四条 护堤护岸的林木，由河道管理机构组织营造和管理。护堤护岸林木，不得任意砍伐。采伐护堤护岸林木的，应当依法办理采伐许可手续，并完成规定的更新补种任务。

第三十五条 在河道堤防背水面保护区外五百米范围内进行地下采矿以及在山区河道两侧采石、修路等活动，影响河道安全以及水文监测作业、防汛、通信、通航安全的，必须采取保护措施，并报经河道主管机关审查同意，方可开工。未采取保护措施或者措施不当的，河道主管机关有权予以制止。

第三十六条 水闸的控制运行管理办法，由河道主管机关依照批准的水工程综合利用规划制定，报同级人民政府批准，水闸管理单位负责执行。禁止非管理人员操作闸门。船只过闸应当服从水闸管理单位的指挥。

第三十七条 确需利用堤顶、戗台或者水闸兼作公路的，必须经过科学论证，并按河道管理权限经河道主管机关审查批准。

第三十八条 河道清障工作，按照《中华人民共和国河道管理条例》有关规定执行。

第四章 经　　费

第三十九条　河道堤防的防汛岁修费,按照分级管理的原则负担。属地方财政负担的,列入本级财政年度预算。

河道整治和建设工程所需资金除国家安排的部分资金外,按照谁受益谁负担的原则,由受益单位和个人合理负担。

第四十条　对受益范围明确的堤防、护岸、水闸、排涝工程设施等河道工程,河道主管机关可以按照国家有关规定收取河道工程修建维护管理费。

因特殊需要进行下列活动的,除应当经河道主管机关批准同意外,还应当按有关标准向河道主管机关缴纳河道工程修建维护管理费:

(一)占用堤防、护堤地、洲滩;

(二)利用堤防通车。

河道工程修建维护管理费的具体标准和征收管理办法,由省人民政府另行制定。

第四十一条　在河道管理范围内采砂,必须持有河道采砂许可证,并向发放河道采砂许可证的机关缴纳河道砂石资源费。

第四十二条　任何单位和个人对堤防、护岸和其他水工程设施造成损坏或者造成河道淤积的,由责任者负责修复、清淤或者承担维修费用。

在河道管理范围内因修建(含扩建、改建)各类工程影响原有水工程设施的,建设单位应当采取补救措施或者承担所需费用。

第四十三条　河道主管机关收取的各项费用,必须用于河道堤防工程的建设、维护和管理以及设施的更新改造。结余资金可以连年结转使用,任何部门不得截取或者挪用。

第四十四条　河道两岸的各级人民政府应当组织堤防保护区内的单位和个人,对河道工程进行培堤加固和汛期抢险。

第四十五条　县级以上人民政府河道主管机关及财政、发展改革、审计主管部门应当加强对河道管理各项收费及其使用的审计、监督和管理。

第五章 奖　　惩

第四十六条　有下列情形之一的单位和个人,由县级以上人民政府按照国家有关规定给予表彰、奖励：

（一）在河道保护和整治以及防洪抢险中有显著成绩的；

（二）支持和推动河道保护、整治工作有突出贡献的；

（三）在河道管理科学研究和科研成果推广中有突出贡献的；

（四）同破坏河道管理和危害河道安全行为作斗争表现突出的。

第四十七条　违反本条例规定，有下列行为之一的，责令其停止建设，限期拆除，恢复原貌，或者采取补救措施，并可按下列规定予以处罚：

（一）未经批准或者不按照国家规定的防洪标准、工程安全标准整治河道、修建水工程建筑物及设施的，以及未经河道主管机关同意在河道管理范围内修建建设项目的，处以一万元以上十万元以下罚款；

（二）违反本条例第十二条、第二十九条第一款规定的，按围湖或者围河面积处以每平方米五元至五十元罚款，但最高不得超过五万元；

（三）违反本条例第十四条规定，擅自开挖大堤、拆除河道工程设施的，处以恢复原貌所需资金的百分之十至百分之二十罚款，但最高不得超过五万元。

第四十八条　违反本条例规定，在河道管理范围内有下列行为之一的，责令其停止违法行为，恢复原貌，清除、拆除障碍或者采取其他补救措施，并可按下列规定予以处罚：

（一）违反本条例第三十条、第三十一条第一款第二项至第四项规定的，处以恢复原貌或者采取补救措施所需资金的百分之十至百分之二十罚款，但最高不得超过五万元，其中设置拦河渔具的，处以每具五百元至一千元罚款；

（二）违反本条例第三十四条规定，擅自砍伐护堤护岸林木的，按同类木材售价两倍至四倍处以罚款，不足0.5立方米（幼树二十株以下）的，以0.5立方米计算。

第四十九条　违反本条例规定，有下列行为之一的，责令其停止违法行为，赔偿损失或者采取补救措施，并可按下列规定予以处罚：

（一）损毁堤防、护岸、闸坝等水工程及其设施和防汛、水文监测以及通信、照明等设施，情节较轻的，处以二百元以上五百元以下罚款，后果严重的，按经济损失的三倍至五倍处以罚款，但最高不得超过五万元；

（二）非管理人员操作河道上的涵闸闸门的，处以二百元以下罚款，造成经济损失的，按经济损失的一倍至三倍处以罚款。

第五十条 违反本条例规定，未经批准在河道管理范围内采砂，或者不按照河道主管机关批准的范围和作业方式在河道管理范围内采砂的，依照《江西省河道采砂管理条例》有关规定处罚。

第五十一条 河道主管机关的工作人员以及河道监理人员玩忽职守、滥用职权、徇私舞弊的，依法给予处分。

第五十二条 本条例规定的行政处罚，除治安管理处罚外，由河道主管机关执行。

第五十三条 违反本条例规定，应当给予治安管理处罚的，依照《中华人民共和国治安管理处罚法》的规定处罚；构成犯罪的，依法追究刑事责任。

第六章 附 则

第五十四条 本条例自公布之日起施行。1983 年 12 月 1 日江西省第六届人民代表大会常务委员会第四次会议批准的《江西省河道堤防安全管理条例》同时废止。

江西省湖泊保护条例

（2018年4月2日江西省第十三届人民代表大会常务委员会第二次会议审议通过并公布　2021年7月28日经江西省第十三届人民代表大会常务委员会第三十一次会议审议通过的《江西省人民代表大会常务委员会关于修改〈江西省医疗纠纷预防与处理条例〉等11件地方性法规的决定》第一次修改）

第一章　总　　则

第一条　为了加强湖泊保护，防止湖泊面积减少和水体污染，保障湖泊功能，维护和改善湖泊生态环境，合理利用湖泊资源，根据《中华人民共和国水法》《中华人民共和国环境保护法》《中华人民共和国水污染防治法》等有关法律、行政法规的规定，结合本省实际，制定本条例。

第二条　本省行政区域内湖泊保护实行名录制度。列入保护名录的湖泊的规划、保护、治理、利用和监督管理活动，适用本条例。

法律、法规对鄱阳湖、湿地、风景名胜区内湖泊以及自然保护区内湖泊的保护另有规定的，从其规定。

第三条　本省境内的天然湖泊、城市规划区内的人工湖泊、作为饮用水水源的人工湖泊应当列入湖泊保护名录。县级以上人民政府可以根据需要将其他人工湖泊列入湖泊保护名录。

湖泊保护名录由县级以上人民政府水行政主管部门会同生态环境、林业、农业农村、住房和城乡建设等有关部门拟定，经本级人民政府批准后向社会公布。

第四条　湖泊保护应当遵循科学规划、保护优先、合理利用、综合治理的原则。

第五条　县级以上人民政府应当加强对本行政区域内湖泊保护工作的领导，将湖泊保护纳入国民经济和社会发展规划，制定湖泊保护的政策和保障措施，加大湖泊保护的投入，将湖泊保护所需工作经费纳入本级财政预算。

乡镇人民政府、街道办事处应当协助做好湖泊保护的监督管理工作。

村（居）民委员会可以在村规民约、居民公约中约定湖泊保护义务以及相应奖惩机制。

第六条 县级以上人民政府水行政主管部门是湖泊保护的主管部门，负责本行政区域内湖泊保护的组织、协调、指导和监督管理，县级以上人民政府也可以根据实际情况确定城市规划区内湖泊的保护主管部门。

县级以上人民政府发展改革、财政、工业和信息化、生态环境、农业农村、林业、自然资源、住房和城乡建设、交通运输、文化和旅游、商务等部门，应当按照各自职责，承担湖泊保护的有关工作。

第七条 湖泊保护实行湖长制。湖长负责对湖泊保护工作进行督导和协调，督促或者建议政府及有关部门履行法定职责，协调解决湖泊水资源保护、水域岸线管理、水污染防治、水环境改善、水生态修复等工作中的重大问题。

湖长的具体设立、职责确定和工作机制，按照国家和省有关规定执行。

第八条 县级以上人民政府及其有关部门应当鼓励和支持湖泊保护的科学研究和技术创新，运用科技手段加强湖泊的监测、污染防治和生态修复。

第九条 县级以上人民政府及其有关部门应当加强湖泊保护的宣传和教育工作，普及湖泊保护知识，增强公众的湖泊保护意识。

鼓励社会组织、志愿者参与湖泊保护和监督工作。

鼓励社会力量投资或者以其他方式投入湖泊治理与保护。

第十条 县级以上人民政府应当建立、完善湖泊保护的奖励制度。对保护湖泊成绩显著的单位和个人，按照有关规定给予表彰奖励。

第十一条 对划定为饮用水水源保护区或者具有重要生态功能的湖泊，县级以上人民政府应当建立市场化、多元化生态补偿机制，并在资金投入、基础设施建设等方面给予支持。

第二章 保 护 规 划

第十二条 县级以上人民政府湖泊保护主管部门应当会同有关部门，定期组织湖泊普查，对湖泊资源变化情况进行监测，建立包括湖泊名称、位置、面积、容积、水质、调蓄能力、主要功能等内容的湖泊档案。湖泊调查和监测结果作为编制湖泊保护规划和湖泊保护评价考核的重要依据。

地方法规及政府规章

第十三条 县级以上人民政府有关部门应当按照国家规定的权限和程序组织编制湖泊保护规划。

第十四条 湖泊保护规划应当符合城乡规划、流域综合规划和主体功能区规划,并与土地利用总体规划及环境保护、湿地保护、水资源、防洪排水和水土保持等规划相协调。

有关部门编制各类专业规划涉及湖泊的,应当与湖泊保护规划相衔接,并征求湖泊保护主管部门的意见。

第十五条 湖泊保护规划应当包括湖泊主要功能,湖泊管理范围和保护范围,湖泊特征水位,湖泊纳污能力,防洪除涝与水资源调配要求,开发利用原则,水功能区划以及水质标准控制,生态保护目标与措施,养殖(种植)控制目标,禁止和限制开发建设的产业及项目等。

第十六条 湖泊保护规划是湖泊保护、利用和管理的依据。

县级以上人民政府及其有关部门不得违反湖泊保护规划批准开发利用湖泊资源和其他建设活动;任何单位和个人不得违反湖泊保护规划从事养殖、种植、房地产和旅游资源开发利用等活动。

第十七条 县级以上人民政府应当根据湖泊保护规划,对湖泊的管理范围和保护范围进行勘界,设立保护标志。任何单位和个人不得损毁、涂改、擅自移动、破坏湖泊保护标志。

有堤防的湖泊,其管理范围为湖岸堤防之间的水域、沙洲、滩地、行洪区和堤防及护堤地;无堤防的湖泊,其管理范围为历史最高洪水位或者设计洪水位之间的水域、沙洲、滩地和行洪区。

湖泊保护范围为管理范围外缘线向外延伸一定距离,具体范围根据湖泊面积、功能、地形地貌、生态环境、汇水状况等确定。

第三章 保 护 措 施

第十八条 湖泊水资源分配,应当优先满足城乡居民生活用水,保障基本生态用水,并统筹农业、工业用水以及航运等需要。

县级以上人民政府湖泊保护主管部门应当会同生态环境、交通运输、住房和城乡建设、农业农村、林业、发展改革(能源)等部门,根据湖泊生态保护需要确定湖泊的合理最低水位。

湖泊水位低于合理最低水位的，应当采取限制取水等措施，任何单位和个人不得擅自向湖外调水；确需向外调水的，应当由有管辖权的湖泊保护主管部门报经本级人民政府同意。

建设了水闸、水坝用于灌溉、发电的水利设施的湖泊管理者或者经营者，应当按照县级以上人民政府及其有关部门防汛抗旱、水资源调度和环境影响评价的要求，保障下游河道合理流量，维护水体的自然净化能力。

第十九条　县级以上人民政府水行政主管部门应当按照湖泊水功能区对水质的要求和水体的自然净化能力，核定湖泊水域纳污能力，向生态环境主管部门提出湖泊的限制排污总量意见。

第二十条　在湖泊新建、改建、扩建排污口，应当经有管辖权的生态环境主管部门同意，并由生态环境主管部门对该建设项目的环境影响评价文件进行审批。对未达到水质目标的水功能区，除污水集中处理设施排污口外，应当严格控制新建、改建、扩建排污口。

禁止在饮用水水源保护区内设置排污口；在保护区范围内设置排污口的，由县级以上人民政府责令限期拆除、恢复原状。

禁止私设暗管或者采取其他规避监管的方式向湖泊排放水污染物。

第二十一条　县级以上人民政府应当对城市、镇规划区内的湖泊规划和建设环湖截污管网，收纳规划区内的污水，纳入城市污水处理系统，防止污水直接排入湖泊。

第二十二条　各级人民政府应当加强农村生活污水处理设施建设，实施河塘清淤，改造和完善水利设施，利用河塘沟渠的自然净化能力处理生活污水。

鼓励因地制宜建设人工湿地和生物滤池、接触氧化池等设施处理生活污水。

第二十三条　县级以上人民政府农业农村主管部门和其他有关部门，应当采取措施指导湖泊流域内农业生产者科学使用农业投入品，减少化肥、农药施用，推广有机肥使用，科学处置农用薄膜、农作物秸秆等农业废弃物。

县级以上人民政府应当编制并组织实施水产养殖水域滩涂规划，合理划定禁养区、限养区、养殖区，科学确定养殖规模和养殖密度；强化水产养殖投入品管理，指导和规范水产养殖、增殖活动。

畜禽养殖严格落实禁养区、限养区和可养区规划。在限养区、可养区内畜禽粪污应当做到资源化利用，污水排放应当达到相关标准，防止污染湖泊水环境。

第二十四条 湖泊内的船舶应当按照要求配备污水、废油、垃圾、粪便等污染物、废弃物收集设施，并持有合法有效的防止水域环境污染的证书与文书。湖泊港口、码头等场所应当配备船舶污染物、废弃物接收设施，并进行无害化处理。

鼓励湖泊内的船舶使用清洁能源，减少水体污染。

第二十五条 县级以上人民政府应当通过财政、金融、土地使用、能源供应、政府采购等措施，鼓励和扶持企业为减少湖泊污染进行技术改造或者转产、搬迁、关闭。

禁止在湖泊管理范围和保护范围内新建不符合国家产业政策的小型造纸、制革、印染、染料、炼焦、炼硫、炼砷、炼汞、炼油、电镀、农药、石棉、水泥、玻璃、钢铁、火电以及其他排放含磷、氮、重金属等严重污染水环境的生产项目。

第二十六条 在湖泊管理范围内，禁止从事下列活动：

（一）填湖、围湖造田造地造林、拦汊筑坝、围圩养殖以及其他分割、侵占水面的行为；

（二）建设妨碍行洪的建筑物、构筑物；

（三）非法修建阻水、排水设施，非法采砂，非法捕捞；

（四）排放、倾倒未经处理或者经处理未达标的工业废水、生活污水以及其他废液；

（五）排放、倾倒畜禽粪便、工业废渣、城乡生活垃圾、建筑垃圾及其他固体废弃物，或者在湖泊滩地、岸坡堆放、存储固体废弃物及其他污染物；

（六）投放无机肥、有机肥及生物复合肥进行水产养殖；

（七）种植有碍湖泊保护或者阻碍行洪的林木和高秆作物；

（八）其他缩小湖泊面积、影响湖泊蓄水防洪能力和污染湖泊水质的活动。

第二十七条 县级以上人民政府及其有关部门应当根据国家禁捕退捕的有关规定，做好退捕渔民的补偿、转产和社会保障工作，推动渔民退捕上岸；严厉查处电鱼、毒鱼、炸鱼等破坏渔业资源和生态环境的捕捞行为，保护和恢复湖泊生态功能。

第二十八条 县级以上人民政府应当组织水行政、生态环境、林业、农业农村、住房和城乡建设等有关部门，采取下列措施保护和改善湖泊生态环境：

（一）实施环湖生态防护林、水源涵养林、水土保持林、湖滨湿地及绿化带等工程建设。

（二）运用截污治污、底泥清淤、打捞有害生物、调水引流、河湖连通、湿地植被修复、外来入侵物种防控、退耕还湖、退养还湖等措施，对湖泊水生态系统以及主要入湖河道进行综合治理。

（三）种植有利于净化水体的水生植物，放养有利于净化水体的鱼类和底栖动物，对硬质护岸进行生态改造。

（四）维护湖泊生物多样性，保护湖泊生态系统，禁止猎取、捕杀和非法交易野生鸟类及其他湖泊珍稀动物；禁止采集和非法交易珍稀、濒危野生植物。

第二十九条 县级以上人民政府应当根据湖泊保护规划的要求和恢复湖泊生态功能的需要，对主要依靠在湖泊捕捞生存的渔民，采取转产转业等方式，推动渔民退捕上岸。

第四章 合 理 利 用

第三十条 湖泊利用应当符合湖泊保护规划，服从防汛抗旱和水资源利用的总体安排，并遵循科学、合理、适度、有序的原则。

第三十一条 在湖泊管理范围内建设跨湖、穿湖、穿堤、临湖的桥梁、码头、道路、渡口、管道、缆线、取水、排水等工程设施，应当符合防洪标准、岸线规划、航运要求和其他技术要求，不得危害湖堤安全和妨碍行洪畅通；其工程建设方案未经有关水行政主管部门根据防洪要求审查同意的，建设单位不得开工建设。

建设前款工程设施，对湖泊水质、水量及防洪安全造成不利影响的，应当采取补救措施并与工程建设同步实施，所需费用由建设单位承担；损坏涉湖水工程的，建设单位应当负责修复，造成损失的，应当补偿损失。

第三十二条 在湖泊管理范围和保护范围内从事旅游、体育、餐饮、娱乐活动的,应当符合湖泊保护规划,防止超环境承载能力发展。

设置旅游景观、体育运动、餐饮、娱乐等设施,不得影响行洪和污染水体。

第三十三条 在饮用水水源的湖泊进行水产养殖的,实行人放天养,禁止投饵养殖。

在水生动物繁殖及其幼苗生长季节的重要湖区和洄游通道,农业农村主管部门应当设立禁渔区,确定禁渔期,并向社会公告。

第三十四条 县级以上人民政府水行政主管部门应当按照岸线防洪安全及资源保护的要求,依法划定湖泊采砂的禁采区和禁采期,并向社会公告。

第五章 监 督 管 理

第三十五条 建立湖泊保护评价考核制度,将湖泊保护情况纳入生态文明建设评价考核内容。

第三十六条 县级以上人民政府应当明确湖泊管理单位或者管理责任主体,落实管理责任。湖泊管理单位或者管理责任主体应当建立湖泊管理制度,加强湖泊巡查,对违反湖泊保护法律法规的行为,及时制止并按照规定履行报告职责。

第三十七条 县级以上人民政府应当加强湖泊监测能力建设,组织水行政、生态环境、林业、农业农村等有关部门建立监测信息协商共享机制。

环境保护主管部门应当定期向社会公布本行政区域湖泊水环境质量监测信息;水文水资源信息由水行政主管部门统一发布;发布水文水资源信息涉及水环境质量的内容,应当与环境保护主管部门协商一致。

第三十八条 各级人民政府及其有关部门,可能发生湖泊水污染事故的企业事业单位,应当依照《中华人民共和国突发事件应对法》的规定,做好突发湖泊水污染事故的应急准备、应急处置和事后恢复等工作。

可能发生湖泊水污染事故的企业事业单位,应当制定有关水污染事故的应急方案,并定期进行演练。

第三十九条 县级以上人民政府湖泊保护主管部门、生态环境、农业农村、林业等有关部门应当加强对湖泊保护、利用、管理的监督检查,建立湖泊保护联合执法机制。

有关部门可以在其法定权限内,依法委托湖泊管理单位开展行政执法。

第四十条 县级以上人民政府可以聘请社会监督员对人民政府及其有关主管部门以及湖长履行湖泊保护职责情况进行监督和评价。

第四十一条 县级以上人民政府有关主管部门未按照湖长的督促履行处理湖泊违法行为的职责,或者未按照规定履行湖泊保护其他职责的,同级湖长可以约谈该部门负责人,也可以提请本级人民政府约谈该部门负责人。

约谈人应当督促被约谈人落实约谈提出的整改措施和整改要求,并向社会公开整改情况。

第四十二条 县级以上人民政府湖泊保护主管部门应当建立湖泊保护违法行为的举报制度,公布举报电话、网站。

任何单位和个人都有权对损害湖泊的行为进行举报。湖泊保护主管部门接到举报,应当按规定核查、处理;对不属于职责范围的,应当及时移交有处理权限的部门处理。

第六章 法 律 责 任

第四十三条 县级以上人民政府、有关主管部门及其工作人员违反本条例规定,有下列行为之一的,对直接负责的主管人员和其他直接责任人员依法给予处分。

(一)保护湖泊不力造成严重危害后果的;

(二)违反湖泊保护规划批准开发利用湖泊资源的;

(三)其他滥用职权、玩忽职守、徇私舞弊行为的。

第四十四条 违反本条例规定,损毁、涂改、擅自移动、破坏湖泊保护标志的,由县级以上人民政府湖泊保护主管部门责令停止违法行为,限期恢复原状,并处一千元以上五千元以下罚款。

第四十五条 违反本条例规定,在湖泊管理范围和保护范围内新建不符合国家产业政策的小型造纸、制革、印染、染料、炼焦、炼硫、炼砷、炼汞、炼油、电镀、农药、石棉、水泥、玻璃、钢铁、火电以及其他排放含磷、氮、重金属等严重污染水环境的生产项目的,由所在地市、县人民政府责令关闭。

第四十六条 开发利用湖泊资源,造成环境污染和自然资源破坏的,开发利用者应当承担整治恢复责任。拒不履行整治恢复责任或者整治恢复不符合要求的,由生态环境主管部门或者有关主管部门组织有治理能力的其他单位代为整治恢复,所需费用由开发利用者承担。开发利用者拒不承担所需费用的,由组织代为整治恢复的主管部门责令限期缴纳;开发利用者逾期仍不缴纳的,由组织代为整治恢复的主管部门依法申请人民法院强制执行。

第四十七条 在饮用水水源保护区内设置排污口的,由县级以上地方人民政府责令限期拆除,处十万元以上五十万元以下罚款;逾期不拆除的,强制拆除,所需费用由违法者承担,处五十万元以上一百万元以下罚款,并可以责令停产整治。

除前款规定外,违反法律、行政法规和国务院生态环境主管部门的规定设置排污口的,由生态环境主管部门责令限期拆除,处二万元以上十万元以下罚款;逾期不拆除的,强制拆除,所需费用由违法者承担,处十万元以上五十万元以下罚款;情节严重的,县级以上地方人民政府可以责令停产整治。

第四十八条 违反本条例规定的其他行为,法律、法规已有处罚规定的,从其规定。

第七章 附 则

第四十九条 未纳入湖泊保护名录的湖泊的保护,可以参照本条例有关规定执行。

第五十条 本条例自 2018 年 6 月 1 日起施行。

江西省实施河长制湖长制条例

(2018年11月29日江西省第十三届人民代表大会常务委员会第九次会议通过)

第一条 为了实施河长制湖长制,推进生态文明建设,根据《中华人民共和国水污染防治法》等法律、行政法规和国家有关规定,结合本省实际,制定本条例。

第二条 在本省行政区域内实施河长制湖长制适用本条例。

第三条 本条例所称河长制湖长制,是指在江河水域设立河长、湖泊水域设立湖长,由河长、湖长对其责任水域的水资源保护、水域岸线管理、水污染防治和水环境治理等工作予以监督和协调,督促或者建议政府及相关部门履行法定职责,解决突出问题的机制。

本条例所称水域,包括江河、湖泊、水库以及水渠、水塘等水体及岸线。

第四条 建立流域统一管理与区域分级管理相结合的河长制组织体系。

按照行政区域设立省级、市级、县级、乡级总河长、副总河长。

按照流域设立河流河长。跨省和跨设区的市重要的河流设立省级河长。各河流所在设区的市、县(市、区)、乡(镇、街道)、村(居委会)分级分段设立河长。

第五条 建立区域分级管理的湖长制组织体系。

按照行政区域设立省级、市级、县级、乡级总湖长、副总湖长,由同级总河长、副总河长兼任。跨省和跨设区的市重要的湖泊设立省级湖长。各湖泊所在设区的市、县(市、区)、乡(镇、街道)、村(居委会)分级分区设立湖长。

第六条 河长、湖长的具体设立和调整,按照国家和本省有关规定执行。

第七条 县级以上总河长、副总河长、总湖长、副总湖长负责本行政区域内河长制湖长制工作的总督导、总调度,组织研究本行政区域内河长制湖长制的重大决策部署、重要规划和重要制度,协调解决河湖管理、保护和治理的重大问题，统筹推进河湖流域生态综合治理，督促河长、湖长、政府有关部门履行河湖管理、保护和治理职责。

乡级总河长、副总河长、总湖长、副总湖长履行本行政区域内河长制湖长制工作的督导、调度职责，督促实施河湖管理工作任务，协调解决河湖管理、保护和治理相关问题。

市、县、乡级总河长、副总河长、总湖长、副总湖长兼任责任水域河长、湖长的，还应当履行河长、湖长的相关职责。

第八条 省级河长、湖长履行下列主要职责：

（一）组织领导责任水域的管理保护工作；

（二）协调和督促下级人民政府和相关部门解决责任水域管理、保护和治理的重大问题；

（三）组织开展巡河巡湖工作；

（四）推动建立区域间协调联动机制，协调上下游、左右岸实行联防联控。

第九条 市、县级河长、湖长履行下列主要职责：

（一）协调解决责任水域管理、保护和治理的重大问题；

（二）部署开展责任水域的专项治理工作；

（三）组织开展巡河巡湖工作；

（四）推动建立部门联动机制，督促下级人民政府和相关部门处理和解决责任水域出现的问题，依法查处相关违法行为；

（五）完成上级河长、湖长交办的工作事项。

第十条 乡级河长、湖长履行下列主要职责：

（一）协调和督促责任水域管理、保护和治理具体工作任务的实施，对责任水域进行巡查，及时处理发现的问题；

（二）对超出职责范围无权处理的问题，履行报告职责；

（三）对村级河长、湖长工作进行监督指导；

（四）完成上级河长、湖长交办的工作事项。

第十一条 村级河长、湖长履行下列主要职责：

（一）开展责任水域的巡查，劝阻相关违法行为，对劝阻无效的，履行报告职责；

（二）督促落实责任水域日常保洁和堤岸日常维养等工作任务；

（三）完成上级河长、湖长交办的工作事项。

第十二条 县级以上河长、湖长应当定期组织开展巡河巡湖工作。省级河长、湖长每年带队巡河巡湖不少于一次，市级河长、湖长每半年带队巡河巡湖不少于一次，县级河长、湖长每季度带队巡河巡湖不少于一次。

乡级河长、湖长每月巡河巡湖不少于一次，村级河长、湖长每周巡河巡湖不少于一次。

第十三条 县级以上河长、湖长应当组织巡查下列事项：

（一）水资源保护，重点是水资源开发利用控制、用水效率控制、水功能区限制纳污制度是否得到落实；

（二）河湖岸线管理保护，重点是是否存在侵占河道、围垦湖泊、侵占河湖和湿地，非法采砂、非法养殖、非法捕捞，违法占用水域、违法建设、违反规定占用河湖岸线，破坏河湖岸线生态功能的问题；

（三）水污染防治，重点是排查入河湖污染源，工矿企业生产、城镇生活、畜禽养殖、水产养殖、船舶港口作业、农业生产等是否非法排污，污染水体；

（四）水环境治理，重点是是否按照水功能区确定的各类水体的水质保护目标对水环境进行治理；

（五）水生态修复，重点是是否在规划的基础上实施退田还湖、退田还湿、退渔还湖、恢复河湖水系的自然连通，是否进行水生生物资源养护、保护水生生物多样性，是否开展水土流失防治、维护河湖生态环境；

（六）执法监管，重点是是否建立健全部门联合执法机制，建立河湖日常监管巡查制度，实行河湖动态监管，落实执法监管责任主体、人员、设备和经费以及打击涉河湖违法行为，治理非法排污、设障、捕捞、养殖、采砂、采矿、围垦、运输、侵占岸线等活动的情况。

县级以上湖长除了应当组织巡查前款事项外，还应当组织巡查是否按照法律、法规规定，根据湖泊保护规划，划定湖泊的管理范围和保护范围，控制湖泊的开发利用行为，实施湖泊水域空间管控。

第十四条 对通过巡查或者其他途径发现的问题，县级以上河长、湖长应当按照下列规定处理：

（一）属于自身职责范围或者应当由本级人民政府相关部门处理的，应当及时处理或者组织协调和督促有关部门按照职责分工予以处理；

（二）依照职责应当由上级河长、湖长或者属于上级人民政府相关部门处理的，提请上一级河长、湖长处理；

（三）依照职责应当由下级河长、湖长或者属于下级人民政府相关部门处理的，移交下一级河长、湖长处理。

县级以上河长、湖长对通过巡查或者其他途径发现的问题，属于自身职责范围、现场可以处理的，可以现场督办有关单位整改问题；对需要本级人民政府相关部门处理的，可以采取发送督办函或者交办单的方式交办。本级人民政府相关部门应当依法办理。

第十五条 县级以上河长、湖长对责任水域的下一级河长、湖长工作予以指导、监督，对目标任务完成情况进行考核。

第十六条 县级以上人民政府应当设立河长制湖长制工作机构，主要负责河长制湖长制工作的组织协调、调度督导、检查考核等具体工作，履行下列职责：

（一）协助河长、湖长开展河长制湖长制工作，落实河长、湖长确定的任务，定期向河长、湖长报告有关情况；

（二）协调建立部门联动机制，督促相关部门落实工作任务，协助河长、湖长协调处理跨行政区域上下游、左右岸水域管理、保护和治理工作；

（三）加强协调调度和分办督办，组织开展专项治理工作，会同有关责任单位按照流域、区域梳理问题清单，督促相关责任主体落实整改，实行问题清单销号管理；

（四）组织开展河长制湖长制工作年度考核、表彰评选，负责拟定河长制湖长制相关制度，组织编制一河一策、一湖一策方案；

（五）开展河长制湖长制相关宣传培训等工作；

（六）总河长、副总河长、总湖长、副总湖长或者河长、湖长交办的其他任务。

县级以上人民政府应当为本级河长制湖长制工作机构配备必要的人员，河长制湖长制工作经费列入本级财政预算。

第十七条 县级以上人民政府应当将涉及河湖管理和保护的发展改革、公安、自然资源、生态环境、住房和城乡建设、交通运输、水利、农业农村、林业等相关部门列为河长制湖长制责任单位，并明确责任单位工作分工。各河长制湖长制责任单位应当按照分工，依法履行河湖管理、保护、治理的相关职责。

第十八条 县级以上总河长、副总河长、总湖长、副总湖长应当定期组织召开总河长、总湖长会议，研究、解决本行政区域内河长制湖长制工作重大问题。

县级以上河长、湖长根据需要应当适时组织召开河长、湖长会议，研究、解决责任水域河长制湖长制工作重大问题。

县级以上河长制湖长制工作机构应当适时组织召开河长制湖长制责任单位联席会议，研究、通报河长制湖长制相关工作。

第十九条 县级以上河长制湖长制工作机构应当建立河长制湖长制管理信息系统，实行河湖管理、保护和治理信息共享，为河长、湖长实时提供信息服务。

河长制湖长制责任单位应当按照要求向河长制湖长制工作机构提供并及时更新涉及水资源保护、水污染防治、水环境改善、水生态修复等相关数据、信息。

下级河长制湖长制工作机构应当向上级河长制湖长制工作机构及时报送河长制湖长制相关工作信息。

第二十条 县级以上河长制湖长制工作机构应当向社会公布本级河长、湖长名单。乡、村两级河长、湖长名单由县级河长制湖长制工作机构统一公布。

各级河长制湖长制工作机构应当在水域沿岸显著位置规范设立河长、湖长公示牌。公示牌应当标明责任河段、湖泊范围，河长、湖长姓名职务，河长、湖长职责，保护治理目标，监督举报电话等主要内容。

河长、湖长相关信息发生变更的，应当及时予以更新。

第二十一条 县级以上河长制湖长制工作机构应当根据工作需要，对河长制湖长制责任单位和下级人民政府河长制湖长制工作落实情况、重点任务推进落实情况、重点督办事项处理情况、危害河湖保护管理的重大突发性应急事件处置情况、河湖保护管理突出问题情况等进行通报。

第二十二条 县级以上河长制湖长制工作机构应当对河长制湖长制责任单位和下级人民政府河长制湖长制工作贯彻实施情况、任务实施情况、整改落实情况等进行督察督办。

第二十三条 县级以上人民政府应当建立公安、自然资源、生态环境、住房和城乡建设、交通运输、水利、农业农村、林业等多部门联合执法机制，加强日常监管巡查，依法查处非法侵占河湖岸线、非法排污、非法采砂、非法养殖、非法捕捞、非法围垦、非法填埋、非法建设和非法运输等行为。

第二十四条　县级以上河长制湖长制工作机构每年应当组织相关责任单位对下级人民政府河长制湖长制工作开展情况进行考核。

各级河长、湖长履职情况应当作为干部年度考核述职的重要内容。

县级以上人民政府应当将河长制湖长制责任单位履职情况，纳入政府对部门的考核内容。

第二十五条　县级以上人民政府应当按照有关规定和程序，对河长制湖长制工作成绩显著的集体和个人予以表彰奖励。

第二十六条　各地应当根据河流长度或者水域面积，聘请河湖专管员或者巡查员、保洁员，负责河湖的日常巡查和保洁。

市、县级人民政府应当统筹财政资金，采取政府购买等方式，对河湖专管、巡查、保洁等工作进行统一采购。

第二十七条　鼓励开展河湖保护志愿服务。鼓励制定村规民约、居民公约，对水域管理保护作出约定。鼓励举报水域违法行为。

第二十八条　每年3月22日至28日为河湖保护活动周。各级人民政府应当组织开展河湖保护主题宣传活动，发动全社会参与河湖保护工作。

第二十九条　县级以上河长制湖长制工作机构、河长制湖长制责任单位未按照规定履行职责，有下列情形之一的，本级河长、湖长可以约谈该部门负责人，也可以提请总河长、副总河长、总湖长、副总湖长约谈该部门负责人：

（一）未按照河长、湖长的督查要求履行日常监督检查或者处理职责的；

（二）未落实整改措施和整改要求的；

（三）接到属于河长制湖长制职责范围的投诉举报，未依法履行处理或者查处职责的；

（四）其他违反河长制湖长制相关规定的行为。

县级以上河长制湖长制工作机构、河长制湖长制责任单位有前款情形之一，造成水体污染、水环境水生态遭受破坏等严重后果的，对直接负责的主管人员和其他直接责任人员依法给予处分。

第三十条 各级河长、湖长未按照规定履行职责，有下列行为之一的，由上级河长、湖长进行约谈：

（一）未按照规定要求进行巡查督导的；

（二）对发现的问题未按照规定及时处理的；

（三）未按时完成上级布置专项任务的；

（四）其他怠于履行河长、湖长职责的行为的。

第三十一条 本条例第二十九条、第三十条规定的约谈可以邀请媒体及相关公众代表列席。约谈针对的主要问题、整改措施和整改要求等情况应当向社会公开。

约谈人应当督促被约谈人落实约谈提出的整改措施和整改要求，并由整改责任单位向社会公开整改情况。

第三十二条 本条例自2019年1月1日起施行。

江西省河道采砂管理条例

(2016年9月22日江西省第十二届人民代表大会常务委员会第二十八次会议通过 2018年5月31日江西省第十三届人民代表大会常务委员会第三次会议修正)

第一章 总 则

第一条 为了加强河道采砂管理,保护河道生态环境,保障防洪、通航和供水安全,发挥河道综合功能,根据《中华人民共和国水法》《中华人民共和国河道管理条例》等有关法律、行政法规的规定,结合本省实际,制定本条例。

第二条 在本省行政区域内从事河道采砂及其管理活动适用本条例。长江江西段河道采砂适用国务院《长江河道采砂管理条例》。

本条例所称河道采砂,是指在河道、湖泊、人工水道、行洪区、蓄洪区、滞洪区等范围内开采砂石、取土等行为。

第三条 河道砂石资源属于国家所有。河道砂石资源的国家所有权,不因其所依附的土地所有权或者使用权不同而改变。

禁止任何组织或者个人用任何手段侵占或者破坏河道砂石资源。

第四条 河道采砂应当科学规划、总量控制,有序开采、保护生态,严格监管、确保安全。

第五条 河道采砂管理实行人民政府行政首长负责制。

县级以上人民政府应当加强对本行政区域内河道采砂管理工作的领导,建立河道采砂管理的督察、通报、考核、问责制度,健全和完善河道采砂管理协调机制,及时处理河道采砂管理中的重大问题。

乡镇人民政府应当协助上级人民政府及其有关部门做好辖区内采砂船舶(机具)集中停放、河道采砂纠纷调处、采区现场监督等河道采砂管理工作。

第六条 县级以上人民政府有关部门在河道采砂监督管理工作中依法履行下列职责:

(一)水行政主管部门具体负责河道采砂的管理和监督工作,编制河道采砂规划和年度河道采砂计划，实施采砂许可，查处非法采砂行为；

（二）公安机关负责依法打击河道采砂活动中的治安违法和犯罪行为，处置阻碍执行职务的违法行为和妨害公务的犯罪行为；

（三）交通运输（航道、海事、港航）主管部门负责采砂、运砂船舶的管理，依法打击证照不齐全的船舶从事采砂运砂作业、擅自设置码头、超载运输以及破坏航道通行条件等违法行为；

（四）船舶工业、标准化主管部门负责对采砂、运砂船舶建造的管理，依法查处违法建造采砂、运砂船舶的行为；

（五）安全生产监督管理部门负责组织河道采砂生产安全事故调查处理工作；

（六）农业（渔业）主管部门负责对因河道采砂作业破坏水生生物资源和环境行为的防范、修复措施的监督管理。

非法采砂、破坏性采砂造成砂石资源破坏的价值认定，按照国家有关规定执行。

县级以上人民政府林业、环境保护等其他有关主管部门在各自职责范围内，依照相关法律、法规规定履行河道采砂监督管理职责。

第七条 本省河道采砂实行总量控制制度。严格控制、逐步减少采砂船舶（机具）数量和年度河道砂石开采总量。

县级以上人民政府水行政主管部门应当按照河道管理权限，拟订本行政区域内采砂船舶（机具）数量控制实施方案，报本级人民政府批准后组织实施。

第八条 国家工作人员不得违反国家规定参与河道采砂经营活动，不得纵容、包庇河道采砂违法行为。

第二章 采 砂 规 划

第九条 赣江、抚河、信江、饶河、修河（以下统称五河）干流和鄱阳湖的河道采砂规划，由省人民政府水行政主管部门会同有关设区的市人民政府水行政主管部门编制，经征求省人民政府交通运输、公安、国土资源、农业、林业、环境保护等主管部门的意见后，报省人民政府批准。

其他河流的河道采砂规划，按照河道管理权限，由设区的市、县（市、区）人民政府水行政主管部门编制，经征求同级交通运输（航道、海事、港航）、公安、国土资源、农业（渔业）、林业、环境保护等主管部门意见后，报本级人民政府批准，并报上一级人民政府水行政主管部门备案。

河道采砂规划一经批准，应当严格执行；确需修改的，应当依照原批准程序报批。

第十条 河道采砂规划应当符合河道生态环境安全、防洪安全、通航安全、工程安全要求，符合流域和区域综合规划，并与河道防洪、河道整治、航道整治、渔业发展以及湿地保护等专业规划相衔接。

第十一条 河道采砂规划应当包括下列内容：

（一）砂石砂质、分布、储量和可利用砂石总量；

（二）可采区、保留区、禁采区；

（三）可采期、禁采期；

（四）年度河道砂石开采总量、开采范围和最低控制开采高程；

（五）可采区内采砂船舶（机具）数量及采砂设备功率、开采方式；

（六）堆砂场、卸砂点控制数量和布局；

（七）弃料堆放地点、处理方式和现场清理要求；

（八）采砂影响分析评价。

前款第五项所指采砂设备功率：在鄱阳湖采砂的，采砂设备功率不得超过四千千瓦；在赣江、抚河干流采砂的，采砂设备功率不得超过七百五十千瓦；在其他河道采砂的，采砂设备功率不得超过三百千瓦。

第十二条 下列区域为禁采区：

（一）河道防洪工程、河道和航道整治工程、水库枢纽、水文观测设施、水质监测设施、航道设施、涵闸以及取水、排水、水电站等水工程安全保护范围；

（二）河道顶冲段、险工、险段、护堤地；

（三）桥梁、码头、渡口、通信电缆、电力、过河管道、隧道等工程设施安全保护范围；

（四）水产种质资源保护区、鱼类主要产卵场、索饵场、越冬场、洄游通道等水域；

（五）生活饮用水水源保护区、风景名胜区、自然保护区、国际重要湿地、国家和省湿地公园保护保育区；

（六）河流底泥重金属超标的水域；

（七）影响航运的水域；

（八）有重大权属争议、行政区划界线不清的水域；

（九）依法禁止采砂的其他区域。

第十三条 下列时段为禁采期：

（一）河道达到或者超过警戒水位时；

（二）依法划定的禁渔区的禁渔期；

（三）依法禁止采砂的其他时段。

第十四条 县级以上人民政府水行政主管部门应当将河道采砂规划确定的禁采区和禁采期予以公告，任何单位和个人不得在禁采区、禁采期内进行河道采砂活动。

采区内因防洪、河势改变、水工程建设等情形不宜采砂的，县级以上人民政府水行政主管部门应当按照河道管理权限，临时划定禁采区或者规定禁采期，并予以公告。

第十五条 县级以上人民政府水行政主管部门应当根据河道采砂规划，编制年度河道采砂计划，经本级人民政府同意后，报上一级人民政府水行政主管部门备案。

河道采砂计划应当包括采砂具体地点、可采长度和宽度、可采砂量、作业方式、作业工具及其数量、规模控制等。

第十六条 对本行政区域内拟开采的采区，设区的市、县（市、区）人民政府水行政主管部门应当根据年度河道采砂计划，制定采砂实施方案，经本级人民政府同意后，按照河道管理权限，将采砂实施方案报上级人民政府水行政主管部门批准。

采砂实施方案应当包括下列内容：

（一）采区基本情况；

（二）许可方式、期限；

（三）采区现场监管方案；

（四）影响水生生物资源和环境的防范、修复措施；

（五）河道清理、修复方案；

（六）社会稳定风险评估报告；

（七）采砂船舶（机具）数量及采砂设备功率；

（八）其他需要明确的事项。

第三章 采砂许可

第十七条 河道采砂实行许可制度。未取得县级以上人民政府水行政主管部门颁发的河道采砂许可证，不得从事河道采砂活动。

在禁采区以外，当地村民因自用采挖少量砂石的，不需要办理河道采砂许可证。采挖的砂石不得销售。

因防洪吹填加固堤防和疏浚、整治河道采砂的，不需要办理河道采砂许可证，但应当按照有关河道管理的法律、法规的规定办理相关手续。

交通运输（航道、海事、港航）主管部门进行航道整治需要采砂的，应当事先征求有许可权的人民政府水行政主管部门的意见。所采砂石应当按照整治方案的要求处理。

国家、省重点工程建设需要采砂，且砂石需求量大、可采区砂石总量无法满足其用砂需求的，经省人民政府同意，依法由有许可权的人民政府水行政主管部门审批。

第十八条 在鄱阳湖采砂的，由省人民政府水行政主管部门实施许可。

在五河干流采砂的，按行政区划由所在地设区的市人民政府水行政主管部门实施许可。

前两款规定以外的河道采砂，由设区的市、县（市、区）人民政府水行政主管部门按照河道管理权限实施许可。

第十九条 县级以上人民政府可以决定对本行政区域内的河道砂石资源实行统一经营管理，具体办法由设区的市人民政府规定。

第二十条 河道砂石开采权申请人应当具备下列条件：

（一）有经营河道砂石业务的营业执照；

（二）采砂作业方式符合规定；

（三）有符合采区规划要求的采砂设备和技术人员；

（四）采砂船舶（机具）、船员证书齐全有效；

（五）使用的采砂船舶（机具）符合所在地数量控制要求；

（六）无违法采砂记录；

（七）法律、法规规定的其他条件。

第二十一条　申请人应当书面向有许可权的人民政府水行政主管部门提出河道采砂许可申请。申请书应当载明下列内容：

（一）申请人的姓名（名称）、地址及其证明材料；

（二）开采的时间、种类和作业方式；

（三）开采的地点、深度、范围（附范围图和控制点坐标）；

（四）开采量（包括日采量、总采量）；

（五）采砂船舶（机具）的基本情况；

（六）采砂技术人员的基本情况；

（七）砂石堆放地点和弃料处理方案。

第二十二条　有许可权的人民政府水行政主管部门，应当自收到采砂申请书等材料之日起五日内，对申请材料进行审查，并作出是否受理的决定。对申请材料不齐全或者不符合法定形式的，一次告知申请人应当补正的全部内容；申请人应当自收到补正通知之日起十五日内补正。

第二十三条　有许可权的人民政府水行政主管部门应当自受理之日起十四日内，对河道采砂申请进行审查。对符合条件的，应当作出准予许可的决定，向申请人颁发河道采砂许可证；对不符合条件的，作出不予许可的决定并说明理由，书面告知申请人。

河道采砂许可证的有效期不得超过一年。

第二十四条　取得河道砂石开采权的单位和个人应当缴纳河道砂石资源费；河道砂石开采权通过招标等公平竞争的方式取得的，还应当缴纳河道砂石开采权出让费。

河道砂石资源费、河道砂石开采权出让费由县级以上人民政府财政部门委托同级水行政主管部门在颁发河道采砂许可证之前一次性征收，并全部上缴财政。

河道砂石资源费、河道砂石开采权出让费的具体收取、使用、管理办法由省人民政府财政主管部门会同省人民政府价格、水行政主管部门制定。

第二十五条　河道采砂许可证由省人民政府水行政主管部门统一格式，内容包括河道砂石开采权人姓名（名称），采砂船舶（机具）名称、编号、功率，开采的性质、种类、地点、数量、最低控制开采高程、时限以及作业方式、弃料处理方式、许可证有效期限等有关事项。

河道采砂许可证分为正本和副本，正本在采砂作业现场悬挂，副本由持证人保存。

禁止伪造、倒卖、出租、出借或者以其他方式非法转让河道采砂许可证。

第二十六条 县级以上人民政府水行政主管部门应当将颁发河道采砂许可证的情况即时进行公告。

需要变更河道采砂许可证规定的事项和内容的，应当依法办理变更手续。

第四章 监 督 管 理

第二十七条 设区的市、县（市、区）人民政府应当根据河道采砂监督管理任务的需要，组织水利、交通运输（航道、海事、港航）、公安、农业（渔业）等主管部门和乡镇人民政府组成现场监督管理队伍，对采砂现场的生产、交易、运输和水上交通、社会治安进行现场监督管理。

第二十八条 县级以上人民政府船舶工业、标准化主管部门应当加强采砂、运砂船舶建造的监督管理。

从事采砂、运砂船舶建造的单位应当按照国家船舶行业标准进行生产。

第二十九条 县级以上人民政府水行政主管部门应当加强河道采砂监督管理工作。

县级以上人民政府水行政主管部门可以为采砂船舶（机具）免费安装电子信息化监控设备。从事采砂的单位和个人应当予以配合，并不得损坏和擅自拆除监控设备。

县级以上人民政府水行政主管部门应当对采区开采深度进行测量，监控采区最低控制开采高程。

第三十条 因水利工程和航道设施出现重大险情、水生态环境遭到严重破坏、有重大水上活动以及渔业生态需要等情况不宜采砂的，有关部门应当及时通报县级以上人民政府水行政主管部门。县级以上人民政府水行政主管部门应当采取责令采砂船舶（机具）暂停作业、驶离作业区域等临时处置措施。

前款规定的情形消除后，县级以上人民政府水行政主管部门应当及时解除临时处置措施。

第三十一条 采砂船舶（机具）不得在禁采区内滞留；未取得河道采砂许可证的采砂船舶（机具）不得在可采区内滞留。

采砂船舶（机具）在禁采期内，以及未取得河道采砂许可证的采砂船舶（机具）在可采期内，均应当停放在所在地县级人民政府指定的集中停放地点，并由采砂船舶（机具）所有者负责管护。无正当理由，不得擅自离开指定的集中停放地点。

第三十二条 开采河道砂石应当遵守下列规定：

（一）按照河道采砂许可证确定的地点、范围、开采总量、采砂能力、作业方式和期限进行开采，逐日统计采砂量；

（二）服从有关部门的现场管理，设置采区边界标识，如实提供有关资料，接受监督检查；

（三）随采随运，不得在河道内擅自设置砂场、堆积砂石或者废弃物；

（四）在航道和通航水域内采砂，应当遵守有关通航安全规定，不得向航道和通航水域抛弃废弃物，不得妨碍航道畅通和通航安全，不得损害航道通航条件；

（五）不得危及水工程、水文、航道、桥梁、管线、环境保护等设施以及岸坡安全；

（六）不得违反其他法律、法规的规定。

第三十三条 任何单位和个人在河道采砂过程中发现水下文物的，应当立即停止作业、保护现场，并报告当地文物主管部门；已打捞出水的，应当及时上缴当地文物主管部门，不得哄抢、私分、藏匿。

第三十四条 河道采砂许可证有效期届满或者累计采砂量达到河道采砂许可证规定总量的，发证机关应当注销河道采砂许可证。河道砂石开采权人应当停止采砂作业，并按照规定对作业现场进行清理、修复。

第三十五条 县级以上人民政府水行政主管部门应当加强河道管理范围内的运砂监督管理工作，委派监督管理人员在采砂现场核签河道砂石采运管理单，作为河道砂石的合法来源证明，并不得收取费用。

河道管理范围内的运砂船舶（车辆）装运河道砂石，应当持有河道砂石采运管理单。没有河道砂石采运管理单的河道砂石，运砂船舶（车辆）不得装运，任何单位和个人不得收购、销售。

河道砂石采运管理单由省人民政府水行政主管部门统一格式，内容包括河道砂石来源地、运输工具名称、装运时间、砂石数量、卸砂点和有效期限等有关事项。

第三十六条 县级以上人民政府水行政主管部门应当建立河道采砂、运砂违法行为信用记录，并予以公布。

第三十七条 因河道采砂发生纠纷的，当事人应当协商解决；不愿协商或者协商不成的，可以申请县级以上人民政府或者其授权的水行政主管部门处理。跨行政区域的河道采砂纠纷，由共同的上一级人民政府或者其授权的水行政主管部门处理。

县级以上人民政府或者其授权的水行政主管部门在处理河道采砂纠纷时，有权采取责令采砂船舶（机具）暂停作业、驶离作业区域等临时处置措施。

第三十八条 设区的市、县（市、区）界河的河道采砂管辖权发生争议，由有关人民政府水行政主管部门协商；协商不成的，由共同的上一级人民政府水行政主管部门指定管辖或者直接管辖。

第三十九条 县级以上人民政府水行政主管部门应当建立河道采砂违法行为的举报制度，公布举报电话。

对河道采砂的违法行为，任何单位和个人有权向县级以上人民政府水行政主管部门举报。接到举报的人民政府水行政主管部门应当认真核实，对属于管辖范围的应当及时受理，经查证属实的，应当对举报人给予奖励，并为其保密；不属于管辖范围的，应当及时移送有管辖权的人民政府水行政主管部门。

第五章 法 律 责 任

第四十条 各级人民政府和有关部门及其工作人员有下列行为之一的，对负有责任的主管人员和其他直接责任人员依法给予处分；构成犯罪的，依法追究刑事责任：

（一）不执行已批准的河道采砂规划，擅自修改河道采砂规划或者违反河道采砂规划批准采砂的；

（二）不按照规定实施河道采砂许可或者核签河道砂石采运管理单等其他相关证件的；

（三）不履行管理和监督职责，造成河道采砂秩序混乱或者发生重大安全责任事故的；

（四）在河道采砂管理中不按照规定的项目、范围和标准收费的；

（五）截留、挪用河道砂石资源费或者河道砂石开采权出让费的；

（六）违反国家规定参与河道采砂经营活动或者纵容、包庇河道采砂违法行为的；

（七）其他在河道采砂管理中滥用职权、玩忽职守、徇私舞弊的行为。

有前款第四项、第五项行为的，按照有关规定追缴已收取的费用和截留、挪用的费用。

第四十一条　违反本条例规定，未经许可河道采砂的，由县级以上人民政府水行政主管部门责令停止违法行为，查封、扣押采砂船舶（机具），没收违法所得和非法财物，并处一万元以上十万元以下的罚款；未经许可开采的砂石价值或者破坏的砂石资源价值在三万元以上，或者两次以上未经许可河道采砂的，没收违法所得和非法财物，没收采砂船舶（机具），并处十万元以上三十万元以下罚款。

违反本条例规定，在禁采区、禁采期内采砂的，由县级以上人民政府水行政主管部门责令停止违法行为，查封、扣押采砂船舶（机具），没收违法所得和非法财物，没收采砂船舶（机具），并处十万元以上三十万元以下罚款。

第四十二条　违反本条例规定，从事采砂、运砂船舶建造的单位未按照国家船舶强制性标准进行生产的，由县级以上人民政府船舶工业主管部门责令停止生产；并由标准化主管部门没收船舶，监督销毁或者作必要技术处理，处以该船舶价值金额百分之二十以上百分之五十以下的罚款，对有关责任者处以五千元以下罚款。

第四十三条　违反本条例规定，损坏或者擅自拆除采砂船舶电子信息化监控设备的，由县级以上人民政府水行政主管部门责令停止违法行为、限期恢复原状；逾期不改正的，处一万元以上三万元以下罚款。

第四十四条　违反本条例规定，运砂船舶（车辆）装运没有河道砂石采运管理单的河道砂石的，由县级以上人民政府水行政主管部门扣押违法运砂船舶（车辆），没收违法所得，并处一万元以上五万元以下罚款。

违反本条例规定，收购、销售没有河道砂石采运管理单的河道砂石的，由县级以上人民政府水行政主管部门没收违法所得，并处一万元以上五万元以下罚款。

第四十五条　违反本条例规定，有下列行为之一的，由县级以上人民政府水行政主管部门予以处罚：

（一）不按照河道采砂许可证要求采砂的，责令停止违法行为，没收违法所得，处一万元以上三万元以下罚款；情节严重的，没收违法所得，处三万元以上五万元以下罚款，并吊销河道采砂许可证。

（二）不随采随运，在河道内擅自设置砂场、堆积砂石或者废弃物的，责令停止违法行为，恢复原貌，清除在河道内堆积的砂石、废弃物或者采取其他补救措施，处恢复原貌或者采取补救措施所需资金百分之十以上百分之二十以下的罚款，但最高不超过五万元；拒不履行的，由县级以上人民政府水行政主管部门代为履行，费用由责任人承担。

（三）倒卖、出租、出借或者以其他方式非法转让河道采砂许可证的，责令停止违法行为，没收违法所得，收缴或者吊销河道采砂许可证，并处一万元以上五万元以下的罚款。

第四十六条　违反本条例规定，采砂船舶（机具）在禁采区内滞留，或者未取得河道采砂许可证的采砂船舶（机具）在可采区内滞留，或者采砂船舶（机具）不按规定集中停放，擅自离开集中停放点的，由县级以上人民政府水行政主管部门责令停止违法行为，扣押采砂船舶（机具），并处一万元以上三万元以下的罚款。

第四十七条　县级以上人民政府水行政主管部门在查处河道采砂违法行为时，对违法行为造成损失的，应当责令赔偿损失；发现违法行为涉嫌犯罪的，应当依法移送司法机关追究刑事责任。

第六章　附　　则

第四十八条　本条例所称五河干流，是指五河自下列起点至鄱阳湖入湖口河段：

（一）赣江：赣州市八境台；

（二）抚河：南城县万年桥；

（三）信江：上饶市胜利大桥；

（四）饶河：昌江自景德镇景北大桥，乐安河自乐平市中店村；

（五）修河：修水自柘林水库大坝，潦河自安义县万家埠大桥。

第四十九条 本条例自 2017 年 1 月 1 日起施行。江西省人民政府公布的《江西省河道采砂管理办法》同时废止。

江西省水资源条例

(2006年3月30日江西省第十届人民代表大会常务委员会第二十次会议通过 2016年4月1日江西省第十二届人民代表大会常务委员会第二十四次会议修订)

第一章 总 则

第一条 为了合理开发、利用、节约、保护和管理水资源,防治水害,发挥水资源的综合效益,实现水资源的可持续利用,适应国民经济和社会发展的需要,促进水生态文明建设,根据《中华人民共和国水法》等有关法律、行政法规的规定,结合本省实际,制定本条例。

第二条 在本省行政区域内开发、利用、节约、保护和管理水资源,防治水害,适用本条例。

本条例所称水资源,包括地表水和地下水。

矿泉水、地热水的开发、利用、节约、保护和管理除适用本条例外,还应当适用矿产资源开发、利用、节约、保护和管理的相关法律、法规。

第三条 水资源属于国家所有。对水资源依法实行取水许可制度和有偿使用制度。

农村集体经济组织的水塘和由农村集体经济组织修建管理的水库中的水,归各该农村集体经济组织使用。

第四条 开发、利用、节约、保护水资源,应当全面规划、统筹兼顾、标本兼治、综合利用、注重效益,发挥水资源的多种功能,协调好生活、生产经营和生态环境用水。

第五条 全省应当建立河湖管理体系,实行河湖水资源、水环境和水生态保护河湖长负责制。

第六条 县级以上人民政府应当将水资源开发、利用、节约、保护和管理工作纳入本级国民经济和社会发展规划,建立用水总量控制制度、用水效率控制制度、水功能区限制纳污制度、水资源管理责任和考核制度,保障资金投入,促进水资源可持续利用。

第七条 县级以上人民政府水行政主管部门负责本行政区域内水资源的统一管理和监督工作。

县级以上人民政府其他有关部门按照职责分工,负责本行政区域内水资源开发、利用、节约和保护的有关工作。

乡镇人民政府、街道办事处按照上级人民政府和水行政主管部门的要求,协助做好水资源开发、利用、节约和保护工作。

第八条 各级人民政府应当加强水情、水资源的宣传教育,提高公民节约、保护水资源和依法用水的意识。

教育主管部门、学校应当将水资源节约、保护知识纳入学校教育内容,培养学生节约、保护水资源和依法用水的意识。

水利科研机构应当将开发、利用、节约、保护和管理水资源的技术研究纳入科研计划。

报刊、广播、电视、网络等媒体应当加强节约、保护水资源和依法用水的宣传和舆论监督工作。

第九条 任何单位和个人都有依法保护水资源和节约用水的义务。

对在开发、利用、节约、保护、管理水资源和防治水害等方面成绩显著的单位和个人,县级以上人民政府应当给予表彰、奖励。

第二章 水 资 源 规 划

第十条 开发、利用、节约、保护水资源和防治水害,应当按照流域、区域统一制定水资源规划。

水资源规划分为流域规划和区域规划。流域、区域规划包括综合规划和专业规划。流域范围内的区域规划应当服从流域规划,专业规划应当服从综合规划。

前款所称综合规划,是指根据经济社会发展需要和水资源开发利用现状编制的开发、利用、节约、保护水资源和防治水害的总体部署。前款所称专业规划,是指防洪、治涝、灌溉、航运、供水、排水、水力发电、竹木放流、渔业、水资源保护、水土保持、防沙治沙、节约用水等规划。

第十一条 跨设区的市的水资源流域综合规划、区域综合规划和全省的区域综合规划,由省人民政府水行政主管部门会同同级有关部门和有关设区

地方法规及政府规章

的市人民政府编制，报省人民政府批准，并报国务院水行政主管部门备案。

前款规定以外的其他流域综合规划和区域综合规划，由设区的市、县级人民政府水行政主管部门会同同级有关部门和有关人民政府按照管理权限编制，报本级人民政府批准，并报上一级人民政府水行政主管部门备案。

流域专业规划和区域专业规划由县级以上人民政府有关部门编制，征求同级其他有关部门意见后，报本级人民政府批准。其中，防洪规划、水污染防治规划和水土保持规划的编制、批准，依照防洪法、水污染防治法和水土保持法的有关规定执行。

水资源规划的制定，法律、行政法规及国家另有规定的，适用其规定。

第十二条　制定水资源规划，应当进行水资源综合科学考察和调查评价。水资源综合科学考察和调查评价，由县级以上人民政府水行政主管部门会同同级有关部门组织进行。

第十三条　水资源规划经批准后，批准机关应当依法向社会公开。

经批准的规划是开发、利用、节约和保护水资源的依据，应当严格执行。

经批准的规划需要修改时，应当按照规划制定程序报批、备案。

第三章　水资源开发利用

第十四条　开发、利用水资源，应当统筹安排，优先开发、利用地表水，合理开采地下水，鼓励开发、利用雨水、洪水资源和水资源回收利用，鼓励单位和个人依法开发、利用水资源。

开发、利用水资源，应当首先满足城乡居民生活用水，并兼顾农业、工业、服务业、生态环境用水及航运等需要，充分发挥水资源的综合效益，服从防洪抗旱的总体安排。

第十五条　开发、利用地表水，应当维持江河的合理流量和湖泊、水库的合理水位，维护水体的自然净化能力，防止对生态环境造成破坏。

第十六条　开发、利用地下水，应当符合地下水开发、利用规划，禁止超采、滥采地下水，防止地面沉降、地面塌陷等地质灾害的发生。

在地下水超采地区或者开采地下水容易引起地面沉降、地面塌陷等地质灾害的地区，应当划定禁止开采区或者限制开采区。地下水禁止开采区、限制开采区的范围由省人民政府水行政主管部门会同同级国土资源等部门划定，并报省人民政府批准后，予以公告。

在城市公共供水管网供水规模能够满足用水需要的地区，不得新增开采地下水，原有的自备水井应当限期封闭。但是，经依法批准开采的矿泉水、地热水除外。

第十七条　水能资源归国家所有。鼓励科学开发、利用水能资源。

开发、利用水能资源应当按照水资源规划保护生态环境，兼顾防洪、供水、灌溉、航运、竹木流放和渔业等方面的需要。

县级以上人民政府应当通过招标、拍卖、挂牌等方式公开出让水能资源的开发使用权。

第十八条　国民经济和社会发展规划、城市总体规划、镇总体规划的编制，工业园区、经济开发区的设立、扩展以及重大建设项目等布局，应当根据当地水资源条件和防洪要求，进行科学论证，并征求同级水行政主管部门意见。

在水资源紧缺地区，应当限制耗水量高的工业、农业和服务业项目。水资源紧缺地区的范围由县级以上人民政府在水资源规划中确定。

第四章　水资源保护

第十九条　各级人民政府应当采取措施，加强江河、湖泊、水库、湿地和自然植被的保护，涵养水源，防治水土流失，防止水体污染和资源枯竭，改善生态环境。

第二十条　县级以上人民政府水行政主管部门应当会同同级环境保护主管部门和有关部门，按照流域综合规划、水资源保护规划和经济社会发展要求，编制江河、湖泊的水功能区划，报同级人民政府批准，并报上一级水行政主管部门和环境保护主管部门备案。

下列水域的水功能区划，由省人民政府水行政主管部门会同省人民政府环境保护主管部门和有关部门编制，报省人民政府批准，并报国务院水行政主管部门、环境保护主管部门备案：

（一）鄱阳湖，东江源区，赣江、抚河、信江、饶河、修河干流及其重要的一级支流；

地方法规及政府规章

（二）国家级和省级自然保护区的用水水域，以及重要鱼类洄游和繁殖的水域。

其他水域的水功能区划，由设区的市、县级人民政府水行政主管部门会同同级环境保护主管部门和有关部门编制，报本级人民政府批准，并报上一级人民政府水行政主管部门、环境保护主管部门备案。

第二十一条 县级以上人民政府应当自水功能区划批准之日起二十日内将其向社会公布。县级以上人民政府水行政主管部门应当在水功能区设立地理界标和警示标志。任何单位和个人不得破坏、擅自移动水功能区标志。废弃的水功能区标志，县级以上人民政府水行政主管部门应当及时拆除。

水功能区划不得擅自变更。社会经济条件和水资源开发利用条件发生重大变化，需要对水功能区划进行调整时，应当按照制定程序报批、备案，并向社会公布。

第二十二条 县级以上人民政府水行政主管部门应当会同同级环境保护等部门，按照不同水域的功能定位，对水功能区实行分类保护和管理。

利用江河、湖泊或者水利工程从事工程建设以及养殖、旅游、水上运动等开发利用活动的，不得影响本水功能区及相邻水功能区的使用功能，不得降低水功能区水质目标确定的水质等级。在未划定水功能区的水域进行开发利用活动的，不得影响相邻水功能区的使用功能。

第二十三条 县级以上人民政府水行政主管部门应当按照水功能区对水质的要求和水体的自然净化能力，核定该水域的纳污能力，向同级环境保护主管部门提出该水域限制排污总量的意见。

第二十四条 在江河、湖泊新建、改建或者扩大排污口，应当经有管辖权的水行政主管部门同意，由环境保护主管部门负责对该建设项目的环境影响评价文件进行审批。

县级以上人民政府水行政主管部门应当根据排污口管理权限，对本行政区域内的排污口进行普查登记。

排污口设置单位应当在排污口设置标示牌，注明排污口设置单位、监督电话、排污所在水功能区等信息，接受社会监督。

第二十五条 水功能区内有下列情形之一的，有管辖权的水行政主管部门应当停止审批该水功能区内的新增取水和排污口，并及时报告有关人民政府和通报本级环境保护、国土资源主管部门，相关人民政府应当及时组织采

取治理措施,并向社会公布:

(一)水功能区的重点污染物排放总量达到或者超过控制指标的;

(二)水功能区的水质未达到水域使用功能要求的;

(三)区域地下水位明显下降的;

(四)法律、法规规定的其他情形。

饮用水水源地重点污染物超标或者受到污染源威胁的,水行政主管部门应当及时通知取水单位采取相应的防范和处置措施,并向同级行业主管部门通报。

第二十六条 省人民政府应当划定饮用水水源保护区。县级以上人民政府应当建立饮用水水源地安全评估制度,防止水源枯竭和水体污染,保证城乡居民饮用水安全。

各级人民政府应当建设应急备用水源工程,建立健全应急水源保护措施,并制定城乡饮用水安全应急预案。

第二十七条 县级以上人民政府应当根据经济社会发展和城乡供水趋势,按照规定的权限和程序,合理调整水库功能。

水库功能调整为饮用水水源的,县级以上人民政府及有关部门应当建立健全饮用水水源保护措施。在饮用水水源水库一级保护区内禁止从事网箱养殖、旅游、游泳、垂钓或者其他可能污染饮用水水体的活动;在饮用水水源水库二级保护区内从事网箱养殖、旅游等活动的,应当按照规定采取措施,防止污染饮用水水体。在水源涵养地建立健全封山育林制度,逐步减少库区居住人口。

在水库的管理和保护范围内,禁止开办畜禽养殖场和使用无机肥、有机肥、生物复合肥进行水产养殖等污染水体的活动。

因水库功能调整对农业灌溉等用水产生影响的,县级以上人民政府应当采取补救措施,保障农业灌溉等用水。

第二十八条 城镇建设不得擅自填堵具有调蓄、灌溉功能的河道沟汊、贮水湖塘洼淀和废除原有防洪围堤;确需填堵和废除的,建设单位应当采取工程或者非工程等量等效替代措施。

第二十九条 各级人民政府应当加强农村生活污水处理设施建设,实施河塘清淤,改造和完善水利设施,利用河塘沟渠的自净能力处理生活污水。

鼓励农村建设污水分散式处理设施、人工湿地处理设施、生物滤池设施及接触氧化池处理设施。

建设生活垃圾填埋场，应当采取防渗漏等措施，防止造成水污染。

第五章　水资源配置

第三十条　县级以上人民政府发展和改革主管部门、水行政主管部门负责本行政区域内水资源的宏观调配。

县级以上人民政府水行政主管部门应当会同同级有关部门，依照上一级水中长期供求规划，结合本地实际，编制本行政区域的水中长期供求规划，并报同级发展和改革主管部门批准。

第三十一条　省人民政府水行政主管部门应当根据国家下达的用水总量控制指标、水资源规划等编制设区的市用水总量控制指标，经征求同级有关部门和设区的市人民政府意见后，报省人民政府批准。

设区的市人民政府水行政主管部门应当在省人民政府下达的用水总量控制指标内编制县（市、区）用水总量控制指标，经征求同级有关部门和有关县级人民政府意见后，报本级人民政府批准。

各级人民政府应当采取措施严格控制本行政区域用水总量，不得超过上一级人民政府下达的用水总量控制指标。

第三十二条　县级以上人民政府水行政主管部门应当建立水资源承载能力监测预警机制，对用水总量达到用水总量控制指标百分之九十的地区，水行政主管部门应当限制审批建设项目新增取水。用水总量已达到或者超过用水总量控制指标的地区，水行政主管部门应当停止审批建设项目新增取水。

第三十三条　县级以上人民政府水行政主管部门应当根据流域规划、水中长期供求规划、用水总量控制指标，编制江河径流调蓄计划、应急调度预案和水量分配方案，报本级人民政府批准。跨行政区域的江河径流调蓄计划、应急调度预案和水量分配方案，由共同的上一级人民政府水行政主管部门编制，报本级人民政府批准。

编制江河径流调蓄计划、应急调度预案和水量分配方案，应当服从防洪抗旱的总体安排，遵循生活用水优先的原则，并兼顾上下游、左右岸有关地区之间的利益。

县级以上人民政府水行政主管部门应当按照水量分配方案制定年度水量

调度计划并组织实施。

第三十四条 发生严重干旱、重大水污染事故、城乡饮水安全受到威胁、生态应急调水等特殊情况时，县级以上人民政府水行政主管部门应当按照应急调度预案，实行应急调度，相关流域的人民政府、有关部门以及灌溉、供水、水电等水工程的管理者、使用者、所有者必须执行。

第三十五条 直接从江河、湖泊、水库或者地下取用水资源的单位和个人，应当向县级以上人民政府水行政主管部门提出取水许可申请，办理取水许可证，并按照实际取水量缴纳水资源费。依法不需要办理取水许可证和缴纳水资源费的除外。

取水许可、水资源费征收管理按照国务院《取水许可和水资源费征收管理条例》及省人民政府有关规定执行。

第三十六条 建设项目取水实行水资源论证制度。

未依法完成水资源论证工作的建设项目，建设单位不得开工建设和投产使用。

第三十七条 新建、改建、扩建下列建设项目，建设单位应当编制建设项目水资源论证报告书：

（一）日取地表水五千立方米以上的；

（二）日取地下水（含排水）三百立方米以上的；

（三）蓄水工程总库容十万立方米以上的；

（四）水力发电总装机一千千瓦以上的；

（五）洗矿、造纸、电镀、印染、规模养殖、规模种植等污染较大的；

（六）大中型农业灌区。

新建、改建、扩建下列建设项目，建设单位应当编制建设项目水资源论证表：

（一）日取地表水一千立方米以上不足五千立方米的；

（二）日取地下水（含排水）五十立方米以上不足三百立方米的；

（三）蓄水工程总库容十万立方米以下，且需审批、核准的；

（四）水力发电总装机一百千瓦以上不足一千千瓦的；

（五）需要审批、核准的小型农业灌区。

第三十八条 经批准的取水单位和个人应当在取水口安装经计量检定合格的取水计量设施，按照规定进行定期检验，保证其正常运行，并按照规定填报取水报表。

县级以上人民政府水行政主管部门应当按照国家规定建立健全水资源监控管理系统，对纳入重点用水单位监控名录的用水户安装取水监控设施。取水单位和个人应当配合安装取水监控设施，并提供必要的条件。

任何单位和个人不得损坏和擅自拆除取水计量设施和监控设施，不得妨碍取水计量设施和监控设施正常运行。

第三十九条　县级以上人民政府水行政主管部门应当按照生产、生活、生态等用水类型，加强水资源用途管理，保障水资源使用单位和个人的合法权益。

省人民政府水行政主管部门应当根据国家和省的有关规定开展水资源使用权确权登记工作，推行水资源使用权的转让。

第六章　水资源节约使用

第四十条　县级以上人民政府应当根据水资源供需变化、技术进步和社会发展水平，确定不同时期全社会节水目标，建立健全节水制度和激励机制。

省人民政府水行政主管部门应当根据国家下达的用水效率控制指标编制设区的市的用水效率控制指标，经征求同级有关部门和设区的市人民政府意见后，报省人民政府批准。

设区的市人民政府水行政主管部门应当根据省人民政府下达的用水效率控制指标编制县（市、区）用水效率控制指标，经征求同级有关部门和有关县级人民政府意见后，报本级人民政府批准。

第四十一条　省人民政府有关行业主管部门应当根据本省水资源状况和本地用水效率控制指标，制订本行业用水定额，征求同级水行政主管部门和质量技术监督主管部门意见后，由省人民政府公布，并报国务院水行政主管部门和质量技术监督主管部门备案。

省人民政府有关行业主管部门应当根据用水需求变化、技术进步和经济发展情况适时修订行业用水定额。

第四十二条　本省行业用水定额是取水许可审批的主要依据。取水单位和个人提出的取水许可申请，应当符合本省行业用水定额。对不符合国家、省产业政策或者列入国家、省产业结构调整目录中淘汰类的行业项目,以及用水超过本省行业用水定额的产品,县级以上人民政府水行政主管部门不予审批。

本省用水定额中未制定标准的行业或者产品的用水量,可以参照国家有关行业主管部门制定的行业用水定额执行。

第四十三条 县级以上人民政府水行政主管部门对纳入取水许可管理的用水户和其他用水大户(以下统称用水单位)实行计划用水管理,并根据本行政区域年度用水总量控制指标、用水定额和用水单位的用水记录,按照统筹协调、综合平衡、留有余地的原则,核定用水单位的年度用水计划。

其他用水大户的类别和规模由省人民政府水行政主管部门确定,并向社会公布。

第四十四条 用水单位用水量不得高于核定的年度计划用水量。用水量高于年度计划用水量的,县级以上人民政府水行政主管部门应当责令其限期改正;逾期不改正或者整改后仍不能达到标准的,可以核减其下一年度用水量。对水资源超用部分累进加价收费。

第四十五条 新建、改建、扩建建设项目应当配套建设节水设施,使用节水工艺和节水设备、器具。节水设施应当与主体工程同时设计、同时施工、同时投入使用。节水设施的建设资金应当纳入主体工程投资概算。

第四十六条 县级以上人民政府及其有关主管部门应当采取措施,鼓励推广节水工艺和节水设备、器具,组织开展节水技术研究,培育和发展节水产业,支持雨水、洪水、再生水等水资源利用工程建设。

用水企业应当采用节水技术,改造落后生产工艺和生产设备、器具,并根据国家相关规定和技术标准,定期对用水情况进行水平衡测试,改进用水工艺或者方法,提高水的重复利用率和再生水利用率。

消防、园林绿化、环境卫生以及其他生态环境用水应当采用节水技术,优先利用再生水和雨水。园林绿化应当优先种植耐旱型花草树木,推广节水灌溉方式。

机关、事业单位等公共机构、服务行业应当采用节水技术,使用节水工艺和节水设备、器具。鼓励城乡居民使用节水设备、器具。

第四十七条 各级人民政府及有关部门在制定农业产业发展规划时,应当根据当地水资源条件,合理调整农业生产布局、种植(养殖)结构,推广节水栽培、养殖技术。水资源紧缺地区应当根据当地自然条件、经济发展水平，发展耐旱作物和品种。

各级人民政府应当根据实际情况，推行渠道防渗、喷灌、微灌、滴灌等工程节水灌溉措施，推广控制灌溉、非充分灌溉、节水点灌等节水灌溉技术，降低单位面积灌溉用水量，提高农业灌溉水有效利用率。

第四十八条 供水企业应当对用户节约用水给予指导，加强供水、用水设施的维护管理，防止渗漏水现象的发生。超过国家规定比例的供水管网渗漏水量不得列入供水成本。

供水企业应当向水行政主管部门报送非居民用户的用水量和相关用水资料。

第七章 监 督 管 理

第四十九条 县级以上人民政府应当建立健全水资源管理责任和考核制度，将水资源开发、利用、节约和保护的主要指标纳入经济社会发展综合评价体系。

第五十条 县级以上人民政府水行政主管部门和环境保护、国土资源等有关部门应当按照职责分工，建立健全水资源、水环境、地下水地质环境等监测体系，健全监测制度，共享监测信息。

跨行政区域界河断面水资源监测由上一级人民政府水行政主管部门实施，监测结果定期向本级人民政府汇报，并向下一级人民政府通报。跨行政区域界河断面水资源监测指标异常时，上一级人民政府及其水行政主管部门应当督促下级人民政府采取控制措施。

第五十一条 县级以上人民政府水行政主管部门应当建立重点用水单位监控名录，并将监控情况向社会公布。

第五十二条 县级以上人民政府水行政主管部门应当建立健全水资源监督检查制度，向社会公布执法依据、执法程序和执法内容等信息，接受监督。

第五十三条 县级以上人民政府水行政主管部门应当建立健全水资源随机抽查监管机制，加强对水资源开发、利用、节约、保护等情况以及行政许可事项实施情况的检查和监督，及时发现和处理水资源违法行为。

前款所称随机抽查监管机制,是指随机抽取检查对象、随机选派执法检查人员的机制。

第五十四条　水行政执法人员监督检查时,应当出示行政执法证件。有关单位和个人对监督检查工作应当予以配合,如实反映情况,不得提供虚假数据,不得拒绝或者妨碍监督检查。

第五十五条　县级以上人民政府水行政主管部门应当建立健全投诉举报制度,公布水资源违法行为投诉、举报电话和电子邮箱;接到投诉、举报后,应当及时处理,并将处理结果及时反馈投诉、举报人。

第八章　法　律　责　任

第五十六条　县级以上人民政府水行政主管部门或者其他有关部门及其工作人员违反本条例规定,有下列行为之一的,责令改正,并对直接负责的主管人员和其他直接责任人员依法给予处分;构成犯罪的,依法追究刑事责任:

(一)未依法编制水资源规划的;

(二)国民经济和社会发展规划、城市总体规划、镇总体规划的编制,工业园区、经济开发区的设立、扩展以及重大建设项目等布局,未开展水资源论证的;

(三)未依法编制用水总量控制指标、用水效率控制指标的;

(四)未依法编制、制定江河径流调蓄计划、应急调度预案、水量分配方案、年度水量调度计划或者不组织实施的;

(五)不依法核发取水许可证、签署审查意见的;

(六)对被许可人从事行政许可活动不进行监督检查的;

(七)发现违法行为不予查处的;

(八)其他不履行法定职责的情形。

第五十七条　违反本条例规定,超采、滥采地下水的,由县级以上人民政府有关主管部门责令停止违法行为,限期封闭其取水工程,处二万元以上十万元以下罚款。

第五十八条　违反本条例规定,在城市公共供水管网供水规模能够满足用水需要的地区新增开采地下水的,由县级以上人民政府水行政主管部门责令停止违法行为，限期封闭其取水工程，处五千元以上二万元以下罚款。

第五十九条 违反本条例规定，未安装取水计量设施，或者擅自拆除取水计量设施的，由县级以上人民政府水行政主管部门责令限期安装，按照日最大取水能力计算的取水量和水资源费征收标准征收水资源费，并处五千元以上二万元以下罚款；情节严重的，吊销取水许可证。

违反本条例规定，安装的取水计量设施不合格或者取水计量设施运行不正常的，由县级以上人民政府水行政主管部门责令限期更换或者修复；逾期不更换或者不修复的，按照日最大取水能力计算的取水量和水资源费征收标准征收水资源费，可以处一万元以下罚款；情节严重的，吊销取水许可证。

违反本条例规定，擅自拆除或者损坏取水监控设施的，由县级以上人民政府水行政主管部门责令停止违法行为、限期恢复原状；逾期不改正的，处一万元以上三万元以下罚款。

第六十条 违反本条例规定，城镇建设擅自填堵具有调蓄、灌溉功能的河道沟汊、贮水湖塘洼淀和废除原有防洪围堤的，由县级以上人民政府水行政主管部门责令停止违法行为、限期恢复原状或者采取其他补救措施；逾期不改正的，县级以上人民政府水行政主管部门可以代履行或者委托其他没有利害关系的第三人代履行，所需费用由违法者承担。

第六十一条 违反本条例规定，未经水行政主管部门审查同意，擅自在江河、湖泊新建、改建或者扩大排污口的，由县级以上人民政府水行政主管部门依据职权，责令限期拆除、恢复原状，处五万元以上十万元以下罚款；逾期不拆除、不恢复原状的，强制拆除，所需费用由违法者承担，处十万元以上五十万元以下罚款。

第六十二条 违反本条例规定，水工程的管理者、使用者、所有者不执行水量调度的，由县级以上人民政府水行政主管部门责令限期改正；拒不改正的，处一万元以上三万元以下罚款。

第九章 附　　则

第六十三条 本条例自 2016 年 6 月 1 日起施行。

江西省长江河道采砂管理实施办法

〔2003年8月8日江西省政府令第121号公布 2010年11月29日江西省政府令第186号第一次修正（江西省人民政府关于修改《江西省实施〈退伍义务兵安置条例〉细则》等20件省政府规章的决定），2019年9月29日江西省政府令第241号第二次修正（江西省人民政府关于修改《江西省残疾人就业办法》等43件省政府规章的决定）〕

第一条 为加强长江河道采砂管理，维护长江河势稳定，保障防洪和航运安全，根据国务院《长江河道采砂管理条例》（以下简称《条例》），结合本省实际，制定本办法。

第二条 在长江河道江西段从事开采砂石（以下简称长江采砂）及其管理活动的，应当遵守《条例》和本办法。

第三条 长江采砂管理，实行人民政府行政首长负责制。

沿江县级以上人民政府应当加强对本行政区域内长江采砂活动的管理，做好长江采砂的组织、协调和监督检查工作。

沿江乡（镇）人民政府应当协助和配合县级以上人民政府水行政主管部门做好长江采砂的管理工作。

第四条 省、九江市和沿江县（市、区，下同）人民政府水行政主管部门是长江采砂的主管机关，具体负责本行政区域内长江采砂的管理和监督检查工作。

交通运输、公安等部门应当按照各自的职责，协助做好长江采砂的监督管理工作。

第五条 省人民政府水行政主管部门应当根据长江采砂规划，拟定长江采砂实施方案，对各可采区的具体范围、年度采砂控制总量、采砂船只控制数量及开采作业方式、时限等作出具体规定，报省人民政府批准，并报长江水利委员会、长江航务管理局备案。

第六条 每年6月1日至9月30日以及长江河道江西段水位超过警戒水位时，为本省长江采砂的禁采期；长江采砂规划确定的禁采区、可采区，由省人民政府予以公告。

地方法规及政府规章

省人民政府水行政主管部门可以根据长江河道江西段的水情、工情、汛情、航道变迁和管理需要，在前款规定的禁采期和长江采砂规划确定的禁采区外延长禁采期限、增加禁采范围，报省人民政府决定后公告。

第七条 长江采砂实行许可制度。实施长江采砂许可制度应当遵循公开、公平、公正、择优的原则。

第八条 申请从事长江采砂活动的单位和个人，应当具备下列条件：

（一）符合长江采砂规划及其实施方案；

（二）采砂船舶的采砂功率1250千瓦以下，并可以平缓移动；

（三）符合采砂船只控制数量和年度采砂控制总量；

（四）符合规定的作业方式；

（五）采砂船舶、船员证书齐全；

（六）有符合要求的采砂设备、监测设备和采砂技术人员；

（七）国务院水行政主管部门、长江水利委员会和省人民政府水行政主管部门规定的其他条件。

第九条 申请从事长江采砂活动的单位或者个人，应当提交下列材料：

（一）长江采砂申请书；

（二）营业执照的复印件；

因吹填造地申请采砂的，除提供长江采砂申请书外，还应当提供采砂河段的采砂可行性论证报告及工程设计文件等相关资料。

第十条 长江采砂申请书应当载明下列内容：

（一）申请人的名称（姓名）、地址及其证明材料；

（二）开采的时间、种类和作业方式；

（三）开采的地点、深度、范围（附范围图和控制点坐标）；

（四）开采量（包括日采量、总采量）；

（五）采砂船舶、设备和采砂技术人员的基本情况；

（六）砂石堆放地点和弃料处理方案。

第十一条 长江采砂申请由所在地沿江县人民政府水行政主管部门受理。受理长江采砂申请的水行政主管部门收到采砂申请书等材料后，对申请材料齐全、符合法定形式的，应当在5个工作日内出具书面受理凭证，并签署意见，报九江市人民政府水行政主管部门。

有下列情形之一的，应当自收到采砂申请之日起5个工作日内，通知申请采砂的单位或者个人予以补正：

（一）采砂申请书内容不全或者填注不明的；

（二）应当提交采砂可行性论证报告而没有提交或者采砂可行性论证报告不符合要求的；

（三）提供的其他材料不符合要求的。申请采砂的单位或者个人应当自收到补正通知之日起15个工作日内补正，逾期不补正的，视为撤回本次采砂申请。

第十二条　九江市人民政府水行政主管部门收到沿江县人民政府水行政主管部门上报的长江采砂申请材料后，应当在3个工作日内签署意见，报省人民政府水行政主管部门。

第十三条　省人民政府水行政主管部门收到九江市人民政府水行政主管部门上报的长江采砂申请材料后，按照下列规定办理：

（一）属于省际边界重点河段的，应当自收到申请之日起15个工作日内签署意见，报长江水利委员会审批。省际边界重点河段按照国务院水行政主管部门划定的范围执行。

（二）属于非省际边界重点河段的，应当在30日内审查完毕，对符合规定条件的，予以批准，发给河道采砂许可证，并适时公告；对不符合条件不予批准的，应当自作出不予批准的决定之日起7日内书面通知申请人，并说明理由。

省人民政府水行政主管部门可以根据实际情况，运用市场机制依法组织采矿许可证的发放。

第十四条　因吹填造地需要采砂的，按照本办法第十一条、第十二条、第十三条的规定办理审批手续，但单项工程吹填造地采砂规模在10万吨以上的，省人民政府水行政主管部门应当报经长江水利委员会同意。

第十五条　河道采砂许可证由省人民政府水行政主管部门根据国务院水行政主管部门规定的式样统一印制。河道采砂许可证的有效期限不得超过一个可采期。

从事长江采砂活动的单位和个人需要改变河道采砂许可证规定的事项和内容的，应当重新办理河道采砂许可证。

不得伪造、涂改或者买卖、出租、出借或者以其他方式转让河道采砂许可证。

地方法规及政府规章

第十六条 从事长江采砂活动的单位和个人应当按照河道采砂许可证的规定作业。采砂作业应当服从通航要求,并设立明显标志。

第十七条 采砂船舶由省人民政府水行政主管部门统一编号。

采砂船舶在禁采期内应当按照所在地县人民政府指定的地点集中停放。无正当理由,不得擅自驶离指定停放地点。

禁采区内不得滞留采砂船舶。

第十八条 从事长江采砂活动的单位和个人,应当向发放河道采砂许可证的机关缴纳长江河道砂石资源费。发放河道采砂许可证的机关应当将收取的长江河道砂石资源费全部上缴财政。长江河道砂石资源费的具体征收、使用管理办法,按国家有关规定执行。

从事长江采砂活动的单位和个人,不再缴纳河道采砂管理费和矿产资源补偿费。

第十九条 省、九江市和沿江县人民政府水行政主管部门应当加强对长江采砂活动的监督检查。监督检查的主要内容包括:

(一)是否持有合法有效的河道采砂许可证或者有关批准文件;

(二)是否按照河道采砂许可证或者有关批准文件的规定进行采砂;

(三)是否按照规定缴纳长江河道砂石资源费;

(四)采砂船舶是否按照规定停放;

(五)运砂船舶是否装运无河道采砂许可证的单位或者个人开采的砂石;

(六)应当监督检查的其他情况。

第二十条 沿江县级以上人民政府水行政主管部门应当对长江采砂活动建立举报制度,公布举报电话;对举报非法采砂行为属实的,给予奖励。

第二十一条 违反本办法第十七条第三款规定的,由县级以上人民政府水行政主管部门责令改正,处以1万元以上3万元以下的罚款。

第二十二条 运砂船舶在长江采砂地点装运无河道采砂许可证的单位或者个人开采的砂石的,依照《条例》第十八条的规定给予处罚。

第二十三条 水行政主管部门及其工作人员有下列行为之一,触犯刑律的,依法追究刑事责任;尚未触犯刑律的,对负有责任的主管人员和其他直接责任人员依法给予处分:

(一)对违法采砂行为应当给予行政处罚而未给予处罚的;

(二)不执行已批准的长江采砂规划、擅自修改长江采砂规划或者违反长江采砂规划组织采砂的；

（三）不按照规定审批发放河道采砂许可证的；

（四）不履行《条例》和本办法规定的监督检查职责，造成采砂秩序混乱或者造成重大责任事故的；

（五）在长江采砂管理中不按照规定的项目、范围和标准收费的；

（六）截留、挪用长江河道砂石资源费的。有前款第（五）、（六）项行为的，由省人民政府财政主管部门追缴已收取的费用和截留、挪用的费用。

第二十四条 违反本办法规定的其他行为，依照《条例》的有关规定处罚。

第二十五条 本办法自 2003 年 10 月 1 日起施行。